kens.

Hoogerheide,
Kerstmis 2002.

1.50
19·5·17

God verborgen en nabij

Jan Bluyssen & Gerard Rooijakkers

God verborgen en nabij

Religie als heilig spel

Anthos | Amsterdam

ISBN 90 414 0345 0
Omslagontwerp Karin van der Meer, De Ontwerperij
Omslagillustratie Marc Mulders, 2001
Foto auteurs Sjaak Ramakers en Klaas Koppe

Verspreiding voor België:
Veen Bosch & Keuning uitgevers n.v., Wommelgem

Inhoud

Waarlijk, U bent een verborgen God,
U, God en Redder van Israël.
   (Jesaja 45:15)

Wie God in het kruis van Jezus Christus gevonden heeft,
weet hoe wonderlijk God zich in deze wereld verbergt,
en hoe Hij juist daar het meest nabij is
waar wij denken dat Hij het verst weg is.
   (Dietrich Bonhoeffer)

Inleiding

Ervarenderwijs spelenderwijs

'Voor mij wordt de wereld pas enigermate begrijpelijk als God er niet meer toe doet,' aldus de schrijver van een ingezonden brief als reactie op een artikel van Frits Groeneveld waarin deze betoogt dat God 'ertoe doet' en zich actief met mensen bezighoudt. Wie is die God van Groeneveld nu, zo vraagt de briefschrijver zich verwonderd af. Wanneer we God slechts in overdrachtelijke zin als een persoon kunnen beschouwen, 'leeft' die God zolang je hem voor levend houdt. 'Daarna is hij dood. Dan is hij dus niet "het woord" dat "in den beginne" was, dan kan hij niet de schepper van de mens zijn, want dan heeft de mens zijn eigen schepper geschapen, om z'n onwetendheid omtrent zijn herkomst te benoemen,' zo schrijft Guus den Besten in zijn ingezonden brief. Wat is die God van Groeneveld eigenlijk? 'Bedoelt hij de God "die 't al bestiert" (en die in zijn almacht recentelijk weer eens duizenden mensen in Midden-Amerika dakloos maakte), de God van liefde (zelfde verwijzing tussen haakjes), de God die het leven schiep (en dus ook het hiv-virus, waarmee onschuldige kinderen soms reeds besmet zijn bij hun geboorte)...? Ik vraag maar, beste Groeneveld, want u spreekt waarschijnlijk alleen maar een taal die begrepen wordt door mensen die ook in uw God geloven. Maar voor mij spreekt u – excuus voor mijn eerlijkheid – complete wartaal.'[1]

De houding die uit deze ingezonden brief spreekt is niet uitzonderlijk in onze samenleving, waarin geloven in God veeleer als iets ongerijmds en irrationeels wordt beschouwd. Een weldenkend mens laat zich, kortom, aan God niets gelegen liggen. God is er kennelijk alleen voor de goedgelovigen, voor hen die de rede ondergeschikt maken aan hun geloof. Want als je alles rationeel op een rijtje zet, dan kun je toch in redelijkheid niet meer volhouden dat er zoiets of iemand zou bestaan

Duivel met zondenregister. Luchtboogbeeld, Sint-Janskathedraal 's-Hertogenbosch
(foto Martien Coppens).

als een God van Liefde? Of, zoals Gerard Reve het eens formuleerde: 'Dat koninkrijk van U, weet U wel, wordt dat nog wat?'[2] De verlichte mens – zo zou je kunnen denken – is aan God voorbij en heeft in het proces van secularisatie de religie afgezworen als een onbeholpen en overbodige strategie om het menselijk bestaan zin te geven. In deze zin is secularisatie als maatschappelijk fenomeen doorgaans als iets negatiefs en bedreigends opgevat. Het is bijna een scheldwoord geworden, een ontwikkeling die in de visie van menig kerkleider ten grondslag ligt aan de malaise binnen de Kerk.

Secularisatie staat in deze opvatting gelijk aan tanend geloofsleven, verminderde religieuze praxis, verval en ontmanteling van sacraliteit. Secularisatie betekent evenwel niet dat God dood is of per definitie naar de achtergrond wordt verdrongen. Secularisatie kan daarentegen beter beschouwd worden als een proces waarbij een evenwicht gezocht wordt tussen de autonomie van de mens en de eigenheid van God. Het betreft met andere woorden een uitdaging om opnieuw het gelovig bezig zijn met God kritisch te herijken. Op deze wijze beschouwd maakt secularisatie in feite een essentieel onderdeel uit van het religieuze proces. De Nederlandse interpretatie van dit begrip, zoals dat tot voor kort gangbaar was, luidt 'ontkerkelijking'. Het duidt, bij wijze van negatieve definiëring, aan wat niet meer is.

Ontkerkelijking is te beschouwen als een aspect van secularisatie, maar dit laatste begrip staat niet gelijk aan ontkerkelijking. 'Verwereldlijking' geeft het wezen van secularisatie beter weer, mits daarmee erkend wordt dat het 'wereldse' een eigen, autonome waarde bezit. In het verleden is het profane te veel door het sacrale bevoogd en – als zijnde een 'boze buitenwereld' – eraan ondergeschikt gemaakt. Positief verstaan verwijst het begrip secularisatie naar de culturele praktijk waarin het gelovig communiceren over en met God kansrijk gestalte krijgt. In deze optiek is secularisatie onlosmakelijk verbonden met sacraliteit, waarbij het ons attendeert op de alledaagsheid van Gods aanwezigheid in de mensenwereld. God mag dan volgens de oude, traditioneel overgeleverde beelden in de kerk 'wonen', maar dat wil nog niet zeggen dat dit een exclusief domicilie is. God dient niet te worden gereduceerd tot de heilige werkelijkheid van het kerkgebouw. Dit neemt niet weg dat de christelijke *communitas* wel behoefte heeft aan welomschreven plekken en tijdstippen van samenkomst.

De mens heeft zijn Schepper geschapen, zo heet het in de opening van de geciteerde brief; de Godheid is 'slechts' beeldspraak van mensen. Hoewel God onafhankelijk van de mens 'bestaat', dient hij niet al te zeer geobjectiveerd te worden. God kan in de religieuze verbeeldingswereld alleen aangeduid worden, vanzelfsprekend in de menselijke categorieën waarin wij ook de – al dan niet zichtbare – natuurlijke werkelijkheid benoemen die ons omringt. Het gebruik van metaforen dient dan ook niet als geheimtaal, maar juist om samen over God of met God te kunnen communiceren. Beeldspraak en symbolen zijn vormen van rituele communicatie. Het betreft hier vaste, geformaliseerde beelden en handelingspatronen met een, al dan niet verbale, communicatieve reikwijdte. De verstaanbaarheid van deze rituele taal kan evenwel variëren tussen sekte en wereldkerk. Maar om het spreken over God, al dan niet in rituele zin, *überhaupt* als een vorm van 'wartaal' aan te duiden, lijkt ons een nogal normatieve en etnocentrische positie. In onze woorden verwijzen we naar God, maar in de manier waarop schieten we hopeloos tekort: het is en blijft mensentaal die de menselijke en niet de 'goddelijke' verhoudingen weerspiegelt. Rico Sneller stelt treffend dat dit, hoewel onvermijdelijk, niet onoverkomelijk is: het toont ons, 'hoe wij met een kromme (antropomorfe) stok toch een rechte (Gode gepaste) slag kunnen slaan'.[3]

De briefschrijver distantieert zich heel nadrukkelijk van de groepscultuur waarin het geloof in 'uw' God courant is. Dat is vanzelfsprekend zijn goed recht, maar de stelligheid waarmee hij het spreken over God als irrationele wartaal betitelt, zegt meer over zijn culturele circuit dan over dat van de godgelovigen die in zijn visie veeleer goedgelovigen zijn. De auteur beseft heel goed dat Groeneveld, tot voor kort als journalist werkend voor *NRC Handelsblad*, beschouwd kan worden als een wereldwijze geletterde. Des te meer lijkt het Guus den Besten te storen dat zo iemand als predikant pastoraal werk gaat doen met vaag gezever over 'God'. Hoe is het toch mogelijk dat een weldenkend man als Groeneveld met droge ogen schrijft dat in de praktijk van alledag en in de praktische theologie, die vooral in het pastoraat tot uitdrukking komt, waarheids- en werkelijkheidsvragen dikwijls heel anders liggen dan bij wetenschapsbeoefenaars. In zijn afscheidsstuk als journalist lijkt de predikant Groeneveld zich hier bij wijze van zelfverantwoording in te dekken: 'Ook hebben die vragen een heel andere betekenis dan in de praktische journalistiek, waarin het primair om feiten en achtergronden gaat.' Toch doet God er volgens hem toe. In het dagelijks leven is er veel wat op een handelende God wijst.[4]

Deze verdedigende houding dient geplaatst te worden in de context van een min of meer liberale denkwereld, die van oudsher goed vertegenwoordigd is in de kolommen van *NRC Handelsblad*. Daarnaast zijn er natuurlijk vele andere circuits waarin de vraag naar God, laat staan naar Zijn handelen, wordt afgedaan als iets ongerijmds. Mede door institutionele beperkingen en rigoristische posities binnen kerkgenootschappen zien we dat vele intellectuelen zich distantiëren van zaken met betrekking tot leer en moraal; en daarmede veelal ook een bepaald Godsbeeld verwerpen. Nu hoeft het afstand nemen van kerkelijke opvattingen op zich geen consequenties te hebben voor het beeld van God. Sterker nog, er is in de praktijk van het geloven volop ruimte voor vele Godsbeelden: gestalten die in de loop van de geschiedenis veranderen, die zich in de loop van een mensenleven wijzigen, die in sociaal-cultureel opzicht kunnen variëren en op een gedifferentieerde wijze vorm krijgen in de verschillende godsdiensten.

Als argument tegen het geloven in een almachtige God wordt niet zelden – en niet zonder reden – verwezen naar de rampspoed die Hij kennelijk niet tegenhoudt. Wat is dat dan voor een God? Een God van liefde zou je je heel anders voorstellen. Is het dan wel een krachtige God, dat hij het kwaad niet kan tegenhouden? Waarom maakt God het op deze manier de mensen zo lastig? Deze begrijpelijke vragen gaan voorbij aan het eigen wezen van God, dat voor de mens per definitie raadselachtig en verborgen blijft. We moeten dit wezenskenmerk van de Godheid accepteren, niet als een gebrek, maar juist als een aansporing om Hem, al tastend, meer nabij te komen. Op deze vragen, waarmee wij als mensen telkens worstelen in het leven van alledag, is het moeilijk sluitende antwoorden te verkrijgen. Dit maakt het stellen van de vraag overigens niet minder zinvol: het is juist ook die existentiële ervaring van zich door God verlaten te voelen, die gemobiliseerd kan worden als een positieve kracht.

Wanneer we accepteren dat hetgeen God met de mensen voorheeft verborgen blijft, dan betekent dat niet dat we bij de pakken neer moeten zitten of dat we onthand achterblijven. Zijn verborgenheid is een uitdaging, en door ons fatalistisch van God af te wenden laten we juist kansen schieten. Het bij tijd en wijle voor de mensen afwezig zijn van God betekent niet dat Hij ook werkelijk afwezig is. Het betreft hier vanzelfsprekend de menselijke beleving van Gods aan- of afwezigheid. Op zich doet het spreken in deze termen geen recht aan het wezen van God: deze is niet te vangen in een soort schuifpaneel met bordjes als PRESENT en AB-

SENT. Ook dit zijn menselijke metaforen voor iets dat de werkelijkheid overstijgt. Maar de perceptie is niet iets van ondergeschikt belang. Het is voor ons mensen immers de enige manier om onze wereld te kunnen ervaren en interpreteren.

Dit aftasten van de al dan niet kenbare werkelijkheid gebeurt veelal spelenderwijs, soms quasi-nonchalant, onbewust of ook heel competitief. God kan wellicht het best ervarenderwijs spelenderwijs door ons mensen benaderd worden. Het lijkt waarschijnlijk dat een dergelijke houding Hem welgevallig is, althans wanneer we afgaan op Godservaringen van mensen in heden en verleden. We hebben ons in dit boek door velerlei getuigenissen van mensen die God zowel verborgen als nabij wisten, laten inspireren. De houding van de spelende mens, de *homo ludens*, impliceert een openstaan voor onverwachte ervaringen waardoor je je kunt laten verrassen.[5] Het is deze ontvankelijkheid voor het onbekende en toch vertrouwde die mede de charme van het spel uitmaakt. In deze zin is religie idealiter op te vatten als een heilig spel.

Geloven is niet zonder risico's. Het veronderstelt een vertrouwen en het wagen van de gok. Het betreft een (groei)proces dat ongestuurd verloopt, maar wel enkele condities veronderstelt. In de eerste plaats impliceert geloven als heilig spel een afgebakende ruimte. Een dergelijk speelveld dient God en de mensen; het is geen doel op zich maar een instrument dat ruimte laat voor vele varianten. Een dergelijk speelveld is veelal een imaginaire ruimte, maar kan ook heel concreet gestalte krijgen in sacrale locaties, variërend van kathedralen tot kapellen en heilige bronnen. Het zijn plekken waar mensen komen om God te zoeken en te ontmoeten. Op een goed religieus speelveld kan het contact tussen mensen en God beter, met meer effect tot stand komen, gesteld dat het spel goed wordt gespeeld. Het spelen is niet zozeer een vrijblijvende metafoor, maar maakt fundamenteel deel uit van het menselijk gedrag. Geloven hoeft helemaal geen loden last te zijn waaronder de mens gebukt gaat, als heilig spel biedt het daarentegen juist ruimte voor een opgewekt of zelfs feestelijk vertrouwen.

Het is de blijde boodschap die hier doorklinkt. Dat is allemaal wel goed en aardig, maar is dat ook niet een wat al te naïef optimistische houding? God is in het verleden, onder meer in de christelijke traditie, maar al te vaak geëxploiteerd als een verklaring voor gaven en gruwelen, een God die beloont en straft, die uitverkiest en verdoemt, als oude man hoog verheven zetelend boven de alledaagse mensenwereld. Niet echt een beeld om je op te verheugen, zo lijkt het. In dit boek zullen we dergelijke beelden van Gods aanwezigheid en verborgenheid in hun cultuurhistorische en pastorale context plaatsen. Dan wordt tevens duidelijk dat we niet vastzitten aan deze iconen, hoe waardevol die ook kunnen zijn, en speelruimte laten voor andere beelden en metaforen.

Het eigenaardige doet zich voor dat, wanneer we spreken over Gods aan- of afwezigheid, de neiging bestaat om te vervallen in uitersten. De ene pool wordt dan gemarkeerd door een negatieve aanklacht, gepaard met een opstandige dan wel berustende houding, waarbij Gods afwezigheid in verwijtende termen wordt aangeduid. Aan het andere uiterste bevindt zich de blijmoedige houding alsof er geen vuiltje aan de lucht is. Het is een Godsvertrouwen zonder kritiek, wellicht naïef maar niet per se minder oprecht. Alhoewel beide posities heel legitiem zijn als uitingsvormen van de omgang met God, pleiten wij voor een intensiever gebruik van de speelruimte tussen deze beide polen. Het is het domein bij uitstek van rituele communicatie en heilig spel.

Vreemd en vertrouwd als contrastharmonie

God is niet vanzelfsprekend. Steeds meer mensen zijn – overigens op heel verschillende gronden – van het werkelijk bestaan van een God allerminst overtuigd, hetgeen als een legitiem standpunt moet worden gezien. Maar de vraag naar God houdt talloos vele anderen wel bezig – overigens ook op heel verschillende gronden – zodat onze samenleving het als een vanzelfsprekende opdracht moge zien vragen naar God toe te laten, en zelfs te stimuleren. Alhoewel wij als auteurs staan voor onze standpunten schrijven we zelf ook vanuit een zoekende houding, met respect voor andere benaderingen. De zelfgenoegzaamheid van de 'rechtgelovige' werd door Jezus allerminst gewaardeerd. De evangelisten geven niet voor niets ruime aandacht aan de soms heel felle woordenwisselingen met de Farizeeën en wetgeleerden, die vanuit de hoogte anderen veroordeelden.

In dit boek gaan beide auteurs in op een aantal wezenlijke aspecten met betrekking tot de godservaring in pastoraal en cultuurhistorisch perspectief. Het heilige en Goddelijke is een belangrijke categorie in de mensheidsgeschiedenis, die evenwel op zeer verschillende wijzen is beleefd en vormgegeven. Het zoeken en streven naar het sacrale is de mens eigen, maar hij heeft dat niet geheel zelf in de hand. Het Goddelijke wordt immers aan de mens geopenbaard die het vervolgens in zijn wereldbeeld inpast en betekenis geeft. God is vreemd en oneindig anders, maar tegelijkertijd vertrouwd en heel dichtbij. Het is deze paradoxale contrastharmonie die maakt dat gelovigen God ervaren als nabij én verborgen. Over de nabije aanwezigheid van God te spreken ligt het meest voor de hand. De ervaring van de afwezigheid van God is evenzeer een onvermijdelijk en als positief te duiden aspect van het geloof van mensen.

Jan Bluyssen benadert deze fundamentele vragen vanuit een pastoraal-spiritueel perspectief. Gefascineerd als hij is door de uiteenlopende wijzen waarop mensen door alle tijden en culturen heen hebben geworsteld met deze vragen wordt over de relevantie van Gods nabijheid en afwezigheid in onze wereld gereflecteerd. Wellicht is het tastend zoeken naar een verborgen God wel meer een teken van authentieke geloofservaring dan de zelfgenoegzame zekerheid God naar je eigen hand te kunnen zetten. De spirituele vraag naar God schept ruimte voor pastorale handreikingen, met respect voor de culturele belevingswereld van de individuele mens. Immers, geloven is een proces dat gestalte krijgt door de persoonlijke, zij het groepsgebonden, toe-eigening en duiding van aangereikte godsdienstige vormen en rituelen.

In de traditionele historiografie werd het verleden opgevat als een eenduidige heilsgeschiedenis, waarin de hand van God zichtbaar werd geacht. Vanuit een cultuurwetenschappelijk perspectief gaat Gerard Rooijakkers in op de uiteenlopende wijzen waarop mensen het heilige zowel behoedzaam als familiair hebben benaderd en beleefd. Met name de niet-dominante wijzen waarop aan geloof gestalte is gegeven in al dan niet orthodoxe devoties staan hierbij centraal. De ontwikkeling van een geritualiseerde naar een meer spirituele omgang met het Goddelijke komt hierbij aan bod, waarbij machtsverschillen in de sacrale duiding (naar plaats, tijd en sociale groep) bepalend zijn voor de verhoudingen in een samenleving. De hand van God in de mensheidsgeschiedenis is immers geen externe, geïsoleerde kracht, maar is zowel in verleden als heden ongestuurd werkzaam in het alledaagse leven van mensen. Niettemin werd en wordt God voortdurend door groepen mensen als exclusieve medestander geclaimd. Zo wordt bijvoorbeeld het landschap in confessionele zin gesacraliseerd door het plaatsen van markerende kruisen en kapellen, of beschouwt men de eigen groep als zijnde door God uitverkoren. Het is deze religieuze etniciteit die God op een instrumentele wijze zeer nabij maakt, maar in gelovige zin hem wellicht meer dan ooit verduistert.

1 God die naar ons omziet

Deus respiciens

1 Alledaagse transcendentie

Gerard Rooijakkers

Wanneer religie in het geding is, lijkt het wel of elke onbevangenheid vervliegt. Regels, dogma's, verplichtingen, bijzondere locaties en tijdstippen, overgeleverde beelden en teksten lijken het heilige in onze wereld als het ware vast te pinnen. En daar is op zich niets op tegen; als mensen hebben we immers behoefte aan structuur en orde. Maar we dienen de categorieën waarin we onze wereld hebben geordend, ook te kunnen relativeren: zij zijn immers niet de werkelijkheid zelf. In dit hoofdstuk gaan we in op het heilige, numineuze of goddelijke als culturele categorie. Opvallend hierbij is de voorliefde voor tegenstellingen, voor een dualistische ordening van de leefwereld in dichotomieën, waarbij het heilige bijvoorbeeld diametraal tegenover het wereldse wordt geplaatst. Door het heilige heel consequent te verbinden met het leven van alledag zullen we zien dat die klassieke tegenstelling niet altijd vruchtbaar is om ons inzicht in het numineuze te vergroten.

Hetzelfde geldt voor de aloude oppositie tussen het transcendente, waarmee de het wereldse overstijgende ervaring wordt aangeduid, en het immanente. Met dit laatste begrip wordt verwezen naar de aanwezigheid van het goddelijke in de tastbare wereld. Het reductionistische *entweder-oder* wordt hier vervangen door een meer inclusieve benadering. Het sacrale is zowel immanent als transcendent aanwezig in het alledaagse. De improviserende, familiaire omgang met het heilige in de chaotische context van het dagdagelijkse die hieruit voortvloeit is op zich eigenlijk niets nieuws, maar verdween in Europa uit het zicht als gevolg van kerstenings- en confessionaliseringsprocessen in de vroegmoderne tijd. Wanneer deze evenwel op paradoxale wijze worden beschouwd als vroege vormen van secularisatie, hoeft de actuele heront-

Godsbeeld, tekening door de veertienjarige Matthias Damen, gemaakt in het kader van de
tentoonstelling 'Grote Goden' in het Allard Pierson Museum te Amsterdam (1999).

dekking van het numineuze in het triviale niet te verbazen. Van belang daarbij is wel om het alledaagse in zijn autonome diepzinnigheid te benaderen.

Sacraal en profaan als culturele categorieën

Wat met geluk of heil vervuld is wordt 'heilig' genoemd. Het vormt in de Germaanse talen de aanduiding voor het Latijnse *sacer* en *sanctus*. De machten en krachten die de mens te boven gaan, de zogeheten *numina*, kunnen door middel van heilige handelingen, voorwerpen en teksten beïnvloed worden. Door middel van het concrete sacrale kunnen we kortom in verbinding met het abstracte numineuze komen. Met het Latijnse woord voor heiligheid, *sanctus* (van *sancire*: begrenzen, omsluiten, heiligen, dat weer is afgeleid van *sacer*) wordt het uit religieuze motieven afgezonderde aangeduid. De oude Romeinen bedoelden met *sanctio* oorspronkelijk de afbakening van heilige plaatsen en hun bescherming tegen schending en profaan gebruik. De tegenhanger van het heilige vormt het profane, het niet-geheiligde dat in feite vóór de gewijde ruimte (*fanum*) ligt. Deze afzondering van het heilige, de scheiding tussen sacraal en profaan, duidt op een principieel onderscheid: het heilige is niet een beetje (gradueel) anders maar betreft het totaal andere. Aldaar heerst de allesomvattende macht, in tegenstelling tot de relatieve machteloosheid van het gewone, dagelijkse profane bestaan.[1]

Tremendum en fascinans als contrastharmonie

De houding van mensen tegenover het heilige is, gezien vanuit een godsdiensthistorisch perspectief, doorgaans ambivalent. Daar is enerzijds de betovering, de aantrekkingskracht en bekoring van het heilige moment: het *fascinosum* of, zoals Rudolf Otto het noemt, de *fascinans*. Dit staat anderzijds in een 'contrastharmonie' tot een vreeswekkende ongenaakbaarheid (het *tremendum*), die zich uit in angst, schuwheid of soms in panische schrik.[2] Aan elk religieus handelen ligt het streven naar verwezenlijking van het heilige ten grondslag. Dit wil in deze optiek zeggen: elk religieus handelen is in wezen een markeren, afbakenen van bepaalde zaken uit de profane wereld. Aangezien de grens tussen profaan en sacraal niet gradueel maar fundamenteel is, dient men zich ervoor te wachten beide categorieën met elkaar te vermengen. Begin en einde van het religieuze handelen of het betreden van heilige ruimten en tijden worden derhalve met rituelen omgeven (*consecratie* en *exsecratie*). Heiligheid is kortom het kernbegrip van in beginsel elke godsdienst. Het wezen van de Godheid wordt als dubbelwaardig ervaren: het trekt aan en stoot af, het wekt diepe schroom maar ook genegenheid.3

De mens kan het heilige beleven als een overweldigend en schrikwekkend mysterie, hetgeen tevens een geheim is dat hem aangrijpt en waarvan een onweerstaanbare aantrekkingskracht uitgaat: het is *tremendum* en *fascinans*, vreeswekkend en vol aantrekkingskracht. Het handelt hier met andere woorden om het 'numineuze': de manifestatie van de goddelijke macht die fascineert en doet beven. Deze term werd in 1917 geïntroduceerd door Rudolf Otto en is afgeleid van het Latijnse woord voor goddelijk wezen (*numen*). Wanneer men van *omen* 'omineus' kan maken, geldt ook voor *numen* de afleiding 'numineus'.4 Deze gelovige ervaring van het heilige is prachtig verwoord door Guido Gezelle in zijn 'Tijdkrans' uit 1893:

> Daar huivert, on-
> weerstaanbaar, iets
> in 's menschen merg en midden,
> dat hemelwaards
> de ziele haalt,
> dat knielen doet en bidden!

Hiërofanie en theofanie

Het heilige wordt niet door de mens ontdekt, het wordt aan hem geopenbaard door verschijningen in de natuur. Het toont zich met andere woorden als iets dat volledig verschilt van het profane. Ter aanduiding van dit openbaringsproces heeft Mircea Eliade de algemene term *hiërofanie* geïntroduceerd, waarmee zowel de meest elementaire openbaring, bijvoorbeeld de manifestatie van het heilige in een willekeurig voorwerp als een steen of boom, alsmede de allerhoogste hiërofanie, zoals in christelijke zin de menswording van God in Jezus Christus, aangeduid kan worden. Het betreft in godsdiensthistorisch opzicht immers steeds hetzelfde mysterie: de openbaring van iets 'heel anders' van een werkelijkheid die onze wereld overstijgt, in voorwerpen die een integraal onderdeel van onze natuurlijke, profane wereld vormen. Het begrip 'hiërofanie' (van het Griekse *hiëros*, heilig) is veel ruimer en universeler toepasbaar dan het engere, maar meer verspreide begrip 'theofanie' (van het Griekse *theos,* god), waarmee de openbaring van God in de wereld wordt aangeduid. Alhoewel er zeker geen tegenstelling bestaat tussen het heilige en het Goddelijke, is vanuit antropologisch perspectief een meer universele en abstracte aanduiding te verkiezen boven het in onze cultuur sterk met traditionele beelden en connotaties omgeven Godsbeeld, waarop we hieronder nog nader zullen ingaan.[5]

Het heilige manifesteert zich kortom aan de mens in zijn omringende natuurlijke wereld, zoals bepaalde plaatsen, rivieren, bergen en meren. Tevens kunnen sommige tijden alsmede bepaalde menselijke handelingen een sacrale lading hebben. De beleving van hiërofanieën kan evenwel in cultureel, religieus en/of sociaal opzicht verschillen. Zo was het voor gereformeerde elites in het oude Europa moeilijk te aanvaarden dat het heilige zich openbaarde in bomen, die om die reden vereerd werden door de katholieke bevolking. In hun optiek konden bomen niet heilig zijn. De notie dat niet de heilige boom als zodanig werd vereerd, maar dat hij als een hiërofanie werd beschouwd die iets 'liet zien' van hetgeen de boom oversteeg en het 'geheel andere' of heilige vertegenwoordigde, was – overigens ook bij bepaalde katholieke elites – lang niet altijd aanwezig. Van elementair belang hierbij is de verwarrende paradox die het wezen van elke hiërofanie kenmerkt: door profane ogen bezien blijft ook een heilige boom een gewone boom en onderscheidt hij zich in niets van andere, natuurlijke exemplaren. Maar voor diegenen aan wie hij zich als heilig openbaart, transformeert zijn onmiddellijke realiteit zich tot bovennatuurlijke werkelijkheid.[6] Dergelijke verschillen in beleving van het heilige gaven, zoals we nog zullen zien, in het verleden regelmatig aanleiding tot culturele confrontaties en twisten.

De homo religiosus als classificerend wezen

Mensen kunnen niet in chaos leven, maar hebben behoefte aan ordening en oriëntatie: de *homo religiosus* is een classificerend wezen. Vrijwel elke cultuur kent de tegenstelling tussen profaan en sacraal, alhoewel de wijze waarop deze tegenstelling wordt uitgewerkt sterk kan variëren. De hieruit voortvloeiende geloofsvoorstellingen zijn bijzonder verhelderend voor het beeld dat de mens van zichzelf maakt: hoe ziet de mens zichzelf in vergelijking en tegenover de God(en) die hij of zij erkent? Dit zelfbeeld betreft onder andere de verhouding tussen elementaire categorieën als chaos en kosmos, deel en totaliteit, sterfelijk en onsterfelijk, onmacht en macht, zondig en heilig. Het heilige en het profane vertegenwoordigen twee manieren van existentie, van het 'in-de-wereld-zijn'.7

Het sacrale en het wereldse staan weliswaar tegenover elkaar, maar beide elementen kunnen niet los van elkaar gezien en geïsoleerd worden. Mensen verkeren zogezegd in beide sferen, zij staan ertussenin. Sacraal en profaan gaan samen en zijn voor de buitenstaander vaak nagenoeg onontwarbaar met elkaar verweven. Bepaalde handelingen, plaatsen en tijden krijgen per definitie pas een bijzonder karakter in de context van het gewone. Zo is het bewerken van een akker onmiskenbaar profane arbeid die door het maken van kruistekens of het plaatsen van palmtakjes door de landbouwer wordt omgeven met sacraal ritueel. Het menszijn vindt zijn volledige verwezenlijking aldus in de twee-eenheid van beide werelden. Kerk en kroeg zijn niet alleen elkaars tegenstelling, ze vullen elkaar ook aan en in de topografie van nederzettingen zijn ze doorgaans buren. Hetzelfde geldt voor de Zuid-Nederlandse schuttersgilden die wat hen heilig is voor 'outer en heerd' (*pro aris et focis*) beschutten, en die zowel in de religieuze als de wereldlijke feesten, de *festa chori* als in de *festa fori* als categorieën die in de belevingswereld naadloos op elkaar kunnen aansluiten, hun rol spelen.8

De rituele omgang met het heilige

De omgang met het heilige vereist zekere gedragscodes van mensen. Zoals de ethiek de verhouding tussen mensen in moreel opzicht bepaalt, zo regelt de religie de verhouding van de mens ten opzichte van God en zijn heiligen. Hierbij geldt dat zedelijke geboden beleefd worden als goddelijke voorschriften. De mens is onderworpen aan ge- en verboden. Zo zijn er ook rituele verboden, de zogenaamde taboes: morele gedragsgrenzen die niet zonder gevolgen overschreden kunnen en mogen worden. De religieuze ervaring en beleving kan leiden tot gevoelens van vrees en eerbied, resulterend in schroom en ontzag tegenover bepaalde plaatsen, tijden, voorwerpen of personen. De term 'taboe' is van oorsprong een Polynesisch woord (*tapu*) dat in godsdienstwetenschap en culturele antropologie de gebruikelijke vakterm is geworden om 'dat wat te vermijden is' aan te duiden. Het begrip, dat door James Cook in 1777 in Europa werd geïntroduceerd, wordt gehanteerd ter aanduiding van personen, zaken en handelingen waarvoor men de uiterste voorzichtigheid in acht moet nemen. Het betreft gedragsrestricties die bij overtreding al dan niet automatisch op een bovennatuurlijke wijze worden gestraft.9

Het taboe betreft aldus een verbod. Het taboesysteem hangt doorgaans nauw samen met opvattingen over rein- en onreinheid. Als men een taboe doorbreekt door een zedelijk verbod te overtreden kan men het heilige bezoedelen en aantasten. Taboe is als het ware de bescherming tegen profane verontreiniging: het betreft een duidelijke afbakening van toegestaan en verboden gedrag. Vermenging van categorieën is in de regel taboe: varkens op een kerkhof kunnen in die context als onrein beschouwd worden. Deze wroeters zijn in dat geval aldaar, zoals de antropologe Mary Douglas het noemt, *matter out of place* ofwel *dirt*.[10] Een varken liggend in zijn kot of hangend aan de slachtladder is daarentegen geen 'vuil' dier. Integendeel, het beest wordt om zijn schoonheid geprezen en de beste stukken werden in een katholieke dorpsgemeenschap doorgaans aan de plaatselijke priesters geschonken als beloning voor hun bemiddelende rituele diensten.

Het heilige is een machtige en gevaarlijke materie. Vandaar dat bijvoorbeeld heilige plaatsen doorgaans gemarkeerd en afgebakend worden, opdat er geen misverstand bestaat omtrent de status van het gebied. Het heilige mag immers niet geprofaneerd, of beter gezegd, bezoedeld worden door onreine zaken. Hierdoor wordt de ordening van de wereld verstoord en vervagen de existentiële categorieën. Het kerkhof dient omheind te zijn en ook een heilige boom waarin bijvoorbeeld Maria is verschenen kan ruimtelijk geïsoleerd en afgeschermd worden van de profane wereld door een omringend hekwerk. Soms wordt zelfs op de gewijde plek van de boom een markante kapel opgericht zonder dat daarbij de hiërofanie van de boom verloren hoeft te gaan, zoals in Scherpenheuvel. Het taboesysteem weerhoudt mensen in de pre-industriële samenleving er echter niet van om op een voet van vertrouwelijkheid met het heilige te leven – het maakt hun dit op paradoxale wijze juist mogelijk. Deze intimiteit met het sacrale, waarop Huizinga voortdurend wijst in zijn klassieke studie over het 'herfsttij der middeleeuwen', treffen we bijvoorbeeld aan bij de omgang met gewijde plaatsen zoals het kerkhof.[11] Kerkleiders namen in de vroegmoderne tijd echter steeds meer aanstoot aan de vertrouwelijke omgang met het heilige die in hun ogen getuigde van een aanstootgevende profanering.

Het heilige als liminele materie
Het heilige dient behoedzaam benaderd te worden. Bij de communicatie met het sacrale worden onvermijdelijk grenzen overschreden. Wat heili-

ge tijden betreft geldt dit overgangen als zomer-winter, werkdag-feest-dag, dag-nacht enzovoorts. Bij het betreden van heilige plaatsen worden de gemarkeerde afbakeningen doorgaans letterlijk gepasseerd. Het over-schrijden van grenzen is altijd een gevaarlijk moment. Het is als bij het over de drempel stappen van een vreemd huis: je betreedt een andere we-reld zonder precies te weten wat je aan zult treffen. Het overschrijden van grenzen is derhalve een riskante maar veelal onvermijdelijke onder-neming. Door middel van allerlei vaste handelingen of rituelen kunnen we het gevaar van het onbekende bezweren en ons minder kwetsbaar maken. Dit is een van de redenen dat we elkaar bij nieuwe ontmoetingen de handen schudden en standaardfrasen uitwisselen. Met dergelijke vas-te gebruiken stellen we elkaar gerust: ze verschaffen wat tijd om aan het nieuwe te wennen en in het vreemde te incorporeren.

Het heilige is dan ook een 'liminele' materie, die het overschrijden van grenzen en afbakeningen inhoudt. Daarnaast wordt de overgang van de ene in de andere toestand veelal beleefd als een heilig moment dat door middel van vaste, geformaliseerde handelingspatronen in de vorm van rituelen wordt gemarkeerd en bevestigd. De Franse etnoloog Arnold van Gennep – van moederskant had hij Nederlandse voorouders, het-geen zijn naam verklaart – heeft voor dergelijke overgangsrituelen in 1908 het begrip *rite de passage* geïntroduceerd, waarmee zowel de over-gangen in de agroliturgische kalender als die in de levensfasen van indi-viduen worden aangeduid. Het overgangsritueel kent volgens hem een drietal stadia. De eerste fase wordt gekenmerkt door het losmaken en het onthechten: we staan op de drempel van iets nieuws, van een status-verandering. In de liminele fase die daarop volgt, wordt het niemands-land, de 'niet-tijd', opnieuw gestructureerd en van een andere betekenis voorzien. In de derde en laatste fase staat de incorporatie centraal, waar-bij de ingewijde persoon of het ingewijde seizoen zijn nieuwe status vol-ledig bereikt en daarin door iedereen wordt erkend. Op deze wijze kan er geen misverstand bestaan over de maatschappelijke status van iets of iemand. Zijn het eerste en het laatste stadium doorgaans profaan, de overgang zelf kent een heilig karakter dat sterk geritualiseerd is.[12]

Ook los van dergelijke speciale overgangsriten hanteerde men bij de omgang met het heilige in het leven van alledag wel vaste rituelen om de alledaagse overgang van de heilige naar de gewone wereld te markeren, zoals het maken van een kruis, het knielen, de vingers dopen in wijwa-ter alsmede het opzeggen van gebeden en formules. In dergelijke geformaliseerde gedragspatronen of rituelen ligt heel precies de code en sequentie van de handelingen besloten die ervoor zorgen dat er niets misgaat in de relatie van de mens tot het heilige.[13] Meestal beschikt men over speciale deskundigen, zoals priesters en tovenaars, voor meer uitgebreide en complexe rituelen. Deze rituele specialisten hebben een bijzondere status vanwege hun frequente contact met het heilige: ze zijn de bemiddelaars tussen de profane mensenwereld van de gelovigen en de sacrale wereld van het heilige. Zij weten als ingewijden hoe het moet en zijn getraind in het technisch foutloos uitvoeren van religieuze ceremonies. Dit is bijzonder belangrijk daar een verkeerd uitgevoerd ritueel niet zelden een averechts, in plaats van een heilbrengend juist een demonisch, effect heeft. In de numineuze belevingswereld was dat laatste niet minder heilig, maar wel extra gevaarlijk en vooral onberekenbaar.

Religie als cultureel systeem

De aard en betekenissen van de riten onthullen voor de antropoloog de opvattingen en belevingen (concepties en percepties) van het heilige in een bepaalde maatschappelijke context. Van het heilige zelf weten we strikt genomen niets. We kunnen slechts het gedrag van mensen *in religiosis* interpreteren om ons aan de hand daarvan een voorstelling te maken van de culturele categorieën waarin het heilige in een bepaalde samenleving is ingebed. Religie vormt met andere woorden een cultureel systeem waarin de numineuze werkelijkheid betekenis krijgt via symbolen en rituelen. Menselijke handelingen en betekenisgevingen vormen daarbij het antropologische uitgangspunt.[14] Wanneer het dan gaat om de dagelijkse omgang met het heilige, spreken we in het cultuurhistorisch onderzoek niet meer van 'volksgeloof' maar van 'religieuze volkscultuur'. Hierbij dienen we volkscultuur niet als een hermetische, statische eenheid te beschouwen, maar als een dynamisch samenspel van groepsculturen. Mensen maken, al naar gelang hun maatschappelijke status, deel uit van verschillende groepsculturen of culturele circuits. Deze kennen ieder hun eigen codes en gedragsrepertoires, die door de leden binnen een bepaalde groep verstaan en gedeeld worden. Voorbeelden van dergelijke circuits zijn buurt, familie, gezin, parochie, confessie, werkkring, school, generatie, sekse en allerlei soorten verenigingen waarmee een specifieke sociabiliteit tot stand kan worden gebracht. Al naar gelang de situatie wisselt men van repertoire en symbolisch vocabulaire.[15]

Mensen hebben derhalve gelaagde identiteiten en beschikken over allerlei keuzemogelijkheden, ook in religieuze zin. Niet dat je nu in de praktijk zo gemakkelijk wisselt van godsdienst, 'waarin' je geboren bent, maar de wijze waarop aan het heilige gestalte gegeven kan worden wisselt per cultureel circuit. Volledige vrijheid is een illusie; daartoe gelden of golden bepaalde gedragsstandaarden te zeer als vaststaande norm en werd met name ook religie vastgelegd in een complex geheel van sociale en morele conventies. In historisch onderzoek is de factor religie wellicht wat al te zeer ingebed in een continuüm met als uitersten de voorgeschreven orde van elites en de geleefde praktijk van de gelovige onderdanen. Niet alleen de tegenstelling tussen elite en volk is sinds enige tijd als onproductief terzijde geschoven, ook de antithese tussen voorschrift en praxis is aan herziening toe. Ook al staan beide elementen heel vaak op gespannen voet, als cultuurhistorici zijn we veeleer geïnteresseerd geraakt in het proces van toe-eigening van al dan niet voorgeschreven cultuurvormen. Hoe worden deze in een specifieke context geïncorporeerd in een bepaalde groepscultuur, van welke 'eigen' betekenissen worden ze voorzien, en hoe worden ze ingezet om welomschreven individuele of groepsbelangen te behartigen?

De factor macht speelt hierbij een grote rol, en religie is dan ook niet los te zien van de machtsfiguraties in samenlevingen. Op welke wijze gaan bepaalde betekenisgevingen als dominant en onaantastbaar gelden? Welke groepen kunnen door hun maatschappelijk gezag de werkelijkheid, inclusief de numineuze realiteit, definiëren? En tegelijkertijd doet zich dan de vraag voor op welke wijzen mensen, door op een creatieve wijze van gedragsrepertoire te wisselen, voor zichzelf speelruimten creëren om aan een niet-dominante – of soms zelfs deviante, afwijkende – omgang met bijvoorbeeld het heilige gestalte te geven. Op deze wijze wordt het historische beeld aanzienlijk dynamischer en veelkleuriger; het voorkomt een schematische reductie van de werkelijkheid tot karikaturale beelden van het 'rijke roomse leven' of de 'calvinistische republiek'. Het numineuze werd en wordt in verleden en heden immers oneindig veel gevarieerder en genuanceerder beleefd dan veelal wordt voorgesteld. Deze rijkdom aan religieuze ervaringen kunnen we mijns inziens het beste benaderen vanuit een alledaagse context, waarbij religie niet wordt geïsoleerd van het triviale leven, met een open oog voor de speelse keuzen die men al naar gelang de situatie maakt uit de voorhanden zijnde rituele repertoires binnen een bepaalde samenle-

ving. Het is deze exercitie, waarbij niet het numineuze maar de gedifferentieerde percepties ervan als uitgangspunt dienen, die we in dit boek
zullen ondernemen.

Wisselwerkingen tussen religie, geloof en kerk

Het is van belang om bij de bestudering van religie als cultureel systeem
een aantal analyseniveaus te onderscheiden. In de 'contextuele biografie' van de Woerdense weesjongen Evert Willemsz., die als vijftien-jari-
ge mystieke godservaringen beleefde die hem op het pad naar het pre-
dikantschap zetten in de eerste helft van de zeventiende eeuw, komen deze religieuze circuits fraai tot uitdrukking. De drempelervaring
die Evert Willemsz. op de overgang van jeugd naar volwassenheid in
1622/1623 overkwam, kan alleen begrepen worden wanneer we ons
verplaatsen in de alllesomvattende betekenis die religie had voor de
vroegmoderne mens. Hierbij zijn een drietal niveaus relevant voor de
analyse, te weten religie als duidingssysteem van de menselijke en natuurlijke werkelijkheid (een meer intuïtieve of prereflexieve vorm), als
een verinnerlijkt, persoonlijk Godsgeloof (reflexief) en ten slotte religie
als kerkelijk denk-, expressie- en organisatiekader (een sociale vorm als
verwerkelijking van gemeenschap).[16]

Religie fungeert hier dus nadrukkelijk als een antropologisch zinge-
vingsproces, waarbij de behoefte daaraan gelovige mensen communica-
tief verbindt met een andere, als wezenlijk ervaren werkelijkheid. Het
sociale niveau van religie stond daarbij niet zelden op gespannen voet
met de meer intuïtieve en verinnerlijkte religieuze vormen, zoals ook de
weesjongen zou ondervinden met zijn mystieke jeugdervaringen en zijn
latere piëtistische levensopvatting. Het was immers de Kerk die uitmaakte welke numineuze ervaringen als authentiek en waarachtig geduid konden worden, hetgeen bij verschijnselen als extase en hemelse
boodschappen al snel wantrouwen opwekte: had men hier in plaats van
een mystieke Godservaring niet te doen met een geval van pathologische
inbeelding? De Heilige Geest waait waar hij wil, maar hoe stopt de Kerk
hem in de fles van maatschappelijke en ideologische structuren? De intuïtieve, mystieke Godservaring als ook het reflexieve gepersonaliseerde
Godsbeeld en de sociale, kerkelijke communicatievormen lopen veelal
door elkaar heen en vallen lang niet altijd samen. Ook al streven de officiële kerkgenootschappen naar een ondubbelzinnige eenheid (het samenvallen van religie als werkelijkheidsduiding, geloof als verwachting

en kerk als gemeenschap), de beleving van het numineuze laat zich uit de aard der ervaring niet reduceren tot vaststaande categorieën.[17]

Interactie, normering en beeldvorming

Door allerlei betekenisvelden open te leggen tracht Frijhoff door te dringen in de diepere lagen van de zingeving, die cultureel bepaald zijn door de elkaar overlappende repertoires van vormen, woorden en beelden die tezamen het collectieve geheugen van een samenleving vormen. Belangrijk daarbij is voorts dat het hierbij niet alleen gaat om die vormen op zich als topoi, clichés, beeldtalen en verhaalgenres, maar hoe ze telkens in een welomschreven context worden toegeëigend. Het is de specifieke selectie en combinatie van deze vormelementen die in het receptieproces enerzijds zorgt voor collectieve herkenning en anderzijds de unieke zingeving daarvan door een individu mogelijk maakt. In dat laatste spanningsveld ligt overigens steevast een onderhandelingstraject besloten tussen publieke en private domeinen, waarbij het subject zich een zekere speelruimte moet veroveren op zijn historisch bepaalde omgeving, die het evenement immers tracht in te voegen in bestaande en algemeen aanvaarde culturele categorieën. Een gebeurtenis zelf heeft immers geen autonome zin, die wordt pas in dergelijke dynamische processen eraan toegeschreven, zodat het evenement in een maatschappelijke context 'ergens voor staat' en fungeert als representatie van bepaalde opvattingen.[18]

Zo zijn bepaalde onderdelen van de numineuze beleving in de loop der tijd door kerken gemarkeerd als 'bijgeloof'. Het werd beschouwd als een vorm van wangeloof (het Duitse *Aberglaube* duidt daar ook op) die gepaard zou gaan met overdreven, verkeerd begrepen magische overtuigingen en handelingen (waarnaar het Latijnse *superstitio*, met afleidingen in het Engels en Frans, verwijst). In de vroegchristelijke polemiek tegen andere godsdienstige tradities werd slechts aan de door het christendom verlichte mens het vermogen toegedicht onderscheid te maken tussen ware godsdienstigheid en valse religiositeit. Het betreft met andere woorden steeds een bijzonder normatieve opvatting van geloof, die afwijkende vormen uitsluit en afwijst. Als zodanig is de term 'bijgeloof' volstrekt onbruikbaar in cultuurwetenschappelijk (en dus ook theologisch) onderzoek; het stelt immers een bepaald normen- en waardenpatroon als maatgevend uitgangspunt voor numineuze belevingen. Een term die in Duitsland veel opgang maakt als 'volksvroomheid' is, zoals

Peter Nissen heeft aangetoond, evenzeer ongeschikt voor ons doel. Het begrip vroomheid is immers zelf ook bijzonder normatief: het duidt op een bepaalde intensiteit en kwaliteit van religiositeit. Het is al te zeer verbonden met uitingen die in één lijn liggen met kerkelijke opvattingen over devotie.[19]

Het valt dus niet mee om religie en geloof te bezien zonder de dominante sociale, kerkelijke vorm van godsdienstigheid als uitgangspunt te nemen. Nu is deze laatste factor ook van groot belang, maar we kiezen er hier voor om die niet als dwingend uitgangspunt te nemen. Vertrekpunt van de historisch-antropologische analyse vormt steeds het gedragsrepertoire van individuen, en de speelruimte die zij trachten te veroveren tussen intuïtieve, reflexieve en sociale vormen van religiositeit in het leven van alledag.

Het heilige als contextuele materie

In het katholieke domein kan het numineuze zich op verschillende manieren manifesteren. In ruimtelijke zin kennen we heilige plaatsen, zoals het Heilig Graf, het Heilige Land, het kerkgebouw, het priesterkoor, het altaar en de begraafplaats. Behalve dit onroerend goed bestaan er ook mobiele heilige voorwerpen die ruimte innemen en wijden, zoals kruisen, heiligenbeelden of partikels van heiligen, de zogenaamde relikwieën. Het heilige manifesteert zich ook in de tijd zoals het Heilig Jaar, de Heilige of Goede Week, de Heilige Nacht (kerstnacht) en het Heilig Uur (bijvoorbeeld bepaalde gebedsuren in een broederschap). Voorts kan het numineuze aanwezig zijn in de spreek- of schrijftaal, zoals bij het gebed en in het zegenformulier. Het communicatieve element is tevens nadrukkelijk aanwezig in heilige handelingen zoals het toedienen van de sacramenten, het houden van processies en bedevaarten naar heilige plaatsen en het verrichten van ander liturgisch ritueel. Het sacrale wordt ook tegenwoordig geacht in instellingen als de Heilige Moederkerk of de Heilige Stoel. Ten slotte treedt het heilige soms aan de dag in individuele mensen, bijvoorbeeld martelaars, bekeerlingen, asceten, missionarissen, priesters, kerkvorsten, herderinnetjes, thaumaturgen en mystici.[20]

Historische variabelen en de conceptie van heiligheid

Opvattingen over heilig en profaan zijn niet tijdloos en statisch; het betreft categorieën die per cultuur, sociale groep, regio of periode kunnen verschillen. De conceptie van heiligheid is afhankelijk van historische variabelen. Zo waren bijvoorbeeld adellijke heiligen weliswaar karakteristiek voor de christelijke Middeleeuwen, maar niet voor de moderne tijd. Heilige mystici kennen we pas sinds het einde van de Middeleeuwen. Is een zedige levenswandel een voorwaarde voor een heilige uit de moderne tijd, voor de verering van een martelaar was dat voordien volledig irrelevant. In deze zin zijn de gecanoniseerde heiligen te beschouwen als initiatoren en navolgenswaardige voorbeelden van een voor een bepaalde tijd specifieke heiligheidsconceptie. Zo is het zeldzame voorkomen van heilige leken, de scheve verhouding tussen mannelijke en vrouwelijke heiligen (vier à vijf mannen tegen één vrouw) en het nagenoeg ontbreken van gecanoniseerde gehuwde vrouwen binnen de moderne katholieke Kerk veelzeggend voor haar opvatting van heiligheid, die nauw samenhangt met (oude) noties van macht en reinheid. Kortom: de officiële hemel weerspiegelt de wereldse heiligheidsopvattingen. De wijze waarop de Kerk de hemel bevolkt, verraadt haar voorstelling van de relatie tussen het heilige en het aardse.[21] De heiligenfabriek van het Vaticaan draait de laatste jaren weer op volle toeren om de postmoderne globale samenleving allerlei ideaaltypen van zalig- en heiligheid aan te reiken, variërend van een Italiaans-nationale Padre Pio tot een kerkelijke gezagsdrager als Johannes XXIII of een joodse bekeerling en holocaustslachtoffer als Edith Stein bij wijze van Europese heilige. De Congregazione delle Cause dei Santi heeft vele langlopende dossiers onderhanden, waarbij op ideologische wijze telkens opnieuw prioriteiten worden gelegd en een aangepaste inhoud wordt gegeven aan heiligheidsconcepten.[22]

In de negentiende eeuw verdienden op deze wijze de zich emanciperende Nederlandse katholieken eigen heiligen in de vorm van de negentien martelaren van Gorcum, die tijdens de Opstand in 1572 in Den Briel waren terechtgesteld. Historicus Hans de Valk heeft echter laten zien dat zelfs hier het initiatief niet aan Nederlandse zijde lag, maar bij paus Pius IX, die het Nederlandse verleden ongegeneerd voor zijn eigen doeleinden gebruikte. De bisschoppen waren immers huiverig om door een heiligverklaring de protestants-vaderlandse trits God, Nederland en Oranje te bruuskeren, met alle negatieve gevolgen voor de nationale integratie van de katholieken. De Opstand werd door de Curie evenwel puur herleid tot religieuze motieven (het *religionis ergo*) in een karikaturale zwart-wittekening waar het vrijheidsargument (het *liberatis ergo*), waarachter ook vele zestiende-eeuwse katholieken zich hadden geschaard, volstrekt was verdwenen. Ondanks de vanuit het Nederlandse episcopaat ingezette vertragingstactiek was de heiligverklaring in 1867 niet tegen te houden. Het paste geheel in de politiek van de paus om zijn in wereldlijk opzicht uitzichtloze situatie omstreeks 1860 te compenseren met een centralisering van het bestuur en een nadruk op het Romeinse primaat, culminerend in een internationale ultramontaanse beweging met de Heilige Stoel als het ideologische middelpunt.[23]

De martelaren dienden volgens Pius IX als een voorbeeld 'voor onze tijd, waarin onder het mom van politieke vrijheid een smerige en verborgen oorlog wordt gevoerd tegen Christus en diens Plaatsbekleder op aarde'. De Gorcumse martelaren belichaamden dan ook in zijn visie contrareformatorische deugden, met een nietsontziende trouw aan het geloof, die voor negentiende-eeuwse clerici werd ingevuld als een dito trouw aan de Heilige Stoel. Dat de protestanten in de bul als moordlustige ketters werden afgeschilderd, was alleen een probleem in de Nederlandse context. Tegelijk met de Gorcumse martelaren werd overigens ook de inquisiteur Pedro d'Arbués van Aragon, die in 1485 was vermoord nadat hij eerst zo'n vier- tot zesduizend ketters op de brandstapel had geholpen – heilig verklaard. Het verleden werd, en wordt tot op de dag van vandaag, voortdurend door belangengroepen toegeëigend om aan bepaalde gewenste culturele patronen, interpretaties en gedragsmodellen 'heilige' autoriteit te verlenen. Dat dit toe-eigeningsproces flexibel is blijkt wel uit het feit dat de Gorcumse martelaren, ondanks dit rigide Romeinse geschiedbeeld, zonder al te veel problemen in de negentiende eeuw als katholieke vaderlandse helden werden opgenomen. Dat dit proces uiteindelijk zo geruisloos verliep, lag evenwel niet aan het Vaticaan, maar aan de welhaast wanhopige behoedzaamheid van het toenmalige episcopaat.[24]

Ontkoppeling van sacraal en profaan in de katholieke herleving

Contrareformatorische opvattingen over wat al dan niet als sacraal beschouwd dient te worden hebben in de Europese cultuurgeschiedenis, soms tot op de dag van vandaag, een enorme invloed gehad op bijvoorbeeld onze omgang met heilige ruimten, de perceptie van heilige tijden en het weergeven van heilige zaken. Als reactie op de Reformatie in het begin van de zestiende eeuw en tevens als authentiek streven naar hervorming in hoofd en leden werd, met de nodige tussenpozen, van 1545 tot 1563 in Trente een concilie belegd. Tijdens de zittingen kwam de gehele katholieke geloofsleer en moraal aan de orde, die werd vastgelegd in protocollen. Via provinciale concilies en diocesane synoden, bisschoppelijke decreten en godsdienstinstructies (de catechismus) werd de herijkte leer doorgevoerd tot op lokaal, parochiaal niveau. Dit proces van contrareformatie, of zoals het tegenwoordig zuiverder wordt aangeduid als katholieke reformatie, voltrok zich in de tijdsspanne van twee à drie generaties. Het kan achteraf beschouwd worden als een zeldzaam goed geslaagde kerkelijke operatie om leer en leven met elkaar in overeenstemming te brengen. Als structureel kenmerk van deze door de hiërarchie ingegeven katholieke herleving kunnen we de systematische ontkoppeling van sacrale en profane elementen beschouwen. Deze ontrafeling werd op alle levensgebieden ingezet, en zou een vast ijkpunt vormen om de relatie van gelovigen met betrekking tot het heilige te beoordelen. Buiten de kerk was er immers geen heil.

De doorvoering van de Trentse decreten op lokaal niveau in het leven van alledag impliceerde een ingrijpende herschikking van categorieën, die zou leiden tot het nog steeds wijdverbreide dualistische denken met betrekking tot heilige en wereldse zaken. In Tridentijnse ogen vormde het profane immers een voortdurende bedreiging die het sacrale kon bezoedelen. Bij de herkerstening van de wereld diende eerst en vooral de status van het heilige in het ondermaanse bestaan gedefinieerd te worden. Gewijde zaken dienden door zowel priesters als leken met eerbied en ontzag omgeven te worden; noties die door middel van allerlei concrete handelingsvoorschriften uitgedragen dienden te worden. In de eerste plaats werd de status van de gewijde persoon zelf herijkt. De priester was niet meer de aloude *primus inter pares*, maar zijn sacramentele status verhief hem onaantastbaar hoog boven die van zijn plaatsgenoten, generatiegenoten en familieleden. Hij was voortaan gevormd op speciale seminaries die, afgezonderd van de wereld, bij voorkeur op het platteland waren gesitueerd. Zijn levenswijze kreeg een belangrijke morele voorbeeldfunctie waaraan de leken zich dienden te spiegelen. Familiaire omgang met ongewijden, profane activiteiten en wereldse kleding waren taboe: de priester moest met zijn *toga talaris* letterlijk zijn anders-zijn in de wereld uitdragen. Dit gewijzigde gedragsrepertoire, waarin vele monastieke idealen zijn te onderkennen, had vanzelfsprekend grote gevolgen voor de relaties met de ongewijde gelovigen, doorgaans leken genoemd. In feite werden zij als profaan gedegradeerd, kerkvolk dat als trouwe schapen de herder moest volgen.

Nu is dit proces niet zonder slag of stoot verlopen. Menige priester heeft omstreeks 1600 moeite gehad met deze transformatie, die hem immers ook sterk isoleerde, en een gesloten clericale groepscultuur met zich mee zou brengen. Het heeft een afstand tussen clerus en kerkvolk bewerkstelligd die niet zelden een onoverbrugbare kloof zou blijken, temeer daar tot in de negentiende en twintigste eeuw het Tridentijnse ideaal van de geheiligde priester als officiële norm zou blijven gelden. De priester werd dus zelf een heilige man, en het grote aantal heiligverklaringen van seculiere en reguliere priesters die er met succes in slaagden het ideaalbeeld te belichamen in de zeventiende en achttiende eeuw, onderstreept deze heiligsheidsconceptie – met kardinaal Carolus Borromaeus van Milaan (1538-1584, heilig in 1610) als onbetwiste kampioen.

Herijking van gewijde ruimten en heilige tijden
Niet alleen het leven van de clerus, ook dat van het kerkvolk diende hervormd te worden. Tijdens de zogeheten visitaties, periodieke controlebezoeken van de bisschop of zijn vertegenwoordiger(s) aan parochies, werd dan ook systematisch gevraagd naar zowel de levenswijze van de priester, de bediening van het ambt en de correcte omgang met sacramentalia, alsook naar het leven van de leken. Waren er ketters in de parochie? Waren er gelovigen die hun paasplicht verzuimden? Waren er personen die zich inlieten met magische praktijken? De vragenlijsten geven een goed beeld van het hervormingsprogramma; de antwoorden inzicht in de uitvoering en naleving ervan. Opvallend is het grote aantal opmerkingen in de visitatieverslagen met betrekking tot gewijde ruimten en heilige tijden. Dit waren kennelijk aspecten waarbij de gewenste gedragsveranderingen maar moeizaam tot stand kwamen in de dagelijkse praktijk.

Het kerkgebouw en met name het omringende kerkhof waren oorden met vele functies, variërend van vergaderruimte voor de overheid, marktplaats voor kooplieden, speelterrein voor kinderen, veeweide of bleekveld van wasvrouwen. Ze lagen doorgaans centraal binnen de gemeenschap en hun praktische gebruik overvleugelde in Tridentijnse ogen veelal de sacrale betekenis van deze gewijde ruimten. Door het wereldse gebruik werd niet alleen menigmaal de eredienst verstoord, de profaneringen werden daarnaast meer algemeen beschouwd als bezoedelingen van het heilig karakter. Het waren kortom activiteiten die op deze plaatsen in toenemende mate als ongepast beschouwd werden. Veelzeggend is de aansporing die keer op keer terugkomt in de visitatieverslagen dat het kerkhof omheind en afgesloten dient te worden. Het heilige domein moest door middel van muren, hekken, hagen of grachten strikt afgebakend worden van het marktplein en de omringende profane ruimte. Op deze wijze werden er niet alleen onreine 'vuile' dieren zoals varkens geweerd, maar werd de symbolische grens tussen sacraal en profaan ook in materiële zin gemarkeerd. Het werden in toenemende mate twee verschillende werelden, waarbij de oude sacro-profane vervlechting van functies en betekenissen van hogerhand werd gescheiden. Deze ontkoppeling had uiteraard gevolgen voor het gedragsrepertoire in deze ruimten, waarbij ingetogenheid, eerbied en beheerst gedrag als standaard gingen gelden. Het is de glorietijd van de kerkelijke hondenslager, die met zijn prikkel het 'ongedierte' uit de heilige plaatsen weerde, en die in de negentiende eeuw werd opgevolgd door de geüniformeerde en dito opgewaardeerde *Suisse*, die als kerksoldaat voorzien van een sjerp met daarop 'Eerbied in Gods huis', de orde handhaafde. En nog steeds zijn we gewoon om in een kerkgebouw te fluisteren. Het huis van de profane gemeenschap werd in toenemende mate het exclusieve domein van God.

Wat de tijd betreft hebben vroegmoderne kerkleiders in het proces van herkerstening van de samenleving een waar offensief gevoerd tegen de ontheiliging van de zon- en feestdagen. Deze sacrale tijden werden in hun optiek immers ontheiligd door allerlei slafelijke werken. Onder deze zogeheten *opera servilia* verstond men arbeid die diende om 'in het zweet des aanschijns' de kost te verdienen. Niet alleen boeren – die gebruik maakten van gunstig weer om te ploegen, zaaien of oogsten – maar ook ambachtslieden bezondigden zich hieraan regelmatig. Met name brouwers en molenaars behoorden tot de frequente zondaars. Maar ook huisvrouwen die openlijk de was bleekten op dergelijke dagen maakten zich schuldig aan de overtreding van het zondagsgebod. Behalve arbeid golden ook bepaalde vermaken als taboe. Nu was de handhaving van de zondagsrust in gereformeerde kringen aanzienlijk strenger dan in de katholieke cultuur. Zo was 'eerlijke recreatie' in de vorm van herberg- of marktbezoek op zon- en feestdagen daar wel toegestaan, zij het uitdrukkelijk niet tijdens de kerkdiensten. De herbergier die tapte onder de mis was ernstig in overtreding, waarvan vele dossiers in kerkelijke rechtbanken (het *officialaat*) getuigen. Om de voor het zielenheil gevaarlijke uren in de middag religieus op te vullen werd er van kerkwege een programma aangeboden in de vorm van catechismusles en het lof. De eerbiediging van de aan het goddelijke toegewijde tijd diende onder meer tot uitdrukking te komen in speciale kleding: het zondags pak. Het aantal katholieke zon- en feestdagen beliep in de zeventiende eeuw zo'n honderd dagen – in de achttiende eeuw werd dat aantal overigens teruggebracht om het economische leven niet al te zeer te ontwrichten; in feite evenveel als het aantal vakantiedagen in onze huidige samenleving. Het is dan ook veelzeggend voor de veranderde beleving van tijd dat we op zon- en feestdagen geen zondags pak meer dragen maar vrijetijdskleding: de heilige tijd is vrije tijd geworden.

Fixatie op en van het heilige

God werd voornamelijk aanwezig geacht op deze heilige plaatsen en tijden: daar zou hij de mensen het meest nabij zijn, waarop het gedragsrepertoire in een langdurig proces van aanpassing en acculturatie afgestemd diende te worden. Ook het heilige zelf deed zich tijdens dit proces anders voor aan de gelovigen. Dit gold in de eerste plaats de beeldcultuur, die het heilige in materiële zin zichtbaar en tastbaar maakte. Als uitvloeisel van de tijdens de vijfentwintigste zitting van het Concilie van Trente genomen besluiten schreef de Leuvense theoloog Johannes Molanus (oftewel Vermeulen, 1533-1585) in 1570 een invloedrijk boek over de wijzen waarop het heilige en de heiligen afgebeeld dienden te worden in de kunst. Het gold voor elke contrareformatorische kunstenaar als een officiële richtlijn. Als reactie op de beeldenstorm werd het belang van sacrale voorstellingen in de Barok sterk benadrukt: het was immers het medium bij uitstek om de ketterse, protestantse opvattingen demonstratief tegen te gaan. Wel was de zuiverheid van en de omgang met de katholieke beeldcultuur een punt van ernstige zorg: de voorstellingen dienden de ware leer weer te geven en mochten slechts vereerd en niet aanbeden worden. Ook 'bijgelovige', magische praktijken met afbeeldingen en relikwieën waren taboe. Aangezien de kerk als huis van God heilig is, dienen oneerbare voorstellingen daar te worden geweerd.[25]

Reeds in 1520 had Desiderius Erasmus (1469-1536), in aansluiting op een verhandeling over onzedelijk taalgebruik (*turpiloquium*), een tirade geschreven tegen de artistieke renaissancemode van zijn tijd om allerlei lustwekkende voorstellingen in kerken en kapellen aan te brengen. De welvoeglijkheid die het spreken over heilige zaken betaamt gold zijns inziens ook voor de beeldende kunst, waarbij de Nederlandse humanist een strikte scheiding aanbracht tussen heidense en christelijke, zinnen-prikkelende en kuise, profane en sacrale uitingsvormen. Het weergeven van seksuele misdragingen of magische handelingen in preken of (ker-kelijke) kunstwerken stond, los van de intenties van de maker, gelijk aan het propageren ervan. Erasmus had met andere woorden oog voor de au-tonome toe-eigeningsprocessen door niet-ingewijde toehoorders of kij-kers: 'Een schilderij spreekt, al is het stom, en bekruipt langzaam maar zeker de zielen van de mensen.' De ironie wil dat juist op het Concilie van Trente de werken van Erasmus op de index van verboden boeken wer-den geplaatst, terwijl drie jaar na het Concilie de actualiteit van dit the-ma werd onderstreept door de beeldenstorm van 1566.[26]

Zuivering van de beeldcultuur
De *Historia sacrarum imaginum et picturarum* uit 1570 van Molanus was in de eerste plaats een apologie voor de katholieke beeldenleer, waarbij hij terloops de misbruiken in voorstellingswijze of verering signaleert en afkeurt. Met betrekking tot de oude schilderijen achtte Molanus vooral de voorstellingen die de kijker alleen al bij beschouwing ervan vervul-den met afschuw voor de zonden, als zinvol. Wat de moderne kunst van zijn tijd betrof stoorde hem vooral de onbekommerde omgang met het naakt. De auteur maande de schilders niets voor te stellen wat begeerte opwekt, zoals de afbeelding van obscene handelingen, zelfs al kwamen ze voor in de Schriftuur. Ook keurde hij de voorstelling van het blote Je-zuskind af, hoewel niet per definitie al het naakt of uitsluitend het on-beklede lichaam in de kerkelijke kunst geweerd hoeft te worden, zoals J. N. Paquot die in 1771 de beeldenleer van Molanus opnieuw uitgaf, stel-de. Maar beelden van grotere afmeting konden te allen tijde beter be-kleed blijven, waarbij de tolerantie ten aanzien van het mannenlichaam aanzienlijk groter was dan de om haar vormenweekheid gevaarlijk ge-achte vrouwenfiguur.[27]

De Tridentijnse richtlijnen met betrekking tot de beeldcultuur had-den, behalve geïllustreerde catechetische instructies, veelal censureren-de ingrepen tot gevolg waarbij het optreden van de 'broekjesmaker' (*il braghettone*) Daniele da Volterra – die de fresco's van Michelangelo in de Sixtijnse kapel te Rome voorzag van kuise schaamdoekjes en sluiers – typerend is. Op het vierde provinciale Concilie van Milaan zette de invloedrijke Carolus Borromaeus in 1576 voorts de toon door rigoureus versleten, verouderde of onwelgevallige beelden en schilderijen te doen verbranden of in gewijde aarde te begraven opdat ze niet onteerd zouden worden door profane handen. Vele sacrale kunstwerken kwamen terecht in vergetelputten, dichtgemetselde kerknissen of op kerkzolders en brandstapels: manieren om heilige – en dus ook gevaarlijke – voorwerpen veilig te verwijderen. Meestal werd echter getracht door middel van aanpassingen de schilderijen of sculpturen te 'verbeteren' door ze plaatselijk te bedekken met geschilderde sluiers, gipsen broekjes of textielen mantels. Rigoureuzer was het wegsnijden van geslachtsdelen aan kind-Jezusfiguren of het bijwerken van geprononceerde gotische madonnabustes. Het is in deze periode dat de Spaanse mode om heiligenbeelden aan te kleden in de Nederlanden algemeen in zwang kwam, alhoewel dit gebruik voordien hier niet geheel onbekend was. Sommige beelden, met name miraculeuze madonna's, beschikten over uitgebreide garderobes met kostbare sieraden.[28]

Standpuntgebonden orthodoxie en superstitie
Gold een dergelijke gezuiverde beeldcultuur in katholieke kringen als orthodox, de gereformeerden grepen de roomse voorliefde voor beelden graag aan voor spot. Het vormt tot diep in de negentiende eeuw een doorgaand antipapistisch thema, zowel in populaire vlugschriften als in de serieuze theologische controverse-literatuur. In 's-Hertogenbosch zou bisschop Gijsbertus Masius (1594-1614) met de plaatsing van een tweetal glasramen in Bossche kerken een landelijke polemiek ontketenen tussen protestanten en katholieken. In 1597 schonk de bisschop een venster aan de Sint-Pieterskerk waarop hij zichzelf had laten afbeelden, knielend tussen de gekruisigde Christus en Zijn Moeder. De kerkleider werd zowel gevoed door het bloed uit Christus' wond als uit de melkgevende ontblote borst van Maria, waarbij vooral de tekst 'POSITVS IN MEDIO QUO ME VERTAM NESCIO' (geplaatst in het midden, weet ik niet waarheen ik me wenden zal) de pennen in beroering bracht toen Masius in 1609 een soortgelijk glasvenster aan de Catharinakerk aldaar schonk. De Nijmeegse predikant Gerardus Livius publiceerde in 1612 en 1614 felle pamfletten tegen de 'geschilderde onwetentheyt Gisberti Masii' waarin niet alleen de Mariaverering maar ook de zelfverheerlijking – de bisschop had de vensters immers niet slechts ter ere van God maar ook tot zijn eigen memorie geschonken – werd gehekeld. Het geval werd

een ware canard in de polemische literatuur en vormde in protestantse kritieken op Mariadevotie en beeldenverering een zodanig topos dat zelfs de Meierijse predikant Stefanus Hanewinkel omstreeks 1800 er nog aan refereerde met de opmerking *'Zot! keer u tot God!'*²⁹ Wat door katholieken als orthodox werd beschouwd, gold voor calvinisten als roomse superstitie en 'paapse stoutigheid'.

Behalve heiligen werden ook meer abstracte en complexe leerstukken, zoals het mysterie van de Drievuldigheid, verbeeld. Een klassieke voorstelling daarvan betrof bijvoorbeeld de genadestoel, waarbij God de Vader Zijn Zoon in de armen houdt, terwijl de Heilige Geest van bovenaf in de vorm van een duif toeziet. Ook de driehoek, jawel die met het oog, behoort tot het repertoire van Trinitassymbolen. Maar er waren ook voorstellingen die als ongewenst werden beschouwd. Zo verkocht een rondreizende prentenmaker omstreeks 1772 in oostelijk Noord-Brabant een grote houtsnede met de afbeelding van de heilige Drievuldigheid, voorgesteld als menselijke figuur met een hoofd voorzien van drie neuzen, drie monden en vier ogen; dus drie gezichten in één. De christelijke toepassing van deze iconografie vinden we sinds de twaalfde eeuw in Frankrijk en later ook elders in Europa. 'Hoezeer zouden deze mensen, die zonder eerbied de drie-eenheid als een man met drie hoofden verbeelden, gestraft moeten worden. Het is Godslastering,' klaagde in de vijftiende eeuw de aartsbisschop van Florence. Andere geestelijken, onder wie Johannes Molanus, uitten soortgelijke kritiek. Niettemin vond deze voorstelling zoveel verbreiding dat Urbanus VIII in 1628 verbranding beval. Nog in 1745 werd een pauselijk schrijven naar Augsburg verzonden waarin het oude verbod herhaald werd. En in 1771 verscheen te Leuven de tweede druk van het invloedrijke werk van Molanus, bezorgd en geannoteerd door Paquot. Het is veelzeggend dat Molanus de invloed en het belang van afbeeldingen, waaraan niemand zich volgens hem kon onttrekken, even hoog achtte als boeken.³⁰

Dat de driehoofdige voorstelling, ondanks de afkeurende woorden van deze theologen, toepassing bleef vinden in de katholieke Nederlanden, blijkt tevens uit een vroeg achttiende-eeuws anoniem schilderij uit het bisdom 's-Hertogenbosch. Deze toevallig bewaard gebleven 'topjes van de ijsberg' dienen ons, wat de invloed van deze theologische voorschriften in de praktijk van de beeldcultuur betreft, tot relativering te stemmen. Hielden professionele kunstenaars die in opdracht voor kerken en kloosters werkten zich in de regel weliswaar aan de officiële richtlijnen, in het huiselijke domein was een veel grotere variëteit aan niet-, semi- of quasi-orthodoxe devotievoorstellingen mogelijk. Dat deze uitbeelding van de Drievuldigheid in oostelijk Noord-Brabant vrij algemeen was op het einde van de achttiende eeuw, blijkt tevens uit een der reisverslagen van de predikant Hanewinkel: 'Ik zag op deeze Reize ergens (waar? dit is mij ontdacht) eene afbeelding der Drieëenheid. Zij wierd verbeeld door het gedeelte van een menschlijk ligchaam, hebbende één hoofd met drie aangezigten met dit onderschrift: *de Allerheiligste Drievuldigheid*!' [31] Hier zien we dus dat de afkeuring van katholieke theologen en gereformeerde predikanten parallel kon lopen, en dat de dagelijkse praktijk zich niet zo gemakkelijk naar de officiële normen liet schikken.

Sacralisering en secularisatie: het vastpinnen van God
Het rekatholiseringsproces in de vroegmoderne tijd mogen we ons derhalve niet, net zomin als de kersteningsoffensieven in gereformeerde kringen, al te rechtlijnig voorstellen. De geleefde praktijk week niet zelden aanzienlijk af van de voorgeschreven orde, waarbij zowel clerus als kerkvolk op creatieve wijze omging met de richtlijnen. Het ging in de praktijk immers telkens om het in overeenstemming brengen van in sociaal-cultureel opzicht gedifferentieerde loyaliteiten tussen centrale autoriteiten en plaatselijke bevolking, tussen orthodoxe idealen en heterodoxe praktijken, tussen publiek domein en private sfeer, tussen taaie tradities en nieuwe liturgische opvattingen, tussen godsdienst en mensendienst. We zouden dit acculturatieproces, dat in feite een voortdurende negotiatie van betekenissen impliceert, onverantwoord simplificeren door het voor te stellen als een eenzijdig kerkelijk offensief van 'bovenaf' waarnaar de leken zich maar hadden te schikken. In de praktijk kenden deze laatsten allerlei strategieën om de voorschriften te incorporeren, aan te passen of, al dan niet subtiel, te verwerpen. En daarnaast moeten we die tegenstelling tussen leer en praktijk niet al te scherp trekken. Zo was er, zoals we in hoofdstuk 6 nog zullen zien, binnen de 'gestrenge' contrareformatorische ideologie volop ruimte voor een meer speelse omgang met het heilige, ook in de barokke beeldcultuur. Het eenduidige stereotiepe beeld van een onderdrukt en onderdanig kerkvolk doet geen recht aan de drie dimensies van religiositeit, variërend van een intuïtieve mystiek tot een persoonlijk doorleefde en normatief-kerkelijke omgang met het goddelijke. Deze aspecten ko-

men vooral in beeld wanneer we het klassieke kerkgerichte, institutionele kerkmodel als uitgangs- en ijkpunt voor numineuze ervaringen verlaten.

De subtiliteiten van dergelijke processen heb ik elders uitvoerig uit de doeken gedaan. Hier is slechts het meest wezenlijke hernomen om te komen tot een in het kader van dit boek belangrijke vaststelling. Door de systematische ontkoppeling van sacraal en profaan – hetzij als voorgeschreven ideaal en/of als geleefde praktijk in al zijn contextuele variaties – is immers op praktisch alle levensgebieden het dualisme waarbij het heilige als oppositie van het alledaagse wordt beschouwd, sterk bevorderd. Deze ontkoppeling is dus al lange tijd vóór de Verlichting, die doorgaans als bron van secularisering wordt beschouwd met intellectuele voorlopers als het cartesianisme en spinozisme, tot stand gekomen. Ging bij deze stromingen de ontkoppeling van sacraal en profaan gepaard met een waardering voor de autonomie van het wereldse, in het kerkelijke proces van ontkoppeling, dat zowel katholieke als protestantse confessies oversteeg, werd het profane juist gedegradeerd tot een niet-categorie. Het alledaagse was immers niet-heilig, en vormde een corrumperende substantie die het heilige kon bezoedelen wanneer de categorieën niet zorgvuldig gescheiden bleven. De wereld van de leken als een te verachten en te wantrouwen wereld (het *contemptus mundi*), omgeven met noties van rituele onreinheid. Een onvermijdelijke wereld ook, die voortdurend geheiligd diende te worden zoals de piëtisten van de Nadere Reformatie bij herhaling stelden. Het alledaagse waarbij de zonde, zoals we in hoofdstuk 4 zullen zien, veeleer norm dan uitzondering was; de profane leefwereld als domein dat bij het betreden van gewijde plaatsen en het ingaan van heilige tijden symbolisch werd verlaten.

Op deze wijze werd in een vroege fase van secularisatie, juist door de nadruk op sacralisering, het profane niet alleen van negatieve connotaties voorzien, het goddelijke werd er tevens eens te meer door gefixeerd, vastgepind op bepaalde plaatsen, tijden, in welomschreven beelden en namen. Door het plaatsen van beelden en kruisen werd, zoals we in hoofdstuk 7 nog zullen zien, zelfs de profane wereld zoveel mogelijk gesacraliseerd en volgens confessionele categorieën geordend en geclaimd. In die zin was religie in het verleden allesomvattend, het incorporeerde in feite ook het alledaagse als tegenhanger van het heilige, het profane leven dat op zijn best geheiligd en verheven kon worden door allerlei devotionele rituelen. In de westerse wereld waar, anders dan in de joodse of oosters-orthodoxe cultuur, geen principieel taboe rustte op het afbeelden van heilige zaken, maakten de beelden zich dan ook in de loop der eeuwen los van de reliëfs op muren, zetelden zij zich op consoles tegen pilaren en portalen om daarna eenvoudigweg de kerk uit te wandelen. De kerk uit, het dorpsplein op met de armen wijd uitgespreid als de bekende negentiende-eeuwse Heilig-Hartbeelden, zoals Anton Houtepen het treffend formuleert. Tot op de bergen bij grote steden treffen we ze aan, zoals op Montmartre bij Parijs of in Rio de Janeiro: het heilige is er niet over het hoofd te zien. Maar, stelt de oecumenisch theoloog Houtepen vervolgens, 'zo raakt God ook gelokaliseerd: je hebt datgene wat God is zelf vormgegeven, gefixeerd en als een object onder de objecten, als een subject onder de subjecten, opgesteld. Dat is het einde van God, omdat God niet iets of iemand onder ons kan zijn. Wie zegt: hier is God of daar is hij, heeft niet begrepen dat God zich beweegt van hier naar daar en dat God met ons meegaat in onze tocht van hier naar daar.'[32]

De diepzinnigheid van het triviale

De tegenstelling tussen profaan en sacraal, zoals die onder meer in de vroegmoderne kersteningsprocessen tot stand is gekomen, is in deze vorm karakteristiek voor de westerse cultuur. Het als universeel projecteren van deze oppositie in andere perioden en culturen is dan ook een vorm van etno- en Europacentrisme. De godsdienstwetenschapper Mircea Eliade (1907-1986) heeft erop gewezen dat alle westerse definities van sacraliteit weliswaar uitgaan van de tegenstelling tussen profaan en sacraal, maar dat de grens tussen beide domeinen zelden scherp getrokken kan worden.[33] En wanneer dat wel gebeurt, zoals in het proces van katholieke herleving, gaat dit in feite gepaard met een ontkennen van de numineuze valentie van het profane. In actuele theologische studies, die het alledaagse als uitgangspunt voor de religieuze ervaring nemen, wordt deze klassieke tegenstelling dan ook sterk gerelativeerd.

Op zich is een dergelijke benadering niet nieuw. Zo schreef de humanist Erasmus op 8 juli 1514 vanuit kasteel Hammes in Noord-Frankrijk een brief aan zijn kloosteroverste, de augustijn Servatius Rogerus in Steyn bij Gouda, waarin hij zich uitvoerig verantwoordde voor zijn levenswijze buiten de geijkte kaders van het klooster waartoe hij behoorde. De brief is te beschouwen als een soort persoonlijk credo, dat vanuit het perspectief van de normatieve tegenstelling tussen sacraal en profaan veelzeggend is. 'Wij maken Christus en onze godsdienst afhankelijk van een plaats, van kleding, van voedsel, van enkele ceremoniën,' aldus Erasmus. 'Wij menen dat 't gedaan is met iemand die zijn wit kleed verandert voor een zwart of die een muts draagt in plaats van een monnikskap, of die van tijd tot tijd van woonplaats verandert. Ik durf dit wel te zeggen, dat die zogenaamde godsdienstige praktijken zeer verderfelijk zijn voor de christelijke liefde, hoewel ze misschien eerst uit heilige ijver ingevoerd zijn. Daarna hebben zij zich vermenigvuldigd en gesplitst in duizenden verbijzonderingen. Het gezag der pausen, in vele opzichten al te gemakkelijk en toegeeflijk, heeft daartoe bijgedragen. Wat is er echter zo smadelijk of zo goddeloos als deze slappe praktijken? Zelfs als gij let op de praktijken die aannemelijk, ja zelfs zeer aannemelijk zijn, dan is het enige beeld dat gij van Christus vindt, niets anders dan wat koud en joods ceremonieel. Dit maakt ons zelfgenoegzaam, hierom oordelen en veroordelen wij anderen. Hoeveel meer in de geest van Christus is het de gehele wereld te beschouwen als één christelijk huisgezin en als één klooster, waarvan eenieder tot uw kapittel en orde behoort; het sacrament van de doop als de voornaamste godsdienstige handeling te achten en er niet op te letten waar men leeft, maar hoe goed men leeft.'[34]

De humanist verdedigde in dit schrijven zijn ambulante bestaan, zijn profane kleding, zijn niet-onderhouden van de vastengeboden en ventileerde er zijn afkeer van werkheiligheid en sacrale zelfgenoegzaamheid. De ware roeping van de christen is leven in de wereld en deze mede vorm te geven in een heilige gemeenschap. Het is duidelijk dat het persoonlijke, doorleefde Godsbeeld en de praktische consequenties die de geleerde daaruit trok, hier in conflict kwamen met de geordende vormen van geloofsbeleving in kerk en klooster. Een dergelijke kritische houding ten aanzien van de ritualisering van Christus en de afgrenzing van het heilige in bepaalde handelingen, plaatsen, tijden en beelden moest in de zestiende eeuw uiteindelijk wel leiden tot de veroordeling van zijn denkbeelden. Het is dan ook niet toevallig dat dit juist op het Concilie van Trente gebeurde, waar de afbakening van sacrale en profane categorieën immers een onderliggend hoofdthema vormde. De werken van deze intellectueel, die zich zelf nooit in partijgewoel had willen begeven, werden op de index geplaatst. Zijn opvattingen over de speelse dwaasheid én de heiligheid van het dagelijkse leven werden als schadelijk voor de kerkelijke geloofsgemeenschap beschouwd. De niveaus van particuliere religieuze reflectie en de geordende, sociale vorm van godsdienst bleken hier onverenigbaar. Hierdoor is de christelijk-humanistische traditie binnen de rooms-katholieke kerk lange tijd op een zijspoor geraakt. Tot in de jaren zestig van de twintigste eeuw gold het begrip 'humanisme' in kerkelijke kringen zelfs als een synoniem voor agnosticisme of atheïsme.

Deze opvatting is in (bepaalde) theologische kringen inmiddels ingrijpend gewijzigd, maar bezien op het analyseniveau van de kerkelijke gemeenschap 'wordt nog hard gewerkt' aan de dialoog met betrekking tot deze denktradities. Hierbij speelt het proces van secularisering een verwarrende, complicerende rol. De negatieve benadering ervan ontneemt doorgaans de mogelijkheid om de vele positieve aspecten van dit eeuwenoude, en genuanceerde proces te benutten. Een Amerikaanse prelaat getuigde daar bijvoorbeeld in februari 2000 op Radio Vaticana van. De aartsbisschop van Denver, in Rome op *ad limina*-bezoek, werd er ondervraagd over de rol en betekenis van 'leken' in de kerk. Natuurlijk was deze groot en zeer belangrijk, met name omdat zij het eerst en vooral zijn die in het dagelijks leven gestalte geven aan het christendom, of beter gezegd, het rooms-katholicisme. Met name in deze tijd van geloofsafval en secularisatie, zo betoogde de kerkleider, dienden leken hun leven van alledag nadrukkelijk te heiligen. In de eerste plaats worden zij geacht het sacrament van het doopsel bij voortduring te overwegen, aan het sacrament van de wekelijkse eucharistie in hun geloofsbeleving een centrale plaats te geven en voorts dagelijks in de Heilige Schrift te lezen (de *lectio divina*) en veel te bidden, bij voorkeur de rozenkrans. Dit alles is volgens hem de beste manier om kerk en geloof weer een volwaardige en overtuigende plaats te geven in de westerse samenleving, waarin het christendom niet meer vanzelfsprekend is. Nu is op deze adviezen niets tegen, maar wordt op deze manier de 'heiliging van het dagelijks leven' niet veel te ver gezocht en anderzijds te zeer ingeperkt tot enkele rituele, sacramentele handelingskaders? Overigens getuigt de uitdrukking om het leven van alledag te 'heiligen' van de aloude oppositie tussen profaan en sacraal. Dient juist dat dagelijks leven niet veeleer vanuit de eigen, zelfstandige autonomie op numineuze kwaliteiten doordacht te worden? Is het triviale met andere woorden paradoxaal genoeg niet veel diepzinniger dan we doorgaans gewend zijn aan te nemen?[35]

Heilige verbeeldingskracht: metafoor en metonymie

Het is dit thema dat een andere Amerikaanse theoloog, Lynda Sexson, reeds in 1982 heeft aangesneden in haar boek *Ordinarily Sacred*. Hierin illustreert zij aan de hand van heel alledaagse voorbeelden hoe in het praktisch improviserend handelen de cerebraal gescheiden categorieën met elkaar vermengd worden zodat het onderscheid tussen het heilige en het profane in een intrigerend, en veelal verrassend, onverwacht samenspel wordt opgeheven. Het zijn volgens haar juist de dingen van deze wereld, die het beginpunt vormen van verhalen, die de dragers van het numineuze zijn. Het zijn de eigenaardige ogenblikken in het gewone leven die de grondstof vormen van religie. Dergelijke momenten zijn steevast doortrokken van persoonlijke symboliek, die voor elk mens een eigen invulling kan hebben. Het betreft hier in feite het eerste analyseniveau van religie, dat van de intuïtieve, prereflexieve godservaring die de mens onverhoeds overkomt. De ervaring die op het eerste gezicht seculier lijkt, kan derhalve een sacraal aspect bezitten. Heiligheid is, zoals we hierboven reeds zagen, geen intrinsieke waarde, maar altijd contextueel bepaald. Volgens Sexson bestaat er dan ook geen formele scheiding tussen kunst en dagelijks leven of tussen religie en volkscultuur.[36]

Van essentieel belang daarbij is het unieke menselijke vermogen van de verbeeldingskracht waarbij door middel van allerlei metaforen aan alledaagse zaken een bijzondere, al dan niet numineuze, betekenis kan worden gehecht. Hoezeer ons leven en denken beheerst wordt door de metaforen die we hanteren, hebben onder meer de cognitieve linguïsten George Lakoff en Mark Johnson aangetoond. In hun *Metaphors we live by* uit 1980 maakten zij duidelijk dat metaforen niet zomaar talige afwijkingen zijn, maar het conceptuele fundament van onze cultuur vormen. Door het systematisch en gestructureerd, zij het veelal onbewust, toekennen van niet-letterlijke betekenissen aan uitdrukkingen en objecten gaat de mens interactie aan met zijn omgeving en bepaalt hij tenslotte ook zijn eigen positie en identiteit daarbinnen. De metafoor (aan het Grieks ontleende samenstelling van *meta* en *pherein* in de betekenis van 'overdragen') vormt een van de basismechanismen van alledaagse betekenistoekenning. De essentie van de metafoor is gelegen in het principe dat we iets begrijpen en ervaren op basis van iets anders. De zeldzaam diepzinnige uitspraak van Rinus Michels 'voetbal is oorlog' betekent niet dat oorlog en voetbal identiek zijn, maar dat dit spel in onze cultuur deels wordt vormgegeven, uitgevoerd, besproken en beleefd aan de hand van het begrip 'oorlog'. De spelers volgen een strategie, ze zijn winnaars of verliezers, gaan in de aanval of in de verdediging, doorbreken linies of delven het onderspit. Er wordt zelfs geschoten en het spel kan doodvallen.[37]

Dient de metafoor om iets inzichtelijk te maken op basis van iets anders, een metonymie (aan het Grieks ontleende samenstelling van *meta* en *onuma* in de betekenis van 'vernoemen') heeft een verwijzende functie waarmee de ene entiteit de andere een verwante betekenis geeft, zoals de uitdrukking 'het Binnenhof' voor de Nederlandse overheid. In onze cultuur staat bijvoorbeeld het gezicht voor de persoon. Wie vraagt naar een foto van de auteurs, verwacht geen opname van hun rug of benen, maar een portret; pas dan weten we 'hoe zij eruitzien' (zie het achteromslag van dit boek). Lakoff en Johnson scharen dat onder de metonymie 'deel voor het geheel' (*pars pro toto*). Deze ingesleten manier van denken vormt ook een van de redenen dat het zo moeilijk is om een afbeelding van God te maken. We zijn zo gewend om daarbij meteen aan een antropomorf 'portret' te denken dat heel andere representaties buiten de orde lijken. De beelden en antibeelden van God zullen in hoofdstuk 4 nader aan de orde komen. Hier beperken we ons nu tot de bijzondere betekenis van metoniemen in de religieuze symboliek.

Metoniemen zijn in de vorm van symbolen essentiële schakels tussen de alledaagse ervaring en een coherent metaforisch systeem dat we religie of cultuur noemen. Een goed voorbeeld daarvan is de metonymie 'duif voor Heilige Geest'; een niet willekeurig gekozen symboliek die is gebaseerd op de betekenis van deze vogel in onze cultuur. Waarom is in het glasvenster van het koor van de Sint-Pieter in Rome een duif en geen gier, kip of struisvogel afgebeeld? De duif, zo formuleren Lakoff en Johnson toepasselijk, wordt voorgesteld 'als een mooi, vriendelijk, zacht en bovenal vredig dier. Omdat het een vogel is, is z'n natuurlijke omgeving de lucht die metonymisch voor de hemel staat, de natuurlijke omgeving van de Heilige Geest. De duif is een vogel die sierlijk vliegt, stille glijvluchten maakt en meestal wordt opgemerkt terwijl hij uit de lucht neerdaalt en tussen de mensen landt.'[38] De alledaagse metoniem van de duif speelt een grote rol in de metafoor van de Drie-eenheid: het kardinale, abstracte en mysterieuze leerstuk van het christendom dat als uitgangspunt is genomen voor de delen van dit boek.

Zoals we hebben gezien worden menselijke ervaringen via rituelen als vaste, geformaliseerde handelingspatronen, gestructureerd en van betekenissen voorzien. Hierin spelen metaforen en metoniemen een belangrijke rol: ze krijgen immers in de context van het ritueel zin en worden er tevens in bewaard en aan anderen overgedragen. Dit geldt zowel voor plechtige, collectieve liturgische handelingen als voor heel alledaagse, persoonlijke vaste patronen zoals koffiedrinken, het uitlaten van de hond, het op een vast tijdstip eten en het dito schoonmaken van de vaat of een huis. Religieuze rituelen zijn, zoals Lakoff en Johnson stellen, metaforische activiteiten waarin doorgaans metoniemen een rol spelen. Objecten uit de echte wereld staan daarbij voor entiteiten in de numineuze wereld zoals die gedefinieerd wordt in het conceptuele systeem van een religie. Onze impliciete en doorgaans onbewuste opvattingen van onszelf en de waarden in de wereld om ons heen worden het sterkst weerspiegeld in de kleine dingen die we steeds opnieuw doen, de terloopse rituelen die spontaan liggen ingebed in ons dagelijks leven.[39]

Kisten, stofnesten en valkuilen
De beelden die we hanteren zijn geen representaties van de realiteit, maar ze scheppen die werkelijkheid. Religie is dan ook, zoals Lynda Sexson stelt, veeleer een manier van interpreterend waarnemen en van kennen dan een kwestie van buigen voor het bizarre. De voorstelling brengt immers de wereld tot stand. Zo zetelt religie als een soort intrinsieke waarde niet in allerlei prozaïsche dingen, maar ze maakt er op een metaforische wijze wel deel van uit. Sexson illustreert dit aan de hand van de metafoor van 'kistjes en dozen', die ze doortrekt tot de bijbelse Ark. Beroemd is inmiddels haar beeld van het kleine meisje dat een ketting reeg van kornoeljebessen en die zorgvuldig in een doos tussen de stofnesten onder haar bed bewaarde, om daar later als overgrootmoeder nog over te vertellen. Hoever staat zo'n geïmproviseerd kralensnoer af van een officiële rozenkrans? zo vraagt Sexson zich af. Natuurlijk liggen er werelden van verschil tussen beide objecten, maar bezien vanuit het analyseniveau van prereflexieve, intuïtieve religiositeit behoren ze tot een soortgelijke ervaringswereld. Het 'heilige', los van de specifieke mogelijke invullingen daarvan, wordt er immers in tastbaar gemaakt. De auteur constateert een opmerkelijke overeenkomst tussen de inventaris van dergelijke informele geheime kinderschatten en de sacrale schatkamers op officiële heilige plaatsen. Hun inhoud bestaat uit beenderen, aparte stenen, kralen, bont, veren, stukjes textiel, tekstfragmenten, afbeeldingen en gebruiksvoorwerpen.[40]

Het zijn, hoe je het wendt of keert, door de context van het gemate-rialiseerd bewaren van herinneringen relieken in de ware zin van het woord: relicten (overblijfselen) die verwijzen naar transcendente mo-menten in het alledaagse leven. Als geheugenobjecten verwijzen ze naar dat ene speciale moment of de 'act van de vondst' waardoor aan het voor-werp (een andere) betekenis werd toegekend. Door deze contextverande-ring zijn de relieken 'geladen' met een numineuze kracht, die tot ui-ting komt in het vertellen van verhalen, of het exposeren en vereren. De heilige objecten verwijzen met andere woorden op een metaforische wijze naar een andere, transcendente werkelijkheid.

Het is deze 'rommel' die de grondstof vormt van het heilige; als we re-ligie en sacraliteit willen ontdekken, dan hebben we deze dingen te zoe-ken in het kistje onder het bed, zo stelt Sexson provocerend. 'De heilige kistjes zijn gevuld met dingen en denkbeelden die gepikt zijn van en weggegoocheld uit de profane wereld, zoals een jongetje van vijf ooit het koeienbot meenam vanuit het bos, zijn verbeelding in.' Juist vanwe-ge het in onze cultuur dominante dualistische denken, waarbij steeds een scherp onderscheid wordt gemaakt tussen sacraal en profaan, wor-den de 'gewone' numineuze kwaliteiten van niet alleen profane mate-riële objecten, maar ook van seculiere gebeurtenissen en kennis onder-schat. We herkennen het heilige er eenvoudigweg niet in, omdat we geleerd hebben dat steeds elders, in de catagorie van het afgebakende sacrale domein, te zoeken. De kistjes zelf zijn, behalve letterlijke om-hulsels, eerst en vooral te beschouwen als metaforische ruimten, of dit nu een schoenendoos, een broodtrommel, een tabernakel of een kathe-draal betreft. Het gaat om de symbolische inhoud; de verpakking repre-senteert in feite heel andere, psychische ruimten.[41]

Hierbij ligt steevast het gevaar op de loer dat we de metafoor letterlijk gaan nemen, dat we de kist zelf als het belangrijkste gaan beschouwen en de kern van de zaak – het 'binnengaan' van de metafoor als religieuze beweging – jammerlijk missen. Daarbij wordt de grens van zowel senti-mentaliteit alsook monumentaliteit snel overschreden. Niet elk souve-nir is heilig, anekdotische objecten als een allegaartje van aandenkens in een rariteitenkabinet hebben natuurlijk niet per definitie sacrale be-tekenis, ook al kan de specifieke *setting* die suggestie wel wekken. Door het monumentaliseren kan de metafoor uitgehold worden. De verpak-king in de vorm van een indrukwekkende museale cultuurtempel of een basiliek kan de symbolische waarde van haar inhoud letterlijk doen verstenen. Niettemin kunnen zowel de sentimentele souvenir als de monumentale tempel ons metaforisch in het heilige binnenleiden; meestal op onverwachte, speelse wijze en altijd zeer persoonlijk, zij het binnen de culturele categorieën van een bepaalde groep.[42] Dode metaforen maken sterke afgoden, concepten waaruit elke dynamiek en ambiguïteit is verdwenen dienen vervangen te worden door levende en geleefde verbeeldingen. Volgens de feministisch theologe Maaike de Haardt zijn deze 'te zoeken en te vinden op pleinen en straten, in huizen en tuinen, kerken en musea, en op al die plekken waar mensen samenkomen om deze verbeelding vorm te geven en in daden om te zetten'.[43]

Een soortgelijk mechanisme signaleert Anton Houtepen, waarbij hij ervoor pleit om de manier van denken over God in onze cultuur radicaal te herzien. 'Het gevaar is groot,' zo stelt deze theoloog polemisch, 'dat we God in onze cultuur alleen op afroep toelaten: dat we een hele tijd proberen te denken, te leven, te handelen zonder God, om dan op een bepaald punt – als het gaat spannen, als het aanbrandt of volledig fout loopt – te gaan roepen: "Mijn God!" God als extra van de cultuur, als iets dat je ook nog kunt bedenken of waar je ook nog "aan kunt doen", een soort afhaalgod, die goed te pas komt als je het zelf niet meer redt, vooral in het aangezicht van de dood.'[44] De idee dat God een bepaald hoekje van de cultuur mag innemen, zoals tijdens de boekenweek van 1997, is volgens hem in strijd met de opvatting van God als uitgangspunt van ons bestaan, de numineuze basiservaring niet als concurrentie met het alledaagse, maar juist als de impliciete voorwaarde daarvan.

Een filosoof die in dit verband veelvuldig wordt aangehaald is Emmanuel Levinas (1906-1995), die zich keert tegen de verbijzondering van het sacrale in het aparte of fascinerende. Het heilige wordt in godsdiensten voortdurend tot voertuig van God gemaakt. Gods aanwezigheid is gemarkeerd door aparte locaties en tekens, variërend van totempaal tot kathedraal, van een ark in de oasetent tot het tabernakel in kostbare kerkgebouwen. God moet daarentegen veeleer gedacht worden, in een denkbeweging die alleen in de context van het dagelijks leven en de lichamelijke ervaring plaats kan vinden. Het is de verwijzende, metaforische betekenis van heilige zaken die ons op het spoor naar God kan zetten door, open en niet instrumenteel of mechanisch, over onze transcendente ervaringen te vertellen, waaruit zal blijken dat we sporen van het numineuze (de goddelijke Ander – hier weerklinkt het *ganz Andere* van Otto – of de Transcendente) vooral ook in het gelaat, in het vlees van de ander kunnen ontmoeten. Een dergelijke fysieke manier van denken is niet vrijblijvend of zaligmakend – sommigen noemen het eenvoudigweg een vorm van onwaarachtige kitsch of kiezen voor de imaginaire ruimte tussen het zelf en de ander. Je moet er in ieder geval veel voor op het spel durven zetten, het is een avontuur met een ongewisse afloop: een heilig spel.[45]

Hoe belangrijk ze in de religieuze cultuur ook zijn, wanneer we het ritueel, de heilige plaats of sacrale woorden en objecten kwijtraken is er geen man overboord. Waar het om gaat is dat de kracht van de 'tekst' in stand blijft door middel van de herinnering en de verbeelding, kortom door het vertellen en vieren van het verhaal. Een voorbeeld dat Lynda Sexson noemt betreft de Ark des Verbonds van de bijbelse Hebreeën. Wat er precies in heeft gezeten is onbekend, maar aangenomen wordt dat er heilige slangen, beenderen van voorouders of andere gewijde relieken in werden bewaard, evenals cultische voorwerpen zoals hulpmiddelen van orakelzeggers, beelden en teksten. De overlevering meldt als inhoud voorts de stenen tafelen van Mozes met daarop de Tien Geboden, de kruik met manna en de staf van Aäron.[46] Sinds de verwoesting van de tempel tijdens de verovering van Jeruzalem door de Romeinse keizer Titus in het jaar 70 na Christus is de Ark spoorloos. De metafoor van de Ark speelt in de joodse eredienst evenwel nog steeds een hoofdrol als een verborgen plaats van goddelijke geheimen. En ook in de geschiedenis van het christendom is deze heilige kist voortdurend aanwezig, variërend van religieuze contemplaties over 'de mystieke Ark' van Richard van Sint-Victor (overleden in 1173), middeleeuwse Arthurverhalen over de Heilige Graal tot en met hedendaagse films over *Raiders of the lost ark* en literaire werken zoals de roman *De ontdekking van de hemel* uit 1992 door Harry Mulisch.

In dit boek laat de auteur de hemelse dienaren van God een gruwelijk scenario ontwerpen en uitvoeren om, zo lang als het duurt, te verhinderen dat de mensheid het geheim van God ontrafelt. De jongen die zij voor hun project hebben laten verwekken, Quinten genaamd, slaagt erin om door te dringen tot het Sancta Sanctorum waarin de pausen, als opvolgers van de Romeinse keizers, de heiligste relieken op aarde bewaarden. Ook al is het met hekwerken en zware sloten afgegrendelde heiligdom (een doos, met daarin weer een altaar als doos, waarin zich uiteindelijk de relikwieënkist bevindt) sinds 1905 ontdaan van haar kostbare inhoud, Quinten is er tot wanhoop van zijn 'vader' van overtuigd dat de stenen tafelen met de Decaloog zich er nog moeten bevinden. Op de triomfboog van Titus op het Forum meent hij immers het meevoeren van de Ark te kunnen ontwaren. En ook al is de inhoud van het 'heiligste der heiligen' goed beschreven, de 'zoon' weet door te dringen in de sacrale ruimte op het Lateraan waar hij, letterlijk in het stof, twee platte stenen vindt die dienden als onderzetter voor de relikwieënkist. Het blijken natuurlijk de tafelen van Mozes te zijn, kostbare porfieren tabletten die door ouderdom evenwel onherkenbaar gepatineerd zijn. In een grotesk slotakkoord, vanzelfsprekend geregisseerd door hemelse machten, belanden de stenen weer in Jeruzalem, waar ze in de Rotskapel in stukken vallen en Quinten in de tempel opgaat in het niets, of het alles.[47] Het is een mythisch verhaal waarin de metafoor van de heilige kist een belangrijke rol speelt, en waarbij clerici, die zo gefixeerd zijn op heilige objecten, de meest sacrale relieken als alledaagse stenen tussen de stofnesten over het hoofd zien.

Het lichaam als vindplaats van het sacrale
In een heel persoonlijke, theologische briefwisseling met Leo Oosterveen over 'aanlegsteigers voor het goddelijke' verklaart Anne-Claire Mulder dat zij de ervaring van het transcendente in de eerste plaats ziet als een ervaring van het vlees. Dit zintuiglijk aangeraakt worden impliceert tegelijkertijd ook een innerlijk 'aangeraakt' worden als een beroering van het gemoed. Het is voor haar het gevoel dat alles 'opeens' op zijn plaats valt, hetgeen zin geeft aan het leven. Dat gebeurt doorgaans op heel onverwachte en triviale wijze: in de liefde, het zingen, het schrijven, het verblijven in de natuur of de bevlogen dialoog met de ander. Het is de fysieke ervaring die hieraan ten grondslag ligt en die een keten van subtiele transformaties in gang zet waarbij de waarneming wordt omgezet in beelden en voorstellingen; de culturele duiding van vlees tot woord. Het goddelijke is voor haar een bron van levensenergie, uitgaande van de principiële gedachte dat het beeld in het vlees wortelt.[48]

Aangezien in onze cultuur het lichamelijke van oudsher sterk getaboeïseerd is en op allerlei manieren wordt ontkend, is ook onze (verbeelding van de) werkelijkheid beperkt. De geringe rol die het lichaam krijgt toebedeeld, zo stelt Marianne Merkx, vernauwt de blik op onszelf, op de wereld, op God. Ook zij beschouwt het lichaam als de belangrijkste vindplaats van het goddelijke. 'Hoe menselijker het lichaam wordt, des te heiliger wordt de mens.' In plaats van het lichaam te beschouwen als een ballast die het heilige in de weg zit, beschouwt zij het juist als de plaats waar het goddelijke opduikt. In dat verband is het inderdaad opvallend dat het christendom zo lichaamsvijandig is georiënteerd, terwijl het immers toch ook als de 'godsdienst van de vleeswording' geldt. Wanneer we het heilige afwijzen als iets wat buiten de werkelijkheid is, komen we juist uit bij die alledaagse realiteit. Dat maakt het zoeken naar het sacrale niet eenvoudiger, maar wel spannender en speelser. In die veelal verwarrende, saaie of sublieme maar bovenal chaotische trivialiteit kunnen we niet om het lichaam heen, zo stelt zij in navolging van Sexson. Het zijn juist de algemeen menselijke sensaties van vermoeidheid, opwinding, honger, dorst, eenzaamheid of het door drukke beslommeringen in beslag genomen zijn die kaders voor numineuze ervaringen bieden.[49]

Wanneer we het heilige collectief vieren in al dan niet liturgische rituelen, wordt dat leven van alledag – bij wijze van moratorium – even opgeschort. Het is een soort niet-tijd, een symbolisch niemandsland, waarin we op rituele wijze een diagnose stellen van verleden, heden en toekomst. De herinnering en verbeelding zijn daarbij basisoperaties om onze identiteit als individu en groep te markeren. Dergelijke onalledaagse viermomenten – waarvan eten en drinken, energie en vermoeidheid, dierbare relaties en praktisch regelwerk evenzeer deel uitmaken – zijn slechts mogelijk in de context van het leven van alledag, waaruit mensen de ervaring en inspiratie putten voor wat hen beweegt en bezielt. Het ritueel structureert daarbij deze ervaringen op zodanige wijze dat we ze kunnen communiceren. Wanneer de structuur de viering evenwel gaat domineren, zien we in de culturele praktijk dat spelelementen aan betekenis winnen om het gevoel van 'communitas', zoals Victor Turner het noemt, te bewerkstelligen. Hieronder verstaat hij een tijdelijk oceanisch gevoel van eenheid en bevrijding, dat het individu op transcendente wijze ontstijgt en mythisch deel laat uitmaken van zijn of haar omringende wereld en groep.[50] De collectieve communitas-ervaring staat niet los van de meer individuele geluksmomenten, deze liggen er in feite aan ten grondslag. Het grote verschil is evenwel dat in vieringen heel welbewust door middel van rituelen dat numineuze gevoel wordt opgewekt, terwijl in het alledaagse die momenten niet op afroep beschikbaar zijn. Ze overkomen de mens op onverwachte wijze, het zijn ongrijpbare en ongedachte confrontaties met een andere werkelijkheid die immanent verstopt zit in het alledaagse leven.

Een onderzoeker die het dagelijks leven en de daarin opgeslagen kennis en ervaring van het goddelijke als uitgangspunt neemt voor haar theologische werk is Maaike de Haardt. In haar Nijmeegse oratie concentreert zij zich daarbij op het voedsel en de maaltijd. Het betreft zaken die, wat de (voor)bereiding betreft, klassiek tot het vrouwendomein gerekend worden. In een exemplarische exercitie laat zij zien hoe voedsel in religies van oudsher omgeven is met voorschriften en taboes, hoe het zowel een traditiefunderend als kerkscheidend element kan zijn in de vorm van de eucharistie en, niet in de laatste plaats, hoezeer voeding in het dagelijks leven omgeven is met metaforen. Zij wijst daarbij op metoniemen die de beleving van eten en religie met elkaar metaforisch koppelen als goddelijk, zalig en hemels. Voedsel heeft kortom een belangrijke symboolwaarde, variërend van de notie van religie als 'voedsel voor de ziel' tot voeding als 'hemels gerecht'. Ook hier zijn het de in het lichaam gewortelde ervaringen, het zintuiglijke proeven, ruiken, horen, zien en voelen die 'een kennis genereren die verwijst naar een "meer", naar een dimensie die "overstijgt", transcendeert en het hele leven omvat'.[51]

Ambiguïteit en improvisatie: transcendent en immanent
Voedsel is omgeven met allerlei ambivalenties. De Franse structuralist Claude Levi-Strauss heeft in zijn beroemde studie over *Le cru et le cuit* laten zien hoe in allerlei samenlevingen de toestand tussen rauw, ongeordend, natuurlijk en bedreigend in culturele zin wordt getransformeerd tot gekookt, aangepast, beschaafd en aangenaam.[52] Ook al zijn de opposities die hij daarbij in zijn antropologisch denken toepast heel verhelderend, voor Maaike de Haardt geldt juist het ambigue karakter van voedsel als numineuze kwaliteit. Het is – in de termen van Rudolf Otto – zowel *tremendum* als *fascinans*, maar dan onbewust en alledaags; eten is zowel onrein en bedreigend als een zaak van genot en levensbelang. Anders dan in het structuralisme is het hier niet de elkaar compenserende tegenstelling die bij wijze van 'contrastharmonie' orde schept, maar juist de chaotische en veelal onbeheersbare vermenging van categorieën die de voedselbereiding kenmerkt. Voedsel is, paradoxaal genoeg, te beschouwen als een metoniem voor de sterfelijkheid van het menselijk vlees. Het is uitermate onstabiel, vol afvalproducten die gaan rotten en stinken, waarbij de rommelige en soms vieze bereiding zelf nooit tot volledig voorspelbare resultaten leidt. 'Een geslaagde maaltijd,' zo stelt

De Haardt treffend, 'geeft geen orde, enkel wanorde in een keuken vol rommel en afwas en zelfs dat is – gelukkig – niet blijvend.' Het alledaagse, conventionele karakter van de maaltijd heeft belangrijke rituele kwaliteiten. 'Het zijn momenten van gezamenlijkheid waarin conflict en verzoening kunnen worden bemiddeld, ze scheppen en bevestigen gemeenschap. Het zijn handelingen, gebeurtenissen door middel waarvan tragiek, verdriet of vreugde in het ritme van het leven kunnen worden opgenomen, besproken, gevierd en herinnerd.'[53]

Het is deze 'rommeligheid' van het dagelijks leven die de geconstrueerde ordeningen bij wijze van vertrouwde culturele categorieën steeds weer doorbreekt. Alles loopt er door elkaar heen, het dagelijks leven en overleven vereist improvisatie en behendigheid, zoals Ilse Bulhof stelt.[54] Het is de kunst om juist in deze chaos de diepte van het dagelijks leven te zien, om als het ware door de trivialiteit van het bestaan heen te kijken en het niet te reduceren tot iets eenduidig banaals. Gianni Vattimo, een Italiaanse filosoof, heeft in dit verband gewezen op de symboliek van de zelfontlediging van God, de zogeheten *kenosis*, culminerend in de menswording als een 'seculariserende' ontmanteling. De oude, nadrukkelijk aanwezige Almachtige God als de ultieme Waarheid heeft zich hierbij getransformeerd tot kwetsbare hoop, een aardse verwachting van waarheid die niet met bazuingeschal wordt aangekondigd maar veeleer via zwakke signalen op te vangen is door wie ervoor open staat. De dualist die het heilige wil isoleren en lokaliseren is daartoe slecht uitgerust. Vattimo wijst dan ook op het belang van een andere wijze van waarnemen in onze moderne samenleving, zodat het numineuze, zowel transcendent als immanent aanwezig in het alledaagse, kan worden opgevangen. Hij hanteert voor zijn christelijke filosofie de term 'zwak denken' oftewel *il pensiero debole*.[55]

Hiermee neemt hij heel toepasselijk afstand van de grote, klassieke, classificerende theorieën die de waarheid in pacht hebben en de wereld willen 'beheersen' of zelfs 'doorgronden' en in het postmodernisme hebben afgedaan als soeverein, afstandelijk, autoritair en retorisch. Het oude adagium 'kennis is macht' wordt hier ingeruild voor een vriendelijker omgang met de wereld en haar waarheden. Het zwakke denken wil de mens toerusten met een bevrijdende ontvankelijkheid voor het verrassende en onverwachte, het niet-dominante in de vorm van alledaagse routines en situaties waarin soms een wegglippende glimp van het goddelijke kan worden opgevangen. In zijn zwakte en verborgenheid ligt evenwel de authenticiteit van de numineuze ervaring; het rechtstreeks ontmoeten van God op een berg of in een braamstruik is voor de postmoderne mens niet weggelegd – sterker nog: de ontledigde God wil zich kennelijk niet 'meer' zo manifesteren, deze trekt andere, veeleer vage of half-uitgewiste vriendelijke sporen bij wijze van 'caritas' als funderend criterium in de mensenwereld. Het impliceert een liefdevolle en geen dictatoriale omgang met woorden, dingen en mensen.[56]

Erik Borgman stelt, in navolging van Ilse Bulhof, dat filosofen en theologen de gedachte moeten loslaten dat ons denken, spreken of handelen het transcendente zou kunnen garanderen. 'Het transcendente hoeft niet te worden veiliggesteld,' schrijft hij, om er vervolgens op te wijzen dat het niet de beelden en denkpatronen uit de traditie zijn die het goddelijke in de werkelijkheid introduceren, evenmin als de overgeleverde omgangsvormen en handelingsmodellen het transcendente levend doen houden. Adequate transcendentiebeelden vullen met andere woorden het numineuze niet in, maar scheppen daar een voorwaardelijke ruimte voor. Het is de openheid, de dynamische verbeeldingskracht van de metafoor die je in het heilige kan binnen voeren, die de zintuigen scherpt voor het heilige. Het is juist die leegte waardoor de mens in staat gesteld wordt het numineuze waar te nemen, ervan uitgaande dat een meer nabije God zich slechts met moeite laat vinden. Hiermee neemt Borgman tevens afstand van de legitieme filosofische positie, die met name door Jacques Derrida wordt ingenomen, waarbij het zwijgen over God als de beste grondhouding wordt gezien. Het gaat er niet om 'hoe niet te spreken', maar om de beste antropologische habitus te vinden om open te staan voor het onverwachte en onbedachte. Een louter zwijgen doet daarbij wel erg onmachtig en fatalistisch aan. Hierbij dient de paradox van het transcendente, dat immers zowel vluchtig is als de dragende grond die het leven zin geeft en samenbindt, niet te worden gereduceerd. Het heilige is per definitie, anders dan we sinds Otto dachten, alledaags en hybride in plaats van verheven en zuiver geïsoleerd.[57]

Dat de religieuze interpretatie van de wereld en de wereldse interpretatie van de religie één ondeelbaar geheel zijn, leert ons het werk van Lynda Sexson. In zijn nawoord bij de Nederlandse vertaling van haar boek wijst Borgman nadrukkelijk op het belang van de *trickster* in haar werk. De goochelende 'bedrieger' fungeert hier als een liminele figuur die zich niets aantrekt van de klassieke categorieën en verwarring zaait.

De vertrouwde afbakeningen verdampen daarbij; wat we overhouden is een chaotische vermenging die vrees kan inboezemen. De in de mythologie vastgestelde taboes worden doorbroken, heilige rituelen geparodieerd en religieuze specialisten bespot. Het is in feite de mythische pendant van de hofnar, die de wereld omkeert en de bestaande hiërarchieën vertroebelt. Het zijn deze figuren, en niet zelden ook kinderen, die wijzen op de diepzinnigheid van het triviale; die met andere woorden uiting geven aan de notie dat de wezenlijke waarden of het sacrale op speelse wijze in het gewone aanwezig zijn – althans voor wie het zien wil. In een postmoderne context is het natuurlijk ook de aangewezen gestalte om de autoriteitsclaim van gevestigde religies te ondermijnen. Het zijn de marginale figuren, zo houdt Sexson ons voor, die de alledaagse wereld transformeren tot een plaats van onverwachte mogelijkheden: geen vastgepinde *locus veritatis*, maar een raadselachtige plek van verwondering en diepzinnigheid.[58]

Het gaat steevast om de dynamische verbeeldingskracht die mensen in beweging zet, op weg naar het heilige. De alledaagse werkelijkheid is met het wegvallen van dualismen als sacraal en profaan of transcendent en immanent in deze optiek meerduidig: zowel werelds als heilig, zowel de realiteit overstijgend als 'bij' de dingen zijnd. Het materiële wordt hierbij niet meer als negatief beoordeeld; het transcendente is een symbolisch universum van gedeelde waarden dat het individuele bestaan weliswaar overstijgt, maar niettemin geworteld is in de dagelijkse werkelijkheid van het hier en nu – het heilige is kortom ook immanent. Tegelijkertijd behoudt het transcendente zijn ongrijpbare, vluchtige aard door de onverwachte, geheimzinnige en ambivalente wijze waarop het in het dagelijks leven ervaren kan worden – een perceptie die via het ritueel en daarmee verbonden basisoperaties van het herinneren, vertellen en vieren gearticuleerd en overgedragen kan worden. Dat niets werelds daarbij een intrinsieke sacrale waarde heeft, maar dat slechts kan krijgen in de context van de menselijke omgang, verbindt al deze denkers met Rudolf Otto, maar het dualisme dat hij – vanuit het langetermijnperspectief van Europese kersteningsprocessen – daaruit afleidt, behoort definitief tot het godsdiensthistorische verleden.[59]

2 De zorgende Vader

Jan Bluyssen

De historisch-antropologische beschrijvingen van Gerard Rooijakkers in het voorgaande hoofdstuk tonen onder meer aan hoe vanzelfsprekend God erbij hoorde in het alledaagse leven van voorbije eeuwen. Het is fascinerend te zien hoezeer God zelfs verondersteld werd zich te voegen naar geautoriseerde gebruiken en wetten, die men vaak ook zag als van God zelf afkomstig. De Godsbeleving van die dagen blijft leerzaam voor ons, mensen van een andere tijd, een andere cultuur. Daarom kijken wij beiden, auteurs van dit boek over menselijke gedachten en waarnemingen betreffende God, steeds terug naar ervaringen van Godsbeleving in het verleden. Toen was God meer vanzelfsprekend dan nu.

De vraag naar God

In zijn *Inleiding in de metafysica*[1] houdt de Duitse filosoof Martin Heidegger zich uitvoerig bezig met de vraag naar het zijn. Volgens hem is de 'eerste van alle vragen' die de mensheid zich stelt: 'Waarom eigenlijk is er zijnde, waarom is er niet veeleer niets?' Zijn boek maakt duidelijk dat op deze oervraag geen klaar en helder antwoord te vinden is. Het gaat Heidegger dan ook meer om het stellen, uitdiepen en verhelderen van de vraag. Niet het oplossen van die filosofische vraag is zijn doel, maar het stellen ervan en het pogen de vraag zelf nader te onderzoeken op haar diepere dimensies. Het gaat hem dus om het volledig serieus nemen van de oermenselijke vraag naar de diepste grond van het bestaan.

Heeft men ook die andere – wellicht nog wezenlijker – oervraag: de vraag naar God, niet op soortgelijke wijze telkens weer opgenomen om ze tot voorwerp van bezinning te maken? Het is duidelijk, dat deze vraag niet op een voor iedereen bevredigende wijze kan worden beant-

'De hand Gods', fresco boven de uitgang van de orthodoxe kerk te Anasjia in Kosovo, 15de eeuw (foto Jules Witlox).

woord. Maar de vraag is er, kan niet definitief worden weggewist, en mag, ja moet dan ook serieus onder ogen worden genomen, steeds opnieuw.

Het werkelijk bestaan van God is voor veel mensen niet vanzelfsprekend, en we dienen dat als legitiem te beschouwen. Vele anderen houden zich, vanuit heel verschillende motivaties, bezig met de vraag naar God. Vandaar dat vragen omtrent God in onze cultuur een eigen plaats verdienen. Met dit boek willen wij bijdragen aan het openhouden van de vraag naar God, en dat vragen zelf willen we als zijnde een zinvol proces propageren.

Mijn God! Hoe vaak roepen we God niet aan, al dan niet gelovig, onbewust en slordig vaak. God ligt ons vooraan in de mond. Soms komt Hij uit de grond van ons hart: mijn God! Ontboezeming, ontlading, explosie. In vele talen komt God op een alledaagse manier ter sprake: 'goddank', 'grüss Gott', 'à Dieu' of 'addio'. Een gewoonlijk achteloos, maar niet onvriendelijk gebruik van Zijn naam. Ruwere termen laten we maar liever voor wat ze zijn, uit eerbied voor het numineuze. = God delef my ster

Als ik zeg 'ik geloof in God', voeg ik daar onmiddellijk aan toe: er zijn betrekkelijk weinig goden, weinig godsbeelden waarin ik geloven kan. Ik geloof eigenlijk alleen in een God die met geen woorden, geen beelden, geen gestalten te vangen is, die met geen pen te beschrijven is. Als er een God is, is Hij niet in menselijke categorieën te vatten. De echte God is te groot voor ons, zal afwezig lijken, zal verborgen blijven. Ik citeer hier graag Dionysius de Areopagiet, een mystiek schrijver uit de vijfde/zesde eeuw: 'Hij *is* er op een wijze die alle zijn overstijgt, Hij kan alleen gekend worden op een wijze die voorbij alle kennen is. Zo is het volkomen niet-kennen van God een beter kennen van God.'[2]

Ik geloof verder dat God ongeloofwaardig en niet te geloven blijft, zolang je zelf geen moeite doet om op zoek te gaan. Ik zeg: op zoek gaan. Je moet geen uitzonderlijke wegen inslaan om God te zoeken en te vinden. Waar je een andere weg opgaat dan waar het leven jou roept, daar raak je af van de juiste weg. God zoeken doe je het best gewoon daar waar je leeft en zucht en ploetert.

De meest aangewezen weg naar God lijkt te zijn: de weg van de oprechte menselijkheid. Willen zijn die je bent, doen waarvoor je geboren bent, proberen te zijn mét je medemensen; dat lijkt het meest natuurlijke startpunt om op zoek te gaan naar God. De theologie doet er dan ook goed aan te rade te gaan bij de antropologie. Theologie gaat immers over mensen, over mensen in hun relatie tot de Transcendente (de Allesover-stijgende).

Je kunt God niet zien, dat weten we uit ervaring; je kunt alleen 'iets van God' zien; zulke sporen van God kun je proberen te ontdekken. Spreken over God, zinnig spreken over God, is minder gemakkelijk dan vaak verondersteld wordt. Spreken over God gaat alleen tastenderwijs en met loslaten van veel eigenzinnig gepieker. Alleen in metaforen kun-nen we denken en spreken over God. *vergelijkingsbeeldspraak*

Twee belangrijke vragen

De theologie van de christenheid is altijd heel voorzichtig geweest, schilderde God graag als 'de geheel Andere' en gebruikte bij voorkeur 'on-woorden' (onbepaald, onbegrensd, onvatbaar, onzichtbaar) en 'al-woorden' (almachtig, alwetend, alomtegenwoordig). In onze tijd roe-pen deze uitdrukkingen nieuwe vragen op. Reden waarom men ofwel liever terugvalt op God als de 'totaal Andere', de 'geheel Onkenbare', of-wel komt tot voorstellingen van God als universele bron, immanente energie, heelmakende oerkracht, alomvattende liefde.

Graag nemen we onze toevlucht tot beeldspraak. Als we God licht noemen, doen we dat omdat we geneigd zijn te denken dat duisternis weinig met God van doen kan hebben. Maar toch, soms spreken geeste-lijke auteurs over God die zich in het duister verborgen houdt. Zo schreef de vierde-eeuwse kerkvader Gregorius van Nyssa: 'Het duister is de plaats waar je God ervaart.' En de zestiende-eeuwse Spaanse mysticus Jan van het Kruis liet ons weten: 'Het duister is mij licht genoeg.' Dat zal mede van doen hebben met het besef dat goddelijk licht zó fel kan zijn dat het je verblindt, zodat je dan toch in nog groter duister kijken moet. Hoe dan ook: rond God is alles oneindig heviger dan wij ons kunnen voorstellen.

Twee vragen zijn belangrijk als wij spreken over God:
Allereerst: *wie (of wat) is God?* Hoe is Hij? Het is de vraag naar Gods iden-titeit. Ik vind het de moeilijkste van de beide vragen. Juist omdat de woorden en de beelden die wij zouden willen gebruiken, tekortschie-ten. Niet voor niets zei de wijze bisschop van het Noord-Afrikaanse Hip-po, Augustinus (354-430): 'Over God spreken? Het beste is zwijgen.' Daarnaast is er de vraag: *waar is God?* Waar Hem zoeken? Waar Hem vin-den? Dat is de vraag naar Gods locatie. Dit lijkt mij de belangrijkste vraag. Immers: al kan ik God niet goed onder woorden brengen, ik hoop

wel naar Hem op zoek te kunnen gaan. Ik zou ook graag de *beste weg* willen weten; niet de kortste of de gemakkelijkste, de brede of de smalle, wel de meest geschikte weg om bij Hem uit te komen.

Eigenlijk is er nog een andere vraag, een voorafgaande: bestaat God wel? En daarmee verbonden is er de vraag: hoe weet ik dat God bestaat? Eigenlijk is het een vraag naar mogelijke Godsbewijzen. Maar de weg van de Godsbewijzen is een onbevredigende weg gebleken: alleen gelovigen kunnen erin geloven, en dan nog met veel vragen eromheen. Anderen kunnen er niets of heel weinig mee. In ieder geval kan men God beter niet trachten te vinden langs de weg van het verstandelijk redeneren alleen. Al moeten we ons verstand niet op nul zetten als het gaat over geloven; geloven moet een kritisch geloven zijn. Geen blinde overgave, toch wel overgave. Jezelf weerloos maken en bewust toevertrouwen aan God.

De wereld van onze ervaringen, zowel positief als negatief, biedt een betere toegangspoort: momenten van troost, ontmoeting, ontroering, emotie. God lijkt het best te vinden in mensen dichtbij, mensen die appelleren aan ons medeleven, mensen die zelf iets van God uitstralen. De dichter Gerrit Achterberg heeft pakkend onder woorden gebracht, hoe mensen elkaar God nabij brengen; dat deed hij met name in zijn gedicht 'De mens is voor een tijd een plaats van God', waarbij 'voor een tijd' verwijst naar de duur van zijn leven.[3]

Sommige Godzoekers zoeken Hem het liefst op bepaalde bekoorlijke plaatsen in de natuur, of in de schepping als geheel. Anderen hopen Hem in een persoonlijke relatie te beleven, te ervaren. Voor wie graag de mystieke dimensie zoeken: in het eerste geval kan men spreken van een soort natuurmystiek, Godservaring in de natuur; in het tweede geval is eerder sprake van een soort liefdesmystiek. De Bijbel lijkt ons te stimuleren God vooral te zoeken als liefdesbron, krachtbron van opperste liefde. Buiten onszelf, maar vooral ook in onszelf.

Wie de waarheid wil weten omtrent God, kan beter niet passief afwachten. De ervaring van gelovige zoekers leert dat God uitdaagt, steeds opnieuw. Door op zoek te gaan naar God dagen wij op onze beurt Hem uit. Soms is het trouwens alsof God een spelletje speelt, een soort verstoppertje. Hij ziet ons zoeken, maar kom je dicht bij Hem, dan lijkt Hij terug te wijken, uit te wijken naar elders. Soms lijkt Hij nabij, dan weer ver weg. Soms ervaart een mens Hem als de dichtbij-verlangde Aanwezige, dan weer als de node-gemiste Afwezige. Soms is Hij meer de verre onbereikbare vriend dan de goede nabije buur. Dus moet je ten opzichte van God tegen verlies kunnen, bestand zijn tegen teleurstellingen. Zoekend naar God moet je een hard spel niet uit de weg gaan. Vooral als je getroffen wordt door groot leed, kan het speuren naar God een bizar, hartverscheurend treurspel worden dat je het liefst maar definitief beëindigt. Maar toch...

Bekend is de biddende vraag van Gerard Reve: 'Dat koninkrijk van U, weet U wel, wordt dat nog wat?'4 Wij roepen God ter verantwoording, omdat Hij niets van zich laat horen. Rutger Kopland verwoordt graag, zoals hij het zelf stelt, de eeuwige vragen van Jezus, zoals: 'waarom dan, wie ben je, waar was je, e.d.'5 Vragen van God aan ons. Jazeker, want het koninkrijk van God is evenzeer onze opgave als Zijn gave.

Een voor velen brandende vraag luidt, of je God werkelijk als 'persoon' moet zien. Is Hij niet zózeer intiem in mij en aldoordringend rondom mij en zó energetisch allesomvattend aanwezig, dat je Hem meer als krachtbron ervaart? Wellicht ja, mogelijk is het goed Hem allereerst als onmetelijke bron van kracht en inspiratie te benaderen. Maar die kracht en inspiratie is dan dunkt me het best in termen van liefde en toeneiging te concretiseren. 'God is liefde,' zo duidde de apostel Johannes Hem aan; en die wist waar hij over sprak!

Gods identiteit

Toen ik begin jaren vijftig mijn eerste godsdienstlessen gaf aan kinderen van ongeveer tien jaar, probeerde ik het bestaan van God voor deze kleine gelovigen inzichtelijk te maken aan de hand van een raadseltje, dat ik had aangetroffen in een van de catechetische hulpschriften van die tijd, 'Met brandend hart', als ik me goed herinner. Ik haalde mijn horloge te voorschijn en vroeg: 'Weten jullie hoe dit horloge gemaakt is? Neen? Nou, dat ging heel vlug en eenvoudig. Een horlogemaker haalde een hele stapel losse radertjes en onderdeeltjes bij elkaar, en ook nog twee wijzertjes, gooide alles omhoog, en ving toen wat terugviel op in zijn handen, en pats... daar had hij een horloge.'

Dat riep natuurlijk allerlei reacties van ongeloof op. Waarop ik dan als volgt aansloot: 'Om een horloge te maken heb je inderdaad iemand nodig die daarvan verstand heeft, iemand die weet hoe een horloge in elkaar zit. Welnu, de wereld, de schepping zit nog heel wat ingewikkelder in elkaar; die is zo groot en geweldig, dat ze alleen maar gemaakt kan zijn door een allerknapste God.'

Geen loutere verstandsvraag

Langs die weg probeerden wij toen, in onze jonge jaren, Gods bestaan te 'bewijzen': langs de weg van het verstandelijk inzicht. Maar zó moeten we het niet meer proberen, weet ik nu. Het gaat niet om inzichtelijkheid of verklaarbaarheid. Het gaat om invoelbaarheid. Niet God begrijpen, maar God trachten te ervaren.

Die ervaring zal ontstaan vanuit alledaagse gebeurtenissen waarbinnen verheldering optreedt. Alles kan transparant worden, tot vindplaats van God worden, maar het probleem is de herkenning. En dat hangt af van de persoonlijke levensinstelling, hoe we kijken naar de gebeurtenissen en de mensen om ons heen. Bijbelse verhalen kunnen daarbij helpen. Ze maken de lezer ontvankelijk voor het bestaan van God. Daar – en in andere religieuze geschriften en rituelen – moeten we dus in eerste instantie het uitgangspunt halen voor ons denken en spreken over God. En dan staan we nog slechts aan het begin van de (lange) weg.

Echte gelovigen, eerlijke zoekers zijn heel voorzichtig als zij proberen God ter sprake te brengen. Zij hebben al ervaren dat Hij overal en nergens is, dat Hij moeilijk onder woorden te brengen is, maar ook: dat zoeken een goede eerste stap is naar vinden.

De catechismus over God

De Kerk heeft altijd gezocht naar exacte antwoorden op de vraag: wie is God? Wat leert het officiële handboek van de rooms-katholieke kerk, de catechismus? De catechismus van mijn jeugd, die tot 1948 werd gebruikt, stelde de vraag: 'Wie is God?' en gaf daarop dit antwoord: 'God is de oneindig volmaakte Geest, Schepper, Heer en Bestuurder van hemel en aarde, van wie alle goeds voortkomt.' De daaropvolgende catechismus van 1948 stelde dezelfde vraag, maar het antwoord was veel simpeler, niet zo filosofisch, meer bijbels ook: 'God is onze Vader die in de hemel woont.' God onze Vader, zo heeft Jezus ons God leren aanspreken. Het is een woord dat tederheid uitstraalt, het tekent God als Iemand, Iemand die ons liefheeft.

In de *Kleine Catechismus*, in 1863 op naam van aartsbisschop Johannes Zwijsen uitgegeven (toen te koop voor de prijs van drie cent), luidde de tweede vraag: 'Wat is God?' Het antwoord: 'God is een ongeschapen geest, de Schepper, Heer en Bestierder van hemel en aarde, de fontein onzer zaligheid en ons opperste goed.' In deze tekst valt allereerst de formulering van de vraag op: 'Wát is God?' Een vraagstelling die men overigens in veel godsdienstinstructies van die tijd tegenkomt. Voorts constateren we, dat God 'geest' wordt genoemd met een kleine letter, en dat Hij ook geduid wordt als 'fontein onzer zaligheid'.

De *Nieuwe Katechismus* van ruim een eeuw later (1966) constateert onder meer: 'Honderden namen voor God zijn uit de bladzijden van de Schrift te verzamelen. (...) Zijn zulke woorden slechts een stamelen, toch ligt er een grote kracht in. (...) Maar wij zoeken termen. Wij nemen dan aardse woorden.'[6] Het meest recente officiële geloofsboek, de *Catechismus van de Universele Kerk* uit 1993, gaat niet meer uit van dergelijke 'abstracte' vragen naar het eigen wezen van God, maar zoekt allereerst naar toegangswegen tot God. In feite worden vooral twee sporen naar God uitgezet: de wereld en de mens.[7]

Er is alle reden met vreugde te erkennen dat in onze dagen de vraag naar God op authentieke wijze gesteld mag worden. We mogen zowel discussiëren over, alsook twijfelen aan God. Anders gezegd: het wordt als vanzelfsprekend aanvaard dat niemand het complete antwoord heeft op de oervraag van de mens, dat wij allen samen zoekers zijn, dat wij – om de uitdrukking te gebruiken van de apostel Paulus – 'God zoeken, of we Hem misschien al tastende zouden vinden; Hij is immers niet ver van ieder van ons.' (Handelingen 17, 27) Wat kunnen we eigenlijk méér dan tastend zoeken naar de beste bewoordingen en zuiverste verbeeldingen omtrent God, erkennend dat Hij slechts voorzover Hij zich kennen laat, enigermate voor ons zal kunnen oplichten?

Nietzsche en de dwaze mens
Sinds de Renaissance en vooral sinds de Franse Revolutie is God minder en minder vanzelfsprekend geworden, meer en meer tot vraag geworden. Beroemd is de geruchtmakende parabel van de Duitse filosoof Friedrich Nietzsche (1844-1900) over de dwaze mens op het marktplein die het groeiend aantal ongelovigen Godsmoord verwijt. Wat schrijft Nietzsche in zijn visionaire taal?

'Hebben jullie niet van die dwaze mens gehoord die op klaarlichte ochtend een lantaarn aanstak, de markt op liep, en onophoudelijk schreeuwde: "Ik zoek God, ik zoek God!" Omdat daar juist velen bijeen stonden die niet in God geloofden, veroorzaakte hij een bulderend gelach. "Is hij dan soms verdwenen?" vroeg de een. "Is hij soms verdwaald als een kind?" vroeg de ander. "Of heeft hij zich verstopt? Is hij bang voor ons? Is hij scheep gegaan, geëmigreerd?" Zo schreeuwden en lachten zij door elkaar heen. De dwaze mens sprong midden tussen hen in en doorboorde hen met zijn blikken. "Waar God is?" riep hij, "ik zal het jullie vertellen! *Wij hebben hem gedood.* – Jullie en ik. Wij allen zijn zijn moordenaars! Maar hoe hebben wij dit gedaan? Hoe hebben wij het klaargespeeld de zee leeg te drinken? Wie gaf ons de spons waarmee wij de hele horizon konden wegvegen? Wat deden we eigenlijk toen we de ketenen tussen deze aarde en haar zon losmaakten? Waar begeeft zij zich nu heen? Waar begeven wij ons heen? Weg van alle zonnen? Maken wij niet één onafgebroken val? En wel achterwaarts, zijwaarts, voorwaarts, naar alle kanten? Is er nog wel een boven en beneden? Dolen wij niet rond als door een oneindig niets? Worden wij niet door de lege ruimte beademd? Is het niet kouder geworden? Wordt de nacht niet steeds langer en dieper? Moeten er niet 's ochtends al lantaarns aangestoken worden? Horen wij nog niets van het lawaai van de doodgravers die God aan het begraven zijn? Ruiken we nog niets van goddelijke ontbinding? – Ook goden gaan namelijk tot ontbinding over! God is dood! God blijft dood! En wij hebben hem gedood! Waar vinden wij troost, wij moordenaars aller moordenaars? Het heiligste en machtigste dat de wereld tot dusverre bezeten heeft, is onder onze messen doodgebloed, – wie zal dit bloed van ons afwissen? Met welk water kunnen wij ons schoonwassen? Wat voor verzoeningsfeesten, wat voor heilige spelen zullen we moeten bedenken? Gaat de grootheid van deze daad niet onze krachten te boven? Moeten we niet zelf goden worden, om haar op zijn minst waardig te schijnen? Nooit was er een grotere daad, – en wie er ook na ons geboren zal worden, omwille van deze daad maakt hij deel uit van een geschiedenis die hoger is dan alle geschiedenis die er tot dusverre geweest is!" Hier zweeg de dwaze mens en keek zijn toehoorders weer aan: ook zij zwegen en wierpen hem verwonderde blikken toe. Ten slotte gooide hij zijn lantaarn op de grond, zodat die aan diggelen viel en uitdoofde. "Ik ben te vroeg," sprak hij vervolgens, "mijn tijd is nog niet gekomen. Deze kolossale gebeurtenis is nog pas onderweg, ze is nog niet tot de oren van de mensen doorgedrongen. Donder en bliksem hebben hun tijd nodig, het licht van de sterren heeft zijn tijd nodig, daden hebben hun tijd nodig, ook nadat ze al verricht zijn, namelijk om gezien en gehoord te worden. Deze daad staat nog verder van hen af dan de verste sterren, – en *toch hebben zij haar wel degelijk gesteld!*" – Men weet nog te vertellen dat de dwaze mens diezelfde dag nog verschillende kerken is binnengedron-

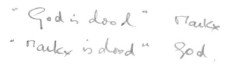

gen en er zijn *requiem eternam deo* heeft aangeheven. Naar buiten geleid en ter verantwoording geroepen zou hij telkens alleen maar geantwoord hebben: "Wat stellen deze kerken dan eigenlijk nog voor, als ze niet de grafkelders en gedenktekenen zijn van God?"[8]

Deze these over de dood van God is door Nietzsche op verschillende plaatsen in zijn oeuvre verwoord. Wat bedoelt hij daarmee eigenlijk? Helemaal duidelijk wordt dit niet. Kernpunt van zijn parabel lijkt niet te zijn: een filosofische Godsontkenning aanklagen. Eerder gaat hij het praktisch ontkennen van het bestaan van God te lijf. Het gaat hem niet om de ongelovigen op de markt, maar om gelovigen die gaandeweg het geloof in God oninteressant zijn gaan vinden. God hoeft niet meer, Hij heeft zijn tijd gehad. Wij hebben immers de beloften van de vooruitgang ontdekt. De gelovigen hebben God weggeleefd; ze staan totaal onverschillig tegenover een God die niet bestaat. Ze kunnen alles zelf wel oplossen. En volgens Nietzsche is dat niet een louter religieus probleem. Mét het christendom gaat alles ten onder wat op dat geloof gebouwd of ermee vergroeid was. De hoogste waarden zijn in het geding: met het verdwijnen van het geloof in een transcendente wereld, verliezen ook de Waarheid, de Goedheid en de Schoonheid hun hoge geldigheid. Nietzsche ziet Plato en christendom in één lijn: het christendom is 'platonisme voor het volk', zegt hij. De dood van God is voor Nietzsche méér symptoom dan oorzaak van het moderne nihilisme dat de westerse cultuur volledig doortrokken heeft.

Nietzsche gebruikt een soort 'shocktherapie' om deze afschuwelijke ontwikkeling bewust te helpen maken. Want juist omdat het gaat om geloof in God staat alles op het spel: de hele horizon is uitgewist, de aarde zwerft door een verlaten niets, er is geen boven en geen onder meer, het wordt steeds meer nacht. Heel de kosmos raakt uit zijn voegen. Tegelijk met het verlies van hun geloof in God, hebben de mensen ook de tak doorgezaagd van het vooruitgangsgeloof, de tak waarop ze zich veilig waanden. Het geloof in de wetenschappelijke evolutie blijkt een loos alternatief voor het Godsgeloof. 'Het wordt steeds meer nacht'; de idioot smijt dan ook zijn lantaarn kapot. Nietzsches parabel lijkt actueler dan ooit. Nu, honderd jaar later, lijken de grote beloften van wetenschap en vooruitgang niet minder wankel dan Nietzsche het toen zag, lijken zekerheid en veiligheid nauwelijks beter gegarandeerd. Of zou men mogen aannemen dat uit de waarschuwing van Nietzsche toch meer lering getrokken is dan op het eerste gezicht lijkt?

Nietzsche sprak graag over de *Krankhaftigkeit* van de mensheid. Hij zag die als de normale menselijke conditie. 'De mens is zieker, onzekerder, veranderlijker, onbepaalder dan welk ander dier ook, dat lijdt geen twijfel; hij is het zieke dier. Hoe dat komt? Hij heeft meer gewaagd, vernieuwd, getrotseerd, uitgedaagd dan alle andere dieren samen... zal een dergelijk moedig, hoogstaand dier niet tegelijk het meest bedreigde, het langst en meest zieke onder alle zieke dieren zijn?'

Hij onderscheidt 'twee soorten van lijdenden': zij die lijden die aan overvloed van leven, en zij die lijden aan verarming van leven. Enerzijds zij die zich verstrooien over vele mogelijkheden, zodat ze niemand worden, en anderzijds de mensen die zich identificeren met, opsluiten in een van hun eigen kwaliteiten. Aan de ene kant de relativisten voor wie geen waarheid bestaat, daarnaast de dogmatisten die één mogelijkheid verheffen tot dé waarheid.

Nietzsches kritiek op filosofie en wetenschap betreft het geloof in de éne waarheid. Hij bekritiseert de moraal, want ze is tiranniek en eenkennig. Zijn kanttekening bij de cultuur betreft vooral de uniformiteit. Hij heeft bezwaren tegen de monotheïstische godsdienst omdat die alles fundeert op één ware God. Zarathustra laat een van de goden zeggen: 'Ik ben de enige God, jullie zijn geen goden,' en die laatsten lachten zich toen dood. Nietzsches kritiek op godsdienst en geloof is met name gericht tegen hen voor wie alle geloof belachelijk geworden is, en die zich daarom voor God niet meer interesseren. Hij is tegen verabsolutering en eenvormigheid, maar evenzeer tegen volslagen relativering en vervagende scepsis.

Het vijfde Evangelie

In juni 1996 promoveerde de filosofe Mariëtte Willemsen aan de Vrije Universiteit te Amsterdam op het thema 'Kluizenaar zonder God'.[9] Het is een boeiend onderzoek naar de filosofie van Nietzsche aan de hand van zijn persoonlijke geestelijke levensgang. Gekoppeld aan de hoofdfiguren in zijn oeuvre worden drie hoofdstadia in de mensheidsgeschiedenis onderscheiden. Het eerste stadium betreft dat van Prometheus, symbool van 's mensen persoonlijke ontworsteling aan de 'ziekte' van gebondenheid aan traditionele waarden, vooral aan de christelijke opvoeding. Dan volgt het stadium van de 'vrije geest', waarin Nietzsche de dood van God verkondigt. Twee antiparabels illustreren die, namelijk de gelijkenis van 'de gevangenen', en het hierboven aangehaalde verhaal van 'de dwaze mens op het marktplein'. De zelfverlossing van de vrije geest luidt een nieuw tijdperk in, dat aangeduid wordt als 'grote gezondheid' en 'hogere geschiedenis'. Het leidt niettemin tot ziekmakende leegte en dolheid verwekkende stuurloosheid. Het derde stadium betreft de vrijmaking van gevestigde waarden (negatieve vrijheid) die een hogere graad van leven mogelijk maakt (positieve vrijheid). In *Also sprach Zarathustra* beschrijft hij dit; het is zijn belangrijkste werk, zelf sprak hij van 'het vijfde evangelie'. Zarathustra is een alternatieve Jezus, hij kondigt de *Uebermensch* aan. Het zoeken naar God is een zoeken naar het goddelijke in de mens geworden.

In Nietzsches laatste publicatie staat een *Dionysius-dithyrambe*, die een zeer pessimistische evaluatie geeft van Zarathustra's uiteindelijke situatie. Wat hem rest is beklemmende, ziekmakende eenzaamheid. Als Nietzsche het 'ziekmakende' van de christelijke godsdienst waarin hij opgroeide aanklaagt, lijkt hij het protest te vertolken van veel van zijn en onze tijdgenoten. Een protest dat ouderen soms schrijnend meevoelen, als ze denken aan schuldgevoelens die hun in naam van het Evangelie zijn aangepraat. Zelf was Nietzsche het 'gewonde dier' waarover hij schreef. Het oerverlangen dat zich in hem manifesteerde, betrof de zucht naar de 'grote gezondheid'. Vraag is, of dat verlangen vereenzelvigd mag worden met de zucht naar God.

Van Nietzsches in-verwarring-zoekende geest getuigt ook zijn gebed 'aan de onbekende God':

Nog eenmaal voor ik verder trek
en uitzie voor mij uit,
hef ik vereenzaamd mijn handen
naar U omhoog naar wie ik vlucht,
aan wie ik in de diepste diepten van mijn hart
plechtig altaren heb gewijd,
opdat te allen tijde
mij uw stem weer roepen zou.

Daarop ontgloeit diep ingegrift het woord:
voor de onbekende God. Hem behoor ik toe,
al bleef ik ook tot op dit uur
samenzweren met het kwaad.
Hem hoor ik toe, en ik voel de strikken

die me in de strijd omlaag trekken,
en, ook al vlucht ik,
me toch dwingen tot zijn dienst.

U wil ik, Onbekende,
Gij die mij grijpt diep in mijn ziel,
Gij die mijn leven als een storm doorzwerft,
Gij onbegrijpelijke, mij verwant.
Ik wil U kennen, ja zelfs U dienen.[10]

Was Friedrich Nietzsche de felle Godbestrijder die hij leek te zijn, was hij de top-atheïst waarvoor hij vele decennia, ja een hele eeuw lang versleten werd, of moeten we in hem een visionair zien, die de toekomst zag zoals niemand die onder ogen durfde zien?

De Bijbel roept soms moeilijke vragen op
De Bijbel is voor christenen het boek waarin Gods omgaan met de mensheid en Zijn spreken tot mensen in allerlei situaties en gebeurtenissen met beelden en verhalen wordt beschreven en geduid. Zij zien het als een heilig boek, geschreven door heilige mensen, die werden geïnspireerd door Gods heilige Geest. Christenen hopen oprecht bij de Bijbel te rade te kunnen gaan om een antwoord te zoeken op hun levensvragen. Maar we weten dat we de Bijbel alleen dan goed kunnen verstaan, als we hem met een positieve instelling lezen. Fragmenten die we moeilijk kunnen vatten, omdat ze lijken in te gaan tegen ons persoonlijk aanvoelen en ons hedendaags denken, vragen om geduldig lezen en herlezen, alsook om raadpleging van anderen, van mensen die zich meer hebben kunnen verdiepen in de geheimen van de Heilige Schrift.

De rooms-katholieke kerkleiding was altijd beducht voor mogelijk schadelijke gevolgen van het 'op eigen houtje' lezen en interpreteren van de Heilige Schrift. De Kerk heeft zich dan ook lange tijd negatief opgesteld tegenover directe bijbellezing door individuele leken. De Kerk heeft altijd willen varen op het kompas van deskundige bijbelexperts, de zogeheten exegeten. Passages in de H. Schrift die ons al te gruwelijk en onmenselijk voorkomen – want de Bijbel gaat uitingen van geweld en onrecht geenszins uit de weg – vragen er dus om nader onderzocht te worden op hun diepste bedoeling, en wel op basis van de bereidheid om de hele Bijbel te lezen in overeenstemming met Gods universele scheppingsplan. Eigenlijk kan men alleen vanuit een welwillende, deemoedig-zoekende geest bijbelse teksten verstaan zoals ze oorspronkelijk bedoeld zijn.

De bekende schrijver Maarten 't Hart heeft gechoqueerd gereageerd op de schijnbaar achteloos in de Bijbel neergeschreven mededeling: 'Toen Mozes onderweg ergens de nacht doorbracht, kwam de Heer naar hem toe en wilde hem doden'. (Exodus 4:24) 't Hart getuigt dat hij in zijn jonge jaren in panische angst raakte door deze tekst, vrezend dat God de Here ook hem zou opzoeken om hem te doden.[11] Mij is geleerd, dat die tekst in Exodus alludeert op de besnijdenis. Toch ontgaat ook mij eigenlijk nog altijd de eigenlijke betekenis van wat hier verteld wordt. Ik denk dat ik daarin niet alleen sta, maar het is voor mij geen reden om aan Gods intenties te twijfelen. Bestudering van zulke oude teksten maakt vaak duidelijk, dat ze in hun lange overleveringsgeschiedenis verbasterd en verduisterd zijn. Ook kan in zulk een tekst een duiding zitten die ons ontgaat. Hoe dan ook, in zo'n geval kan men het best het raadsel als zodanig accepteren, in de hoop dat voortgezet onderzoek nieuw inzicht zal verschaffen.

Maarten 't Hart heeft verder bij herhaling verklaard dat het oudtestamentische verhaal van het offer van Isaäk hem voor altijd van zijn geloof heeft beroofd. God vroeg Abraham zijn enig kind te offeren. 'God sprak: Neem Isaäk, uw enige zoon, die ge liefhebt, ga naar het land van de Moria, en offer hem daar op een van de bergen, die Ik u aanwijs, als brandoffer.' (Genesis 22:2) Een God die – om Hem te behagen – een vader beveelt zijn enige zoon te slachtofferen, zo'n God is geen aandacht en verering waard; zo motiveert de schrijver zijn besluit dat wat hem betreft onwrikbaar vaststaat. Bijbelgeleerden echter veronderstellen dat dit verhaal aantoont dat de God van Israël juist geen mensenoffer wilde, dit in tegenstelling tot andere goden van die tijd. Trouwens, dezelfde God verhinderde in het vervolg van het verhaal dat het dodelijk offeren van Isaäk tot uitvoering kwam.

Toch constateert de joodse auteur Abel Herzberg (1893-1989) dat christenen – net als orthodoxe joden overigens – dit verhaal nooit goed hebben begrepen. Ook al krijgt Abraham op het laatste moment uitstel van executie, wat is dat voor een God die eist dat een man zijn enige zoon offert? Dit verhaal dient dan ook heel anders gelezen te worden, stelt Herzberg, zodat de daarin verscholen symboliek krachtig duidelijk wordt. In de cultuur waaruit Abraham voortkwam, was het gebruikelijk dat de oudste of enige zoon geofferd werd om God of de goden te behagen. Abraham wilde het niet, maar hij was bereid het te doen, hij kon niet anders. Doch op het laatste moment dacht hij: een God die dit van mij eist, dat kan niet waar zijn, zo'n God bestaat niet. Die stem van God was de stem van zijn hart.'[12]

Een andere Nederlandse schrijver, Karel van het Reve (1921-1999), lichtte in 1985 zijn afkeer van God onomwonden toe. 'Ik heb een studente die van de ene oogoperatie in de andere valt. Een medestudent sprak laatst de vrees uit dat zij blind zou worden. Nu stelle men zich voor dat ik een christen ware. Ik zou dan allicht voor haar bidden. De God der christenen kan haar krachtens zijn almacht blind maken of niet. En Hij laat dat, zo denken de christenen, enigszins van mijn al of niet bidden afhangen. Een mens die zo zou handelen, zou voor een grote schurk worden gehouden. Dat brengt Karel van het Reve tot 'de ongelooflijke slechtheid van het Opperwezen'. 'Onder de mensen vindt de God van joden en christenen alleen zijn evenknie in figuren van het soort Idi Amin: hij wil voortdurend opgehemeld worden, en hij haalt voortdurend gruwelijke schurkenstreken uit.'[13]

Dezelfde auteur schrijft dat hij nooit enige sympathie heeft kunnen opbrengen voor Jezus Christus, die volgens hem uitmunt door een enorme arrogantie, geen vriendelijk woord spreekt, iedereen afblaft en zieken niet uit menslievendheid maar uit propagandistische overwegingen geneest, en doet alsof hij de wijsheid in pacht heeft. Van het Reve hekelt het geloof in een God die volmaakt en almachtig wordt genoemd, maar die niettemin feitelijk onvolmaakt en onmachtig handelt.

Hij is niet de enige die met een dergelijk verondersteld Godsbegrip grote moeite heeft. Ook voor vele christenen is het onbegrijpelijk, hoe de Almachtige zo veel en zo groot leed kan toelaten. Wellicht laten we ons te veel op het verkeerde been zetten door de ingeburgerde kwalificatie van God als ongenaakbare Almachtige, waardoor het mysterie van Zijn barmhartige, liefdevolle nabijheid gemakkelijk naar de achtergrond wordt gedrongen.

De nogal verbitterde visies van 't Hart en Van het Reve herinneren aan zinspelingen op God door de Brabantse romancier A. F. Th. van der Heijden. In een van de delen uit zijn romancyclus De tandeloze tijd geeft hij enkele bizar klinkende benaderingen van God. Zo wordt het Opperwezen door hem geduid als 'het rulle zand waarin ons fietswiel vastloopt', en 'de zwaartekracht als het ons even niet goed uitkomt'. God is verder 'de frustrator van elke menselijke schepping. De grote beknotter. Het pikzwarte roet in ons eten. Kauwgom onder de zool. Alles wat maar dodelijk en hinderlijk is.' God krijgt bij hem vele gestalten: 'Voor de een is hij de Tijd, voor de ander de Dood, de Honger, de Pijn, de Oorlog, de Drankzucht, de Jaloezie. Een God tot wie je niet bidt, maar vloekt.' Voor de hoofdpersoon Albert Egberts is God de voet in je nek, de verzamelnaam van alles wat je pijnigt, vernedert, kwetsbaar maakt en doodt.[14]

Het positieve in dergelijke krasse typeringen is de poging om onomwonden onder woorden te brengen wat omtrent God niet te vatten is. Ook de Bijbel is daar niet bang voor: hij vindt het blijkbaar alleszins verantwoord dat een ontgoocheld of gefrusteerd mens God verwijtend, zelfs vervloekend toespreekt. De zogeheten 'vloekpsalmen', waarin het Opperwezen onbeschaamd wordt aangeklaagd, zijn daarvan overtuigende voorbeelden. Ook een soort verstommen na volhardend stilzwijgen van God is de Bijbel niet vreemd. De bijbelse tekening van God is soms veel ruwer en gedurfder dan doorgaans wordt verondersteld.

Advocaat van de duivel

Bij de viering van de zestigste verjaardag van koningin Beatrix (31 januari 1998) schetste dominee Nico ter Linden in de Amsterdamse Westerkerk hoe wij mensen ter dood zijn veroordeeld. 'Door wie? Door God'. "Gij zijt ons een toevlucht geweest van geslacht op geslacht", aldus citeerde hij de met God overhoop liggende psalmist. 'God is zijn beschermer, en tegelijk is er het bittere raadsel van de goede schepping, want daar loopt een barst doorheen, ziekte en verderf spoken rond. Het leven is verrukkelijk en tegelijk verschrikkelijk'.

God verwijten dat wij door Hem ter dood zijn veroordeeld, laat het voornaamste ongezegd. De Bijbel verwijst naar diepere dimensies. God riep mensen ten leven, maar niet om dat leven te zijner tijd weer wreed af te breken. Dood en leven staan niet tegenover elkaar, zoals Ter Linden terecht stelt. Bovendien, dood wordt pas echt dood als wij Gods beloften, Zijn alsmaar herhaalde toezeggingen over het eeuwige leven dat reeds op aarde begint, niet willen horen, niet durven verstaan, niet serieus nemen.

Eind 1997 draaide in de bioscopen de provocerende film van Taylor Hackford: *The devil's advocate*, door de ethicus Frits de Lange getypeerd als 'een metafysische bestandsopname van de jaren negentig'.[15] In die film komt het ware dilemma ter sprake: niet God is ons eigenlijke probleem, maar het kwaad, het boze dat ons almaar bedreigt, en dat we zelf laten meespelen. Mensen laten zich doorgaans niet zozeer door God drijven *(amor Dei)*, maar veeleer door eigenliefde *(amor sui)*; en die kan blindheid veroorzaken ten aanzien van de naaste, de schepping en de Schepper.

In deze film weet de duivel pijnlijke dingen te zeggen, die hij met satanisch genoegen opsomt. Op de eerste plaats werpt hij God voor de voeten dat Hij een slechte Schepper is. Hij heeft prutswerk geleverd. Hij heeft de mensen gebouwd op lust en verlangen, maar gunt hun niet de bevrediging daarvan. Ze mogen kijken, maar er niet aankomen. Ze ruiken de macht, maar mogen er niet van proeven. Volgens Frits de Lange krijgt hier Milton (baas van het advocatenkantoor waar hoofdfiguur Kevin Lomax werkt) de trekken van Dostojevski's Groot-Inquisiteur, die Christus eenzelfde verwijt maakt: Christus biedt de mensen wel het vuur van de hemel aan, en doet hen proeven van de vrijheid, maar willen ze hun verlossing eigenlijk wel? Kunnen ze de vrijheid aan? 'U hebt ze hemels brood beloofd, maar kan dat brood in de ogen van dat zwakke, voor eeuwig verdorven en voor eeuwig ondankbare menselijke ras opwegen tegen het aardse brood?' Volgens de Groot-Inquisiteur zijn mensen niet gebouwd op vrijheid, waarom zou je hun dan vrijheid aanbieden? Mensen zijn niet gebouwd op naastenliefde, aldus Milton in *The devil's advocate*, waarom zou je die dan van hen verlangen? 'Je schuld is een zak met stenen die je met je meetorst,' houdt hij Lomax voor. 'Zet die zak toch neer en beschouw het woord "zelf" als heilig.' God heeft mensen met een ego geschapen, maar neemt het hen kwalijk als dit ego zich gaat roeren. God dient de consequenties van Zijn schepping onder ogen te zien.

God is op reis gegaan, Hij is de afwezige huisbaas, en de duivel voert nu de heerschappij. Dat is de leidende idee van de film *The devil's advocate*. Wordt in de Bijbel de duivel niet aangeduid als de 'vorst van deze wereld'? En wordt in de Apocalyps Babylon niet beschreven als 'woonplaats van duivelen'? Jawel, maar in de apocalyptische visioenen van Sint-Jan zit God uiteindelijk toch stevig op zijn troon, heeft Hij de geschiedenis in zijn hand. Dat perspectief ontbreekt in de film. Ook de duivel is volgens de bijbelse geschriften een schepsel Gods. God laat de duivel kennelijk toe. In het boek Job laat God hem zelfs geheel vrij zijn gang gaan. Daarom hoort ook de duivel in dit boek expliciet ter sprake te komen.

Oudtestamentische namen voor God

De Heilige – Hij zij geloofd – zei tot Mozes: 'Mijn naam wens je te weten? Naar mijn daden word Ik genoemd. Beurtelings word Ik genoemd Almachtige God, God der Heerscharen, God de Eeuwige. Wanneer Ik de mensen oordeel, word Ik God genoemd; wanneer Ik oorlog voer tegen de booswichten, word Ik God der Heerscharen genoemd; wanneer Ik de mens zijn zonden aanreken, word Ik Almachtige God genoemd; en wanneer Ik mij ontferm over mijn wereld, word Ik Eeuwige genoemd.' Dat schreef rabbi Abba bar Mamal. Inderdaad zien wij in de joodse traditie de naam van God wisselen, Zijn naam wordt feitelijk niet definitief vastgelegd. Toch worden in het Oude Testament twee namen op bijzondere wijze met Hem verbonden, namelijk EL SHADDAI en JHWH.

EL SHADDAI betekent zoiets als: *God die in zichzelf genoeg is*, en is waarschijnlijk afgeleid van het oude Assyrische woord *sjadu* (= hij die van de berg is, die op de berg woont; *sjada* betekent: wat hoog is, verheven is). In de Griekse Septuagint werd deze naam weergegeven als *Pantocrator*: deze term staat 160 maal in de Griekse Bijbel. In de Latijnse Vulgaatvertaling wordt hiervoor het woord *omnipotens* gebruikt. Hoewel in alle bijbelvertalingen God de naam van Almachtige krijgt, vindt men deze naam nergens in de Hebreeuwse Bijbel. De naam EL SHADDAI komt in het Oude Testament 48 keer voor, in het Nieuwe Testament tien keer (waarvan negen maal in de Apocalyps).

JHWH is de naam die God zichzelf gaf. Hij maakte zich met deze naam aan Mozes bekend in de woestijn, toen Hij hem toesprak vanuit een brandende doornstruik.

De Heer zag hem (Mozes) naderbij komen om te kijken. En vanuit de doornstruik riep God hem toe: 'Mozes, Mozes'. Hij antwoordde: 'Hier ben ik'. Toen sprak de Heer: 'Kom niet dichterbij en doe uw sandalen uit, want de plaats waar u staat, is heilige grond'. En Hij vervolgde: 'Ik ben de God van uw vaderen, de God van Abraham, de God van Isaäk en de God van Jakob. Mozes bedekte zijn gezicht, want hij durfde niet naar God op te zien... Mozes sprak opnieuw tot God: 'Als ik nu bij de Israëlieten kom en hun zeg: De God van uw vaderen zendt mij naar u, en zij vragen: Hoe is zijn naam?, wat moet ik dan antwoorden?' Toen sprak God tot Mozes: 'Ik ben die is'. En Hij zei: 'Dit moet u de Israëlieten zeggen: Hij die is zendt mij naar u'. Bovendien zei God tegen Mozes: 'Dit moet u tegen de Israëlieten zeggen: De Heer, de God van uw vaderen, de God van Abraham, de God van Isaäk en de

God van Jakob, heeft mij naar u gezonden. Dit is mijn Naam voor altijd. Zo moet men Mij aanspreken, door alle generaties heen. Ga nu, roep de oudsten van Israël bijeen en zeg hun: De Heer, de God van uw vaderen, is mij verschenen, de God van Abraham, Isaäk en Jakob, met deze boodschap: Ik draag zorg voor u, want Ik zie wat men u in Egypte aandoet.' (Exodus 3:5-6; 13-15)

Gods antwoord op Mozes' vraag naar Zijn identiteit is eigenlijk tweeledig. Op de eerste plaats betreft het een meer mystieke benaming: 'Ik ben die is, die-is-voor-jullie.' (vers 14) Voorts bevat deze passage een specifiek op het volk Israël gerichte naamsaanduiding: 'de God van uw vaderen Abraham, Isaäk en Jakob' (vers 6 en 15).

In het Hebreeuws is er voortaan dat vierletterwoord (*tetragrammaton*) JHWH, bestaande uit de vier medeklinkers van het werkwoord 'zijn'. Het is te verstaan als verleden, heden en toekomst: die was, die is, die zijn zal, zijn zou, enzovoort. Het is tegelijk een zijn voor, met, bij, een uitstromend en toegewend zijn. Geen statische benaming dus, maar duiding van: in beweging, altijd nabij, zijn in overvloed en volheid, overvloeiend en mededeelzaam. Voor Israël is de Eeuwige God met de voorvaderen een voor altijd geldend Verbond aangegaan. Deze oudtestamentische Godsnaam heeft alles in zich van: zorgzame nabijheid, bewogen aandacht, onwankelbare solidariteit. De God van het uitverkoren geslacht van Abraham wil dus vooral gekend en gezien worden als onovertrefbaar nabij.

De naam JHWH komt in het Oude Testament meer dan 6800 keer voor. Orthodoxe joden spreken die naam nooit uit. Als zij God met de mond een naam geven, gebruiken ze een andere term: ADONAI (de Heer). Ook wij doen er goed aan de naam JHWH niet letterlijk uit te spreken, maar deze onuitsprekelijke naam met even groot respect als Israël had voor de verheven majesteit van God te vervangen door benamingen als 'Die is', 'de Eeuwige', 'de Aanwezige', 'de Nabije', 'de Levende', 'de Heer', 'Wezer'.[16]

Het Oude Testament heeft nog een andere veelzeggende naam voor God, te weten: EL ROI, dat letterlijk betekent: God die ziet naar, *God die omziet naar...* Deze Godsnaam is een mooie, veelbelovende naam die prachtig aansluit bij het Verbond dat God de mensheid aanbood reeds ten tijde van Abraham (achttiende eeuw voor Christus).

In het boek van de Schepping lezen we hoe Sarai, de vrouw van

Abram, haar Egyptische slavin Hagar aan haar man gaf als tweede vrouw. Hij had gemeenschap met Hagar en zij werd zwanger. Toen Hagar dat merkte, begon zij haar meesteres Sarai hooghartig te behandelen. Sarai van haar kant begon Hagar het leven onmogelijk te maken. Later verscheen aan Hagar de engel van de Heer bij wijze van een Godsoordeel. De engel zei: 'Ga naar uw meesteres terug en dien haar.' De engel zei ook: 'U bent nu zwanger, u zult een zoon baren en hem Ismaël (= God hoort) noemen; want de Heer heeft u verhoord in uw ellende. Een wilde ezel wordt hij, zijn hand gaat omhoog tegen allen, en allen verheffen de hand tegen hem; al zijn broers trotseert hij.' Hagar gaf daarop de Heer, die tegen haar gesproken had, de naam EL ROI. 'Want, dacht zij, ik heb God werkelijk gezien, en ik leef nog, nadat ik hem gezien heb. Vandaar dat die put "de put van Lachai-Roi" heet; hij ligt tussen Kades en Bered.' (Genesis 16:3-13)[17]

Nieuwtestamentische namen voor God
Door Jezus' prediking is God voor de christenheid vooral kenbaar geworden als 'Vader' en 'Heilige Geest'. Het zijn benamingen die in het Eerste (Oude) Testament niet ongebruikelijk waren, maar die sinds Christus' komst bijzonder gangbaar werden. Jezus leerde zijn toehoorders God te zien en aan te roepen als 'onze Vader'. De apostel Johannes, de leerling voor wie naar eigen zeggen Jezus een bijzondere liefde koesterde, schreef kort en goed: 'God is liefde' (zie vooral zijn eerste brief). De geschriften van het Tweede (Nieuwe) Testament besteden tevens veel aandacht aan de Heilige Geest, die, in mensen werkzaam, gegeven is om hen te helpen geloven en liefhebben. Naar de Geest wordt verwezen als zijnde de grote gids voor ons zoeken naar God. Mede doordat de Zoon veelvuldig sprak over de Vader en over de Geest, werd Zijn overtuiging dat God verlangt dicht bij Zijn mensen te zijn, veelvoudig geïllustreerd.

De God van de joden was ook voor Jezus de liefdevol Nabije, de zorgvol Aanwezige. Het is juist als rechtgeaarde jood dat Jezus liet zien hoezeer Gods wezen zichzelf wegschenkende liefde is. Zoals Hij ook, verwijzend naar de Geest van eenheid en liefde, Zijn volgelingen hielp ontdekken dat Gods uitstromende liefde als cement wil zijn voor 's mensen onderlinge eenheid. Dit besef, dit geloof, gaat uiteraard dwars door alle scheidslijnen heen, over alle grenzen heen. Gods liefde kent geen barrières. De God van Jezus Christus blijkt een universele Vader,

Zijn Geest een Geest van universele liefde. Het behoort tot de zegeningen van onze tijd, dat wij in het veelvuldig contact met mensen van andere volken en culturen steeds beter gewaarworden dat de Vader van Jezus Christus de Vader van allen wil zijn. Maar ook dat alle godsdiensten op elkaar zijn aangewezen bij het zoeken van eigentijdse wegen naar Hem, die een en dezelfde God voor allen tracht te zijn.

Mijmerend over God als Liefde, over God zoals door Jezus in metaforen en verhalen getekend, denk ik graag aan die tedere verbeelding van God door de dichter Martinus Nijhoff (1894-1953):

> Ik denk: God is als een vereenzaamd man,
> die naar de wereld kijkt en keurt haar goed.
> Maar ziet Hij kinderen voor een venster, dan
> lacht Hij en wenkt zoals een vader doet.[18]

Ook dat prachtige gedicht van Ida Gerhardt (1905-1997) memoreer ik graag, 'Onder vreemden'. Het verwoordt een schrijnend uitzien, het onstilbaar heimwee van het kind naar de Vader aan de onbereikbare overkant.

> Het speelt het liefste ver weg op het strand,
> het kind dat nooit zijn eigen vader ziet,
> die overzee is in dat andere land.
>
> Het woont bij vreemden en het went er niet.
> Zij fluisteren erover met elkaar.
> Heimwee huist in zijn kleren en zijn haar.
>
> En altijd denkt het dat hij komen zal:
> vandaag niet meer, maar morgen, onverwacht,
> en droomt van hem en roept hem in de nacht.
>
> Ik wacht u, Vader, van de overwal.[19]

Beide gedichten vloeien voor mij ineen tot één herkenbaar beeld: twee gestalten die elkaar niet missen kunnen, die van elkaar gescheiden verlangen en zoeken naar elkaar, de grote vader en het kleine kind. Enerzijds het eenzaam achtergebleven mensenkind, dat vol heimwee uitziet en wacht, elke dag opnieuw hopend op morgen. Anderzijds de vader die, hoewel ver en verborgen, toch altijd naderbij komt. Opvallend herkenbaar is de vader van Nijhoff, niet minder 'vereenzaamd' dan het kind van Gerhardt, de vader die zijn levenswerk, de wereld, positief blijft volgen, die de mensen als zijn kinderen bemoedigend toelacht, hen wenkend toch vooral dichterbij te komen. In het gedicht van Gerhardt boeit mij het onverwoestbaar vertrouwen van het kind dat elke nieuwe dag blijft uitzien naar de vader die komen moet en komen zal. Deze poëzie is zó levensecht dat ze zich niet overtilt aan ongebonden emoties, maar de felle pijn van het actuele gemis weet te verlichten door de blik gericht te houden op een weliswaar onomlijnde, maar steeds wenkende toekomst. Dit wederzijds vertrouwen kan niet beschaamd worden; God en mens kunnen niet zonder elkaar.

Thomas van Aquino en de namen van God
De grote dertiende-eeuwse theoloog Thomas van Aquino, wiens theologische visie binnen de rooms-katholieke kerk tot in de tweede helft van de twintigste eeuw als de meest veilige en uiteindelijk als bijna alleenzaligmakend werd beschouwd, heeft – hoe kan het anders – zijn persoonlijke visie geformuleerd op de namen die aan God zijn gegeven.[20] Het woord 'god' is volgens Thomas eigenlijk een soortnaam, een soortnaam met een meervoudsvorm (goden); het is dus geen eigennaam. Vragen of God een eigennaam heeft, vindt Thomas minder juist; het gaat immers om een Werkelijkheid die onze menselijke categorieën overstijgt. Het is juister te vragen naar de meest eigen, de meest geschikte naam voor God. Het antwoord dat Thomas op deze vraag geeft, luidt: 'Hij die is', JHWH (Jahweh). Want deze naam is het meest onbepaald. De weergave 'Hij die is' geeft weliswaar toch nog te veel invulling, maar omdat het bijbelse vierlettergrepige woord JHWH op zich alles openlaat, niet echt ingevuld raakt, daarom kan men dat als de meest geschikte benaming van God zien. Thomas wil er kennelijk vooral voor waken dat wij bij ons zoeken naar namen en beelden voor Hem God niet afhankelijk maken van eigen menselijke categorieën.[21]

Beelden van God
Zowel in 1969 als in 1970 werd op Goede Vrijdag via de televisie de Broadway-musical *The trumpets of the Lord* uitgezonden, een compositie naar een boek van de Amerikaanse zwarte schrijver James Weldon

Johnson.[22] Eén van de in dit boek opgenomen bijbelse vertellingen is het scheppingsverhaal. Over de schepping van de mens vinden we in de Bijbel onder meer het volgende:

> En God zei: Nu gaan wij de mens maken, als beeld van ons, op ons gelijkend; hij zal heersen over de vissen van de zee, over de vogels van de lucht, over de tamme dieren, over alle wilde beesten, en over al het gedierte dat over de grond kruipt. En God schiep de mens als zijn beeld; als het beeld van God schiep Hij hem; mannelijk en vrouwelijk schiep Hij hen. (Gen. 1:26-27)

Het boek van James Weldon Johnson en de musical geven dit bijbelse verhaal als volgt weer:

> Toen ging God zitten tegen de helling van een heuvel waar Hij kon denken; aan de oever van een grote, diepe rivier ging Hij zitten, met het hoofd in de handen. God dacht en dacht, totdat Hij zei: 'Ik ga me een mens maken.' En op de oever van de rivier knielde Hij neer, de grote, almachtige God, die de zon had aangestoken en aan de hemel gezet, die de sterren had gegooid tot in de verste hoek van de nacht, die met de hand de aarde had gevormd, die grote God knielde neer in het stof, en als een moeder die zich buigt over haar kindje, kneedde en kneedde Hij dat hoopje klei, totdat het zijn eigen beeld droeg. Toen blies Hij de adem des levens erin, en de mens werd een levend wezen.

Zo vertolkt Weldon Johnson, nog plastischer dan het bijbelse boek, hoe God de mens maakte: de grote almachtige God knielt in het stof, en als een moeder kneedt Hij dat hoopje klei, totdat het zijn eigen beeld draagt; en Hij blaast er het leven in. De grote God, die tot leven brengt wat Hij boetseert, die machtige kunstenaar, knielt en buigt zich als een moeder over haar kindje; en steunend en kreunend baart Hij als het ware de mens sprekend op Hemzelf gelijkend.

De kern van het bijbelse mensbeeld is hier prachtig onder woorden gebracht: de mens draagt de beeltenis van zijn Schepper. Is dat letterlijk bedoeld? Ja, mij dunkt van wel. Al geldt ook hier dat al ons spreken met betrekking tot God geen ander spreken kan zijn dan in beelden en metaforen.[23]

De mens is dus beeld van God. Maar er is meer. Basilius de Grote, bisschop van Caesarea (ca. 397), voegt iets belangrijks toe: geschapen is de mens naar het *beeld* van God, maar geroepen om te groeien naar *gelijkenis* met God. Basilius verwijst naar een schilderij: daarin bewonder je de kwaliteiten van de schilder. God echter, zo stelt Basilius, geeft de mens de kans om Zijn diepere geheim te tonen door zelf uit te groeien tot een God-doorlatend icoon, dank zij de pogingen steeds beter te gelijken op God. Hij citeert hier een sleutelwoord uit het Nieuwe Testament: 'Weest volmaakt zoals uw Vader in de hemel volmaakt is.' (Mt. 5:48) Volmaakt op het niveau van God kunnen wij niet worden, maar we kunnen wel toegroeien naar een beter gelijken op God. En Basilius legt uit dat het geloof een meerwaarde aan mogelijkheden tot toewending naar het goddelijk geheim biedt: 'Beeld ben ik omdat ik een verstandelijk wezen ben, gelijkenis word ik doordat ik christen ben.'[24]

De Bijbel verbiedt overigens om beelden van God te maken; hij drukt daarmee onder meer uit dat geen enkel beeld van God beantwoorden kan aan het Origineel. De enige uitzondering is de mens, die krachtens zijn natuur beeld van God *is*: geschapen naar Gods beeld, geroepen om een zo volmaakt mogelijk portret van God te worden. In de Bijbel lezen we verder dat God het allerbest is verbeeld in de Persoon van Jezus Christus. De apostel Paulus heeft dat meerdere malen kernachtig onder woorden gebracht; het meest compact in zijn tweede Korinthiërsbrief: 'Christus die het beeld is van God' (4:4); het meest uitgesproken in zijn brief aan de Kolossenzen: 'Hij is het Beeld van de onzichtbare God, de eerstgeborene van heel de schepping. Want in Hem is alles geschapen.' (1:15) En in zijn grote brief aan de christenen van Rome schreef Paulus: 'Wie Hij tevoren heeft gekend, heeft Hij ook tevoren bestemd om gelijkvormig te zijn aan het beeld van zijn Zoon, opdat deze de eerstgeborene zou zijn onder vele broeders.' (Rom. 8:29) Bij deze laatste zin tekent de Katholieke Bijbel-Stichting aan: 'Het beeld van zijn Zoon: het beeld dat Gods Zoon is.' Deze annotatie suggereert, dat de verheerlijkte Christus hét beeld, de volmaakte afbeelding van God is, en daarom voor de christen oerbeeld en model.

In het westers christendom zijn wij ermee vertrouwd geraakt dat mensen het niet laten kunnen God te 'verbeelden'. Het jodendom en de oosters-orthodoxe kerken waarschuwen daartegen, ongetwijfeld uit diep respect voor de afstandelijke grootheid van God, bezorgd dat zowel materiële afbeeldingen als spirituele voorstellingen van God Hem ofwel schromelijk tekort zouden doen ofwel om zichzelf als goddelijk vereerd zouden worden.

Voorstellingen van God

We maken ons natuurlijk voorstellingen van God, zoeken naar contouren, naar concrete vormgevingen. Hoe stellen we ons God voor? Hoe zouden we ons God het best kunnen voorstellen? Wij leerden vroeger God zien als een bejaarde en bebaarde vaderfiguur op basis van apocalyptische schetsen (Daniël, Apocalyps). Maar pas vanaf de vijftiende eeuw wordt dat beeld zichtbaar in de christelijke kunst. Vóór 1400 vinden we van God de Vader nergens een dergelijke afbeelding. De twaalfde-eeuwse kathedraal van Chartres met al haar schitterend glas-in-lood en haar schat aan prachtige afbeeldingen laat nergens God zien als oude, wijze Vader. Men werkte wel graag met verwijzingen naar God: Gods hand bij voorbeeld is een heel oude, vertrouwde aanduiding van God.

In de vroege Middeleeuwen had de christelijke kunst vooral aandacht voor de persoon van Jezus Christus. Dé Godsafbeelding die men in de dertiende tot vijftiende eeuw graag aanbracht, was die van *le beau Dieu*: Jezus de Heer, afglans van Gods heerlijkheid. Eigenlijk tot op de dag van vandaag is God vaak verbeeld en beschreven vanuit het idee van opperste schoonheid.[25] Feitelijk heeft men alle eeuwen door gezocht naar de mooiste weergave van God. Ook in onze dagen wordt intensief nagedacht en geschreven over de vraag: hoe is God? Wat kunnen wij optimaal over Hem in woord en beeld tot uitdrukking brengen, hoe kunnen we Hem in beeldhouwwerk, in muziek en schilderwerk, het zuiverst, het schoonst benaderen? Hoe kunnen we Hem in onze fantasie en verbeelding het best tot zijn recht laten komen?

De laatste decennia heeft men gezocht naar nieuwe Godsverbeeldingen, vaak in contrast met vroegere, nu minder verstaanbaar geworden Godsbeelden. Bekend voorbeeld van zo'n contrastvoorstelling is het zogeheten feministisch Godsbeeld, het idee van een min of meer vrouwelijke God. Zowel fixatie op een mannelijke God als exclusieve nadruk op vrouwelijke contouren van God riskeren dat men God te menselijk en dus incorrect voorstelt. Aldus doende schept men zich dan een God naar eigen beeld terwijl toch – juist andersom! – mensen geschapen zijn naar Zijn beeld. Op God kunnen we moeilijk projecteren wat in de eigenlijke zin van het woord mannelijk of vrouwelijk genoemd zou kunnen worden; de categorieën mannelijk en vrouwelijk behoren immers tot de geschapen, stoffelijke werkelijkheid. Juist daarom verdient de weerstand tegen een te eenzijdig-mannelijk beeld van God alle aandacht en respect.

Een ander voorbeeld van een contrasterend Godsbeeld heeft te maken met het eertijds sterk ingewortelde idee van Gods almacht. Velen weten zich geen raad met een God die almachtig en alwetend wordt genoemd, maar die niettemin een wereld schiep met een onbegrijpelijke overmaat aan leed en ellende. Wat moet men met een superieure Albeschikker die op generlei wijze miserie en lijden heeft weten tegen te houden? Voor veel mensen is dit het cruciale punt waarom ze niet (echt) meer kunnen geloven in de God van hun jeugd en op een beslissend moment in hun leven zich van Hem afkeerden.

Er zijn er ook die een aanvaardbare verklaring voor dit moeilijk te vatten mysterie vinden bij een God die alles geschapen heeft, maar die zich daarna terugtrok om aan de mens de verantwoordelijkheid te laten de schepping naar een goede voleinding te brengen. Een God echter die zich er zo gemakkelijk van afmaakt dat Hij de mensen met hun onmacht en wanhoop alleen laat, blijkt uiteindelijk toch een weinig aantrekkelijke God.

Weer anderen zoeken het bij een God met een zekere kwetsbaarheid, niet zó oppermachtig en onaanraakbaar dat Hij volledig immuun zou zijn voor elke vorm van leed en verdriet. Integendeel, zij geloven in een lijdende, vooral medelijdende God: het leed van de mensheid trekt Hij zich persoonlijk aan. De een zal Hem dan eerder zien als de Strijdbare en Rechtvaardige die scheefgetrokken verhoudingen herstelt; de ander meer als de Solidaire, de barmhartige Vriend van armen en lijdenden. Vanuit de Bijbel laat God zich juist in deze laatste beelden heel duidelijk herkennen.

Er zijn ook mensen die geen behoefte hebben aan een zogezegd 'persoonlijke' God. Zij denken aan een min of meer onpersoonlijk goddelijk wezen, een dragend fundament, een allesomvattende kracht, een onuitputtelijke bron van energie, een niet aflatende vitaliserende stuwing.

Sommigen verwijzen hiervoor naar uitspraken van de middeleeuwse mysticus Meester Eckhart (* omstreeks 1260), die men echter gemakkelijk te lichtvaardig citeert. Wat schrijft Eckhart in deze? 'Hou je van God zoals Hij God is, zoals Hij geest is, zoals Hij persoon is en zoals Hij beeld is – dat alles moet weg. Maar hoe moet ik dan van Hem houden? Je moet van Hem houden zoals Hij is: niet-God, niet-geest, niet-persoon, niet-beeld, sterker nog: zoals Hij louter, zuiver, helder één is, los van alle tweeheid. En in dit één zullen wij voor eeuwig verzinken, van iets tot niets'. Eckhart overstijgt hier ons begrippelijk denken over God teneinde ruimte te vinden voor het diepere mysterie van God. Als we God werkelijk met de intieme liefde van een zich vertrouwvol overgevend hart willen benaderen – en dat is de enig juiste weg –, dan moeten we alle vertrouwde namen en begrippen achter ons laten. Eckhart zegt niet dat God geen persoon is, geen geest, geen God, maar Hij pleit ervoor met kracht en overtuiging niet bij die termen te blijven staan. Geen enkel woord en geen enkele naam kan het eigenlijke, diepste wezen van God ontsluiten. God is zo één en enkelvoudig, zo verheven boven elk menselijk begrip, dat elke poging Hem te benoemen schromelijk tekortschiet.[26]

Edward Schillebeeckx bevestigt zulks als hij in een boeiend artikel over het ultieme menselijk verlangen volgens de grote middeleeuwse denker Thomas van Aquino schrijft dat ook Thomas die religieuze begrippen analoog gebruikt, 'zodat hij stelde dat God wel persoonlijk is, maar niet op de wijze waarop de mens een persoon is'. Ook Thomas spreekt over God als 'niet-persoon', zegt Schilleeckx, want Hij is oneindig meer dan wat het persoon-zijn van het schepsel inhoudt. God is onvoorstelbaar méér, Hij is dus zeker geen 'het' te noemen. God kan geen blinde, redeloze en liefdeloze macht zijn. Hij is niet beneden-persoonlijk, maar boven-persoonlijk. Hij is de absoluut-Transcendente. Als wij ons daarbij niets kunnen voorstellen, bevestigt dat eerder de onvoorstelbare andersheid van God dan dat het zulks zou ontkennen.[47]

Hoe dan ook, de God van Jezus Christus, zoals de Bijbel Hem laat zien, is een God die omziet naar mensen, een God die meeleeft en liefheeft: een God die liefde is.

Uiteindelijk heeft ieder mens zijn of haar eigen Godsvoorstelling. Uiteindelijk ook betekent elk Godsbeeld inperking. Geen enkel product van menselijke verbeelding kan volledig recht doen aan de unieke eigenheid en onvatbaarheid van God. Maar geen aandacht geven aan de vraag naar God, brengt ons zeker niet verder. Liever een onbevredigende of gebrekkige kijk op God dan een vermoeid en quasi-onverschillig loslaten van het zoeken naar Hem. Liever de moeilijke vragen van een blijvend zoeken dan de onbevredigende nasmaak van een laat-maar-zitten. Ook de God van de Bijbel kan niet anders zijn dan onvolmaakte afbeelding van wat Hij feitelijk is. Maar de Bijbel kent wel honderden benaderingen van God, een baaierd van pogingen om Hem te benoemen en te verbeelden, een kostbare schat aan uitdagingen om naar Hem te tasten. Jezus Christus is onder die uitdagingen de ultieme, de ideale, maar ook meest volmaakte afbeelding van God, al kunnen we ook Hem als zodanig slechts onvolmaakt vatten.

Talloos velen zijn op zoek. Christenen gaan graag af op het spoor dat Jezus Christus heeft uitgezet. Er zijn in feite ontelbare goeroes op wie mensen zich oriënteren. Niet alle goeroes echter verdienen kritiekloos gevolgd te worden. Een van de kritische opgaven waar mensen voor staan in onze dagen (evengoed als in voorafgaande tijden) is de 'onderscheiding der geesten', onderscheid te maken tussen ware 'profeten' en minder betrouwbare zieleleiders. Mensen die al te autoritair God claimen voor eigen inzichten, kan men beter niet blindelings accepteren; juist zij verdienen uitgedaagd te worden zich met hun pretenties voor God en mens te verantwoorden. Het is en blijft overigens een kunst op zich, een moeilijke kunst om te onderkennen welke goeroe, welke beweging, welke geloofsgemeenschap erkenning verdient en welke minder.

Met velen trekken mensen samen op naar eenzelfde doel, hun licht opstekend en steun zoekend bij elkaar, ook oog hebbend voor hen die – zoekend – geen God aan de horizon verwachten, maar toch uitzien naar beter zicht op hun eigen diepste levensopdracht. Feitelijk zitten we allemaal in hetzelfde schuitje. De vurige geloofsverkondiger Paulus vatte dat in de culturele hoofdstad van de toenmalige wereld, Athene, meesterlijk samen. 'Uit één mens heeft Hij (God) heel het mensenvolk gemaakt om overal op aarde te wonen. Hij heeft bepaalde tijden vastgesteld en hun woongebieden afgegrensd, met de bedoeling dat ze God zouden zoeken en Hem wellicht tastenderwijs zouden vinden; Hij is immers niet ver van ieder van ons.' (Hand. 17:26-27)

Gods locatie: waar komt men God het best op het spoor?

In de catechismus van mijn jeugd (in de jaren dertig) luidde de twaalfde vraag: 'Waar is God?' Het antwoord: 'God is in de hemel, op aarde en op alle plaatsen: Hij is alomtegenwoordig.' In de uitgave van 1948 werd dit laatste: 'Hij is overal.' Heel onze jeugd was doortrokken met verwijzingen naar God. Je kon God nauwelijks ook maar een moment ontlopen. Toch was Hij lang niet overal echt aanwezig, dacht ik destijds. Uit het feitelijk spreken over God concludeerde ik: echt aanwezig is Hij in de hemel, in het tabernakel in het kerkgebouw, en in mijn eigen lichaam wanneer ik ter communie ben geweest. En verder?

We konden God speuren in symbolen, beelden, gebeden, rituelen. En die waren zeer talrijk. Maar het waren toch eigenlijk niet meer dan sporen van God. Voor de directe ontmoeting kon en moest je, dacht ik toen, ofwel je terugtrekken in gebed tot de Vader in de hemel, ofwel naar de kerk gaan om daar biddend contact te maken met Jezus in de eucharistie. In het kader van mijn eerste communie en eerste biecht kwamen de eerste existentiële vragen. God? Hoe is God? Waar is God? Bestaat God echt? Mijn door zulke vragen verschrikte geest kwam gelukkig spoedig toch weer tot rust. Niets immers wees erop dat twijfel aan Gods bestaan gerechtvaardigd zou zijn: overal trof je mensen die vast in Hem geloofden. Jongeren van nu missen maar al te vaak dat soort van houvast.

De grote vuurproef kreeg ik bij de plotselinge dood van mijn vader (17 april 1948). Mijn moeder, toen 44 jaar, bleef achter met een gezin van acht opgroeiende kinderen, praktisch zonder financiële middelen. Als oudste (22 jaar) zag ik de toekomst op dat moment als zeer zwart, een heel groot eindeloos diep gat. Waarom doet God ons dit aan? Waar blijft Hij? Waar blijft Hij nu wij het zo moeilijk hebben? Hij leek onbereikbaar. God moest er nog wel zijn, ergens, maar wáár? Op dit soort vragen waren we feitelijk niet ingesteld. Achteraf zie ik het duidelijk: ons Godsbeeld was destijds te figuratief, als u wilt: te materieel, te zeer gebonden aan stoffelijke, haast tastbare verbeeldingen, aan concreet aan te wijzen plaatsen. We klampten ons vast aan bepaalde antropomorfische, al te menselijke voorstellingen van God, te bereiken op bepaalde, nauw omschreven locaties.

Nu, na alle diep ingrijpende ontwikkelingen van de afgelopen decennia, heb ik van God geen vast omschreven beeld meer. Hij heeft ook geen echt eigen locatie meer voor mij. Wat dat betreft is alles ondefinieerbaar geworden. Ik hoef nergens meer heen om contact te leggen met God. Ik kan Hem bij wijze van spreken overal ontmoeten, overal en nergens. Ja, de catechismus van mijn jeugd had eigenlijk groot gelijk: alomtegenwoordig is Hij. Overal is Hij, je moet Hem niet willen vastprikken op bepaalde beelden en binnen omlijnde grenzen.

God is voor mij als *adem* en *wind* geworden, *lucht* is Hij nu voor mij (als u begrijpt wat ik bedoel), heilige Adem, Heilige Geest. Hij is zelfs een soort Niemand geworden doordat Hij alles blijkt te zijn. Ik kan Hem overal om me heen ontwaren, hoewel ik besef dat niets beantwoordt aan wat Hij werkelijk moet zijn. In mijn innerlijk, in mezelf voel ik Hem driftig bezig, en op bepaalde aangewezen plaatsen en sommige uitgesproken momenten weet ik Hem extra nabij. Ik ga af op de ervaring dat de verre God naar wie ik naarstig gezocht heb, een nabije God is gebleken. Misschien wel vooral doordat ik me niet liet afschrikken als ik niet meer wist waar ik het (Hem) zoeken moest. Overigens zie ik dit alles als genade, onverdiende gave, dankbaar aanvaard en naar beste vermogen uitgebuit.

Ook mijn bidden is heel anders geworden. In mijn jonge jaren bad ik het meest tot Jezus Christus. Vooral de eucharistische Christus – Jezus in het tabernakel – was mijn gemakkelijk bereikbare gesprekspartner. Hij was feitelijk de vanzelfsprekende intermediair tussen mij en God de Vader. De Heilige Geest zei mij destijds weinig of niets. Nu echter is de Heilige Geest mijn eigenlijke gesprekspartner. God is voor mij nu vooral werkzaam aanwezig als bron, bron van leven, bron van liefde, levenskracht, overal om mij heen te speuren, niet in het minst in mijn eigen binnenste. Maar ook heel sterk in het krachtenveld van het verkeer met mensen om mij heen. Maar lang niet altijd op commando afroepbaar.

Zo zijn eigenlijk grenzen weggevallen, afbakeningen vervaagd. De weg naar God ligt voor mijn gevoel overal open. Hetgeen niet wegneemt dat Hij bij tijd en wijle toch moeilijk bereikbaar lijkt. Ik voel me echter niet ongelukkig met de wijze waarop ik tegenwoordig Gods nabijheid ervaren mag, maar ik besef dat God zich ervaren laat op zeer verscheiden, zo niet oneindig gevarieerde wijze. Altijd blijft mijn eerste vraag: waar kom ik God het best op het spoor? Mij dunkt, dit is een vraag voor ieder die stilletjes hoopt iets van God te ontdekken. Wellicht doen we er verstandig aan om enkele voor de hand liggende mogelijkheden successievelijk af te tasten. Vandaar de volgende speurtocht naar mogelijke sporen van God. Laat God zich bij voorkeur vinden *boven* mij: in de hemel, of op uitverkoren sacrale plaatsen op aarde? Of is God aan te treffen elders *buiten* mij, in relaties en sociale activiteiten, of in de natuur, de schepping? Laat God zich misschien bij voorkeur kennen *in* mijzelf, hetzij in licht dan wel in duisternis, hetzij in alledaagse gebeurtenissen en ervaringen?

God in de hemel

Een christen uit een ver verleden, Origenes, heeft een beschouwing nagelaten over het gebed (geschreven in het jaar 233).[27] Origenes legt onder andere uit, dat men bij de formulering 'Vader in de hemelen' niet moet denken aan een God omvattende hemelruimte. Eenvoudige lieden, zegt hij, vatten die woorden veel te letterlijk op, ervan uitgaande dat God zich op een bepaalde plaats bevindt. Eerder het tegendeel is het geval: God zelf is het die al het andere omvat en bijeenhoudt. Voor Origenes blijkt de hemel niet een locatie te zijn, maar simpelweg een aanduiding van Gods aanwezigheid, aan geen plaats gebonden. Hij verwerpt ook de lucht als woonplaats van God, want ook de boze geesten zetelen daar. (Ef. 6:12) Als we bidden dat Gods wil moge geschieden op aarde zoals in de hemel, gaat het erom dat wij gehoor geven aan Gods wil; waar dit gebeurt, daar is hemel. Consequent is voor Origenes ook 'aarde' niet de materiële locatie, maar hij duidt haar ethisch: waar onrecht heerst, moet recht geschieden, zodat niets slechts overblijft. Een tijdgenoot van Origenes, de Noord-Afrikaanse bisschop Cyprianus, staat (in het jaar 252) niet echt stil bij het woord hemel, wel bij Gods alomtegenwoordigheid. Je hoeft niet te schreeuwen als je bidt, 'wij dienen immers te weten dat God overal aanwezig is'. En hij citeert Jeremia 23, waar God zegt: 'Vervul ik niet hemel en aarde?'

God op heilige plaatsen
Moeten we God bij voorkeur zoeken op heilige plaatsen zoals kerkgebouwen en bedevaartsoorden, of in beelden, relieken en devotionele voorwerpen? In het Evangelie van Johannes (2:13-25), het verhaal over Jezus' 'tempelreiniging', worden voor ons woord 'tempel' twee verschillende Griekse woorden gebruikt. Op de eerste plaats ἱερόν: 'in de tempel trof Hij de verkopers aan'. Vervolgens ναός: 'breek deze tempel af' (vers 19); 'Hij sprak over de tempel van Zijn lichaam'. (vers 21)

Het is niet zo moeilijk het verschil te ontdekken. Waar ηιερον staat, gaat het over: heilig gebouw, heiligdom, tempel, schrijn. Waar ναός staat, wordt bedoeld: persoon of gemeenschap als verblijfplaats, woonplaats van God. De apostel Paulus gebruikt dit laatste woord (ναός) als hij in zijn eerste brief aan de christenen van Korinthe uitlegt dat zij zijn als een tempel van de Heilige Geest. 'Weet ge niet, dat gij Gods tempel zijt, woonplaats van de Heilige Geest?' (1 Kor. 3:16-17), en: 'Gij weet het, uw lichaam is een tempel van de Heilige Geest die in u woont.' (6:19)

De Bijbel verhaalt, hoe koning Salomo voor God een tempel wilde bouwen ter vervanging van de tent waarin de Ark des Verbonds verbleef. Maar God was tegen: 'Ik heb nooit een huis gehad...' De God van het joodse volk was een 'nomade'-God, mét het volk van het Verbond altijd samen onderweg. De draagstangen van de Ark mochten er nooit uit, het volk moest altijd onmiddellijk kunnen opbreken en verder trekken. God liet zich niet op één plaats vastpinnen. Hij wilde wonen te midden van zijn volk. Later echter in Jeruzalem mocht Salomo wél een huis voor

God bouwen. Want de tijd van trekken leek voorbij, en er was alles vóór dat het volk wist waar men Hem vinden kon. God is overal en nergens. Een apart huis echter om Hem te eren, een vaste verblijfplaats om Hem te bezoeken helpt mensen om Hem nooit te vergeten. Mensen hebben daar kennelijk behoefte aan.

Dus toch een huis voor God. God woonde echter in de tempel wél in het duister van het Heilige der Heiligen; geen daglicht kon daar binnendringen. Men mocht er vooral niet zomaar even binnenlopen. De tempel van Jeruzalem was niettemin als de hemel op aarde. In vrome verkwisting had Salomo de tempel gemaakt tot een lichtend teken van Gods aanwezigheid, Gods verborgen aanwezigheid te midden van Zijn Volk. Heel die geschiedenis rond de bouw en de inrichting en de hoge betekenis van de tempel kan men vinden in het Oude Testament: I Koningen, hoofdstuk 6-8.

Hoofdstuk 8 citeert het prachtige gebed van Salomo bij de inwijding van het tempelcomplex. Hij zei toen onder meer tot God: 'Zelfs de hemel en de hemel der hemelen kunnen U niet bevatten. Hoeveel minder is dit huis dat ik gebouwd heb.' En God zei tot Salomo: 'Als jij mijn geboden onderhoudt, zal ik het woord overeind houden dat ik gesproken heb tot je vader David.' Voor overeind houden staat hier in het Hebreeuws het woord *koem*, dat we terugvinden in de nog altijd bestaande erenaam voor Amsterdam: 'MOKUM', dat wil zeggen plaats waar God bij zijn mensen is en hen overeind houdt.[28] Jeruzalem met zijn tempel is voorafbeelding en universeel symbool geworden van 's mensen uiteindelijke woonstede, daar waar de mensheid voor altijd vredig wonen mag onder de schaduw van de Allerhoogste als alles voltooid zal zijn: hemels Jeruzalem, stad van vrede, rijk van God.

Van dit eschatalogische beeld blijkt men het best naar het alledaagse leven terug te mogen. Johnny Jordaan heeft dat speels gedaan toen hij zong:

Zou er ook een Jordaan in de hemel bestaan,
net zoals in m'n oud Amsterdam?
Zou er hoog in de lucht ook een torenklok slaan,
als de Wester in Amsterdam?
Ik zal 't nooit weten – al wil ik het graag –
maar het blijft op de aarde een vraag.

Huub Oosterhuis arrangeerde dit lied als volgt:

Zou er ook een Jordaan in de hemel bestaan?
Een groot Mokum hoog boven het zwerk?
Zou voorbij zon en maan ook een kroontoren staan,
en zo'n droom van een Westerkerk?
Ik zou er een eeuwige kerkganger
en een stevige psalmzinger zijn.
En dan viel daar nieuw licht
op mijn oude gezicht.
O, we zouden gelukkig zijn.

Ik zou er met David mee dansen,
Michals gegiechel ten spijt,
en met Sjebals koningin sjansen
en een vrolijke neut op zijn tijd.
En als daar dan ook nog zo'n orgel zwelt,
dan voel ik mij net als de schaapjes geteld,
dan schurk ik mij aan tegen engel en dier,
en open mijn keel bij een jub'lend klavier:
Zou er ook... enz.[29]

Hoe dan ook, als God overal is, dan is Hij zeker in wat wij hemel noemen. Maar waar is die hemel? We wijzen naar boven als we het hebben over de hemel. Als alle mensen op aarde dat doen, wijzen we met zijn allen – want de aarde is rond – samen naar alle kanten. We moeten maar niet verder zoeken naar een locatie die hemel heet. Laten we liever aannemen: de hemel is waar God is. Je kunt dan ook best een hemel op aarde hebben. Maar de echte hemel is waar we voor altijd in vrede en vreugde samen bij God thuis zijn.

God buiten mij
Het betreft hier de aanwezigheid van God in sociale contacten en activiteiten: inzet voor de samenleving, belangeloze omgang met mensen. *God in de ander*. De afgelopen decennia hebben ons geleerd, dat er geen wezenlijke tegenstelling bestaat tussen actie en contemplatie, bidden en werken, inkeer en sociale activiteit. Het ideale christen-zijn zoekt naar combinatie van beide, naar evenwicht tussen beide opgaven: aan-

dacht voor God én aandacht voor mensen, relatie met God én relatie met medemensen, gebed én sociale inzet. Jezus zelf is van die combinatie de ideale, levende demonstratie. Zijn leven is zorg voor het heil en het geluk van mensen vanuit zijn unieke verbondenheid met zijn Vader. Hij verkondigde met klem, dat de liefde tot God en die tot de naaste één geheel, één opdracht vormen.

Wellicht is dit in de H. Schrift nergens duidelijker samengevat dan door de apostel Johannes: 'Als God ons zozeer heeft liefgehad, moeten ook wij elkander liefhebben'; 'als wij elkaar liefhebben, woont God in ons en is zijn liefde in ons volmaakt geworden'; 'wie zijn broeder die hij ziet, niet liefheeft, kan God niet liefhebben die hij niet gezien heeft'; 'wie God liefheeft, moet ook zijn broeder liefhebben.' (1 Joh. 4:11,12,20,21) Alle eeuwen door hebben mensen ervaren hoezeer God zich laat vinden via de noden en het hulpgeschreeuw van medemensen, via goddelijke uitdaging doorklinkend in het lot en het gedrag van andere mensen.

Bisschop Aurelius Augustinus van Hippo wijdde aan dit thema zestien eeuwen geleden een boeiende preek met verwijzing naar alledaagse straattaferelen: 'De Heer ging het huis van Zachaeus binnen. (vgl. Lukas 19:1-10) Gelukkige man! Kwam Jezus ook maar eens bij ons binnen. Christus is nu immers in de hemel. Christus, lees mij Uw nieuwe Verbond voor, en maak mij gelukkig met Uw wet. Lees Zijn wet en je zult beseffen dat je niet van Zijn tegenwoordigheid beroofd bent. Luister hoe Christus eens oordelen zal: "Wat gij gedaan hebt voor een van de minsten van de mijnen, dat hebt gij voor Mij gedaan." (Mt. 25:40) Ieder van ons verwacht Christus te ontmoeten in de hemel, maar heb aandacht voor *Christus op straat voor uw deur,* heb aandacht voor Christus die honger heeft en kou lijdt, die in nood verkeert en vreemdeling is...' (Preek 25,8,8)

Illustratief in dit verband is ook een populair Russisch verhaal over een met tijd en plaats aangekondigde verschijning van God. Van alle kanten trekken massa's mensen op naar Novgorod. Onder hen een oude man met zijn kar die hij moeizaam voortduwt, maar de kar loopt vast in de modder. De monnik Dimitri komt langs; hij komt de oude man te hulp, tot eindelijk de kar weer verder kan. Maar de monnik beseft dat te veel tijd verloren is gegaan om de verschijning van God nog mee te kunnen maken. Ik kom te laat in Novgorod, denkt hij, ik zal God niet kunnen zien. Maar wat ziet hij gebeuren? Wat is dat? Een hemels licht omstraalt de oude man, die op zijn kar gezeten Dimitri minzaam toelacht.

Het is God zelf. 'En allen die voorbij lopen, de stad zijn ingegaan,' zo eindigt de vertelling, 'die hebben daar vergeefs gewacht op God, in Novgorod.'[30]

God ontmoeten in de andere mens, dat is de fascinerende kern van Christus' blijde boodschap, de blijvende uitdaging van Zijn Evangelie. Juist de andere mens blijkt de meest aangewezen weg om te komen tot de ervaring van Gods nabijheid. God verborgen in de ander komt nabij als wij die ander ontwaren in wat hem/haar het diepst beweegt. De filosoof Emmanuel Levinas werd niet moe om het gelaat van de levende mens aan te wijzen als de eerst aangewezen uitdaging van Godswege om te zien en te verstaan: 'God laat zich zien in het aangezicht van de levende ander.' Een grote theoloog als Edward Schillebeeckx tracht dan ook allereerst te verstaan wat leeft onder mensen; 'de tekenen van de tijd verstaan', zo formuleerde het recente Concilie dat. Schillebeeckx is daarin zeer consequent: hij laat zich leiden door hetgeen zijn intuïtie ontdekt in het culturele hedendaagse leven, overtuigd dat geloven ontwaakt in het alledaagse leven van mensen, zodat theologie zonder antropologie thans meer dan ooit ondenkbaar is. In zijn talloze publicaties heeft deze grote hedendaagse theoloog consequent dat nieuwe spoor uitgezet.

God ontmoeten in de natuur

Dat juist natuurliefhebbers in de natuur gemakkelijk op het spoor van God komen, is niet zo verwonderlijk. De schepping verbergt immers veel geheimen, brengt wonderlijke ontwikkelingen aan het licht, roept diepgaande vragen op. De moderne stadsmens ziet dat doorgaans niet zo gauw, maar soms realiseert hij zich plotseling met een schok en een gevoel van schaamte hoe weinig hij waarnam van de onvoorstelbare variatie aan leven en bewegen langs de wegen die hij gaat. Hij zag nauwelijks iets van de rijkdom aan insecten en planten rondom, laat staan dat hij daarvan de oorsprong en de bestemming zou kunnen doorgronden. Ongetwijfeld draagt de schepping een ongehoorde schat aan geheimen, die ons uitdagen om vragen toe te laten, ook als ze onoplosbaar lijken. In haar schoonheid en wonderen, maar ook in haar duivelse geweldsexplosies vinden veel mensen sporen van God. Vooral de onvoorstelbare dimensies van de sterrenhemel, de onvatbare wemeling in de microwereld, de rusteloze geheimen van de eindeloze zee, de enorme krachten van vulkaanuitbarstingen en sneeuwlawines, de onverhoedse barre weersverschijnselen, kunnen een mens heel klein maken.

Zelf werd ik op mijn veertiende sterk gegrepen door de onmetelijke wereld van de sterren aan het firmament, en als gevolg daarvan spoedig ook door de vele raadselen rond ruimte en tijd. Van toen af wist ik mijn leven veel meer dan eerst gedragen door onmetelijkheid en onomvattelijkheid. Een respectvol gevoel voor de raadselachtige processen binnen de ons omringende wereld heeft me sindsdien nooit meer verlaten.

Veel kunstenaars proberen dit voor anderen tastbaar en verstaanbaar te maken. Schilders, dichters en andere kunstenaars hebben die fascinerende diepte-ervaring tastbaar trachten te maken, daarmee anderen aansporend om niet achteloos voorbij te gaan aan de onpeilbare diepten en verborgen geheimen van de schepping. Het zijn niet de minsten die daarbij uitdrukkelijk appelleerden aan de religieuze dimensie van het menselijk bestaan. Zo herinner ik me de schijnbaar wat simpele verwijzing van de beroemde Russische schrijver Fjodor Dostojewski (1821-1881) naar het eerbied afdwingende geheim achter alle leven in de ons omringende rijke natuur. Hij daagt zijn lezers zelfs uit om elk levend wezentje en elk onderdeeltje van de schepping lief te hebben.

Heb de hele schepping lief,
de ganse wereld en elk zandkorreltje op aarde.
Heb lief elk blaadje, elke lichtstraal.
Heb lief de dieren en de planten.
Heb alle dingen lief.
En als je dat alles liefhebt,
dan pas zul je Gods geheim in de dingen doorgronden.

Een korte bevlogen mijmering van Nicolaas Beets (1814-1903) lijkt nog verder te reiken: God komt via het ruisen van de moerbei heel nabij, en niet zo maar even, neen, voor onbepaalde duur, Hij toefde.

De moerbeitoppen ruisten,
God ging voorbij;
neen, niet voorbij, Hij toefde,
Hij wist wat ik behoefde,
en sprak tot mij.[31]

Een heilige vrouw met zeer intense aandacht voor de natuur, met tevens kosmische, ja met mystieke intuïtie voor de aanwezigheid van de Schepper in al het bestaande was de abdis Hildegard von Bingen (1098-1179). Ze had een voor die tijd ongelooflijk grote kennis van de natuur, van de stenen en de metalen, de planten en de dieren, van geneeskrachtige elementen, en nog heel veel meer. Tegelijkertijd zag zij door alles heen de fundamentele relatie met de Schepper. Voor haar zoekende warme geest was alles transparant geworden. Zoekend naar verbeelding van de Goddelijke Werkelijkheid, speelde zij graag met termen die de werkelijkheid kleuren, onder andere met woorden als: groen, groenend. In een overweldigend visioen beschrijft Hildegard Gods meesterwerk, Zijn schepping. Ze ziet en overziet de kosmos als een groot rad bestaande uit zes kringen. De in harmonie gevangen diversiteit van de kosmos is voor haar een directe afspiegeling van Gods heel eigen drie-enig leven. In het centrum van het rad staat de mens, geroepen om de hele kosmos mee te nemen naar haar eindbestemming, naar God. Die mens heeft zijn bekroning gevonden in het mensgeworden Woord, Jezus Christus.

'Uit de hemel kwam flitsend een vurig licht naar beneden. Het doordrong mijn hart en mijn hele lichaam als een vlam. Het verbrandde niet, maar was wel heet als de zon die alles verwarmt.' Zo opent Hildegard haar beroemdste visioenenboek, *Liber Scivias*. Ze heeft een zeldzaam universele visie nagelaten op de schitterende fundamenten voor een harmonisch samengaan van God en mens. Zichzelf typeerde zij als 'de bazuinklank van het levende licht'. Boeiend tekent Hildegard hiermee metaforisch iets heel wezenlijks, tegelijk visueel en auditief. Zoals de bazuin niet uit zichzelf kan klinken, maar pas geluid geeft wanneer iemand erop blaast, zo is ook zij (Hildegard) het instrument waarmee de adem, de geest van God tot klinken komt.[32] Haar welhaast vanzelfsprekende vertrouwdheid met de natuur, de schepping, hielp haar samen met haar diep aanvoelen van Gods liefdevolle nabijheid om uit te groeien tot de unieke figuur die zij in haar tijd feitelijk was.

Alledaags en transcendent
Een meervoudige gelaagdheid, behorend tot het wezen van de poëzie, trof mij in het volgende ontroerende gedicht van Rutger Kopland.

Ik kwam thuis, het was
een uur of acht en zeldzaam

zacht voor de tijd van het jaar
de tuinbank stond klaar
onder de appelboom

ik ging zitten en ik zat
te kijken hoe de buurman
in zijn tuin nog aan het spitten
was, de nacht kwam uit de aarde
een blauwer wordend licht hing
in de appelboom

toen werd het langzaam weer te mooi
om waar te zijn, de dingen
van de dag verdwenen voor de geur
van hooi, er lag weer speelgoed
in het gras en ver weg in het huis
lachten de kinderen in het bad
tot waar ik zat, tot
onder de appelboom

en later hoorde ik de vleugels
van ganzen in de hemel
hoorde ik hoe stil en leeg
het aan het worden was

gelukkig kwam er iemand naast mij
zitten, om precies te zijn jij
was het die naast mij kwam
onder de appelboom, zeldzaam
zacht en dichtbij
voor onze leeftijd.[33]

Hier zag ik een heel herkenbaar, alledaags tafereel uitgroeien tot een mystieke ervaring. Want wie het ook is die naast de thuisgekomene komt zitten op de tuinbank onder de appelboom, de betreffende figuur kreeg voor mij iets van het allesoverstijgende, het transcendente, dat zeldzaam zacht en dichtbij aanschuift naast de naar rust verlangende dichter. Later, tijdens een publiek gesprek tussen Kopland en mij in het

kader van een door de Bossche boekhandel Heinen georganiseerde 'ontmoeting met schrijvers,' verklaarde de dichter dat hij met 'iemand naast
mij' aan zijn vrouw had gedacht. Maar ik mocht dat vanzelfsprekend
anders invullen, zei hij.

God in mijzelf

Gelovige voorgangers wijzen op grond van eigen ervaringen met overtuiging nog een andere weg, de weg naar binnen. Dat traject kan lang
lijken, maar toch lijkt het een uitgelezen weg. 'De langste reis is de reis
naar binnen,' noteerde Dag Hammerskjöld (1905-1961).[34] Ook andere
geestelijke auteurs zijn overduidelijk in de weergave van hun ervaringen in deze. De Spaanse mystica Teresa van Avila (1515-1582) herhaalt het
in vele toonaarden: dat God zich als vanzelfsprekend in het eigen hart
van de mens aanspreekbaar maakt. Die onstuimige vrouw, zakelijk en
praktisch ingesteld maar vol diepe, warme gevoelens ervaart God als
een gast, – een hoge Gast, ze betitelt Hem graag als 'Zijne Majesteit' –
heel intiem in haar binnenste werkzaam aanwezig. Maar vooral als een
vriend ervaart Teresa haar God. Haar advies luidt steeds in allerlei toonaarden: je moet met God praten als met een vriend die woont in je hart
en oprecht van je houdt. Je moet Hem zoeken in je eigen binnenste. Een
van haar gedichten, getiteld 'Op zoek naar God', geeft dat bondig weer:

Ge moet u in Mij zoeken
en Mij moet ge in u zoeken.
(...)
Mocht ge misschien niet weten,
waar ge Mij zult vinden,
dwaal dan niet heen en weer;
maar als ge Mij wilt vinden,
moet ge Mij in uzelf zoeken.
(...)
Buiten u hoeft ge Mij niet te zoeken,
want om Mij in u te vinden,
is het genoeg Mij slechts te roepen;
Ik zal dan zonder dralen tot u komen
en gij zult Mij dan in u kunnen zoeken.[35]

Maar ook de vermaarde Zuid-Nederlandse mysticus Jan van Ruusbroec schrijft met overtuiging over zijn beleving van Gods immanente nabijheid: 'God leeft dieper in ons dan wij in onszelf,' zo legt hij uit, 'en Zijn inwendig werken in ons, natuurlijk dan wel bovennatuurlijk, graaft dieper in ons dan onze eigen werkzaamheid; daarom werkt God in ons van binnen naar buiten, terwijl alles wat geschapen is, van buitenaf op ons inwerkt.'[36]

Augustinus was in zijn jonge jaren langdurig en vasthoudend op zoek naar God; hij heeft daarom bijzonder veel recht van spreken als het gaat om speuren naar God. Toen hij op tweeëndertigjarige leeftijd eindelijk ontdekt had waar hij God kon vinden, betreurde hij diep de verkeerde wegen die hij op zijn zoektocht was gegaan. In zijn *Belijdenissen* doet hij uitgebreid verslag van dat alles; het boek is een zeer geslaagd exempel geworden van volhardend zoeken naar en blij ontdekken van de verborgen nabijheid van God.

> Laat heb ik u lief gekregen, o schoonheid, zo oud en zo nieuw. Laat heb ik u lief gekregen. En gij waart binnen en ik was buiten, en daar zocht ik u, en ik rende, wanstaltig als ik was, op de schone dingen af die door u gemaakt zijn. Gij waart bij mij en ik niet bij u.[37]
> Gij waart innerlijker dan mijn diepste innerlijk (*intimior intimo meo*) en hoger dan mijn hoogste hoogte (*superior summo meo*).[38]
> Gij stondt vóór mij, maar ik was ook van mijzelf weggegaan en ik vond mijzelf niet eens: hoeveel te minder U.[39]

Gelovige zoekers en denkers hebben hun persoonlijke ervaringen op schrift gesteld waarvan wij nu, eeuwen later, kennis kunnen nemen. Emotionele ervaringen van alle tijden, van allerlei culturen en zeer verscheiden groeperingen, ervaringen die men universeel zou kunnen noemen omdat ze niet aan culturele grenzen gebonden zijn. Ervaringen ook van onze tijd. Want de twintigste eeuw heeft evenzeer mensen gekend met opvallende Godsbeleving. Zo denk ik aan de jonge joodse Etty Hillesum, in september 1943 op negenentwintigjarige leeftijd omgekomen in een nazi-concentratiekamp. Ze had zich vol overgave ingezet voor haar joodse lotgenoten, eerst in Amsterdam, later in kamp Westerbork, waar ze lijdelijk moesten wachten op hun uiteindelijke bestemming. Etty ontpopt zich als een diepgelovig, onbaatzuchtig medemens; haar Godsgeloof bleek haar onwrikbaar houvast in zeer donkere dagen.

Op 26 augustus 1941 schreef ze in haar dagboek:

Binnen in me zit een heel diepe *put*. En daarin zit God. Soms kan ik erbij.
Maar vaker liggen er stenen en gruis voor die put. Dan is God begraven.
Dan moet Hij weer opgegraven worden.[40]

Soms richtte ze zich in haar dagboeken op heel intieme wijze rechtstreeks tot God:

Ik zal je helpen, God, dat je het niet in mij begeeft, maar ik kan van te voren
nergens voor instaan. Maar dit éne wordt mij steeds duidelijker: dat jij ons
niet kunt helpen, maar dat wij jou moeten helpen en door dat laatste helpen wij onszelf. En dit is het enige wat we in deze tijd kunnen redden en
ook het enige waar het op aankomt: een stuk van jou in onszelf, God. En
misschien kunnen we ook eraan meewerken jou op te graven in de geteis-
terde harten van anderen (...). Ik breng je niet alleen mijn tranen en bange
vermoedens, ik breng je op deze stormachtige, grauwe zondagochtend
zelfs geurende jasmijn. En ik zal je alle bloemen brengen die ik op mijn wegen tegenkom, mijn God, en werkelijk, dat zijn er zeer vele. Je zult het heus
zo goed mogelijk hebben bij mij.[41]

Waar zou God schrijnender als grote afwezige ervaren kunnen worden
dan in situaties als door Etty Hillesum intens diepgaand beleefd? God
leek joodse mensen totaal verlaten te hebben. Toch bleef Hij voor Etty
zeer nabij, verborgen maar nabij. Het beeld dat zij gebruikt – God verborgen diep in een put in haar eigen innerlijk – klinkt heel aangrijpend.
Haar primaire zorg richt zich op God diep in haar hart; die zorg is de bekommernis om het volk waarvan zij deel uitmaakt. De notities van deze
dappere vrouw tonen aan: als je God zo dichtbij vermoedt, kun je bij
wijze van spreken de hele wereld aan. De mooiste vindplaats van God
blijkt het eigen innerlijk: als je Hem daar vindt, is Hij iets van jouzelf geworden. Dan is God zo nabij dat er geen afstand meer is.

Topervaringen van Godsbeleving
Van drie figuren uit het Oude Testament wordt gesuggereerd, dat zij
niet op normale wijze gestorven zijn: het betreft Henoch, Mozes en Elia,
drie mannen die tijdens hun leven in intiem contact met God zijn geweest.

Henoch wandelde met God

In het boek van de Schepping, het eerste boek van de Bijbel, wordt na de verhalen over Adam en Eva en Kaïn en Abel een soort stamboom gegeven van de nakomelingen van het eerste mensenpaar. Zesde in die stamlijst is Henoch. Van hem zegt de Bijbel: 'Toen Henoch vijfenzestig jaar was, verwekte hij Metusalach. Henoch leefde na de geboorte van Metusalach nog driehonderd jaar; hij richtte zijn schreden naar God, en hij kreeg zonen en dochters. De levensduur van Henoch bedroeg driehonderdvijfenzestig jaar. Henoch richtte zijn schreden naar God; zo kwam het dat hij verdween, omdat God hem opnam.' (Genesis 5:21-24) Kort maar krachtig, deze passage over Henoch. In al zijn simpelheid veelzeggend; idyllische beschrijving van een bijzondere Godservaring. Twee keer wordt van Henoch gezegd: 'Hij richtte zijn schreden naar God.' Hij wandelde met God, zou men ook mogen zeggen. Heel zijn lange leven verkeerde hij met God in uiterste verbondenheid, maar toen was hij ineens verdwenen. 'Ongemerkt, alsof hij zo kon doorlopen,' zo merkt Nico ter Linden op.

Deze dominee heeft ons laten horen, hoe een kind van de zondagsschool het verhaal vertelde: 'Henoch wandelde met God en zij praatten met elkaar, ze liepen maar en ze liepen maar, en ze vergaten helemaal de tijd. Ze hadden elkaar zoveel te vertellen, dat ze niet merkten hoe ver ze van Henochs huis waren geraakt. Toen, plotseling, stonden ze bij het huis van God. Henoch schrok en zei: "O, God, ik moet nodig terug." Maar God zei: "Nu je toch zo ver bent, Henoch, moet je maar meteen binnen komen."'[42]

Okke Jager heeft datzelfde kinderverhaal hernomen in een mooi gedicht rond een meisje van zes:

... En God en Henoch waren kameraden.
Dus God kwam vaak bij Henoch op bezoek.
Nadat zij samen voor de kwaden baden,
las God een stukje uit zijn eigen boek.

Eens zei de Here op een mooie morgen:
'Zeg, Henoch, ga je mee een eindje om?
Je vrouw zal dan wel voor het eten zorgen'.
En Henoch zei: ''t Is goed hoor, God, ik kom'.

Hij durfde wel zijn kindren achterlaten.
Hij riep: 'Tot straks!', en deed de deur op slot.
Zij hadden samen heel veel te bepraten.
Dus Henoch wandelde aldoor met God.
De vogels wisten wel, voor wie zij zongen.
En alle bloemen kwamen nu aan bod.
De herten kwamen dichtbij met hun jongen.
En Henoch wandelde aldoor met God.

Totdat opeens – 'o, Heer!' zei hij geschrokken,
'wij zijn al veel te ver; daar staat Uw huis!
't Is lang geleden al, dat wij vertrokken...
Hoe kom ik ooit alleen weer veilig thuis?

'Och, Henoch', zei de Heer, 'om tijd te winnen,
– je komt toch later bij Mij wonen – zeg,
Ga nu dan maar gelijk met Mij naar binnen!'
En Henoch was niet meer; God nam hem weg.[43]

Zo kan een niet direct klare bijbeltekst toch verstaanbaar worden voor jong en oud. Wandelen leidt tot spreken en tot luisteren. Vooral als het gaat om God, worden het samen optrekken, het spreken en het luisteren versterkende elementen van het éne zoekproces. 'Samen op weg' is een zeer geschikt pastoraal logo om dit compact in woorden vast te leggen. Lee Towers lied 'You never walk alone' bevestigt daarvan de innerlijke, energieke kracht.

Guido Gezelle heeft in het eerste couplet van zijn gedicht 'Kerkhofblommen' het 'wandelen met God' voor ieder die wil zien zeer suggestief naderbij gebracht. Zijn bondig vers is in de herhaling van slechts enkele trefwoorden een ontroerend exempel geworden van ingrijpende Godservaring.

Ik wandelde, ik wandelde alleen,
ik wandelde en sprak tot de Heer;
Hij sprak en ik hoorde, en Hij hoorde en ik sprak,
en Ik wandelde en Ik sprak tot de Heer.[44]

God sprak tot Mozes van aangezicht tot aangezicht

Er is in het Oude Testament geen mens die zo 'druk was' met God, zo frequent bij God 'op audiëntie', als Mozes. Zijn ambt als leider van Gods volk bracht dat met zich mee. Vooral het boek van de Uittocht vertelt daarover (Exodus 19-20; 24; 33-34). Mozes werd de vaste bemiddelaar tussen God en het volk. Exodus vertelt hoe Mozes tijdens de veertig jaren durende tocht van het joodse volk door de woestijn praktisch dagelijks contact had met God in de tent van de Ark des Verbonds. 'Mozes sloeg telkens de tent op buiten het kamp, op een behoorlijke afstand; hij noemde haar "tent van samenkomst". Iedereen die de Heer zocht, ging naar deze tent buiten het kamp. Als Mozes naar de tent ging, gingen alle mensen voor de ingang van hun tent staan en ze bleven hem nakijken tot hij in de tent verdwenen was. En als Mozes dan binnen was, daalde de wolkkolom neer en bleef staan boven de ingang van de tent. Dan sprak de Heer tot Mozes. Zodra de mensen de wolkkolom boven de ingang van de tent zagen staan, bogen zij zich neer bij de ingang van hun tent. De Heer sprak dan tot Mozes *van aangezicht tot aangezicht*, zoals een mens met zijn medemens spreekt.' (Exodus 33:7-11)

God sprak tot Mozes, van aangezicht tot aangezicht, als van mens tot mens. Het is als een zich steeds herhalend ritueel. En heel het volk nam deel aan die periodieke Godsontmoeting. Wat een intimiteit met God! Ja, die veertig jaar woestijn was een barre onderneming, maar één ding gaf steun en troost: tijdens de eindeloze woestijntocht is het God zelf die de route uitzet en de plaatsen bepaalt waar men enige tijd blijft. Hij doet dat vanuit een wolk. De wolk is als een vertrouwd teken dat Gods aanwezigheid markeert: de wolk onthult Zijn aanwezigheid. Hij onthult zich door zich te verhullen, een verhulling die nooit een volledige onthulling wordt. De donkere wolk boven de heilige tent duidt op Zijn nabijheid, maar zelf is Hij niet werkelijk te zien. God is in wezen een verborgen God. Je moet eropuit, als je contact met Hem wilt. Maar toch blijft Hij altijd méér verhuld dan onthuld. Hij is nabij, maar op verborgen wijze. Hij blijft verscholen, is niettemin dichtbij, altijd, constant. Een enkeling, een uitverkorene zoals Mozes, mag meer van Hem ervaren dan normaal gesproken mogelijk is.

Drie maanden na het vertrek van de Israëlieten uit Egypte 'ging Mozes de berg op, naar God.' (Ex. 19:3) 'De Heer sprak tot Mozes: "Ik kom naar u toe in een dichte wolk, zodat het volk Mij met u hoort spreken en voor altijd vertrouwen in u zal krijgen."' (19:9) Mozes voerde het volk uit het kamp naar buiten, als het ware God tegemoet. De berg Sinaï was geheel in rook gehuld. Aan de voet van de berg bleven zij staan. Bazuingeschal klonk, en Mozes sprak, en de stem van God antwoordde. 'Want de Heer was neergedaald op de Sinaï, op de top van de berg. En de Heer riep Mozes naar de top van de berg, en Mozes ging naar boven.' (19:17-20) Het volk werd overdonderd door de donderslagen, de bliksemflitsen, het bazuingeschal en het zien van de rokende berg. Allen bleven staan op enige afstand, 'terwijl Mozes de donkere wolk in ging waar God was'. (20:18-21) Enige tijd later besteeg Mozes opnieuw de top van de Sinaï, en bleef daar liefst veertig dagen en veertig nachten (24:16-18). Dan beschrijft de Bijbel de unieke Godservaring die Mozes uiteindelijk ten deel viel.

'Mozes vroeg: "Laat mij Uw heerlijkheid zien". Hij antwoordde: "Ik zal in mijn goedheid aan u voorbijgaan en in uw bijzijn de naam HEER uitroepen. Want Ik schenk genade aan wie Ik wil en barmhartigheid aan wie Ik wil". Maar Hij voegde eraan toe: "Mijn gelaat kunt u niet zien, want geen mens kan mijn gelaat zien en in leven blijven". Toen sprak de Heer: "Hier bij Mij is nog plaats; kom op de rots staan. Wanneer mijn heerlijkheid voorbijgaat, zal Ik u in de rotsholte laten schuilen, en als Ik voorbijga zal Ik u met mijn hand beschermen. Als Ik dan mijn hand terugtrek, kunt u Mij van achteren zien, want mijn gelaat kan niemand zien."' (Exodus 33 18:23)

Centraal in deze theofanie, deze Godsverschijning, staat het woord van God: 'Hier bij mij is nog plaats.' God laat Mozes onomwonden weten: bij Mij is altijd plaats voor jou. Maar in ditzelfde verhaal klinkt tevens een andere indringende aanduiding door: geen mens zal God ooit in het gelaat kunnen kijken. Wij lezen weliswaar in ditzelfde bijbelboek, dat Mozes met God sprak van aangezicht tot aangezicht, als van mens tot mens, bij wijze van spreken. Maar daar gaat het over een spréken met god, niet over een direct zien van God. 'Mijn gelaat kan niemand zien.' Het is een formulering die ons bewust moet maken van het onvoorstelbare anders-zijn van God. Hij is niet te zien, althans niet van voren, niet van aangezicht tot aangezicht. Hoogstens 'van achteren', maar dat is feitelijk een indirect zien, achterlangs, zijdelings. Hetgeen geen antwoord kan betekenen op de vraag wat Gods eigenlijke schoonheid uitmaakt, hoe Zijn werkelijk wezen is.

God is in wezen onbereikbaar. Ruimtelijk kan Hij wel zeer nabij lijken, is Hij ongetwijfeld dichterbij dan wij ons kunnen voorstellen, maar altijd blijft de afstand tussen wat wij zijn en wat Hij is, onvoorstelbaar groot. Wie zou dat willen ontkennen, zich daardoor laten ontmoedigen? Hij wil toch de mens uiterst nabij zijn. Er is niets wat méér nabijheid schept, wat beter afstanden overbruggen kan, dan de warme gloed van oprechte liefde. God is zozeer liefde, dat niemand en niets inniger bereikbaar is dan Hij.

Elia ervaart God in het suizen van een zachte bries
Een derde voorbeeld van bijzondere Godsontmoeting is Elia, onvergetelijke profeet, bestemd om eens terug te komen. Zo is hij blijven leven in de visioenen van het joodse volk. Ontmoedigd verliet Elia Jeruzalem, want door toedoen van koningin Jesabel was hij vogelvrij verklaard, blootgesteld aan levensgevaar. Naar zijn waarschuwingen werd niet meer geluisterd, zijn rol leek uitgespeeld. Een volle dag lang liep hij de woestijn in, hij liep alsmaar door, steeds verder de woestijn in. Daar knap je natuurlijk niet van op; hij raakte volslagen uitgeput. Gedesillusioneerd en helemaal leeg bad hij God om hem te komen halen. Ten slotte viel hij in slaap in de schaduw van een bremstruik. Toen was daar opeens de engel van de Heer die hem moed insprak en hem liet eten en drinken. Elia veerde helemaal op.

De Bijbel vertelt: Hij stond op, at en dronk, en gesterkt door dat voedsel liep hij veertig dagen en nachten, tot hij de berg van God, de Horeb, bereikte. Daar ging hij een grot binnen en overnachtte er. Toen kwam het woord van de Heer tot hem: 'Waarom bent u hier, Elia?' Hij antwoordde: 'Omdat ik mij met al mijn ijver ingezet heb voor de Heer, de God van de machten. De Israëlieten hebben uw verbond met voeten getreden, uw altaren omvergehaald en uw profeten met het zwaard gedood; ik alleen ben overgebleven en mij staan ze naar het leven.' Maar de Heer zei: 'Ga naar buiten en treed voor de Heer op de berg.'

Toen trok de Heer voorbij. Er ging een zeer zware storm voor de Heer uit die bergen deed splijten en rotsen verbrijzelde. Maar de Heer was niet in de storm. Op de storm volgde een aardbeving. Maar ook in de aardbeving was de Heer niet. Op de aardbeving volgde vuur. Maar ook in het vuur was de Heer niet. Op het vuur volgde het suizen van een zachte bries. Zodra Elia dit hoorde, bedekte hij zijn gezicht met zijn mantel, ging naar buiten en bleef staan bij de ingang van de grot. Toen klonk er een stem die hem vroeg: 'Waarom bent u hier, Elia?' Hij antwoordde: 'omdat ik mij met al mijn ijver ingezet heb voor de Heer, de God van de machten. De Israëlieten hebben uw verbond met voeten getreden, uw altaren omvergehaald en uw profeten met het zwaard gedood; ik alleen ben overgebleven en mij staan ze naar het leven.' Toen zei de Heer tegen hem: 'Ga dezelfde weg terug en ga door de woestijn naar Damascus; als u daar gekomen bent, moet u Hazaël zalven tot koning van Aram, Jehu, de zoon van Nimsi, moet u zalven tot koning van Israël, en Elisa, de zoon van Safat uit Abel-Mechola, moet u zalven tot uw opvolger als profeet...' (1 Kon. 19:8-16). Dus ging de profeet terug.

De dichter Muus Jacobse (1909-1972) heeft de Godsontmoeting van de profeet Elia naverteld:

Niet in het geweldige geluid
van stormwind die de rotsen breekt,
is het Uw stem die tot ons spreekt.
De stormen trekken voor u uit.

En ook wanneer de diepte trilt
en d'aarde siddert als een riet,
is het in deze beving niet
dat Gij U openbaren wilt.

Niet in het alverblindend licht
van vuur, niet in een vlammengloed,
is het dat Gij wilt zijn ontmoet,
en vinden wij Uw aangezicht.

Maar als de koelte om ons staat,
en een zacht suizen ons vervult,
weten wij dat Gij komen zult,
en wij omwinden het gelaat.[45]

Wat opvalt in dit gedicht, is dat de dichter het in feite niet heeft over Elia, maar over óns, niet over de Godsontmoeting van de beroemde profeet, maar over die van óns. Hij gaat er zonder meer van uit dat ons iets dergelijks overkomen kan. Ja, waarom niet? Maar, laat God zich werkelijk ook aan gewone stervelingen voelen? Waarom niet? Waarom zouden wij niet serieus daarmee rekening mogen houden? De Bijbel en de geschiedenis hebben vele getuigenissen verzameld van mensen die zeker wisten met God in aanraking te zijn gekomen.

God op de berg: de hemel op aarde

Een van de sleutelverhalen van het Nieuwe Testament is dat van de ge-daanteverandering – ook wel genoemd de 'verheerlijking' – van Chris-tus boven op de berg. Drie apostelen zijn daarvan getuige: Petrus en het broederpaar Johannes en Jacobus, de lievelingsleerlingen van de Heer. Zij zien Jezus in gesprek met de twee grootste profeten van het Oude Testament: Mozes en Elia, uitgerekend twee mannen die zelf tijdens hun leven op bijzondere wijze met God in contact waren geweest boven op de berg. (Lucas 9:28-36; vgl. Mattheüs 17:1-9; Marcus 9:2-9) Eerst was de Heer Jezus verblindend wit; Hij straalde van licht. Toen Petrus voor-stelde drie tenten te bouwen, daalde een wolk over het gezelschap neer, en uit die wolk klonk een stem: 'Dit is mijn Zoon, de Uitverkorene, luis-tert naar Hem.' Zo mochten die drie apostelen hun Heer zien in een he-mels licht, en hoorden zij een stem uit de hemel over Hem getuigen. Hij werd daarmee voor hen meer herkenbaar als degene die Hij was: man van God. Hij bleek zichtbaar en hoorbaar de gevolmachtigde getuige te zijn van God.

Jezus sprak met Mozes en Elia. Waarover? 'Over zijn heengaan dat Hij in Jeruzalem zou voltrekken.' (Lucas 9,31) Over zijn lijden sprak Hij; daarover heeft Hij trouwens met zijn apostelen meermalen gesproken, frank en vrij. Hij was zich er blijkbaar goed van bewust dat Zijn levens-taak een dodelijk risico inhield. Voor de apostelen moet met dit alles daarboven op die berg een helder hoewel ook wat wrang licht op de per-soonlijkheid van hun Heer zijn geworpen. Maar met dit al zal het vi-sioen voor deze drie uitverkoren mannen toch vooral een onvergetelijke Godsontmoeting zijn geweest. Een ervaring die hun niet in de koude kleren is gaan zitten. Vanaf het moment waarop dit verhaal zinspeelt, het schokkende moment waarop dit licht in hen doorbrak, wisten zij dat met hun Meester Jezus Christus een nieuwe tijd was aangebroken, maar eveneens dat dit nieuwe tijdperk slechts in pijn en lijden zou kun-nen doorbreken.

Godsontmoetingen op de berg zijn metaforen, het zijn beeldende be-schrijvingen, uitbeeldingen van de wijze waarop God zich aan mensen 'laat zien'. Die Godsontmoetingen vertellen over unieke ervaringen met de Allerhoogste, de Transcendente. Die brengen letterlijk 'de hemel op aarde'. Wat zou de hemel méér kunnen zijn dan bewustwording van de werkelijke nabijheid van God, beleving van intieme eenwording met God? Die hemel kan op aarde een eerste begin vinden. Slechts betrekkelijk weinigen hebben verslag kunnen doen van zo'n opperste Godsbeleving, maar zij die daarover schreven, lieten zien dat de God van de Israëlieten en de God van Jezus Christus zich niet hermetisch afsluit. Hem echt ontmoeten kan overigens blijkbaar niet zonder pijn, verwarring en moeizame volharding.

Gevecht van Jakob met de engel
Spreken we over Godsontmoeting en Godservaring, dan hebben we het in feite over dat wat mensen aangaande God beleven, over menselijke perceptie dus, over menselijke waarneming, menselijke ervaring. Het zal altijd moeilijk blijven om Godsbelevingen op hun diepere inhoud en eigenlijke waarde te taxeren. Als God ál onze voorstellingen en belevingen volledig overtreft, is het niet verwonderlijk dat we Hem in feite nu eens als veraf en dan weer als dichtbij ervaren. Ook in de omgang van mensen met elkaar blijft als regel veel verhuld. Dan mag het niet verwonderen dat dit voor het ervaren van God in overtreffende mate opgaat. Maar: omdat in God élke gestalte ontbreekt, zal álle waarneming van God een verhulde en indirecte zijn. Ik kan Hem niet zien; ik kan hoogstens íets van Hem waarnemen.

Fascinerend is het verhaal uit het joodse Testament over Jakob, zoon van Isaäk en Rebecca, tweelingbroer van Esau. Hij ontvluchtte zijn familie, met name ontvluchtte hij de wraak van Esau die hij met bedrog het eerstgeboorterecht had ontfutseld. Zo ging Jakob van Berseba op weg naar Haran, het land van zijn oom Laban. Op weg daarheen had hij een merkwaardige droom: een ladder reikte van de aarde tot in de hemel, en langs die ladder klommen engelen omhoog en omlaag. Bovenaan de ladder stond God die Jakob de beloften herhaalde die Hij eerder zijn voorvaderen had gedaan: groot nageslacht, omvangrijk territorium, overvloedige zegen. Nadat Jakob ontwaakt was, zette hij de steen waarop hij gerust had rechtop, goot er olie overheen, noemde die plaats 'huis van God' (Bethel), en deed de gelofte God immer trouw te blijven. (Gen. 28:10-22)

Toen hij jaren later terugkeerde uit Haran met twee vrouwen (de gezusters Rachel en Lea), twee slavinnen en elf zonen, raakte hij aan de oever van de rivier Jabbok in gevecht met een onbekende man. De strijd duurde tot het aanbreken van de dag en bleef onbeslist, tot de man hem een gemene slag toebracht op zijn heup, waardoor Jakob voor altijd mank zou blijven. Daardoor uitgedaagd zei Jakob: 'Ik laat u niet gaan tenzij gij mij zegent.' Het was blijkbaar tot hem doorgedrongen dat hij te doen had met een bijzondere tegenstander. Diens reactie luidde: 'Je zult niet meer Jakob heten, maar Israël [strijder Gods], want je hebt met God gestreden, en je hebt gewonnen.' Jakob noemde die plaats Pniël ('Gods gelaat'), want zei hij: 'Ik heb God gezien van aangezicht tot aangezicht.' (Genesis 32:22-32)

Dit verhaal heeft een diepe betekenis, maar roept ook veel vragen op. Want de geheimzinnige tegenstander blijft niet alleen voor Jakob vaag en onduidelijk. Is het een mens, is het een engel, is het misschien God zelf? De geleerden zijn het er niet over eens. Door hem gewoonlijk 'engel' te noemen, blijft men vaag, maar suggereert men tegelijk niettemin toch een Godservaring. Gaat het wellicht om een strijd met God werkzaam in de eigen ziel? In ieder geval is er sprake van een verbeten gevecht tussen een mens en een bovenmenselijke kracht, de worsteling van een mens met zijn God. Ik denk dat hier iets oermenselijks wordt verbeeld. In jezelf kun je soms iets dergelijks herkennen. Je wordt in de houdgreep genomen, je weet niet wat het is, maar je weerstaat. Je verzet je, totdat je tot het besef komt dat het God is die je uitdaagt. Het lijkt een zegen dat God zelf soms uitdagend te werk gaat. Want juist in die verzetshouding, in dat rebellerend en tegenstribbelend vragen wie Hij is en waar Hij is en waarom Hij zo bruut te werk gaat, kan men Hem beter op het spoor komen. Leven groeit nu eenmaal vaak tegen de verdrukking in; een mens wil op zijn tijd beproeven wat hij waard is, en kan juist daardoor boven zichzelf uitgroeien.

II De geduldig lijdende dienaar van God

Deus patiens

3   De fascinatie van het kwaad

Jan Bluyssen

Christelijke kerken en gelovige christenen gaan ervan uit dat God zich nader heeft willen laten kennen door Jezus Christus. Dat betekent echter geenszins dat gelovige christenen leven vanuit een gemakkelijk, onbedreigd Godsgeloof. Eerder het tegendeel is waar. Heel veel christenen, onder wie grote heiligen, kunnen verhalen van de onzekerheid, de pijnlijke twijfel en de kwellende duisternis waar ze zich doorheen moe(s)ten worstelen.

Twee negatieve ervaringen dreigen voortdurend 's mensen verlangen naar God te frustreren. Op de eerste plaats is er de ervaring van het kwaad in al zijn afschrikwekkende, maar vaak tegelijk fascinerende vormen. Daarnaast doelen we op de perceptie van Gods afwezigheid, die het vermoeden wekt ofwel dat Hij gewoon niet bestaat, ofwel dat Hij onbereikbaar is, ofwel dat Hij gezien moet worden als een min of meer vage, onbegrijpelijke en onbeschrijfelijke oerbron.

Het kwaad doet zich aan ons voor als een monster met ontelbare koppen, om een plastische beeldspraak te hanteren. Heeft men één van die koppen onschadelijk gemaakt, dan duikt onmiddellijk een andere kop op, niet minder bedreigend en verwoestend. Het kwaad lijkt zó alomtegenwoordig en zó onoverwinnelijk, dat het ons voorkomt als een bovenmenselijke zelfstandige oerkracht. Geen wonder dat goed en kwaad in de geschiedenis telkens weer zijn gezien als autonome, naast elkaar bestaande, even krachtige machten. Naast de bron van het goede, God, staat welhaast vanzelfsprekend de bron van het kwade, Satan. Het kwade schrikt af, maar het kan ook aantrekken. Het is tegelijk bedreigend en fascinerend, evengoed als het goede of heilige zowel angstaanjagend als bekoorlijk kan overkomen. *Fascinosum et tremendum*, luidt de bekende La-

God de Vader met Zijn dode Zoon
als variant van de Genadestoel, Gelders,
ca. 1640 (Catharijneconvent, Utrecht).

tijnse uitdrukking van Otto. Maar wanneer de dreiging van het kwade sterker lijkt dan de fascinatie van het goede, voelt een mens zich benauwd en bedreigd. Dan komt hij in de ban van de kwade machten, en geeft zich daaraan gewillig over, of verzet zich daartegen, al dan niet in paniek. Maar evenzeer geldt het omgekeerde. Hopen op de overwinning van het goede, vertrouwen op de goddelijke macht van het heilige, drijft mensen ertoe zelf naar best vermogen goedheid en liefde uit te stralen. Het kwaad zal echter altijd storend en scheidend aanwezig blijven. De aanwezigheid van het kwaad overal rondom, en ook in het eigen hart waarneembaar, bemoeilijkt de ervaring van Gods nabije aanwezigheid.

In dit hoofdstuk willen we allereerst de huiveringwekkende macht van het lijden onder ogen zien en de vragen die dit oproept ten aanzien van God. De oudtestamentische figuur Job kan de vragen helpen formuleren en ordenen rond het lijden dat de mens ondanks zichzelf heel zijn leven door bedreigt, terwijl het recente schandaal van de holocaust zijn schrijnend licht doet schijnen op de mens als oorzaak van veel afschuwelijk leed anderen aangedaan. Daarna zullen we onze aandacht richten op het mysterie van het kruis, in de herinnering van velen voortlevend dank zij de moed van de lijdende Dienaar Gods, die zich door niets heeft laten tegenhouden om Zijn levensroeping te vervullen. De kruisdood, straf voor begane misdaden, werd daardoor teken van leven en hoop. Omdat God in Jezus Christus Zijn solidariteit met de mensheid tot het uiterste voerde, is zowel de stervende Christus zelf als het kruis waaraan Hij stierf voor veel mensen een bron van redding en vernieuwing gebleken. Aan het eind van dit hoofdstuk willen we ten slotte nader ingaan op de figuur van de gehoorzame Christus, zowel op Zijn Persoon – wie is Hij? –, als op Zijn Boodschap – wat heeft Hij ons te bieden? Zijn boodschap lijkt het best te typeren met de door Hem veel gehanteerde metafoor van het Rijk Gods, waarvan Hij zelf als de Verrezene de centrale en bindende schakel vormt.

Het lijden van de mens: levenslange existentiële bedreiging
Lijden is een kruis. Het gaat in tegen alles wat ons dierbaar is. Het schrikt af. We wapenen ons ertegen zo goed en zo kwaad als we kunnen. Ons zwaarste kruis: de niet te vatten zin van het lijden. Lijden lijkt zinloos, kan ook al het andere zinloos maken. Zelfs God kan, als we smartelijk lijden moeten, betekenisloos worden. Lijden trekt alles uit balans. Het is een wreed mysterie waarvoor feitelijk geen bevredigende verklaring is te geven.

Over lijden kun je niet zomaar praten. Het is gevaarlijk over lijden te spreken in algemene termen. Lijden is zeer persoonlijk: voor ieder mens is het eigen leed het grootste leed. Lijden neemt dan ook talloze gedaanten aan en komt in ontstellend veel vormen voor. Er is een levensgroot verschil tussen lijden dat wij elkaar of onszelf aandoen (woede, geweld, jaloezie, oorlog, branieachtig gedrag, enzovoort), en lijden dat ons overkomt (natuurrampen, ongeluk, ziekte, ouder worden, dood). Dit laatste lijden heeft van doen met tekorten in de natuur, die we moeilijk kunnen verhelpen, al doen we ons best de risico's zo klein mogelijk te houden. De eerste soort van lijden daarentegen komt voort uit tekorten in het menselijk samenleven. Hier is onderscheid te maken tussen de dader die kwaad veroorzaakt, en het slachtoffer dat daardoor lijden moet. De mens weet zich uitgedaagd om in gezamenlijke verantwoordelijkheid het agressieve kwaad te helpen voorkomen.

Trouwens, alle lijden brengt een dubbele uitdaging mee, namelijk lijden naar beste vermogen helpen voorkomen en bestaand lijden met alle beschikbare middelen helpen verlichten. Verlichten kan hier in dubbele zin worden verstaan. Enerzijds betreft dit het verlichten van de zware druk van het lijden door het te delen en de pijn ervan te bestrijden, en anderzijds gaat het om een samen zoeken naar meer licht en beter zicht op de diepere lagen van lijden. Je hoeft het kruis niet te zoeken. Je komt het vanzelf tegen, meer dan jou lief is. Niemand kan lijden en verdriet ontlopen; niemand blijft daarvoor gespaard. We moeten het kruis niet zoeken. We moeten integendeel alles doen om leed en kruis te bestrijden.

Wie door lijden overvallen wordt, zal in eerste instantie vooral twee dingen wensen: allereerst dat het lijden ophoudt, en als dat onmogelijk blijkt, dat men spoedig mét dat lijden een nieuw evenwicht vindt. Wie verdriet heeft of pijn lijdt of door angsten wordt benauwd, is sterk aangewezen op hulp van anderen. Een eenzaam lijdend mens is het toppunt van eenzaamheid. Lijden kan vruchtbaar uitwerken, maar niet zonder meelijdenden dichtbij, niet als je alles helemaal alleen moet verwerken. Lijden en liefde ontmoeten elkaar veelvuldig. Mensen weten gewoonlijk niet goed raad met die combinatie van liefde en lijden, laat staan met het combineren van lijden en God die liefde is. Ook Jezus kon het lijden niet ontlopen, ook Hij had op cruciale momenten moeite om zijn leed en zijn angst zo maar uit Gods hand te aanvaarden. Op de vraag: 'waarom?' weet niemand het eigenlijke antwoord. Op de vraag:

'wat nu?' heeft Jezus één duidelijke reactie: 'Kom achter Mij aan, ga met Mij mee.' Hij presenteert zichzelf als Heiland, oftewel Healer. Een bemoedigende uitnodiging, een positieve uitdaging. Mensen die weten wat lijden is, kunnen dit beamen. Want lijden kan alleen door geloof en liefde iets van zijn dominerende, afschrikwekkende kracht verliezen.

'Alle leven is lijden,' zo luidt een van de 'vier edele waarheden' van het boeddhisme. Lijden is onontkoombaar, maar je maakt het minder pijnlijk door je niet te hechten aan wat jou omringt. Loslaten, bewust afdalen in jezelf, maakt je aandachtig voor het mysterie dat jou overstijgt. Daardoor wordt lijden minder bedreigend, en je ontdekt dat ook in lijden iets van vreugde kan zitten. Het boeddhisme zoekt de oplossing in het lijden zelf; het christendom wekt op tot hoop op Hem die zelf het lijden niet ontvluchtte, juist om de angel uit het lijden weg te nemen. Terwijl we blijven vechten tegen lijden, kan het geloof dat God zelf in ons lijden deelt, onvermoede krachten losmaken. Niemand hoeft zich te schamen voor haar of zijn verdriet, noch voor ferm verzet tegen leed. Maar als men zich begrepen en opgevangen weet, kan tegenkracht beginnen binnen te stromen. Het is weldadig in verdrietige situaties contact te ervaren met goede mensen die zich helemaal voor jou inspannen. Door zulke mensen heen kan voor hen die daarop hopen, ook iets van Gods gelaat bespeurbaar worden.

Lijden is uitermate persoonsgebonden. De een is zeer kwetsbaar, de ander juist erg weerbaar. Er zijn opvallende voorbeelden van mensen die tegen verschrikkelijk zwaar leed opgewassen bleken. Etty Hillesum is zo'n voorbeeld. Deze jonge joodse vrouw groeide met haar pril, maar oersterk Godsgeloof in de laatste oorlogsjaren (1943-1945) uit tot een bewonderenswaardige heldin. In het kamp Westerbork, van waaruit onze joodse landgenoten op transport werden gesteld naar wat ze niet kenden, de plaatsen van hun vernietiging, zette zij zich met alle haar ter beschikking staande krachten in voor haar lotgenoten, om hun angst en ontgoocheling te helpen verlichten. In haar brieven heeft ze daarvan uitvoerig verslag gedaan, en ze wees daarbij de diepere motieven aan die haar dreven. Zo schreef ze op 2 juli 1942:

> Als ik zeg: ik heb op de een of andere manier met dit leven afgerekend, dan is dat geen resignatie. 'Alles gerade ist Miszverständnis.' Als ik zoiets wel eens zeg, dan neemt men dat toch op als iets anders dan bedoeld is. Het is geen resignatie, dat is het nooit. Wat bedoel ik dan eigenlijk precies? Mis-

schien: ik heb dit leven al zo duizendvoudig geleefd, en ben al zo duizendvoudig gestorven dat er niets nieuws meer komen kan? Is dat blasé-heid? Neen, het is een van minuut tot minuut het leven duizendvoudig leven, en daarbij hoort: een plaats geven aan het lijden. En dat is waarachtig geen geringe plaats, die het lijden opeist heden ten dage (...) Het lijden heeft altijd z'n plaats en z'n rechten geëist en doet het er veel toe in welke vorm het komt? Het komt erop aan, hoe men het draagt en of men het te rangschikken weet in zijn leven en tóch het leven blijft aanvaarden.[1]

Etty Hillesum bewees een sterke vrouw te zijn. Bij haar nergens de klagende vraag: waarom moet dit juist ons, juist mij overkomen? Neen, zij beseft dat iedereen, ook haar zelf, dit of iets dergelijks overkomen kán; lijden wordt met alle leven meegegeven. Ze formuleerde het zo: 'Alsof niet het lijden, in wat voor vorm het ook tot ons komt, eveneens tot het menselijk bestaan behoort.' Maar juist in en door dat dreigende noodlot groeit Etty in haar Godsgeloof en in haar onbaatzuchtige inzet voor lotgenoten.

Van Lucebert, dichter en schilder, is de diepzinnige uitspraak: 'Alles van waarde is weerloos.' Weerloosheid, breekbaarheid, kwetsbaarheid, ze zijn het onvermijdelijke keurmerk van wat werkelijk waardevol en kostbaar is. Wat echt van waarde is, wordt bedreigd van vele kanten, staat bloot aan de doodsdrift van talrijke jaloerse roofmoordenaars. Het leven zelf, mijn leven, is daarom uiterst kwetsbaar en weerloos. Maar bovendien weten we, al onderdrukken we dit besef liever, dat het menselijk bestaan nooit kan worden losgekoppeld van zijn vergankelijkheid, die pijnlijker ervaren wordt naarmate ze bewuster wordt beleefd. Lucebert bevestigt met zijn beroemde dichtregel als het ware de kracht van de boeddhistische stelregel dat alle leven lijden is.

Bisschop Augustinus was diep geraakt door een uitspraak van Cicero (in diens verloren geraakte boek *Hortensius*): 'Eén ding is zeker: wij willen allen gelukkig zijn.' Vele malen spreekt hij over het geluk dat mensen zoeken. Allen weten we wat we zoeken, maar weinigen weten wáár geluk het zekerst te vinden is. Augustinus weet waarover hij het heeft. Hoe lang heeft hij zelf niet gezocht, vóór hij wist waar het geluk het best te vinden is. 'Gij hebt ons gemaakt naar U,' schrijft hij in de aanhef van zijn autobiografie, getiteld *Belijdenissen*, 'en rusteloos blijft ons hart totdat het zijn rust vindt in U.'[2] In één van zijn preken stelt hij de vraag: 'Wilt gij gelukkig zijn?' Hij vervolgt dan: 'Met uw goedvinden zal ik u wijzen waar gij het geluk kunt vinden.' Daarbij dringt hij er vooral op aan te zoeken op de goede plaats. 'Als gij goud zoudt zoeken op een plaats waar het niet is, zou dan iemand die weet dat daar geen goud te vinden is, niet zeggen: waarom graaft ge hier? Waarom woelt gij de aarde om? Gij maakt alleen maar een kuil waar ge in kunt stappen, maar niets zult vinden. Wat zoudt gij zo iemand antwoorden op zo'n opmerking? Ik zoek goud! En hij: ik zeg niet: wat gij zoekt, bestaat niet; maar het is niet daar waar ge zoekt.' Augustinus concludeert dat ook het zoeken naar geluk iets goeds inhoudt, maar het gaat wel om de plaats waar je zoekt. Het komt er volgens bisschop Augustinus op aan in dit leven te kiezen voor een sterven met Christus uit liefde voor de gerechtigheid.[3] Bij een andere gelegenheid zei hij het heel direct en onverbloemd: dat het echte geluk ligt in het onvergankelijke, in het goede dat ons overstijgt, in God. Tenslotte immers gaat het om dit éne: 'in het huis van de Heer te wonen alle dagen van mijn leven.' (ps.27:4) Augustinus doet zijn best de toehoorders te vertellen wat zijn eigen persoonlijke ervaring en overtuiging is: dat het ware geluk bij de Onvergankelijke, bij God gezocht moet worden.

Wil dit zeggen dat we het echte geluk niet kunnen vinden en het lijden niet kunnen ontlopen zonder godsdienst of geloof? Dat zou ik niet durven stellen. Maar dat authentiek Godsgeloof aan mensen onvermoede kracht kan geven, is aanwijsbaar in de lijdensmoed, de levensmoed van talrijke mensen van nu en van voorbije tijden. Godsgeloof is echter evenmin vanzelfsprekend als God zelf dat is. Godsgeloof heeft immers niemand voor het grijpen. Het christendom is er altijd van uitgegaan, dat geloven een gratis door God gegeven gave, een genade is. Het enige wat mensen kunnen doen, is erom vragen, naar God tastend op zoek gaan, zich met hart en ziel voor Hem openstellen. En dan nog geldt dat alleen voor wie gelooft, God werkelijk kan gaan leven. Wie niet geloven kan, laat zich – terecht – niets wijsmaken.

Aanklacht tegen God
De Griekse wijsgeer Epicurus (341-271 v.Chr.) formuleerde vele eeuwen terug al haarscherp het pijnlijke dilemma van mensen inzake 'God en het kwaad'.

> Ofwel God wil het kwaad uit de wereld wegnemen, maar Hij kan het niet.
> Ofwel Hij kan het wegnemen, maar Hij wil het niet.

Ofwel Hij wil het niet en Hij kan het niet.

Ofwel Hij wil het en Hij kan het.

Indien Hij wil en niet kan, is Hij onmachtig.

Indien Hij kan en niet wil, is Hij ongenadig.

Indien Hij niet wil en niet kan, is Hij ongenadig en onmachtig tegelijk.

Indien Hij wil en kan – en dat is het enige dat Hem als God toekomt – vanwaar komt dan het feitelijke kwaad, en waarom neemt Hij het niet weg?[4]

In reactie op dit dilemma rond God en het lijden zijn en worden meerdere oplossingen beproefd.

De eerste reactie houdt een relativeren van het lijden in. Van God uit gezien zitten er positieve kanten aan het lijden: het loutert, het kan genezend werken of opvoedend, ouders moeten soms ook een voor hun kind pijnlijke beslissing nemen. Aldus wordt geprobeerd God te 'rechtvaardigen'.[5] Als het lijden vanuit God niet te legitimeren is, komt men via een tweede reactie op grond van twijfel aan God of ontkenning van God gemakkelijk tot een aanklacht tegen God. Zo roept Job God aanvankelijk ter verantwoording; later getuigt hij overigens dat over Gods al dan niet gerechtvaardigd handelen niets te zeggen noch te klagen valt. In zijn beroemde roman *De gebroeders Karamazov* laat Dostojewski de hoofdpersoon Iwan zeggen dat hij zou weigeren God te danken voor zijn wonderbaarlijke schepping, als zeker zou zijn dat dit grootse heelal één enkele traan van een onschuldig kind moest kosten. De joodse filosoof Elie Wiesel, die de jodenvervolging van de nazi's overleefde, verklaarde: 'Ik zou liegen als ik je zou vertellen dat ik in God geloofde; ik zou liegen als ik je zou vertellen dat ik niet in God geloofde.'[6] Op grond van de holocaust kan hij niet meer op God vertrouwen, maar Hem opgeven kan hij evenmin: 'Laat ons verhalen vertellen, al het andere moet wachten, al het andere bestaat niet, commentaren zullen later moeten komen, anders vervangen en verduisteren ze wat ze bedoelen te openbaren.'

Een derde soort van reacties relativeert Gods almacht. We moeten erin berusten dat God niet zomaar alles kan; en ook: het is niet God die ons doet lijden of lijden toelaat; integendeel, God wordt er zelf pijnlijk door getroffen. Zo schreef Dietrich Bonhoeffer: 'De religiositeit van de mens verwijst hem in zijn nood naar de macht van God in de wereld, God is de *deus ex machina*. De Bijbel verwijst de mens naar de onmacht en het lijden van God; alleen de lijdende God kan helpen.'[7] Lijden tegen

Gods wil, lijden dat God zelf ook doet lijden, zal evenwel, vrees ik, voor de lijdende mens niet veel oplossen, vergroot eerder het mysterie rond Gods onmachtige macht. Blijkbaar zit er weinig anders op dan te blijven zoeken naar herinterpretatie van de traditionele opvatting over God als de Almachtige en Algoede in het licht van het lijden. Sommigen blijven daarbij dicht bij de traditionele opvatting: God is almachtig, maar Hij beperkt vrijwillig zijn macht teneinde ruimte te maken voor onze menselijke vrijheid.[8]

Sommigen stellen eenvoudig, dat God niet de macht heeft om in te grijpen in de bestaande wereld, ook niet om ellende te voorkomen of te stoppen.[9] De meest bekende vertolker van deze richting is wellicht de joodse auteur Harold Kushner in zijn veelgelezen boekje *Als 't kwaad goede mensen treft*. 'Ik geloof niet dat God de oorzaak is dat kinderen geestelijk gehandicapt zijn, of dat Hij uitmaakt wie er aan spierdystrofie zal lijden. De God in Wie ik geloof, zendt ons niet de problemen, maar Hij geeft ons kracht om de problemen aan te kunnen', zo stelt Kushner.[10] Kushner gelooft niet dat het Gods wil is dat iemand ziek wordt of verminkt raakt; hij gelooft niet dat God het lijden wil, al meent hij dat God niet kan voorkomen dat er lijden is. Hij schrijft zelfs dat hij een God die het lijden haat maar het niet kan elimineren, gemakkelijker kan aanbidden dan een God die kinderen laat lijden en sterven, 'om welke verheven reden dan ook'.[11]

De Nijmeegse theoloog Edward Schillebeeckx levert serieuze kritiek op deze visie. 'Een God die alleen meelijdt met ons, laat het laatste en definitieve woord aan het kwaad en het lijden. Dan is niet God, maar het kwaad de definitieve almacht.'[12] De gedachte aan een onmachtige, lijdende God vergroot het risico dat God en lijden geïdentificeerd worden, zodat het lijden gesanctioneerd wordt tot fataal noodlot dat als onvermijdelijk slecht lijdelijk aanvaard dient te worden. Maar de strijd tegen kwaad en lijden lijkt in de evangelische boodschap een heel centraal punt te vormen; die boodschap claimt een God die bevrijdt van kwaad, die het kwaad overwint. De bijbelse God heeft niets van een machteloze. Al het speculeren over goddelijke almacht of onmacht biedt dus vooralsnog geen soelaas; het brengt inzake het mysterie van lijden en kwaad geen klaarheid.

We mogen stamelend concluderen dat lijden niet in Gods bedoeling ligt, hoewel Hij het niet tegenhoudt. Hij geeft wel tegenkracht tegen leed en draagt bij tot beheersing van het lijden, omdat Hij zelf de grote mede-lijdende is. De Vader is zó oneindig veel groter dan alle onmachtig leed, dat Hij het uiteindelijk zal overwinnen. Jezus' verrijzenis is volgens Schillebeeckx 'een corrigerende verhoging, een nieuwe schepping, waarin alle negativiteit wordt overwonnen'.[13] Bovendien, God beoogt fundamenteel altijd het goede. Dat kan en moet inspireren tot bestrijding van het kwaad. Vraag is echter, of we daarmee iets bereiken. Inzoverre het geloof existentiële onmacht kan doorbreken en tegenover praktisch falen nieuwe mogelijkheden aanreiken, zal de ban doorbroken worden. De persoon van Jezus, 'verhaal van een gekruisigde Levende', maakt het antwoord positief. Het mysterie van ongerechtigheid blijkt uiteindelijk niet opgewassen tegen het mysterie van Gods erbarmen. Jezus' verrijzenis is de goddelijke bekrachtiging van alles wat Hij tijdens zijn leven, lijden en sterven aan Vader-beleving en mensenliefde had opgebracht. Daardoor werd Hij voor mensen die Hem gelovig volgen nieuwe hoop, nieuwe oriëntatie, prikkel tot daadwerkelijke bestrijding van alle negativiteit in het menselijk bestaan.

De brandende vraag van Elckerlyc

'De mens mag de vraag naar de zin van het lijden in alle oprechtheid en bewogenheid, en met een geest vol verslagenheid en verontrusting aan God stellen,' zo schreef paus Johannes Paulus II. 'God verwacht die vraag en luistert ernaar, zoals we zien in de openbaring van het Oude Testament. De vraag heeft haar levendigste weergave gevonden in het boek Job.'[14]

Het boek Job is een oudtestamentisch geschrift dat meer vragen oproept dan beantwoordt. Bijbelonderzoekers kunnen het zelfs niet eens worden over de primaire doelstelling van dit verhaal. Lijden is de rode draad, maar welk probleem wil de auteur uiteindelijk belichten? Gaat het allereerst om de vraag hoe een mens met zulk onmetelijk lijden dient om te gaan? Of gaat het wellicht meer om de kwestie waarom God het lijden heeft kunnen toelaten in Zijn schepping? Moet men dit verhaal lezen vanuit de ervaringen van de lijdende Job, vanuit de mysterieuze diepte van Gods bedoelingen, of vanuit de universele vraagstelling van de mensheid die het lijden niet plaatsen kan? Het is moeilijk zich een duidelijk oordeel te vormen. We weten niet eens wanneer het boek is geschreven. Wel zijn parallellen gevonden bij andere volken (zo kent men een Egyptische, een Soemerische en een Babylonische Job). Bij accurate lezing duiken steeds nieuwe thema's op. Het boek is zowel theologisch als antropologisch onuitputtelijk van inhoud, en in letterkundig opzicht behoort het tot de wereldliteratuur.

De oudtestamentische figuur Job doet denken aan het bekende vijftiende-eeuwse toneelspel *Elckerlijc*.[15] Want Job kan net als Elckerlijc staan voor 'iedereen', voor iedere mens. Wie acht zich onbekend met de ervaringen en vragen die Job overkomen? De diepgaande gebeurtenissen rond Job herinneren aan de vragen en ervaringen van ieder die zich bezighoudt met de diepere dimensies van leven, lijden en dood.

Het boek Job begint als een sprookje: 'Er was eens een man in het land Us die Job heette, en deze man was onberispelijk en rechtschapen; hij vreesde God en hield zich ver van het kwaad' (Job1:1). Hij kent alleen maar geluk, heeft een prachtig gezin en veel bezittingen; alles gaat hem voor de wind. Dan komt de Boze die alle geluk verstoort. Via een weddenschap met God krijgt hij vrij baan om te testen wat die vrome man uiteindelijk echt waard is. De duivel krijgt vrij baan, op één voorwaarde: dat hij Job in leven laat. Dan slaat de ene ramp na de andere toe. Job raakt alles kwijt, letterlijk alles, al zijn bezittingen, al zijn kinderen, uiteindelijk ook zijn gezondheid. Eenzaam, ziek en verlaten zit hij op de puinhopen van zijn vroegere rijkdom.

Drie vrienden (later nog een vierde) komen hem bezoeken en beklagen. Maar eerst zitten ze zwijgend tegenover hem, zeven dagen en zeven nachten lang, zonder een woord te zeggen, 'want ze zagen hoe groot zijn lijden was' (2:13). Ja, dat is inderdaad het enige wat bij diepgaand lijden past: beginnen met zwijgen, zwijgend aantonen dat je erbij bent, maar geen woorden kunt vinden om jouw intense betrokkenheid uit te drukken. Als dan de vrienden uiteindelijk hun mond openen, klagen ze hem aan, ze moeten wel. Het is ongetwijfeld zijn eigen schuld, al die ellende moet de straf zijn van God. 'Wie het kwaad ploegen en ellende zaaien, oogsten het' (4:8), aldus de eerste vriend die het woord neemt. Op de suggestieve beweringen van zijn vrienden reageert Job heftig en vasthoudend, vele bladzijden lang. Deze pagina's getuigen van verdriet, twijfel aan zichzelf, maar ook van onverwoestbaar vertrouwen op God. Hij houdt zijn onschuld vol. Aan het begin al, toen zijn wanhopige vrouw zei: 'Vervloek God zodat gij sterft,' had hij vastberaden gereageerd: 'Als we het goede aannemen van God, waarom dan ook niet het kwade' (2:9-10).

Job blijft echter onmachtig steken in zijn verweer. Van de ene kant kan hij zijn schuld niet toegeven, want hij ziet geen verwijtbaar falen.

Van de andere kant gelooft hij vast in een rechtvaardige God, al kan hij de ontstane kloof verbaal niet overbruggen. Dan breekt in hem een nieuw Godsbesef door. Als overrompeld door een plotselinge ingeving verklaart Job: 'Ik weet, ik ben er zeker van: mijn verdediger leeft, ten slotte zal hij deze wereld binnentreden. En al ben ik nog zo geschonden, ik zal God zien vanuit dit lijf. Aan mijn zijde zal ik Hem zien, met eigen ogen.' (19:25-27)

Het verhaal van Job geeft geen rechttoe rechtaan-antwoord op de knellende vraag wat de zin en betekenis is van wreed lijden. Maar het tekent de worsteling van een man die toegroeit naar nieuw inzicht. Centraal staat in dit boek mijns inziens de vraag naar de juiste ordening van de wereld, naar de ware betekenis van het scheppingsgebeuren. Jobs vertwijfeling lijkt vooral van doen te hebben met de kwestie of de schepping de oorspronkelijke chaos wel echt heeft opgeheven. In verband daarmee krijgt Gods eigen reactie dan ook de vorm van een loflied op Zijn eigen schepping (in de hoofdstukken 38-40). Intussen is het een lang verhaal geworden, het is uitgegroeid tot een heel boek met 42 hoofdstukken; een levensecht relaas rond een levensgroot probleem.

Job werd zich er in zijn gruwelijk leed gaandeweg van bewust dat een mens nooit in staat zal zijn de bestaande werkelijkheid totaal te overzien. Je kunt niet echt met God rivaliseren of discussiëren. De onweerstaanbare neiging om alles te weten en alles te beheersen zal nooit bevredigend beantwoord worden. Een mens moet steeds weer erkennen: ik ben God niet, op mijn vragen kan alleen deemoedige overgave aan God tot een aanvaardbaar antwoord voeren. Eerbiedig zwijgen en volgehouden Godsvertrouwen alsmede deemoedige erkenning van eigen grenzen; die alléén kunnen leiden tot verheldering van zicht rond zulke diepgaande nauwelijks oplosbare vragen.

De jodenvervolging van de Tweede Wereldoorlog (1939-1945) heeft de vragen van het boek Job onmetelijk versterkt. Overlevenden, geschokte nabestaanden en diepgeraakte meelevenden hebben getuigd van hun verbijstering en onmacht in het zoeken naar zin voor dit excessieve kwaad. Misschien is dit wel ons zwaarste probleem, dat wij als mensheid tot in de eenentwintigste eeuw toe, ja juist heel bijzonder in onze eigen geciviliseerde tijd, ons zó verdorven moeten weten. Dit na al die voorafgaande eeuwen van voortgaande ontwikkeling, rijping in kennis en kunde, bewustwording van humanitaire opdrachten en verdieping van religieus roepingsbesef.

De Franse filosoof Emmanuel Levinas is een van de meer dan zes miljoen joden die door de pseudo-goden van het nazisme werden veroordeeld tot de totale vernietiging. In die jaren kreeg de demon van het kwaad de barre, boze naam van *holocaust*. Levinas schrijft over de 'transcendentie van het kwaad'. Hij ziet als eerste, meest dringende vraag, voorafgaande aan die naar de zin van het zijn: de vraag naar de zin van het lijden.[16]

Emmanuel Levinas over de transcendentie van het kwaad

Van de Hollandse meester-schilder Johannes Torrentius (Jan Simonsz van der Beek, 1589-1644) is slechts één schilderij bewaard: *Stilleven met kan, glas, kruik*. Op dit uit 1614 daterende schilderij staat deze tekst met melodie weergegeven: 'Wat buyten maet bestaet in 't onmaets quaat vergaet.' Buitensporig gedrag is verdoemd. Buitenmaats kwaad zelf vergaat dus ook, als we de lijn van Torrentius mogen doortrekken. De vraag is echter of daarmee alles gezegd is. Vooral zij die de demon van de holocaust in het vizier nemen, en dat zijn natuurlijk allereerst degenen die zijn harde slagen in eigen lijf blijvend meedragen, zullen een voorbijgaand karakter van het kwaad moeilijk kunnen beamen. Het kwaad waart om ons heen als een onzichtbare venijnige macht, als een eigenzinnig, eigenmachtig, boosaardig Iemand die geen oppositie duldt en elke tegenspreker hardhandig aanpakt, zelfs ook als die niet of nauwelijks verzet pleegt.

Een van de mijns inziens meest boeiende hedendaagse filosofische schrijvers over God en de 'holocaust' is Emmanuel Levinas (1906-1995), als jood geboren in Litouwen, vanaf 1923 nagenoeg steeds woonachtig en werkzaam in Frankrijk. Tijdens de Tweede Wereldoorlog verbleef hij als krijgsgevangene in een werkkamp bij Hannover. Hij overleefde de jodenvervolging; zijn denken is sterk getekend door de *Endlösungsfrage*. In zijn filosofie staat niet het zijn centraal, maar de verantwoordelijkheid, met andere woorden niet het ik, maar de ander. Daarom denkt hij steeds 'vanuit de naaktheid van het gezicht dat mij ontmoet', niet vanuit de wereld, niet vanuit het individu of het collectief. Het centrale object van de antropologie is volgens hem niet de persoon noch de groep, maar 'de-mens-met-de-mens'.[17] Op de vraag waar het ik de ander ontmoet, antwoordt Levinas: 'Overal, overal...' En altijd is de relatie tot de ander maatgevend voor het handelen, het gelaat van de ander verplicht. Het eerste wat ons menszijn uitdaagt en bepaalt is de ethische verantwoordelijkheid ten aanzien van de ander. Voor ieder mens een fascinerende en uitdagende positiebepaling. Levinas reflecterend volgen tot aan de diepere wortels van zijn filosofie vereist ongetwijfeld inspanning, maar dat zal een verantwoorde investering blijken te zijn die beloond wordt.

Wat ons hier vooral interesseert is zijn visie op het lijden in relatie tot God. In een kort artikel, getiteld 'La souffrance inutile',[18] schrijft hij indringend over de zinloosheid van het lijden. Lijden slaat nergens op, lijden met betrekking tot God rechtvaardigen (theodicee) blijkt voor mensen van onze tijd een valse legitimering. Wat Auschwitz duidelijk maakt, is dat het evenwicht tussen het kwaad in onze wereld en onze tijd en de mogelijke rechtvaardiging daarvan sindsdien voor altijd verstoord is. Levinas spreekt van een *souffrance pour rien*. Overigens dienen we ons in kwesties van genocide ervoor te hoeden uitsluitend te verwijzen naar de nazi-gruwelen: voorbeelden van na 1945 zijn helaas te talrijk. Levinas verwijst naar het oudtestamentische boek Job, naar het trouwe Godsgeloof, het blijvende vertrouwen van Job op God. In de laatste hoofdstukken van dat boek krijgt Job gelijk. Volharding in Godsgeloof is te verkiezen boven pogingen om God niet verantwoordelijk te verklaren voor het lijden van mensen. Zoekend in een ander artikel, onder de titel 'Transcendance et mal',[19] naar de mogelijke connectie tussen God en het kwaad, stelt Levinas, dat God evenals het kwaad 'buiten' is, transcendent is. Het kwaad gaat als negatieve transcendentie de orde te buiten, en brengt de mens in contact met een God die niet is.[20]

Uitgangspunt van het denken van Levinas is het diepste streven dat een mens drijft, oftewel zijn 'metafysisch verlangen'. Verlangen (*désir*) is volgens Levinas duidelijk onderscheiden van behoeften (*besoins*). Behoeften hebben te maken met ordening, huishouding, economie; behoeften willen bevredigd worden. 'Honger wil gestild worden, eenzaamheid zoekt gezelschap, kunstgenieting vraagt om herhaling,' aldus de filosoof. Als we spreken over behoeften, gaat het altijd om de verdediging en de ontplooiing van een zelf dat naar voldoening streeft. Heel anders staat het met verlangen. Verlangen buigt niet terug naar het eigen zelf; het is een uitgaan naar het andere, een onbaatzuchtige exodus.

Levinas verwijst naar twee vanouds bekende figuren: de oude Griekse held Odysseus en de joodse aartsvader Abraham. Odysseus kwam na zijn omzwervingen weer bewust uit op de plaats waar hij vandaan was gegaan. Abraham echter trok naar elders zonder de bedoeling weer terug te keren. Abraham staat symbool voor het verlangen naar 'daarginds'. Het verlangen heeft met 'gemis' van doen, maar dat is geen deel van mij; het komt van elders, het is een onstilbare honger die groeit naarmate het verlangde meer nabij komt. Odysseus symboliseert voor Levinas de Griekse kosmos en cultuur, maar ook allerlei (magische, romantische, afgodische) tendensen van het avondland. Uit die ongeordende wereld moet men wegtrekken; die uittocht leidt naar de ontdekking van een oorspronkelijke transcendentie.

Het is de ander die primair in mij verlangen opwekt. Het gelaat van de ander daagt mijn verantwoordelijkheid uit. De ander ziet mij aan, spreekt mij aan, verplicht mij. Ik wijd mij daarom toe aan de ander. Daardoor ontdek ik dat ik bestemd ben voor een wegschenkend, dienend bestaan. Ik ben aan de ander toegewijd: het is geen deugd, het is een structuur vervat in mijn oorspronkelijk verlangen. Levinas karakteriseert de ander in termen als 'onzichtbaar', 'absoluut', 'oneindig'. De ander doorbreekt immers alle denkbare kaders. Is de andere mens dus de uiterste horizon van ons verlangen? Waar ligt het onderscheid tussen de andere mens en God? Wel, God gaat scheppend vooraf aan alle tijden. De Allerhoogste is de Schepper die de andere mens aan mijn verantwoordelijkheid heeft toevertrouwd; maar zelf is Hij al voorbijgegaan. Omdat God geen zijnde is, ook geen hoogste zijnde, en omdat Hij oneindig anders is dan welk zijnde ook, kunnen wij Hem niet ontmoeten. Wij zijn aangewezen op de mensen voor wie en met wie wij leven.

Levinas wantrouwt de God van de theologen. De eigenschappen die zij aan God toeschrijven (alwetend, almachtig, algoed, enzovoort) kan hij moeilijk anders zien dan als opdrachten aan het adres van de mens: wíj moeten barmhartig zijn. Hij wantrouwt ook alle mystiek. We moeten niet speculeren over een transcendente God, maar op zoek gaan naar God via het gelaat van de ander. De zoektocht naar de transcendentie, naar het 'anders zijn dan zijn', naar het onzegbare, loopt als een rode draad door heel zijn denken. Aanvankelijk vond hij in ervaringen van erotiek en dood aanwijzingen voor transcendentie, maar geleidelijk wordt de ethische ervaring van de Ander die mij overstijgt, allesoverheersend. In het aangezicht van de andere mens breekt een realiteit door die niet in taal is uit te drukken. De Ander is de afwezige, zij het dat Hij tot in het allerdiepste van onszelf zijn sporen trekt. Levinas is huiverig te spreken over God als over een theologisch thema. Juist daardoor is hij heel prudent en integer in zijn taalgebruik. God is voor hem niet bezoedeld door het zijn, Hij is het 'uiteindelijk onzegbaar geheim'. Spreken over God is als een onmogelijk avontuur dat tot zwijgen moet leiden.

Sprekend over God en het kwaad doet Levinas een opmerkelijk voorstel. Over het kwaad moeten we spreken als antwoordend op de vraag van de ander. Alvorens mijn eigen lot te beklagen moet ik de ander antwoord geven. Dat is het moment waarop ín het kwaad een doorbraak van het Goede plaatsvindt. Het kwaad wordt op die manier niet omgekeerd en veranderd in iets goeds, maar het komt op een ander niveau, op het niveau van de ethische verhouding van de ene mens tot de ander. Door Auschwitz komt Levinas tot het inzicht dat de mensheid een situatie van Godverlatenheid doormaakt. God heeft zich teruggetrokken, heeft zich klein gemaakt. Hij staat aan de kant van de lijdende rechtvaardige, maar heeft het lijden niet kunnen tegenhouden. De mens komt in een nieuwe situatie, weet zich autonoom. Voor Levinas is de ethiek de enig mogelijke uitweg om Gods transcendentie ter sprake te brengen. Die goddelijke transcendentie wordt ervaren in de nabijheid van de ander die lijdt. De vraag hoe wij het lijden in verband brengen met God, wordt door Levinas teruggebogen naar onszelf. Hoe zijn wíj betrokken bij de ander die lijdt? Met die vraag komen we dichter bij God dan via de theodicee, de rechtvaardiging van God in klassieke zin.

Toch lijkt Levinas de mogelijkheid open te houden van een soort voorfilosofische theodicee, waarvan we sporen in de Bijbel aantreffen. Sprekend over het probleem van het kwaad citeert hij uit de Heilige Schrift teksten waarin God van zichzelf zegt dat Hij goed en kwaad veroorzaakt, macht bezit over leven en dood. Daarop aansluitend zegt Levinas dan dat het lijden van de ander absurd en zinloos is. Daarvoor kan geen rechtvaardiging gevonden worden, maar wel gaat daarvan een uitdaging uit om de ander in zijn lijden bij te staan. En aangaande de eigen persoonlijke lijdenservaring komt Levinas tot de stelling dat het kwaad als exces een transcendentie-karakter heeft, doordat het verwijst naar het lijden van de ander, en zo naar God.

Het kruis dragen
Niet het kruis, maar de Gekruisigde, zo luidt de titel van een opmerkelijk boek van de Leuvense hoogleraar theologie Herman-Emiel Mertens.[21] De auteur wendt onze aandacht consequent af van het kruis als lijdenswerktuig om die te vestigen op Hem die onschuldig werd veroordeeld

tot de smartelijke kruisdood. De auteur rechtvaardigt deze titel door te stellen dat het niet primair gaat om het symbool op zich, maar om wat door en in het symbool wordt aangeduid. Niet het kruis, maar de Gekruisigde vormt het centrale voorwerp van onze hoop. Voorts wordt niet het lijden als zodanig in het kruis gesymboliseerd, maar het lijden dat voortspruit uit de consequente levensovertuiging van Hem die het onderging. De tragedie van Golgotha is het onvermijdelijke gevolg van Jezus' moedige prediking en zijn gedurfde omgang met mensen. Tenslotte volgde op Christus' kruisdood zijn verrijzenis. Het verrassende en bevrijdende van zijn wrede dood is, dat die gevolgd werd door een unieke bekroning: zijn 'verheerlijking', zijn bevestiging als 'Heer' van de schepping.

Hiermee schildert de auteur het Christusmysterie als een triptiek. Centraal in het drieluik staat de gekruisigde Christus. Daarnaast is er aan de ene zijde de verwijzing naar wat voorafing: de gelovige *gehoorzaamheid* van Jezus. Aan de andere zijde zien we een afbeelding van de bekroning die volgde in de gestalte van de *verheerlijkte*, verrezen Heer. De kruisdood wordt via deze triptiek plastisch neergezet als de as waar Jezus' zending, heel Christus' roeping om draait. De getrouwe Jezus, man uit Nazareth, wordt de gekruisigde Christus, door de Vader erkend en geproclameerd als de alles en allen samenbindende Heer. Zijn volgelingen hebben in Hem het ultieme teken van Gods liefde herkend. Zo is Hij de geschiedenis ingegaan.

'Wij verkondigen een gekruisigde Christus'

De apostel Paulus heeft dit krachtig en kernachtig onder woorden gebracht: 'Volgens Gods wijsheid heeft de wereld met al haar wijsheid God niet gevonden; daarom heeft God besloten hen die geloven te redden door de dwaasheid van de verkondiging. Want Joden blijven tekenen eisen, en Grieken wijsheid verlangen. Maar wij verkondigen een gekruisigde Christus, voor Joden een aanstoot, voor heidenen een dwaasheid, maar voor hen die geroepen zijn, Joden zowel als Grieken, Gods kracht en Gods wijsheid. De dwaasheid van God is namelijk wijzer dan de mensen, en de zwakheid van God is sterker dan de mensen.' (I Kor. 1:21-25)

Op heel andere wijze maakt een oude legende zichtbaar, hoezeer het christengelovigen gaat om Hem die gekruisigd werd. Deze legende betreft in eerste instantie bisschop Martinus van Tours (vierde eeuw), maar ze sluit aan bij een van de vele verrijzenisverhalen uit de Bijbel. Op de avond van zijn Verrijzenis verschijnt de Heer aan zijn apostelen gezamenlijk. Hij wijst op zijn kruiswonden als tekenen van zijn authenticiteit. Het is alsof Hij zeggen wil: Hij die nu verrezen voor jullie staat, is dezelfde als Degene die twee dagen terug aan het kruis een smartelijke dood moest sterven. De wonden moeten garanderen dat Hij het echt is. (Joh. 20:19-29) In de legende verschijnt de duivel aan bisschop Martinus als een koning met indrukwekkende majesteit: 'Martinus, ik dank je voor je trouw. Je mag op mijn steun rekenen,' zegt hij. Martinus vertrouwt het niet en vraagt wie hij voor zich heeft. 'Ik ben Jezus Christus,' spreekt de grote misleider. Daarop vraagt Martinus naar zijn wonden. 'Ik kom uit de heerlijkheid van de hemel waar geen wonden meer te zien zijn,' antwoordt de duivel. Hierop roept Martinus heftig uit: 'De Christus die geen wonden draagt, hoef ik niet te zien. In de Christus die niet de tekenen van zijn kruis draagt, kan ik geen steun vinden.'

Christenen die zoeken naar rechtvaardiging en verantwoording van hun geloof, doen er goed aan niet allereerst waarheden te citeren die je 'geloven moet'. Een direct beroep op de Gekruisigde zou wel eens veel effectiever kunnen werken. Het kenmerkende punt van het chistelijk geloof is immers de zeer unieke persoonlijkheid van de Gekruisigde die uit de dood verrees. Zijn kruis en Zijn verrijzenis samen autoriseren Zijn leven en werken; zij zijn de 'garantie' van Zijn authenticiteit, het keurmerk van Zijn echtheid. De bijbelse evangelieverhalen riepen niet voor niets hun lezers al veel eerder op om goed naar Jezus te luisteren en Hem zeer serieus te nemen. Op twee centrale momenten tijdens zijn korte publieke optreden klonk een indringende stem uit de hemel die de authenticiteit van Jezus' optreden onderstreepte. 'Dit is Mijn geliefde Zoon in wie Ik vreugde vind,' zo schrijft de apostel Mattheüs over Jezus' doop in de Jordaan (3:17); en 'Dit is mijn uitverkoren Zoon, luister naar Hem,' aldus Lucas in zijn beschrijving van de verheerlijking op de berg. (Lucas 9:35) De hemel stelde zich als het ware van meet af aan vastberaden en zonder enig voorbehoud op achter de persoon van deze opmerkelijke profeet, Jezus van Nazareth.

De evangelisten hadden overigens al verteld dat Jezus niet argeloos zijn pijnlijk lot tegemoet ging. Zij verhalen hoe de Heer tot drie maal toe zelf zijn lijden en dood aankondigde. 'De Mensenzoon moet veel lijden; Hij moet door de oudsten, de hogepriesters en schriftgeleerden worden verworpen en ter dood gebracht; en op de derde dag zal Hij worden opgewekt.' (Lucas 9:22) Onmiddellijk na die lijdensvoorspellingen volgt Jezus' bekende oproep aan zijn volgelingen om dezelfde weg te gaan. Zijn weg zal de weg van Zijn leerlingen zijn. 'Met het oog op allen zei Hij: Als iemand achter mij aan wil komen, laat hij dan met zichzelf breken, dagelijks zijn kruis opnemen en Mij volgen. Want wie zijn leven wil redden, zal het verliezen; maar wie zijn leven om Mij verliest, die zal het redden.' (Lucas 9:23-25; vgl. Mt. 16:13-21; Mc. 8:27-31)

Geen wonder dat de vurige apostel Paulus over het kruis en de daarop volgende 'opstanding' vol overtuiging zeer veel geschreven heeft. Zijn enthousiaste visie culmineert in een weergaloze hymne op de Christus:

Hij die bestond in de gestalte van God,
heeft er zich niet aan willen vastklampen
gelijk aan God te zijn.
Hij heeft zichzelf ontledigd (*heauton ekenoosen*)[22]
en de gestalte van een slaaf aangenomen.
Hij is aan de mensen gelijk geworden.
En als mens verschenen
heeft Hij zich vernederd;
Hij werd gehoorzaam tot de dood,
de dood aan een kruis.
Daarom ook heeft God Hem hoog verheven
en Hem de naam verleend
die boven alle namen staat,
opdat in de Naam van Jezus
iedere knie zich zou buigen,
in de hemel, op aarde en onder de aarde,
en iedere tong zou belijden
tot eer van God, de Vader:
de Heer, dat is Jezus Christus.
(Filipp. 2:6-11)

Zo kon het kruis het symbool bij uitstek worden van het christelijk geloof. Het werd teken van Gods onvoorwaardelijke mensenliefde en van Zijn uitdaging aan de mensheid om Jezus Christus te volgen in Zijn consequente levensgang. Hij die gekruisigd werd, werd de hoop van lijdenden en rusteloos zoekenden.

De bisschop van Brugge, mgr. Roger Vangheluwe, liet in 1996 op de voorzijde van zijn paasboodschap, getiteld *Laat de kruisboom bloeien*,[23] een gekruisigde Christus afdrukken, zonder handen en voeten. De afbeelding suggereert dat de kruisboom bloeit door het weelderige jonggroene loof. Nieuw leven schiet op uit het dode hout met het dode lichaam: het leven is sterker dan de dood. Het gebruik om een pasgewijd groen palmtakje achter de armen van de gekruisigde Christus te steken drukt iets van diezelfde overtuiging uit.

De Bijbel ziet de kruisiging allerminst als een ongelukkige samenloop van omstandigheden, laat staan als iets min of meer toevalligs. Jezus' kruisdood is primair het ultieme teken van Zijn onvoorwaardelijke toewijding aan Gods heilsplan en daarmee van Gods eigen totale 'kenoosis', Zijn 'zelf-onttakeling' terwille van de mens. Het wonder van de Incarnatie, de Menswording, zit in die enorme stap die God zette naar de mensheid als wonderlijk teken van Zijn opperste liefde. Jezus maakt dat zichtbaar tot in zijn uiterste consequentie, de smadelijke en smartelijke kruisdood. Toppunt van goddelijke ontlediging, radicale solidariteit met de mensheid. Dat is wat Paulus verwijzend naar de kruisdood bedoelde met de uitdrukking: *heauton ekenoosen, semetipsum exenanivit*, Hij heeft zichzelf ontledigd. (Fil. 2:7)

In dit licht bezien is het niet vreemd dat Jezus zijn uitleg aan de leerlingen van Emmaüs toespitst op de vraag: 'Moest de Christus dat alles niet lijden en dan Zijn heerlijkheid binnengaan?' (Lucas 24: 26) Dit ontroerende Emmaüs-verhaal, als het ware 'uit het leven gegrepen', tekent en kleurt het eigenlijke mysterie van Jezus' dood en verrijzenis. Het is in feite de aangrijpende schets van een op dat moment ontluikende Kerk. Twee mensen, trouwe 'fans' van de Meester, diep teleurgesteld door de fatale afloop van Goede Vrijdag, op weg van Jeruzalem terug naar huis, zien ineens een derde met hen meelopen; als ze in Hem hun Heer herkennen, betekent dit onvermoed licht in de duisternis: alles klaart op, toch nog...

Toch blijft het lijden ons mensen van alle kanten bedreigen, als een dreigend en meedogenloos risico, een onpeilbaar mysterie. Na de kruisdood van Jezus valt daarop niettemin ander licht. De twee leerlingen van Emmaüs gaan hoopvolle tekenen zien. God lijdt met de lijdenden mee, en wil langs de weg die Jezus ging, uiteindelijk een betere toekomst openen. Jezus' kruisdood wordt een bijzonder teken van Gods solidariteit met lijdende mensen. Doordat Jezus het kruis op zich nam, bevestigde Hij de verlossende kracht van moedig gedragen lijden. Leven zonder lijden bestaat niet. Zelfs liefhebben is ondenkbaar zonder lijden. Maar ware liefde zal het lijden verlichten.

Pasen biedt uitkomst bij klemmende vragen. Geen theoretisch soelaas, ook geen antwoord dat alle vragen oplost. Geen gemakkelijke uitweg. Toch een antwoord. Aan het kruis bloeien bloemen die beter zichtbaar worden naarmate de Verrezene in de Gekruisigde herkenbaar wordt. Het leven breekt door in de dood, in menselijke smart gloort de nabijheid van een meelevende God. Jezus' kruis is geen dode boom. Het is een eeuwige levensboom. Het dode hout van de harde kruisboom is gaan bloeien en heeft genezende levenskracht. Dat is het paasgeloof.

God die Zijn Zoon als zondebok offert

Christus, door de Vader als zondebok aan een wrede dood prijsgegeven, opdat tussen God en mensheid ware verzoening mogelijk zou worden; het is vaak verkondigd, niettemin moeilijk voetstoots te aanvaarden. Een God die bezorgd omziet naar mensen, maar Zijn Zoon opoffert en uitlevert aan een wrede dood, dat is toch onvoorstelbaar. De Kerk leerde het, de pastoor verkondigde het, je ouders vonden het niet iets om je druk over te maken, theologen en catecheten spanden zich in om die 'zoendood' te verklaren. Dus kon je in gelovige overgave jezelf erbij neerleggen. Maar de toen al opkomende vragen en twijfels laten zich nu niet meer wegwuiven met simpele verwijzingen naar aloude kerkelijke autoriteit.

Er zijn in de loop der eeuwen veel theologen geweest die in een goddelijk wilsbesluit het uitgangspunt zagen van het gewelddadig levenseinde van de Mensenzoon. De oneindig-barmhartige God zou om redenen van rechtvaardigheid het bloed van Zijn Zoon hebben geëist als losprijs voor volledige verzoening. Er ontstonden in de loop der eeuwen allerlei offer- en verzoeningstheorieën, waaronder die van de heilige aartsbisschop Anselmus van Canterbury (elfde eeuw) de meest bekende is gebleven. Jezus de zondebok, op Goede Vrijdag tot paaslam geworden, is voor ons en om ons heil geoffert aan Gods barmhartige gerechtigheid. Hoewel scrupuleus gezocht werd naar bijbelse argumenten, las men veelal toch méér in de Bijbel dan erin staat. Het mysterie van Gods menswording en Christus' kruisdood werd méér ontraadseld dan wenselijk is gebleken. Het is goed dat in onze dagen het hele vraagstuk heroverwogen wordt. Vooral aan reformatorische zijde wordt ernstig bediscussieerd wat de boodschap van de Bijbel aangaande verzoening inhoudt.[24] Over de thema's lijden, verzoening, offer en kruis is veel geschreven, niet alleen door knappe theologen en geleerde essayisten, maar ook door vrome dichters en mystici.

De Duitse theoloog Jürgen Moltmann is niet de enige die de kruisiging van Jezus primair ziet als teken van Gods opperste solidariteit met het lot en het lijden van de mensheid, vooral met de talrijke onschuldige slachtoffers van menselijke bruutheid en heerszucht. Jezus heeft die goddelijke solidariteit zózeer belichaamd, zó consequent in eigen doen en laten zichtbaar gemaakt, dat Hij wel slachtoffer moest worden. Maar dan niet omdat de hemelse God genoegdoening eiste, maar omdat aardse 'bobo's' ervan overtuigd waren dat de Man uit Nazareth op gevaarlijke wijze over de schreef ging. Edward Schillebeeckx heeft er grote nadruk op gelegd dat Jezus' dood het gevolg is van de onweerstaanbare kracht van de Goedheid. 'Dit is reeds vanuit het Oude Testament en bekrachtigd in het Nieuwe Testament de kern van de joods-christelijke getuigenis: lijden-door-en-voor-anderen als uiting van de onvoorwaardelijke gelding van een praxis van goeddoen en van verzet tegen kwaad.'

Het christelijk credo legt alle gewicht op Jezus' dood en verrijzenis, en terecht, maar het zijn uiteindelijk zijn levenspraxis en de inhoud van zijn boodschap die hebben geleid tot zijn gewelddadige dood. Jezus' dood en verrijzenis hebben hun fundament in zijn boodschap omtrent het Godsrijk en zijn profetisch levensgedrag. Jezus pretendeerde zelfs onverbloemd dat Hij met zijn manier van leven Gods eigen goedheid zichtbaar maakte, hetgeen Paulus ertoe verleidde de Zoon te noemen het 'beeld van de onzichtbare God'. (Coloss. 1:15) Wanneer wij in dit verband Gods verzoeningsgezinde wil om de geschonden mensheid te verlossen ter sprake willen brengen, doen we er goed aan af te zien van de metafoor van de zondebok om alle accent te leggen op de Menswording: de Incarnatie is de meest fundamentele expressie van Gods verzoenende liefde.

Schillebeeckx wijst in dit verband op een centraal uitgangspunt: 'Het menselijke is de plaats van het zoeken naar God en van de ontmoeting met God.' Hij schrijft zelfs: 'De absolute grens tussen God en ons is niet Góds grens, maar ónze grens.' Immers: 'scheppingsgeloof betekent dat het wezen van God zich *openbaart*'. Op grond van de schepping door God kan men dus het menselijke, het alledaagse met het volste recht zien als vindplaats van God. Schillebeeckx ziet dat op drievoudige wijze gebeuren: 'Voor de christen gaat het wel degelijk om een relatie tussen God en mens, waarbij echter door God de wereld en de geschiedenis als het ware tussen Hem en ons worden ingeschoven als *vertaling* van Zijn innerlijk aanspreken, bovendien als *medium* waarin en waardoor de mens uitdrukkelijk attent wordt gemaakt op dit innerlijk spreken, en ten slotte als *ruimte* waarin de mens zijn of haar levensantwoord op die uitnodiging kan geven.' Dat klinkt zó veelbelovend en bevrijdend, dat Schillebeekcx, zoals hij zegt in overeenstemming met de christelijke ervaringstraditie, God betitelt als 'Pure Positiviteit' ('Hij is een God van levenden'), daaraan toevoegend: 'Zijn Naam is Belofte.'[25]

Eigenlijk lijkt mij – nadenkend over Gods rol inzake de kruisdood van Zijn Zoon – dat we beter kunnen spreken van een 'dulden' van God. Een goddelijk dulden lijkt meer van toepassing dan een goddelijk raadsbesluit, een goddelijke heilswil met gerechtelijke noties. Op deze wijze mogen we de gekruisigde Christus vooral zien als prominent beeld van de duldende God die zich in Zijn liefde door geen grenzen of barrières laat tegenhouden.

De duldende God

Een God die solidair weet te zijn met wankelmoedige, soms echt tegenstrevende mensen, doet de gedachte opkomen aan iets van 'lijdelijkheid' in God. Hij kan het een en ander over zijn kant laten gaan. Zijn onvergelijkbare solidariteit met de tekortschietende mens brengt Hem tot initiatieven die we niet onmiddellijk in hun diepte kunnen vatten. God, de immer solidaire, die veel kan dulden, vooral waar eerlijk bedoelde humaniteit aan de orde komt, die God lijkt in staat tot alles, tot alles wat goed en heilzaam is.

Het Latijnse woord voor lijden is *passio*. Het overeenkomende werkwoord luidt *patior*. Maar dit Latijnse werkwoord kan voor twee begrippen met verschillende betekenis gebruikt worden: lijden en dulden. Lijden doet pijn; dulden houdt in dat je iets door de vingers kunt zien. Dulden kan overigens ook heel wat pijn kosten. Opvallend hoe vaak in de Heilige Schrift van God gezegd of gesuggereerd wordt dat Hij geduldig is (in het Latijn *patiens*). Hij ziet door de vingers, wacht af, blijft hopen op beter, en heeft wellicht soms als het ware geen andere keus. Er zit dan ook iets van pijn in deze terminologie. Het woord 'lijdelijk' lijkt zeer toepasbaar: God ziet lijdelijk toe. In het Nederlands is wellicht de term 'lankmoedig' meer geschikt. Als de bijbel God *patiens* noemt, dan kan dat dus verstaan worden als 'duldend', 'lijdelijk', maar eventueel ook als 'geduldig', en soms zelfs als 'lijdend', 'medelijdend'.

Ons woord 'passie' kan overigens ook 'hartstocht' betekenen. Gedreven door passie kunnen we iets hartstochtelijk najagen, en dat nagejaagde kan goed of slecht zijn. Vandaar dat we kunnen spreken van goede en slechte passies. Omdat passie in de zin van hartstocht iets overdreven-heftigs heeft, zullen we dat woord niet gauw voor God gebruiken. Toch komt mij Zijn liefde zó gepassioneerd voor, dat ik God graag met dit begrip identificeer. Mag je echter aan God wel emotionele, passievolle, diep-menselijke gevoelens toedichten? Die vraag houdt zowel geleerden als eenvoudigen bezig. Waarom niet, zou ik zeggen, maar wel op voorwaarde dat men zich realiseert dat een typering als deze – evenals andere menselijke categorieën – feitelijk een totaal andere lading krijgt wanneer je ze gebruikt voor de Allerhoogste. Als God gepassioneerd kan worden genoemd, zal Hij het op volkomen andere wijze zijn dan wij.

'Ik ben steeds minder geneigd om me nog druk te maken over zulke vragen,' zo stelde een bewogen gelovige tijdens een parochiële bijeenkomst. 'Ik denk namelijk dat God zelf daar heel gemakkelijk in is. Ik balanceer: enerzijds wil ik mijn Godsbeeld ontdoen van al te verheven contouren, anderzijds wil ik graag mijn God heel menselijk en heel dichtbij weten. Natuurlijk weet ik best dat al mijn voorstellingen vér achterblijven bij wat Hij werkelijk is. Maar als je wat dichter bij Hem wilt komen, dan zal Hij zeker dulden dat je in gedachten in zekere zin met Hem "speelt"?' Ja, naar mijn overtuiging speelt God graag met mensen, is Hem ook niets liever dan dat mensen spelend naar Hem zoeken. Merkwaardigerwijs gaan we ervan uit dat God beter past in een context van ernst dan van spel. Aangaande Jezus echter hebben we voldoende voorbeelden van het tegendeel, onder meer Marcus 7:24-30, waar hij plagend reageert op de serieuze vraag van een niet-joodse vreemdeling, een Helleense van Syrofenicische afkomst. Als zij vraagt om haar dochter te bevrijden van een boze geest, antwoordt Hij: 'Het is niet goed brood dat voor de kinderen is bestemd, aan de honden te geven.' Als dan de vrouw het spel meespeelt door te zeggen dat 'de honden onder de tafel eten van de kruimels van de kinderen', zegt Jezus: 'Omdat ge dit zegt, ga heen, de duivel heeft uw dochter verlaten.' Want wat deze niet-joodse speelde, was haar onvoorwaardelijk geloof in Zijn persoon. Welnu, er was niets wat Jezus meer bewonderde en beloonde dan dat.

Christus vermoord om zijn hoogstaand levensideaal

Veel meer dan op zoek naar een zondebok omgeven met strenge voorwaarden lijkt de God van de Heilige Schrift genegen tot een 'zonder voorwaarden' genezen van menselijke onmacht en leed. Toch roepen steeds weer mensen in niet-begrijpende verbijstering: 'Hoe zouden we kunnen geloven in een God die alles maar laat gebeuren, al die ellende, al dat leed; waarom die demonische overmacht van ziekte en dood accepteren, waarom doet God ons dat aan?'

Gods antwoord is Jezus. Wat God voelbaar en zichtbaar maakt, is dat Hij mensen niet achteloos aan hun lot overlaat. Menselijk leed laat Hem niet koud. God behoedt ons weliswaar niet voor álle leed. Maar Hij neemt ons leven serieus, mét het lijden dat ons overkomt, zozeer dat Hij zelf ons menselijk bestaan kwam delen. Door Jezus kwam God ons zo dicht mogelijk nabij; om door Jezus te laten zien wat Zijn antwoord is op onze kwellende vragen. Jezus toont aan dat God eigenlijk niet wil dat we lijden. Zelf werd Hij niettemin de 'lijdende dienstknecht van God'. De profeet Jesaja heeft dat paradoxaal lijden van Gods dienaar plastisch beschreven in vier taferelen.[26]

Lijden is onlosmakelijk verbonden met leven. Maar God laat een mens niet achteloos over aan zijn pijnlijk lot. Menselijk leed laat Hem niet koud. Jezus Christus toont dat aan. Onvermoeid maakt Hij zichtbaar dat zijn Vader-God waar mogelijk lijden helpt voorkomen. Voorts helpt God lijden zoveel mogelijk te overkomen. En waar lijden onvermijdelijk blijkt, helpt Hij om het te dragen, te bestrijden en te overwinnen. Op momenten van leed zal Hij op zijn minst mede-lijden en door medelijden Zijn meeleven kenbaar willen maken. Zo solidair toont zich de Vader van Jezus Christus. Juist daarom is Hij gerechtigd mensen uit te dagen om mee te lijden met het leed dat anderen overkomt. Zelf is Hij daarvan in de lijdende Christus het sprekende voorbeeld geworden. In heel Zijn doen en laten tracht Deze de gezindheid van Zijn Vader uit te stralen. Hij geneest zieken, spreekt overal troostende woorden, geeft inzicht en uitzicht, biedt perspectief op beter leven.

Maar allereerst weet Hij zichzelf geroepen om lijden te riskeren waar dat ten bate van de vervulling van Zijn zending geriskeerd moet worden. Hij is tot alles bereid. Zijn diep roepingsbesef is het geheim van Zijn moed, van Zijn wil om ook harde consequenties van Zijn kosmische roepingsopdracht te aanvaarden.

Onder de boeken van het Nieuwe Testament is er de opvallende eerste brief van de apostel Petrus, opmerkelijk omdat die enerzijds wijst op de unieke weg die Jezus ging, en anderzijds stelt: 'dat is ook uw roeping.'

Dit is genade: onverdiend leed verduren terwille van God. Geduldig verdragen dat men u slagen toedient voor bedreven kwaad, is niets bijzonders; maar geduldig verdragen dat gij lijden moet om uw goede daden, dát is het wat God behaagt.

En dit is *ook uw roeping*, want ook Christus heeft lijden doorstaan. Hij heeft geleden om uwentwil en u een voorbeeld nagelaten, opdat ge in zijn voetstappen zoudt treden.

Hij die geen zonde heeft gedaan en in wiens mond geen bedrog is gevonden. (1 Petrus 2:19-22)

Jezus heeft gewoon geriskeerd wat Hij meende te moeten wagen om Zijn roeping, de verzoening tussen God en mensheid, te vervullen. Zo kon Hij 'de lijdende Dienstknecht van Jahweh' worden, door de profeet Jesaja eeuwen eerder aangekondigd. Zijn lijdende gestalte werd de spiegel waarin Gods bedoelingen zichtbaar worden. De God van Israël laat zijn volk niet weerloos aan zijn lot over. Hij blijft hun nabij, wil hen absoluut niet de machteloze prooi laten worden van verscheurend leed, welk dan ook.

De leerling staat niet boven de meester
Lijden riskeren ten bate van anderen, dat blijkt dé grote evangelische uitdaging. In Christus' voetspoor treden als het erom gaat het lot van medemensen te verlichten. Alle eeuwen door hebben christenen de navolging van hun Gekruisigde Heer als hun hoogste ideaal gezien. De dappersten zijn zelfs niet teruggeschrokken voor marteling en pijniging tot de dood toe. Tot in onze dagen kennen we daarvan sprekende voorbeelden, gelovigen die hun leven onvoorwaardelijk op het spel zetten.

Sommigen volgden de Heer via een vrijwillig gekozen leven in afzondering en armoede, zoals woestijnvaders, kluizenaars, religieuzen van allerlei snit of spirituele bewegingen van velerlei kleur. Ook tegenwoordig kiezen talloze mensen vrijwillig voor een leven van vérgaande solidariteit met lijdende medemensen, ook zonder zelf direct bedreigd te worden door vormen van gewelddadige en brute reactie.

De mensheid zet telkens nieuwe stappen op de weg naar het overwinnen van miserie en lijden. Wetenschap en technologie ontdekken steeds nieuwe mogelijkheden. Maar de grote natuurrampen, de gruwelijke krachten van geweld en duivelse hartstocht, de wereldwijd onoverwinbaar lijkende miserie, dat alles lijkt te onmetelijk en te machtig om daartegen enigszins opgewassen te zijn. We kunnen slechts hopen, dat dank zij Gods onvoorstelbare liefde en toewijding het goede ten slotte toch zal overwinnen. Uitziende naar een uiteindelijk 'happy end', niet onbereikbaar ver weg, maar dankzij Gods nabijheid ergens binnen handbereik, kunnen wij zelf ons naar beste vermogen inzetten voor verbetering van leefomstandigheden, voor een betere samenleving, voor de verwerkelijking van het door Christus aangekondigde Rijk van God.

Een heelmakende kracht gaat door de ganse schepping, Gods verzoenende en helende Geest stuwt mensen van goede wil. Van Godswege wordt onze hoop dagelijks gevoed. De God van Jezus is een God die mensen de hand reikt. Hij neemt en houdt ons bij de hand. Die goddelijke kracht heeft zich geconcentreerd in de Verrezen Christus. Hoop is Hij en belofte van genezing en leven over alle grenzen heen, tot over de grens van de dood. Altijd zochten mensen naar genezing en geluk. Ook in onze dagen trekken lange rijen mensen naar plaatsen waar zij heelmaking en levensmoed hopen te vinden. Gelovigen gaan naar bedevaartsoorden, naar heilige locaties en concrete tekenen van Gods nabijheid. Personen die heelmakende verbinding met het goddelijke, met het heilige beloven, trekken aan. Zo is het altijd gegaan de eeuwen door. Alle grote godsdiensten stimuleren mensen om als pelgrims op zoek te gaan naar het land van geluk, de betere wereld.

In de hierboven geciteerde brief van Petrus staat de lijdende Christus model, en mét de lijdende Heer ook de mede-lijdende 'rechtvaardige'.

'Wie zal u kwaad doen, als gij ijvert voor het goede? Maar ook al moet gij lijden om de gerechtigheid, gij zijt toch zalig. Vreest hun bedreigingen niet en laat u niet verontrusten, heiligt in uw hart Christus als de Heer. Weest altijd bereid tot verantwoording aan alwie u rekenschap vraagt van de hoop die in u leeft.' (I Petrus 3:13-15)

Petrus stelt zelfs dat wie als christen lijdt zich niet moet schamen, maar God dient te verheerlijken. (4:12-16) Niet dat hier door Petrus het zelfgekozen lijden, de kenoosis, verheerlijkt wordt om zichzelf. Het gaat om een ontlediging ten bate van de ander, een onthechting uit liefde voor anderen. De apostel beweert ook niet dat lijden gezien moet worden als een absolute voorwaarde om te kunnen delen in de heerlijkheid van Christus. Het gaat hem vooral om een onbaatzuchtig dragen van onvermijdelijk leed, vooral om meedragen van leed dat anderen overkomt.

De 'Dienaar van Jahweh', aangekondigd en beschreven door de profeet Jesaja, is niet louter en alleen een individu. Hij is niet zonder meer de beloofde Messias, maar tevens een collectief: het uitverkoren volk dat het Verbond met God moet verderdragen en tot verwerkelijking moet helpen brengen. In dat perspectief weet de christengemeenschap zich geroepen om Gods beloften aan Abraham bekend te maken aan heel de mensheid. Iedereen heeft daarbij een eigen persoonlijke opdracht, of zoals Jezus dat zelf met nadruk gesteld heeft: 'De leerling staat niet boven zijn meester, maar hij zal ten volle gevormd zijn als hij is gelijk zijn meester.' (Lucas 6:40) De gekruisigde Christus, de 'lijdende Dienaar van Jahweh', is 'icoon', dat wil zeggen transparante afbeelding van Gods liefdevolle zorg voor mensen. De volgeling van Christus, die wil delen in Zijn levensopdracht, maakt zichzelf tot deelgenoot aan diezelfde representatie. Hij of zij neemt het lijden niet weg, geen mens kan het lijden wegnemen uit deze wereld. Maar ieder die de weg van Christus volgt, helpt het lijden verlichten.

Het kruis tussen triomf en lijden
Het kruisbeeld is niet zo oud en vanzelfsprekend als wij geneigd zijn te veronderstellen. In de eerste vier eeuwen werd de Gekruisigde Heer niet afgebeeld, laat staan de kruisiging. We kennen slechts de zogenaamde 'spotcrucifix van de Palatijn', een graffito uit de derde eeuw, die waarschijnlijk niets van doen heeft met Christus. Deze stelt een gekruisigde voor met de kop van een ezel, en heeft een Grieks onderschrift 'Alexamenos aanbidt zijn god.' In de catacomben werd Jezus wel afgebeeld als leraar, herder, gastheer van het Laatste Avondmaal, maar niet als gekruisigd. Pas in de vijfde eeuw verschijnen afbeeldingen van Golgota met drie kruisen, in het midden een kruis zonder corpus, en daarboven de Verrezene.

De – voorzover bekend – twee oudste voorstellingen van de gekruisigde Christus dateren uit de vijfde eeuw. Allereerst is er de Christusfiguur op de houten deur van de kerk van Santa Sabina te Rome, en verder een ivoorreliëf in het British Museum te Londen. Beide tonen Christus met opgeheven hoofd staande tegen het kruis met alleen de handen gespijkerd. Een Florentijns miniatuur in een evangeliehandschrift (de zogenaamde *Rabulas Codex*, daterend 586) toont Christus met handen én voeten genageld. Op de vermaarde absismozaïek in de basiliek Sant' Apollinare in Classe te Ravenna verschijnt het kruis als overwinningsteken, de wereld van gedaante veranderend. Venantius Fortunatus, bisschop van Poitiers, bracht in zijn kruishymnen dezelfde idee terzelfder tijd onder woorden. Sindsdien ontwikkelden zich geleidelijk de ons vertrouwde kruisafbeeldingen. Er ontstaan verschillende soorten, onder meer het Latijnse kruis, het Griekse kruis, en het Tau-kruis. Wat bijzonder opvalt is de geleidelijke evolutie van de triomferende naar de lijdende Christus.

Rond het jaar duizend ging men meer en meer de Gekruisigde zelf afbeelden. Het oudste voorbeeld van een losstaand kruisbeeld is dat van bisschop Gero in de Dom van Keulen, omstreeks 970. Al in de negende eeuw schreef Jonas van Orleans: 'Ter nagedachtenis aan het lijden van de Heer maken wij een beeltenis van de gekruisigde Christus in goud of zilver, ofwel wij schilderen het in kleuren op een paneel om het op te hangen.' In 1025 spreekt de Synode van Arras expliciet over 'houten' beelden. In de loop van de elfde eeuw ging de kruisiging een steeds belangrijker plaats innemen in de christelijke iconografie. In Ierland werden tussen de zevende en tiende eeuw hoge kruisen opgericht, vaak versierd met gebeeldhouwde of ingekraste voorstellingen omringd met vlechtwerk. De meest karakteristieke vorm is een Grieks kruis op een hoge schachtvormige voet, omgeven door een cirkel, zodanig dat de vier armen buiten de cirkel uitsteken. Zulke kruisen komen veel voor op begraafplaatsen.

De motieven op de kruisen sluiten aan bij de vroegchristelijke beeldtaal. Verlossingsscènes uit de catacomben of van oude sarcofagen keren hier terug, zoals Daniël in de leeuwenkuil, het offer van Abraham, de drie jongelingen in de vuuroven, de bruiloft van Kana of de wonderbare broodvermenigvuldiging. Ook treffen we verhalen over David en scènes uit de levens van bekende woestijnheiligen aan. Uiteraard is ook de kruisiging zelf afgebeeld: in plaats van Maria en Johannes zijn veelal weergegeven de twee soldaten met lans en hysopstengel, Longinus en Stefaton. Er zijn kruisen bewaard met een complete cyclus van voorstellingen, beginnend met de zondeval en eindigend met het laatste oordeel. Soms staan op de ene kant taferelen uit het Oude Testament, op de andere kant uit het Nieuwe. Zeer gebruikelijk waren ook cycli over het lijden en de opstanding van Christus.[27]

Om de unieke heilsbetekenis van Jezus Christus uit te beelden zijn vooral twee voorstellingen gebruikt. Op de eerste plaats die van de triomferende, verheerlijkte Christus, voorts die van de lijdende, gekruisigde Christus. De oudste afbeeldingen laten Christus vooral zien als de Glorieuze, de Heer in al zijn macht en majesteit. De komst van het tweede millennium bracht een opmerkelijke kentering. Er groeide een devotie tot de lijdende Christus, zowel in geschriften van mystici als in theologische verhandelingen, de gebedscultuur en de liturgische vormgeving en de beeldende kunst. Vooral de franciscaan Bonaventura beïnvloedde met zijn theologisch 'Traktaat over de levensboom' diepgaand deze nieuwe geloofsbeleving. De passievroomheid van de late Middeleeuwen leidde ook tot het ontstaan van allerlei nieuwe geloofsexpressies, zoals onder meer de 'Genadestoel' (Drievuldigheidsbeeld), de 'Vaderpiëta', de 'Arma Christi', 'Nood Gods' (Piëta), 'Ecce Homo', 'Christus op de koude steen' ('Rust van Christus').

In de vijftiende en zestiende eeuw kwam de zogenaamde 'kruisweg' als devotieoefening in gebruik. Al duizend jaar eerder waren in Jeruzalem tijdens de Goede Week pelgrims de lijdensweg van Jezus gegaan van het ambtshuis van Pilatus naar de heuvel Golgotha. Religieuzen stimuleerden in de late Middeleeuwen dat gelovigen in hun eigen omgeving biddend de kruisweg gingen, langs zogenaamde staties, in latere jaren steeds meer gemarkeerd door afbeeldingen. Deze devotie kende aanvankelijk zeven tot veertien staties, later hield men het meestal op veertien staties. De dom van Spiers kreeg zo'n kruisweg omstreeks 1450. Twee eeuwen later was deze devotie zó ingeburgerd, dat paus Benedictus XIV ze voor de kerkgebouwen verplicht stelde, minstens in de vorm van kleine houten kruisjes. In de negentiende eeuw werd de kruisweg een vertrouwde devotieoefening.

De verbeelding van het kruis

Wij vereren het kruis – met of zonder corpus – als het lijdenswerktuig waardoor Jezus in zijn dienstbaarheid tot het uiterste is gegaan. In de kruisvorm zien christenen het ultieme teken van de onvoorwaardelijke en onbegrensde levensinzet van de Heer. Het kruis is hét symbool geworden van Christus' overgave aan de Vader 'omwille van ons en van ons heil', tot in de dood. Een symbool dat maant tot dankbaarheid en schroomvolle navolging. Rooms-katholieken en oosters-orthodoxen tekenen zichzelf met het kruis; vooral bij het begin en het einde van het gebed wordt een kruisteken gemaakt. Alle sacramentele en liturgische vieringen beginnen en eindigen met het kruisteken als zegengebaar. Het centrale gebaar bij het doopsel is het uitgieten van water in de vorm van een kruis, en bij de toediening van het vormsel wordt met heilig chrisma een kruisje op het voorhoofd getekend.

Thans vinden we het kruis op talloze plaatsen. Wij vinden het in onze kerken; veel kerken zijn ook in kruisvorm gebouwd. We vinden kruisbeelden langs wegen, met name op kruispunten en op toppen van bergen. Tot voor kort was het kruisbeeld ook in tal van officiële gebouwen een vertrouwd attribuut. Wij vonden het in vele katholieke gezinnen op duidelijk zichtbare plaatsen; nu is dat veel minder vanzelfsprekend geworden. Het kruis markeert de graven van onze dierbaren, terwijl een groot calvariekruis gewoonlijk midden op onze kerkhoven staat. Zelfs aan de kettinkjes rond de hals of de arm van veel mensen vinden we het kruis terug, een klein kruisje; de draagster of drager zal gewoonlijk nauwelijks nog stilstaan bij de oorspronkelijke betekenis van dit symbool.

Veel kunstenaars hebben zich uitgesloofd om de lijdende liefde van Christus indringend en aansprekend uit te beelden. Zo denk ik graag aan het machtige kruisbeeld in de kerk van de H. Antonius Abt in Neerbosch-Nijmegen, dat samen met de beelden van Maria en Johannes in de parochiekerk van Kalkar oorspronkelijk één kruisgroep gevormd moet hebben. Op dit kruisbeeld hangt de Christus uitgebeeld op het moment van zijn dood: als je aandachtig blijft kijken, is het alsof je Hem ziet sterven. De gebroken ogen, de openvallende mond, het wegzakkende lichaam, het is allemaal zo realistisch, zo levensecht. De illustere Nijmeegse priester-hoogleraar Frits van der Meer (1905-1994) schreef over dit kruisbeeld dat ieder die het ziet, wel moet denken dat hij nooit van zo nabij het sterven van een mens heeft meegemaakt.[28] Wie eenmaal de prachtige kruisiging van Matthias Grünewald (ca. 1528) op het Isenheimer Altar bij Colmar heeft gezien, zal die indrukwekkende afbeelding niet gauw vergeten, mede vanwege de krachtige figuur van Jan de Doper met zijn priemende vinger en verwijtende blik.

Heel apart is de simpele tekening die de grote zestiende-eeuwse mysticus Jan van het Kruis eigenhandig maakte van de gekruisigde Christus. Het verkrampte lichaam zie je schuin van bovenaf, het gelaat kun je niet zien; in ieder geval kijkt Jezus hier niet omhoog naar Iemand boven Hem, het hoofd is omlaag gericht als zoekt Hij met een laatste zucht vol zorg naar mensen onder zijn kruis. De Spaanse schilder-surrealist Salvador Dalí (1904-1989) liet zich door deze tekening van Jan van het Kruis inspireren, om – ook van bovenaf – Zijn gekruisigde Christus te schilderen, als het ware hangend boven een kale wereld, een verlaten chaos.

In een vrij nieuwe kerk in Emmerich staat een levensgroot kruis, dat veel beroering verwekte omdat het werd opgebouwd uit allerlei resten van moderne averij en afval. De kunstenaar legde uit dat hij met dit kruis alle eigentijdse negatieve ervaringen en de wijdverspreide miserie in het licht van Christus' lijden en dood heeft willen plaatsen. Hij wil dat mensen van onze dagen door het lijden en de kruisdood van Christus worden gestimuleerd tot bestrijding van alle leed, in navolging van Hem. De Brabantse kunstenaar Marc Mulders (1958), diep bewogen door het alom aanwezige mysterie van groei en verval, opgang en neergang, leven en sterven en speciaal geïnspireerd door de lijdende Christus, richt al jaren zijn aandacht op de schoonheid en de vergankelijkheid van alle leven. Op indrukwekkende wijze plaatst hij leven en dood van de mens tegen de achtergrond van de lijdende en stervende Christus, dank zij Wie christenen mogen geloven dat leven uiteindelijk alle sterven overwint.

Het is dit perspectief dat in twee belangrijke schilderwerken van onze eeuw tot uitdrukking komt. De diepte en de universaliteit van het menselijk lijden zijn hierin op uitzonderlijk krachtige wijze in beeld gebracht, zó krachtig dat angst en wanhoop alles dreigen te overwinnen. Allereerst is daar *Guernica* van Pablo Picasso (1881-1973). Een enorm groot doek (3,65 bij 7,90 meter) in olieverf, zwart-grijze kleuren. Opmerkelijk protest tegen het afschuwelijke bombardement door Francogezinden op het Baskische stadje Guernica, 29 april 1937, waarbij 1654 ongewapende burgers de dood vonden.

Daarnaast denk ik aan *De Schreeuw* van Edward Munch (1863-1944). Een staande mensengestalte, de mond opengesperd, de beide handen erom heen, tegen een onheilspellende achtergrond. Je ondergaat het sterke contrast tussen de blauwzwarte contouren van de fjord en de door de ondergaande zon bloedrood gekleurde wolken. Alles schreeuwt! De wolken drijven als likkende vlammen, het water kolkt in donkere schakeringen, die krachtige beweging van lucht en water, dat alles vormt een schrikwekkend geheel met de angstig schreeuwende mens. De schreeuw blijft hangen. De Leuvense kunsthistoricus Carlo Heyman geeft in volgend sonnet zijn dichterlijke vertaling van Munchs machtige schilderij.[29]

In ziekelijke slierten van paniek
zwelt zwart en zwaaiend als een vuile vlag
een golf van angst en spoelt de late dag
weg van de brug die donker wordt en ziek.

En uit de mond, een uitgeholde muit,
ontspringt de kreet die niemand heeft verwacht,
een aangerande, zwavelgele klacht,
en vult de kreek waarin hij ijskoud kruit.

Verbijsterd keert de adem in zijn long
terug, het grauwe water dempt zijn sprong
en wordt een teken dat de stroming stoort.

En langs de wijdopen gespalkte lucht
slaat het ontspoorde woord hoog op de vlucht,
maar vindt geen echo en geen wederwoord.

Van de angstschreeuw van Christus op het kruis onder een donker wordende, dreigende lucht en een aanrollende aardbeving: 'Mijn God, mijn God, waarom hebt Gij Mij verlaten,' blijft eveneens de echo doorklinken. Weerloos protest van een eminente ziel, die mensen op allerzwartste momenten perspectief heeft willen bieden, licht aan het eind van de donkere tunnel, altijd, ondanks alles.

Jezus Christus: God met ons, God nabij
Wie is Hij? Wie is Jezus Christus? Uit de Evangeliën blijkt, dat Hij zelf die vraag soms uitdagend poneert. Enerzijds gaat Hij heel voorzichtig om met vragen naar Zijn identiteit. Anderzijds echter weten wij hoe Hij aan dat kleine, vertrouwde groepje van intieme volgelingen uitdrukkelijk de vraag stelde: Wie ben ik? Wie ben ik volgens de mensen? Wie ben ik volgens jullie? (Mattheüs 16:16-20, vgl. Marcus 8:27-30; Lucas 9:18-21) Door die vraag mogen ook hedendaagse wereldlingen zich rechtstreeks aangesproken voelen. Wie is Hij? Het is volkomen legitiem deze vraag te stellen, sterker nog: het is vanzelfsprekend deze identiteitsvraag te opperen. Daaraan laat zich vervolgens een tweede vraag koppelen: wat is Zijn boodschap?

Zijn persoon: Mensenzoon en Zoon Gods

Wie is Hij? Wie is Jezus Christus? Het heeft eeuwen geduurd voordat de Kerk tot een tekst kwam die kon gelden als veilig fundament en die daarom door de kerken als bindend richtsnoer van generatie op generatie is overgeleverd. Er is eeuwenlang gediscussieerd en geworsteld voordat de Kerk voor haar geloofsvisie de als definitief beschouwde formuleringen vond. Het credo van de Concilies van Nicea (325) en Chalcedon (451) belijdt Jezus Christus als Gods eniggeboren Zoon, God uit God, licht uit licht. Dit credo wordt tot op vandaag door alle grote christelijke kerken als veilige leidraad gezien.

Wat zegt Jezus van zichzelf? Jezus noemt zich graag: 'de Mensenzoon'. Van de 84 keer dat de titel Mensenzoon in het Nieuwe Testament voorkomt, is het bijna altijd Jezus zelf die zich zo noemt. Letterlijk betekent dat woord: mensenkind of mens. Maar er waren ook kringen die bij deze naamgeving dachten aan de Messias, op grond van een tekst van de profeet Daniël.[30] De teksten waarin de Heer zichzelf Mensenzoon noemt, verwijzen trouwens vaak naar zijn toekomstige verheerlijking of naar de bijzondere aard van zijn aardse inspanningen.

Jezus noemt zichzelf ook nogal eens Zoon, terwijl Hij God aanspreekt als Vader. Hij beroept zich vaak op de innige relatie tussen 'de Vader' en 'de Zoon'. Maar tegelijk waakt Hij er angstvallig voor dat men Hem niet een status toekent die verwarring zou kunnen stichten. Nooit noemt Hij zichzelf rechtstreeks: 'Zoon van God'. De christelijke kerken geven Hem, op gezag van de Bijbel en van de vroege Concilies, niettemin die naam. Maar in hoeverre is Hij Gods Zoon? Moet men die uitdrukking wat vrijer nemen, symbolisch, metaforisch? Of is Hij werkelijk en in letterlijke zin – om met het credo te spreken – 'God uit God, Zoon van de Vader'? Ik denk inderdaad dat we dat zo letterlijk mogelijk moeten verstaan. Maar wat betekent dit, als het over God gaat, op Wie geen van onze menselijke categorieën en begrippen letterlijk van toepassing kan zijn?

In het voorjaar van 1997 zond RKK/KRO een tv-serie uit, getiteld *Mensen over God*, waarin negen theologen aan het woord kwamen. Onder dezelfde titel werd later in het jaar een boek gepubliceerd, een bewerking van de serie, waarin de jonge Utrechtse theoloog Henk Schoot stelt vast en zeker te geloven 'dat Jezus de Zoon van God is. Maar als je de titel Zoon van God gebruikt, en je gebruikt hem letterlijk, dan zou dat veronderstellen dat wij weten wat wij zeggen als wij zeggen: Hij is DE Zoon van God. Niets is minder waar. En toch zeggen we het. Omdat we in Jezus herkennen dat Hij en Hij alleen en Hij meer dan wie ook de openbaring is van de Vader. Dat wil zeggen dat in Hem de Vader een gelaat krijgt.'[31]

Christenen beroepen zich – hun benaming zegt het al – voor hun specifiek-christelijk Godsgeloof primair op de persoon van Jezus Christus. Hij is voor hen hét gezicht van God, optimaal beeld, 'icoon van God', dé weg naar de Vader, tevens hét exempel van toegewijde overgave en Godsvertrouwen. In ieder geval is Hij, sprekend over God en Diens schepping, voor zijn volgelingen dé gezagvolle woordvoerder. Toch is voor christenen van onze dagen dat alles niet meer zo vanzelfsprekend. Zij vragen dringend naar overtuigende, eigentijdse verantwoording van die christelijke pretenties. Zij vragen om deugdelijke uitleg, en ze hebben daar recht op. Theologen, pastores en kerkelijke leiders spannen zich steeds meer in om aan dat rechtmatig verlangen naar uitleg en catechese tegemoet te komen. Hier is vanzelfsprekend wel onderling vertrouwen en gezamenlijk overleg nodig.

Vanaf de vroegste tijden hebben Zijn leerlingen in Hem het beeld herkend van de lijdende Dienstknecht van God (in het Hebreeuws: *Ebed Jahweh*). De profeet Jesaja schreef over die toekomstige Redder van het uitverkoren volk, verworpen en versmaad, maar uiteindelijk bestemd tot teken van volkomen verzoening met God. Jesaja accentueert de radicaliteit van zijn gehoorzaamheid aan Gods roepstem. De lijdende Dienaar zet zich volledig in voor Zijn reddende en bevrijdende opdracht. Alle tekorten neemt Hij op zich, alles verdraagt Hij, zonder klagen, zonder eisen te stellen, ter wille van het heil van allen. In feite roept de profeet met zijn beladen schildering het beeld op van de door God van oudsher beloofde Verlosser. In Christus werd dat beeld en daarmee de beloofde Messias door Jezus' volgelingen gelovig erkend en aanvaard. Voor hen was en is Hij dan ook de universele Redder van de mensheid.[32]

Dat Jezus' volgelingen Hem geleidelijk – geleidelijk, want er was tijd en vooral innerlijke rijping nodig – gingen zien als de beloofde Messias, steunde allereerst op de universele dimensie van Zijn verkondiging en de exemplarische uitwerking van Zijn persoonlijke levensgang. Zijn boodschap en heel Zijn optreden hadden een kosmische reikwijdte. Van de Duitse dominee Dietrich Bonhoeffer, in 1944 in een nazi-gevangenis terechtgesteld, resten ons diepzinnige beschouwingen dienaangaande. Een daarvan is deze: 'Het bevrijdende van Goede Vrijdag en Pasen is, dat de gedachten ver boven de persoonlijke lotgevallen uitgetrokken worden naar de uiteindelijke zin van alle leven, lijden en eigenlijk alle gebeurtenissen, en dat men nieuwe hoop krijgt.' Een tweede tekst die mij van Bonhoeffer bijblijft en die de thematiek van Gods verborgen nabijheid kernachtig samenvat, is de volgende:

> Wie God in het kruis van Jezus Christus gevonden heeft,
> weet hoe wonderlijk God zich in deze wereld verbergt,
> en hoe Hij juist daar het meest nabij is,
> waar wij denken dat Hij het verst weg is.

Christus was bovendien door zijn authentieke omgang met de mensen van zijn tijd zó geloofwaardig, dat men zich moeilijk een grotere 'profeet', een krachtiger Godsgetuige kon indenken. Zozeer sprak Hij de mensen aan, dat men allerwege in Hem een heilige Godsgezant ging herkennen. Hij moet zeer fascinerend op zijn tijdgenoten ingewerkt hebben. Hij riep onweerstaanbaar de gedachte op dat met Hem de grote Verwachting, de beloofde Messias, gekomen was. Als later de leerlingen van de Verrezen Heer zich gaan verspreiden, werkt hun geloof in Jezus Christus aanstekelijk. Hun persoonlijke ontboezemingen, hun enthousiast getuigen, wekt in velen nieuwe hoop en opent nieuw perspectief: God heeft zich werkelijk geïnteresseerd getoond voor alles en iedereen, en daarvoor zelfs 'Zijn Zoon' op het spel gezet. Terecht dan ook tekende Edward Schillebeeckx de God van Jezus als een *Deus humanissimus*, een allermenselijkste God; en hij voegde er aan toe: 'God heeft Jezus niet aan het kruis gebracht. Dat deden alleen mensen(...) Maar het Rijk Gods komt toch, ondanks machtsmisbruik van mensen en hun afwijzen van het Rijk van God.'[33]

Vooral de apostel Paulus heeft met klem getuigd dat zijn eigen persoonlijk leven voor altijd getekend zou blijven door een uitzonderlijke band met Jezus Christus. 'Wat winst voor mij was, ben ik omwille van Christus gaan beschouwen als verlies. Sterker nog, ik beschouw alles als verlies, want het kennen van mijn Heer Christus Jezus gaat alles te boven. Om Hem heb ik alles prijsgegeven, en ik beschouw alles als vuilnis, als het erom gaat Christus te winnen en één te zijn met Hem; mijn gerechtigheid steunt niet op de Wet, maar op het geloof in Christus: zij komt van God en steunt op het geloof. Ik wil Christus kennen, de kracht van zijn opstanding en de gemeenschap met zijn lijden; ik wil steeds meer op Hem lijken in zijn dood om eens te mogen komen tot de opstanding uit de doden. Niet dat ik dat alles al bereikt heb of al volmaakt ben! Maar ik streef er vurig naar het te grijpen, gegrepen als ik ben door Christus Jezus. Nee, broeders en zusters, ik beeld mij niet in dat ik het al in mijn bezit heb. Alleen dit: vergetend wat achter mij ligt, en me richtend op wat voor me ligt, streef ik naar het doel: de prijs van de hemelse roeping, die God in Christus Jezus tot mij richt. Laten wij, "volmaakten"[34] er zo over denken; en als u op een of ander punt anders denkt, zal God u ook dat openbaren. Laten wij in ieder geval op de ingeslagen weg voortgaan.' (Fil. 3:7-16)

Paulus wás aanvankelijk fanatiek tegen, werd echter frenetiek vóór; prototype van een plotselinge bekering. Hij werd zo gegrepen door de persoon van de Verrezen Christus dat hij voortaan helemaal in Hem wilde opgaan, in zijn lijden, zijn dood, zijn opstanding, in Hem helemaal (vers 10-11). 'Vuurvreter' van het eerste uur en dus tegen, bleef hij na zijn onverhoedse 'late roeping' militant, maar dan in positieve zin. Zijn bekering bleek een diepgaande, een uiterst radicale. Het geheim van die radicale levensverandering is natuurlijk allereerst te zoeken in de aard van Paulus' persoonlijkheid, in zijn karakter en zijn temperament. Maar Paulus zelf wijst naar de andere pool, naar Christus' unieke identiteit, liever gezegd naar het 'geheim' van Jezus Christus, door hem krachtig samengevat in zijn twee (wat men is gaan noemen) 'Christushymnen': respectievelijk Ef. 1:3-13 en Fil. 2:6-11. Prachtige staaltjes zijn het van mystieke geladenheid, explosies van samengebald geloof. Met heel zijn wezen staat Paulus gericht op verdergaande rijping in 'geloofskennis' (vers 8), op diepere eenwording met de unieke Christus en Diens hemelse Vader.

Zijn boodschap: het Rijk Gods
Jaren nadat ik de kracht en de schoonheid had ontdekt van die brandende geloofsbelijdenis van de apostel Paulus (Fil. 3:7-16), werd ik getroffen door een gedicht van Ed. Hoornik, in de volle zin van het woord een bewogen bede tot God:

Onmachtig ben ik, God, U te belijden.
Poolstilte waart Gij, toen ik om U schreide,
wanhopig wachtend het gestelde uur.

Gij laat mij hong'ren zonder rust of duur;
Gij hebt mij lief achter een blinde muur.
Hoe haat ik U, hoe blijf ik U verbeiden.[35]

Een schrille klacht, uiting van diepe menselijke onmacht. De liefhebbende God achter een blinde muur, die jou ziet en bemint, maar die voor jou niet bereikbaar lijkt. Hoornik staat niet alleen. Een heel andere persoon, de 'kleine' Theresia van Lisieux, getuigde tegen het einde van haar jonge leven (zij stierf toen ze 24 was in 1897) van een soortgelijke benauwende ervaring: God achter een muur.[36] God altijd op zoek, maar nu zo afgeschermd dat je niet weet hoe Hem te vinden. Hij is er, en toch is Hij er niet. Je weet Hem nabij, en je zou Hem willen aanraken, maar aanraken en zien kun je Hem niet, hoezeer je ook naar Hem uitkijkt.

Als je jong bent, heb je het gevoel je leven in eigen hand te kunnen nemen. Als je je maar eerst hebt kunnen ontworstelen aan de al te zorgelijke leiding van je ouders, dan zul je het gaan maken. Totdat je meer en meer ervaart dat niet alles naar eigen hand te zetten is, dat niet alles naar eigen believen te regelen is. Naar gelang je – volwassen wordend – de stukjes van je leven in elkaar ziet vallen, durf je je kwetsbaarder op te stellen, zodat ruimte kan ontstaan voor de acceptatie van het numineuze. Zoekend naar nadere toegangen zie je dan mogelijk – maar niet zonder dat God meespeelt – meer ontvankelijkheid groeien, meer verlangen, maar ook meer openheid voor het opvangen van eventuele religieuze signalen. Overigens kan ook juist de diepere ervaring van onmacht een mens ontvankelijker maken voor signalen vanuit een minder zichtbare, minder meetbare werkelijkheid. Een mens kan pas na verloop van tijd ontdekken dat een al te rationeel bezig zijn met vragen omtrent God niet echt verder brengt. Als in onze dagen íets misleidend is, dan is het wel de onweerstaanbare behoefte om de wereld te taxeren in begrijpelijke termen en meetbare grootheden. Juist daaraan blijkt God volkomen te ontsnappen.

Jezus maakt duidelijk dat God zich bij voorkeur langs de weg van de menselijke liefde en de sociale zorg kenbaar maakt. Hoofd en hart moeten samengaan; kennis en liefde tezamen zetten een mens op weg naar de ontdekking van het verborgen levensgeheim. Dat diepste geheim laat zich samenvatten in de ontboezeming van de meest geliefde volgeling van Jezus, de apostel Johannes: 'God is liefde.' God is te vinden waar liefde openbreekt. God is overal waar liefde zich een weg baant. 'Ubi cari-

tas et amor, Deus ibi est,' zo zingt een teder gregoriaans gezang. Waar liefde is, daar is God. Dat nu is de specifieke boodschap van Jezus Christus. Feitelijk identificeert Hij God en liefde, liefde en God. Daarom loont het de moeite op zoek te gaan naar Jezus' oorspronkelijke bedoelingen. Het ging Hem niet primair om de verkondiging van leerstellingen, van zekerheden of richtlijnen, van geboden en verboden. Neen, Hij droeg allereerst de unieke waarde van het echte liefhebben uit. Augustinus vatte dit kort en bondig aldus samen: *'Ama et fac quod vis.'* Wat ik aldus versta: eerst echte en oprechte liefde, want daar gaat het om; daarna moet je doen wat je nodig acht.

Van de Amerikaanse denker Richard Rorty (1931)[37] stamt een opmerkenswaardige visie op het manco zoals hij het noemt van 'twee wereldberoemde profetieën': het Nieuwe Testament en het Communistisch Manifest. Hij vergelijkt ze met elkaar en ziet bij beide lacunes. Hij vindt 'in menig opzicht het Manifest toch beter geschikt dan de Evangeliën, meer geschikt om door de jonge generatie te worden gelezen. Wegens zijn oriëntatie op het hiernamaals is het Nieuwe Testament namelijk in zijn morele leer meermalen behoorlijk vaag; want het werkt de gedachte in de hand dat we de vraag naar onze individuele verhouding tot God, onze individuele kans op verlossing, kunnen loskoppelen van onze deelname aan de gezamenlijke inspanning ter beëindiging van nutteloos leed. Veel passages in de Evangeliën hebben slavenhouders de indruk gegeven dat ze gerust konden doorgaan met hun zweepslagen. In de hemel kwamen ze toch wel, want hun zonden zouden hun worden vergeven omdat ze Christus hadden herkend als hun Heer.' Rorty is ook van mening dat de jonge Kerk van de eerste eeuw, de Kerk waarbinnen het Nieuwe Testament is ontstaan, bouwde op de basisovertuigingen van de Griekse filosofen. Die zochten het ideale leven van de mensen in de contemplatie van universele waarden en waarheden, in het bijzonder in het najagen van waarheid, schoonheid, goedheid. 'Daarom ging de aandacht van de schrijvers van het Nieuwe Testament niet zozeer uit naar de mogelijkheid van een betere toekomst hier op aarde als wel naar de hoop op een zorgeloos leven na de dood'.

Rorty spoort zijn lezers aan om zowel de Bijbel als het Communistisch Manifest niet zozeer te lezen als betrouwbare beschrijvingen van wat de mensheid te wachten staat, maar allereerst als appèl, als uitdaging. De hoopvolle toekomstperspectieven in deze documenten roepen op tot gezamenlijke inspanningen ten bate van een betere wereld. 'Wat het Nieuwe Testament ons bovenal te verstaan geeft: dat de vraag hoe wij op aarde met elkaar omgaan veel belangrijker is dan de uitkomst van alle debatten over het bestaan van een hiernamaals of de aard van dat hiernamaals.' Bovendien stelt Rorty: 'Er is verschil tussen weten en hopen. Vaak neemt hoop de vorm aan van valse profetieën. En toch is de hoop op sociale rechtvaardigheid de enige basis voor een menswaardig leven.'

Vast en zeker wil de Evangelische boodschap geen scheiding aanbrengen tussen aards en hemels leven. Het Evangelie is een *aardse boodschap* met hemelse dimensies. Het Evangelie verkondigt een menselijke samenleving nú voor allen en iedereen, roept op tot optimale gezamenlijke inspanning nú. Wij hebben onszelf te sterk geconcentreerd op een uiteindelijke compensatie na onze dood, ons daarmede ook te zeer gericht op onze eigen persoonlijke ziel en zaligheid. De boodschap van Christus gaat over het aardse leven hier en nu. Vooral over de kracht van de solidariteit, van ons gezamenlijk werken aan de verbetering van het lot van de allerarmsten, onze inzet voor rechtvaardigheid en vrede voor allen. Jezus zag dit aardse leven altijd in hemels perspectief.

Sleutelwoord in de verkondiging van Jezus' blijde boodschap is: *het Rijk Gods*. Christus' diepste geheim ligt vervat in deze beloftevolle aanduiding. Hij is de heraut van het Rijk van God. Meer nog, Hij is zelf de verpersoonlijking van dat Godsrijk. De term komt in het Nieuwe Testament 122 keer voor, en van die 122 keer wordt hij 90 keer Jezus zelf in de mond gelegd. Het Rijk van God vormt de kernachtige samenvatting van Jezus' levensideaal, van zijn grootse levensvisie. Hij geeft een bijzonder rijke inkleuring aan dit bijbelse begrip. Vooral in de Bergrede en in zijn parabels maakt Hij duidelijk wat Hij daarmee op het oog heeft. Het is belangrijk hier niet te denken in termen van rijksmacht en territorium. Het gaat om relaties, om relaties in radicale en vérgaande verbondenheid.

De evangelisten besteden daaraan veel aandacht, ieder aan de hand van eigensoortige parabels. Marcus (hoofdstuk 4) blijft bij de natuur en verwoordt parabels over zaad en zaaien, zo de gelijkenis over de zaaier wiens zaad op verschillende bodem valt, de parabel over het zaad dat uit eigen kracht groeit, de vergelijking met het mosterdzaadje dat hoewel opvallend klein uitgroeit tot een forse struik. Aan Lucas (hoofdstuk 15) danken we de parabels over het verloren schaap, het verloren geldstuk (drachme), en de verloren zoon. In het evangelie van Mattheüs (hoofdstuk 13), die meestal de uitdrukking 'rijk der hemelen' gebruikt, spreekt

Jezus 'in gelijkenissen' over het onkruid tussen de tarwe, de gist in het bloem, de in de akker verborgen schat, de koopman die koste wat kost een zeldzame parel wil bemachtigen, en het sleepnet waarmee vissen van allerlei soort worden gevangen. De evangelisten zijn erin geslaagd om via deze parabels de centrale gedachten van de Heer opnieuw krachtig tot leven te brengen. Het zijn heerlijke staaltjes van Jezus' levensnabije prediking. Ze verdienen een rustige, herhaalde bezinning op hun diepste betekenis, opdat tot verheldering kan komen wat Jezus' eigenlijke boodschap was.

Bijzondere aandacht verdient de visie van Edward Schillebeeckx op het Rijk Gods naar Jezus' opvatting.[38] Opmerkelijk en wellicht verrassend is hoe hij dit Godsrijk inhoudelijk schildert: 'Rijk van God, sleutelwoord in Jezus' boodschap, is de bijbelse uitdrukking voor het *wezen van God*: onvoorwaardelijke en bevrijdende soevereine liefde, in zoverre die in het leven van mensen die Gods wil doen, tot gelding komt en zich daarin openbaart. Men zou ook gewoon van *God* kunnen spreken, maar in Jezus' tijd vermeed men het rechtstreeks benoemen van God...' Schillebeeckx ziet dus achter de uitdrukking 'het Rijk Gods' enerzijds een aanduiding voor Gods eigen wezen, maar anderzijds ook een beroep op mensen van goede wil om in het spoor van Gods mensenliefde zelf mensen te worden van liefde, gerechtigheid en vrede. Jezus zelf fungeert als de verpersoonlijking van het Rijk van God. Waar Christus werkzaam is, daar is Gods Rijk in beweging. Maar juist daardoor is Christus tevens een appèl aan zijn volgelingen om ook bouwers te worden van dat Rijk.

Schillebeeckx schrijft dan ook dat het Rijk Gods dus nader gekwalificeerd moet worden vanuit het leven van Jezus: 'Vanuit het feit dat waar zieken bij Jezus verschenen, ze werden genezen; vanuit de ontmoeting van "demonische geesteszieken" die in hun ontmoeting met Jezus gezond werden; vanuit zijn tafelgemeenschap en omgang met "tollenaars en zondaars", dit zijn de destijds gemarginaliseerde, gediscrimineerde en zelfs geëxcommuniceerde mensen; vanuit de zaligprijzing van de armen, ten slotte vanuit heel het onderdrukte volk...'[39] Het Rijk Gods blijkt voor een groot deel toekomstmuziek, een toestand die komen zal en waarnaar wij mogen uitzien op basis van Gods beloften. Maar dat Rijk is er al door de komst van Jezus Christus, de nieuwe Mens, die radicaal de weg van God is gegaan, en die ons uitdaagt diezelfde weg achter Hem aan te gaan. In ieder die lijdt, in ieder die hulpeloos rondtast, in ieder die zich vol goede wil bij Hem aansluit, ziet Jezus de mensenliefde van God. 'Wat dus in Jezus' levensweg bijzonder opvalt, is de wezenlijke verhouding tussen de persoon van Jezus en zijn boodschap van het naderbijkomen van het Rijk Gods,' aldus Schillebeeckx. 'Uit Jezus' levensweg wordt voor de gelovige duidelijk dat de God van Jezus, de God van Israël, de mens geheel aanvaardt, en hem of haar in die aanvaarding tracht te vernieuwen in relatie tot zichzelf en de ander, in een menselijk leefbare wereld.'[40]

Jezus kon zijn visie op de bevrijdende rol van zijn Godsrijk niet duidelijker en hoopgevender samenvatten dan met de oproep: 'Zoekt eerst het Koninkrijk en zijn gerechtigheid; dan zal al dat andere u erbij gegeven worden.' (Mattheüs 6:33) Treffender dan met deze woorden kan de relativiteit van elk ander menselijk streven en begeren niet worden uitgedrukt. Tegen de achtergrond van de Goddelijke Werkelijkheid verbleekt al wat egocentrisch en zelfzuchtig blijft. God alleen voltooit en bekroont de werkelijkheid, maar liefst wel met medewerking van zoveel mensen als maar mogelijk is.

4 Spelen met vuur

Gerard Rooijakkers

'Wie maalt er nog om mij?' zo klaagt de duivel in de 'Wijsgerige persconferentie die de duivel op 20-12-1963 in Warschau gaf'. De Poolse filosoof Leszek Kolakowski laat hem daarin verbitterd opmerken: 'Geen
priester die mijn naam nog in de mond durft te nemen, te bang om voor
ouderwets te worden versleten. Ik, de duivel, ben altijd de eerste over
wie men er het zwijgen toe doet. Maar wie vandaag over de duivel
zwijgt, zwijgt morgen over God.'[1] Een profetische uitspraak wellicht,
die in ieder geval aangeeft dat het kwaad evenzeer tot de numineuze
werkelijkheid behoort. De ironische wijze waarop de filosoof hier de
duivel te berde brengt is niet toevallig: het is een topos die is ingebed in
een culturele traditie van spreken over de antichrist. 'Misschien,' zo
peinst de Max uit een roman van Harry Mulisch, 'was het werkelijk zo
dat je alleen aan God kon geloven als je ook in de duivel geloofde. Als je
alleen aan God geloofde, kwam je in de problemen. Waar kwamen de
gaskamers dan vandaan? Waarom moest die boom juist vallen waar hij
viel? Waardoor was Gods schepping zo gebrekkig dat er later weer en
Messias nodig werd? "En God zag dat het zeer goed was" – maar het was
helemaal niet goed. Er deugde niets van.'[2]

Het goddelijke werd in de moderne wereld in het afgezonderde sacrale en niet in het alledaagse gezocht waar de duivel alom aanwezig
werd geacht om de mensen tijdens zwakke momenten, bij voorkeur tijdens religieuze handelingen, te betrappen. Zowel de duivelse listen om
zielen te verschalken als de menselijke schijnbewegingen om de boze
om de tuin te leiden verraden een sterk spelelement. De wijzen waarop
God en de tegenspeler van de mensen, de duivel, worden gerepresenteerd in onze cultuur, staan hier centraal. De aanwezigheid of verbor-

Waerachtige af-beldinghe van een Edelman in een hont verandert, ter oorsaecke van sijn lasteren, ende t'verdrucken van een arme Weduwe, die hy haer eenige koy, met gewelt heeft ontnomen, om dat sy eenigh last niet en konde betalen, seggende hy die soude vercoopen, ende het overigh gelt weder geven, het welcke hy nader hant met straffe woorden weygerde. Dese koy dan heeft hy mede ghestout, die stellende in sijn stal, sijn altemael des Edelmans koyen gestorven, uytgenomen die van dees arme vrou, het welck den Edelman siende, heeft Godt beginnen te vervloecken, wenschende dat Godt, oft hy, in een hondt soude veranderen, om dese doode koyen te moeten op-eten, is door de straffe Godts in een hondt verandert, alleen behoudende het aensicht, ende niemant by hem gedoogende als alleen een knecht met 2. Capucynen, die met hem, alle Miraculeuse plaetsen besoecken, om Godt te mogen versoenen. Dit is geschiet in een dorp by Ausborgh ghenaemt Eychen, alwaer desen Edelman heerschapte in Januario dit jaer 1673. Ende desen Edelman en eet niet anders als rouw vlees.

De Beduydenisse is als volght met dese letteren.

A. Den Edelman nemt de arme vrou de koy af met gewelt.
B. De arme vrou comt om het overigh gelt, maer crijght straffe woorden.
C. De arme vrou gaet al weenende thuys.
D. Des Edelmans koyen sterven al, behalven die vande arme vrou.
E. Den Edelman vervloeckt Godt.
F. Hy verandert in een hondt.
G. Pelgrimagien naer diverse plaetsen.
H. De stadt Ausborgh.

Le vray portrait d'un Gentilhomme changé dans un chien, à cause de ses blasphemes, & oppression d'une pauvre vefue, de laquelle il a prins une vache par force, parce qu'elle ne pouvoit payer des gabelles, disant qu'il la vendroit & rendroit la reste, ce qu'il refusoit par apres avec de dures paroles, laquelle vache il a amené la mettant dans son escurie, au mesme temps toutes les vaches de cet Gentilhomme sont mortes, ormis la vache de la pauvre vefue, ce que luy voyant, et commencé de dire des blasphemes à Dieu, souhaitant que Dieu, ou luy changeroit dans un chien, pour manger tout ces vaches mortes, ce que luy est arrivée, en reservant seulement la face d'un homme, & ne permettant personne d'approcher à soy, si non un vallet & deux Capucins, qui avec luy visitent tous les places miraculenses, afin d'obtenir pardon de Dieu.

Cela est arrivée dans la village de Eychen proche de Ausburgh au mois de Ianvier de cette annee 1673.

La signification est comme s'ensuit par ces charactères suivantes.

A. Le Gentilhomme oste à la vefue par force la vache.
B. La pauvre femme vient pour le surplus de l'argent, mais reçoit des dures paroles.
C. Elle retourne tout pleurant à la maison.
D. Toutes les vaches du Gentilhomme meurent, ormis celle du pauvre femme.
E. Le Gentilhomme maudit Dieu.
F. Il change dans un chien.
G. Il visite diverses Eglises.
H. La ville d'Ausburg.

On ce vend à Anvers rue lombarde-vest au lion d'or.

'Vliegend blad' met het verhaal van een onrechtvaardige edelman die bij wijze van goddelijke straf wordt veranderd in een hond en tevergeefs bedevaartoorden bezoekt om verlost te worden. Kopergravure, Antwerpen, ca. 1670 (Museum 't Oude Slot, Veldhoven/CMR).

genheid van God in het landschap vormt daarbij een belangrijk aandachtspunt, evenals de vraag of en hoe Hij er verdween. De habitat van zowel God als de duivel, of beter gezegd Satan en zijn trawanten, kent daarnaast vooral ook een imaginaire sacrale topografie, die tot uitdrukking komt in hemel en hel; vertrouwde begrippen die thans veeleer verwijzen naar zielstoestanden dan naar als concreet opgevatte locaties. Een in het verleden centrale notie, die zich tegenwoordig voornamelijk tot bepaalde gereformeerde kringen beperkt, is die van het menselijk lijden als Goddelijke straf voor begane zonden. Door wraakroepende handelingen kunnen christenen zich daarbij Gods toorn op de hals halen. Als verklaring voor het lijden en het kwaad in de wereld is deze opvatting voor de meeste Nederlanders tegenwoordig niet meer acceptabel. Hoe is al dat leed dat om ons heen gebeurt en soms ook ons kan treffen te rijmen met het bestaan van God? En wat voor een God – of een duivel – is dat dan wel?

Gods verborgen tegenwoordigheid in het landschap

Het moment waarop de gewone, zintuiglijk waarneembare werkelijkheid in de Renaissance waard wordt bevonden om te worden afgebeeld zonder dat ze wordt gereduceerd tot symbool van Gods schepping, markeert volgens de antropologische wijsgeer Ton Lemaire een belangrijk moment in de cultuur. De onttovering en ontmythologisering van de westerse wereld gaat gelijk op met de toenemende aandacht van kunstenaars voor het landschap als autonoom onderwerp – een belangstelling die ten koste gaat van religieuze thema's en die de mate van secularisering van de realiteit uitdrukt. De ontwikkeling van het westerse landschap als mentale categorie verloopt dan ook parallel aan de verdwijning van de westerse God. Het is een Godheid die steeds meer van de wereld verwijdert raakt, die behoort tot een in toenemende mate verinnerlijkt geloof dat ruimte schept voor een autonome 'buitenwereld'. De dagelijkse waarneembare werkelijkheid en de plaats van het individu daarin worden zelfstandig, emanciperen zich als het ware van God. Dit proces resulteert in het objectiveren van de 'natuur'. Het is dan ook niet toevallig dat in de zestiende en zeventiende eeuw de natuurwetenschap een enorme ontwikkeling doormaakt; het is deze fysica die uiteindelijk de moderne technologische ontwikkelingen mogelijk zou maken.[3]

Daarnaast komt de mens in toenemende mate tot het besef dat hij niet alleen de principes van deze natuur kan organiseren en manipuleren, maar dat hij tevens ten grondslag ligt aan zijn eigen maatschappelijke ordening. Niet God, maar de mens is de insteller van moraal en gewoonten, bepaler van de geschiedenis en 'arbeider van zijn eigen lot', zoals Lemaire het stelt. Deze autonome humane positie impliceert uiteindelijk de notie dat de mens zijn eigen God bedenkt, met als uiterste consequentie de dood van God. Het meest pregnant komt dat in wetenschappelijke zin tot uitdrukking in de evolutieleer, die het bestaan van een initiële Schepper overbodig lijkt te maken. Deze aanval op het traditionele Godsgeloof heeft veel losgemaakt, variërend van de schokkende gewaarwording dat we als primaten afstammen van apen – een diersoort die we juist altijd als ultieme ander in negatieve, profane zin beschouwden – tot het irrationeel ontkennen van evolutionaire inzichten door zogeheten creationisten die stug blijven vasthouden aan het bijbelse scheppingsverhaal. Het eeuwenoude proces van secularisatie is niet simpelweg een verdwijnen van het goddelijke, maar het betreft een verplaatsing en transformatie daarvan. God wordt gelokaliseerd, zelfs vastgepind zoals we in het eerste hoofdstuk zagen, in het afgebakende sacrale domein. Dit impliceert tevens een transformatie, een gewijzigde Godsbeleving.[4]

De ontmythologisering van de wereld zou immers in de negentiende en twintigste eeuw ook de weg vrijmaken voor een hernieuwde investering in numineuze betekenissen van de 'natuur'. Naast de fysische interpretatie daarvan ontdekt men in het voetspoor van de romantiek immers de natuur als schone, vrije wereld waarvan men kan genieten en die het beschermen waard is. Een wereld waarin kan worden gewandeld en waarin de mens zich weer nietig voelt ten opzichte van de schepping. De ironie is dat de natuurwetenschappelijke en de romantische benadering van de werkelijkheid in het secularisatieproces feitelijk in elkaars verlengde liggen maar tevens op gespannen voet met elkaar staan: fysica en techniek contra natuurmystiek, het exploiteren van de natuur versus het behoud ervan als 'monument'; beteugelde tegenover 'vrije' natuur. Lemaire stelt dan ook treffend dat de wandelaar net zo goed een product van deze getransformeerde Godservaring is als de natuurkundige.[5]

De historie van het landschap kan dan ook volgens hem niet zonder de geschiedenis van de Godsidee. Er is sprake van een sterke samenhang in spanning tussen God en wereld, die gekenmerkt wordt door het gegeven dat de westerse God uiteindelijk vreemd blijft ten aanzien van de werkelijkheid die zich Zijn schepping noemt. Het landschap is in het

Westen immers evenzeer beeld van Gods verborgenheid als teken van Zijn tegenwoordigheid. Het impliceert met andere woorden een ambigue vorm van zelfopenbaring van God. De poging om van de zichtbare wereld de hiërofanie van God te maken is in het Westen dan ook problematisch, hetgeen bijvoorbeeld tot uiting komt in het gegeven dat de natuur nooit officieel Gods afbeelding is kunnen worden. Geodicee en theofanie vallen er niet samen: de interpretatie van de aarde als goddelijk landschap bij wijze van sacrale zelfopenbaring is, anders dan bijvoorbeeld in de Chinese cultuur, in het Westen niet evident.[6]

De in zichzelf gekeerde voltooidheid van de middagwereld

Ton Lemaire sluit zijn filosofie van het landschap af met beschouwingen over de middag, het onbarmhartige moment – vooral in het zomerse zuiden – waarop de kosmische cyclus van dag en seizoen stil lijkt te staan. Zo vertrouwd als we zijn met begrippen als tijd en geschiedenis, die ons dagelijks leven bepalen, des te problematischer is onze omgang met het heden in het verschrikkelijke besef dat we 'als kinderen van onze tijd' onderworpen zijn aan vergankelijkheid en dood. Het zijn de momenten van onveranderlijkheid die ons, bij wijze van *temendum* en *fascinans*, des middags kunnen overvallen als een gevoel van angst en diepe vreugde. De meridionale niet-tijd als oase, zoals dat ook bij zon- en feestdagen het geval kan zijn als communitas-ervaring met numineuze kwaliteiten waarover we in het eerste hoofdstuk spraken.[7]

'Een verblijf in de natuur is niet in de laatste plaats daarom zo verkwikkend, doordat het ons tijdelijk bevrijdt van de dictatuur van de geschiedenis. Er verschijnen geen kranten, er is geen datering, elke dag- en jaartelling is overbodig, want wij bevinden ons in een gebied waar de tijdsindelingen van de maatschappij niet meer gelden.' Van de cultuur van het Westen, waar Lemaire met handen en voeten mee verbonden is, tracht hij zich op intellectuele wijze te bevrijden. Dit resulteert in een heel persoonlijke exercitie, waarin met name ook zijn (jeugd)ervaringen van de middag een plaats krijgen. Op dat tijdstip leek alles iets eeuwigs te hebben, iets *unheimisch* en meedogenloos, zonder schaduw waardoor de dingen tot hun naakte essentie werden teruggebracht. 'Ik voelde me dan onrustig en op een vreemde manier ongelukkig, als door iets onbestemds bedreigd, maar tegelijk ook van een groot verlangen vervuld om overal tegelijk aanwezig te zijn en deze mooie dag overal tegelijk mee te maken.' Pas 's avonds, wanneer de vormen van de wereld zich weer met elkaar verzoenden, de horizon weer vertrouwd opdook en het landschap zijn oude intimiteit hervond, kon hij zich weer ver- kwikken, zowel fysiek als metafysisch. De doodse middaguren tussen twaalf en drie als zenithervaring van 'het Goddelijk niets', het tijdstip waarop in de Oudheid de herdersgod Pan, die in later tijd model zou staan voor een van de belangrijkste christelijke duivelsbeelden, de men- sen de stuipen op het lijf joeg. Het is het tijdstip waarop het landschap zich volledig openbaart en haar identiteit tijdelijk maximaliseert als 'Het uur U' dat de mens kan aansporen om ook het bewustzijn op mid- daghoogte te brengen.[8]

Het liminele moment van de middag verheldert de betekenis van de schaduw, die de dingen als het ware verdubbelt. De schaduwrijke och- tend en avond doet de dingen méér lijken dan ze zijn. Zoals in veel cultu- ren de ziel van de mens verondersteld wordt in zijn schaduw te verblijven – spoken en griezelige geesten hebben in mythen geen schaduwbeeld – zo werpen de dingen hun ziel als het ware in de schaduw, die een dubbel- ganger van al het aardse is. 'Op het hoogtepunt van de dag is de verdub- beling van de wereld zo goed als opgeheven, en hebben de dingen hun dubbelganger, hun "ziel" in zich teruggenomen; de wereld heeft haar be- tekenis maximaal aan zichzelf getrokken, zij heeft zich met zichzelf geï- dentificeerd.' Het is een tijd van rijpheid die onverbiddelijk naar het afsterven en de dood verwijst, het tijdstip ook waarop de *diabolus meridio- nalis* gedijt, die mensen tot het verslappen van waakzaamheid verleidt en hen in slaap sust, en die in zuidelijke landen wordt ontlopen door zich welbewust in de kunstmatige huiselijke donkerte terug te trekken voor de siësta.[9]

De middag, in zijn absoluutheid zo onherbergzaam als de woestijn, werd in het katholicisme gemarkeerd door het angelusgebed, waarbij de kerkklokken de blijde boodschap van de verlossing verkondigen. We kennen allemaal het romantisch-realistische tafereel dat François Mil- let daarvan in 1854 schilderde en dat sindsdien als een van de meest ge- reproduceerde kunstwerken de wereld over ging. Vincent van Gogh, die zich uiteindelijk aan de vormentaal van 'vader' Millet ontrukte, zou het middaguur expressionistisch gaan benaderen. Dat deed hij vooral in Zuid-Frankrijk, maar ook in zijn Brabantse periode treffen we er al spo- ren van, zoals Lemaire treffend stelt, waarbij hij een van Vincents vele brieven citeert: 'Dan – op dat hete middaguur is de heide verre van lief- lijk soms – is agaçant, vervelend en vermoeiend als de woestijn, even onherbergzaam en als 't ware vijandig. Het te schilderen in dat volle licht, en de wijking der plannen tot in 't oneindige te geven, is iets waar men duizelig van wordt.' In een soort kosmische verbondenheid trotseert deze schilder de ongenaakbare middag in een mengeling van esthetische en religieuze verrukking: zijn God is het licht of de zon; zijn schilderen een zonnecultus. Van Gogh zocht het absolute niet buiten, maar in de wereld; het schilderen van de middag was voor hem een vorm van 'in God zijn'.[10]

Het belang van deze beschouwingen, die Lemaire in 1970 publiceerde, lang voordat het landschap een populair object van cultuurhistorisch onderzoek zou worden, kan niet genoeg onderstreept worden in het kader van dit boek. Het toont hoe, als uitvloeisel van eeuwenlange secularisering, het heilige uiteindelijk weer in de natuur en het dagelijkse leven gevonden kon worden. Dat dit geen eenvoudige en ongevaarlijke bezigheid is, toont ons het dramatische levenseinde van Vincent: 'wie oog in oog met de wereld in haar volstrektheid wil staan, wordt door de goden met waanzin geslagen'.[11] Het steeds weer opnieuw tijdelijk samenvallen van God en de wereld op het middaguur verraadt in zijn ongenaakbare transparantie zowel immanentie als transcendentie: Gods verborgen aanwezigheid in de dingen.

Hoe God verdween

Als een soort apocalyptisch eindpunt van modernisering en secularisatie heeft Geert Mak het verdwijnen van God in het Friese dorp Jorwerd beeldend beschreven. Eben Haëzer, 'tot hier heeft de Here ons geholpen', zo heet een van de oude boerenhoeven waarvan de inboedel onbarmhartig openbaar wordt verkocht in het begin van de jaren negentig. Zonder de ogen te sluiten voor de harde en soms zelfs wrede aspecten van de dorpssamenleving constateert Mak niet zonder weemoed dat de wereld er ingrijpend verandert: wat soms eeuwenlang was, is 'opeens' voorgoed voorbij. Nu is er vanuit historisch-etnologisch perspectief van alles op te merken bij zijn in de eerste plaats literaire beschrijving, vast staat dat hij als stedeling een goed en origineel observator is met gevoel voor de wijzen waarop uiteenlopende groepen in die dorpscultuur hun dagelijks leven beleven en daarop terugzien. Zijn inzichten vergaarde hij, behalve uit (wetenschappelijke) literatuur, door gedurende enige jaren regelmatig in het dorp te wonen. 'Het verging me die eerste tijd zoals elke beginnende dorpeling: rust werd aanvankelijk direct omgezet in onrust, beweging, radio aan en uit, iedere impuls was voelbaar, de veelheid ontbrak, maar Mantgum, Leeuwarden en Grouw waren dichtbij: krant halen, koeken, folders op de mat, zitten, kijken, dan maar weer lopen, de stadse onrust eruit stappen.'[12]

Als stadsbewoner werd hij in Jorwerd getroffen door de rol die godsdienst er speelde. En ook al liep het kerkbezoek ook op het platteland zienderogen terug, het besef dat de bewoners deel uitmaakten van een universele orde die hun leven rechtvaardigde leek algemeen. En ook wie twijfelde of atheïstisch was, kon zich niet onttrekken aan het ritme en de verpletterende invloed van de natuur, die het hele bestaan doordesemde, iedere dag weer, ieder seizoen opnieuw. Wie, zoals de boeren, dagelijks werkt met weer en wind en leven en dood, kent zijn eigen betrekkelijkheid, zo stelt Mak. 'Maar ook dat begon in de jaren negentig te veranderen. Toen het weer en de dood steeds meer op eigen kracht konden worden weerstaan, verdween ook God langzaam uit het zicht van Jorwerd.' De auteur plaatst de lokale ontwikkelingen hier in de bredere context van het moderniseringsproces dat zich in West-Europa vanaf het einde van de negentiende eeuw aan het voltrekken is. Jorwerd kent simpelweg slechts een tempoverschil in zijn optiek. De verzorgingsstaat, die in de steden al veel eerder onttoverend doordrong, kreeg ook het Friese platteland in zijn greep. Sociale zekerheid en medische techniek verdrongen dood, ellende en rampspoed naar de marge van het bestaan; alles leek maakbaar, herstelbaar 'of op zijn minst in geld compenseerbaar'.[13]

De bid- en dankdiensten voor het gewas die elk voor- en najaar werden gehouden trokken er steeds minder kerkbezoekers. De boeren hadden de indruk dat ze met behulp van de moderne techniek de natuur steeds beter konden beheersen, hetgeen hun angsten deed afnemen, 'maar het verminderde ook hun ontzag voor het Hogere'. Mak spreekt zelfs van een 'nieuwe geest van onnatuur', die hij bespeurt in de veranderde relatie tussen boer en koe. Van trouwe levensgezellen waren de beesten inwisselbare productiefactoren geworden. Enig cultuurpessimisme is de auteur daarbij niet vreemd, evenals een wat romantiserende benadering. Op het platteland was het leven uiteindelijk toch beter, en de mensen waren er als het er op aankwam wijzer. 'Boeren, zelfs de modernste, wisten immers beter dan stadsmensen dat ze niet alles wisten. Ze kenden de toekomst niet, en ze kenden het heden niet, en ze accepteerden het mysterie met meer ontzag. Ze maakten dankbaar gebruik van alle computertechnieken die God hun schonk, maar ze wisten dat de vooruitgang van het weten nooit de omvang van het onbekende zou verminderen. Op het platteland was de tegenstelling tussen het bekende en het onbekende daarom ook minder scherp dan in de stad. Het niet-weten werd er geaccepteerd als een onderdeel van het bestaan, soms in de vorm van magie en bijgeloof, vaker in de vorm van kerken, torens en het Woord. Maar de kern was het niet-weten.'14

De vrome verzuchting dat er een verzekering is 'dat arbeid niet vergeefs is; dat de natuur, of God, er deel in heeft' is voor Mak kenmerkend voor het berustend en vertrouwvol denken en handelen van de boeren. In die zin eindigt zijn boek niet echt apocalyptisch, maar eerder vrolijk. Alsof het een tafereel van Pieter Bruegel betreft, dansen de dorpelingen in de bovenzaal van café Het Wapen van Baarderadeel de polka, waarbij boer en bankdirecteur onder elkaar verkeren: 'alles was precies hetzelfde als altijd, mensen kwamen en gingen, en alles bleef zich toch herhalen'.15 Dit is evenwel niet de visie van Mak, maar de wijze waarop de dorpsbewoners hun leven volgens hem beleven. De stedeling weet wel beter, hij stelt immers dat God welhaast geruisloos verdween uit Jorwerd. Maar is God er eigenlijk wel verdwenen? Mak stelt het Goddelijke in zijn boek parallel aan de Natuur en het besef dat mensen daarvan afhankelijk zijn. Wanneer de mens zich aan deze natuurlijke greep ontworstelt, komt God buiten beeld, ook al blijft men zitten met duivelse dilemma's van bedrijfsbeëindiging en de voortdurende tredmolen van maximalisatie. Dat moge in zekere zin juist zijn, maar daarmee verdwijnt God niet, zou ik zeggen. Hoe suggestief de titel van zijn prachtboek ook is, je kunt met gemak even onderbouwd beweren dat God, sinds hij het tot in de verste uithoeken van het platteland heeft moeten afleggen tegen de moderne verzorgingsstaat, in het alledaagse juist aanwezig is. Meer dan ooit, zo stelt Leo Oosterveen, zoeken mensen naar datgene wat de planning, het maakbare en het rationele overstijgt oftewel transcendeert.16

De notie van een verborgen God is Mak kennelijk vreemd; het gaat hem vooral om een alomtegenwoordige en wellicht ook almachtige Godheid – ook al zegt hij dat niet met zoveel woorden – in een heel legitiem abstract, niet-gepersonaliseerd natuurbeeld. Het niet-weten is daarbij een gelovige houding van de mens, die zijn vertrouwen in het hogere stelt. De mens is machteloos, volledig afhankelijk van zijn Schepper. Althans zo beschrijft Mak de Jorwerders, of zij dat zelf ook zo beleven is niet helemaal duidelijk, maar wordt wel gesuggereerd. Dat is in feite een arm, reducerend Godsbeeld, dat ontluisterend werkt wanneer die afhankelijkheid in de dagelijks werkelijkheid afneemt. Maar wie Gods hand in alles moet zien, ziet op een gegeven moment die hand nergens meer in, zo stelt de theoloog Bert Montsma treffend; 'Hij is met Zijn beeld verdwenen.'[17]

Op de Godsbeelden kom ik straks nog nader terug, hier gaat het erom te constateren dat God eerst en vooral anders is, de mens zoekt en daarbij sporen trekt in onze wereld. We zijn met een kwetsbare, lijdzame God hoopvol onderweg naar Zijn Rijk waar lijden en kwaad niet bestaan, een beweging die evenwel nog lang niet voltooid is. Pas wanneer dat gebeurt, kunnen we wellicht spreken van Gods Almacht, maar zover is het niet. Montsma stelt dat Mak in zijn historiserend epos zijn lezers laat zitten met de vraag hoe het nu verder moet met het geloof in God, waarbij hij niet onder stoelen of banken steekt dat het verdwijnen van God in Jorwerd en elders zijns inziens een slechte zaak is door – in navolging van Mak – te verwijzen naar het ontzielde gemeenschapsverband, eenzaamheid en heimwee.[18] Maar eigenlijk moet je stellen dat Mak over de God van de Jorwerders in feite niet zoveel zegt; het verdwijnen van God is immers zijn eigen diagnose. God is wellicht meer dan ooit verborgen aanwezig, zoals mogelijk blijkt uit de onverwoestbare hoop waarmee de Jorwerders zich door het leven slaan, een vertrouwen met dansende kinderen in hun pyjamaatjes of feestende dorpelingen dat Mak soms oprecht verbaast – alsof men niets lijkt te hebben geleerd van het verleden.

God en de duivel in het landschap
'Zo nu en dan brak de zon door over dit betoverde landschap,' zo stelt Geert Mak, waarbij hij in zijn persoonlijke perceptie aan deze natuur numineuze kwaliteiten toekent. Hoezeer 'natuur' voor de boeren in feite het door hen gecultiveerde landschap betreft, blijkt wel uit de negatieve waardering voor de creatie van 'nieuwe natuur' in de vorm van het omzetten van vruchtbare landbouwgrond in woeste bossen en zompige moerassen. 'Dit is geen natuur meer, dit is verwaarlozing,' stelden de Jorwerder boeren. Voor hen verdween God wellicht op deze manier impliciet uit het landschap. In hun cultuurdiagnose werd het ongerepte, natuurlijke landschap gezien als lelijk, woest en leeg. Het was de ordenende hand van God en Zijn rentmeester, de mens, die de natuur transformeerde tot een christelijk getuigenis. Mak haalt daarbij de ar-

chitectuurhistoricus Auke van der Woud aan, die stelt dat bloeiende akkers in de negentiende eeuw werden beschouwd als bewijzen van het bestaan van God. 'De woeste gronden waren daarentegen, zoals talloze oude volksverhalen steeds weer herhaalden, het domein van de duisternis, *onland*, de eenzame plaats waar moerasgassen, nevelsluiers, vuurvliegjes en andere verschijnselen zich maar al te licht als rusteloze, naar rust zoekende gestorvenen konden voordoen.'[19]

De beleving van het landschap, zoals dat in de jaren tachtig en vooral negentig op de onderzoeksagenda's kwam, houdt nauw verband met de specifieke culturele categorieën van groepen mensen in samenlevingen. Zo ontwikkelde de archeoloog Nico Roymans een model waarbij de prehistorische heilige locaties – zoals tempelcomplexen, offerplekken en begraafplaatsen langs rivieren, in wouden en bij moerassen – in de loop van de Middeleeuwen als gevolg van het kersteningsproces, waarbij de parochiekerk en de gewijde aarde van het kerkhof als sacraal centrum werd gezien, in een gediaboliseerde 'buitenwereld' kwamen te liggen. Hiermee werd een nieuwe fase in de culturele biografie van bijvoorbeeld de prehistorische urnenvelden gemarkeerd; een betekenisverandering waar allerlei opgetekende verhalen naar zouden verwijzen.[20] Onder meer geïnspireerd door het werk van de filosoof Ton Lemaire en het onderzoek van Barbara Bender naar bijvoorbeeld de uiteenlopende betekenisgevingen van een archeologisch monument als Stonehenge in Engeland, krijgen archeologen in toenemende mate belangstelling voor het *Nachleben* en het duiden van prehistorische relicten, zoals de hunebedden en grafheuvels in Nederland.[21]

In zijn onderzoek naar grafvelden uit de IJzertijd in het zogeheten mds-gebied – de regio die wordt omsloten door de rivieren Maas, Demer en Schelde – gebruikte Roymans bijvoorbeeld de in de negentiende en twintigste eeuw opgetekende 'volksverhalen' waarin het landschap werd geduid in veilige, christelijke en gevaarlijke, duivelse locaties. Deze laatste plekken, waartoe onder meer de veelal in de heide gelegen prehistorische grafheuvels werden gerekend, waren niet minder sacraal, zij het met geheel andere numineuze connotaties waarin katten, heksen, duivels, kabouters en alven figureren. Deze verhalen waren natuurlijk sinds lang bekend, en archeologen gebruikten ze ook wel als indicaties voor potentieel interessante vindplaatsen, zoals de 'kabouterberg' te Hoogeloon, waar zich een Romeinse villa met grafcomplex bleek te bevinden.[22] Maar het wereldbeeld dat achter deze verhalen school werd nauwelijks als archeologisch relevant beoordeeld, aangezien de vertellingen als anachronismen niet tot de directe opgravingscontext werden gerekend. In de opgetekende vertellingen wordt gewaarschuwd voor bepaalde plekken die gelegen zijn op de 'woeste' gronden, zoals heidevelden en moerassen. Ze zijn 's nachts het domein van dansende katten en nijvere kabouters.

Roymans benadrukt dat er in deze gediaboliseerde figuren allerlei numineuze gradaties schuilen. Worden dansende katten als vermommingen van heksen uiterst negatief en duivels beoordeeld, de alven zijn in de belevingswereld van de vertellers veeleer positieve aardgeesten, die men evenwel geen duimbreed in de weg moet leggen. Ook het heimelijk bespieden van hun werk op de boerderijen kan verschrikkelijke gevolgen hebben. Als heilige materie zijn dergelijke gestalten hoogst gevaarlijk en met taboes omgeven. Het klassieke verhaal over de verdwijning van de kabouters, die zouden wegtrekken aangezien hun koning Kyrie gestorven is, lijkt in symbolische zin te verwijzen naar de ontmythologisering van het landschap die gelijk opgaat met de ontginning van de woeste gronden vanaf het einde van de achttiende eeuw. In de onttoverde wereld van de twintigste eeuw leefde de herinnering aan deze mythische gestalten alleen nog voort in verhalen van oude mensen. De culturele categorieën volgens welke de direct waarneembare alsook de numineuze wereld werden geclassificeerd, dragen de sporen van het middeleeuwse kersteningsproces dat tijdens de vroegmoderne katholieke herleving nog eens werd herijkt in de dichotomie tussen profaan en sacraal. Anderzijds tonen ze dat de profane 'buitenwereld' niet volledig gedesacraliseerd was. Het christelijk diaboliseren van dit domein als woonplaats van gevaarlijke geesten, spoken en duivels, deed in de belevingswereld van het gelovige volk in feite niets af aan de numineuze noties waarmee die werkelijkheid doordrenkt was.

De ruimtelijke oriëntatie van heilige en duivelse plaatsen in het landschap verwijst naar de behoefte van mensen om de dingen in de wereld letterlijk een plaats te geven. De mens is dan ook wel omschreven als een 'topofiel' wezen, hetgeen enerzijds tot uitdrukking kan komen in 'topolatrie' (het vereren van plaatsen, waarover in hoofdstuk 6 meer) of in 'topofobie'.[23] Met deze laatste term bedoelen we de angst voor bepaalde plaatsen, zoals die tot uitdrukking komt in het taboeïseren van locaties – zowel in de fysieke als in de imaginaire werkelijkheid, die als niet minder reëel kon worden ervaren. Dat die taboes ook heel praktische functies hadden blijkt uit het wijdverspreide verbod aan kinderen om in het korenveld of nabij de put te spelen, waar afschuwelijke kinderschrik-gestalten zoals het 'nekkermanneke' of het 'korenwijf' hen te grazen konden nemen.[24] En wie christelijke taboes schond zonder vergeving van zonden was gedoemd tot de hel, de zeer lichamelijk voorgestelde en beleefde antiwereld van de zondaars waar de duivelen het voor het zeggen hadden.

Beelden van God en duivel

Het initiaal van de letter H uit een vroeg dertiende-eeuws manuscript uit Beaune toont boven de dwarsbalk een afbeelding van God. De wijze van voorstellen benadrukt de transcendentie en oneindige invloed van God, waar alle macht en rechtvaardigheid van is afgeleid. François Garnier, die een soort grammatica van het beeld in de Middeleeuwen heeft opgesteld, ziet in deze wijze van voorstellen de betekenis van God voor de middeleeuwse mens gerepresenteerd. De majestueuze Godheid is groter dan de andere personages afgebeeld en bovenaan geplaatst, waarbij de dwarsbalk van de letter H de afscheiding vormt met de lager geplaatste paus (bisschop) en vorst. De paus vertegenwoordigt in dit initiaal het goddelijk recht, de koning het wereldlijke recht. Maar ook in het onderste gedeelte van het initiaal is er sprake van statusverschillen: zo is de paus frontaal weergegeven, terwijl de vorst schuin opzij kijkt. Voorts is de paus ter rechter- en de vorst ter linkerzijde van God geplaatst. Uit deze subtiele dispositie blijken de machtsrelaties in de toenmalige hiërarchische samenleving, waarbij de paus wat dichter bij god stond dan de keizer; een kwestie die in de leer van de twee zwaarden (de kerkelijke en wereldlijke macht), die elkaar tijdens de investituurstrijd kruisten, uitgebreid werd beargumenteerd.[25]

God is hier als wijze oude, bebaarde man 'eerbiedwaardig in den hoge' afgebeeld, een antropomorfe beeldtraditie die tot voor kort als dominante Godsvoorstelling gold. Vanuit de feministische theologie is hierop terecht goed beargumenteerde kritiek geleverd. Die betreft enerzijds natuurlijk de exclusief mannelijke representatie, maar anderzijds ook het streven naar niet-lichamelijke, abstracte voorstellingen van God. Bepleit wordt een relativering van mannelijke beelden ten gunste van vrouwelijke, zonder te vervallen in een 'travestie van de patriarchale God', zoals Maaike de Haardt stelt. Het is veeleer een veelheid aan beelden waar behoefte aan is, die ontleend dient te zijn aan de werkelijkheid van pluriforme mensenlevens.[26]

Het was de theologe Mary Daly die in de jaren zeventig radicaal heeft gewezen op de relatie tussen de macht van een autoritaire Vader-God en aardse 'vaders' als machthebbers, waarbij het mannelijke tot God werd verklaard. Deze seksespecifieke benadering maakte duidelijk dat zo'n androcentrisch Godsbeeld de positie van vrouwen onmogelijk recht kon doen; het was immers een religieuze sanctionering van de ondergeschikte positie van vrouwen in maatschappelijk en politiek opzicht. Daarnaast ontneemt het vrouwen de mogelijkheid om henzelf en hun lichaam te zien als geschapen naar het beeld van God.[27] Dit speelt nog sterker bij Godsbeelden die de nadruk leggen op het onzichtbare, niet-lichamelijke en immateriële. Daarmee wordt het Goddelijke volgens Marianne Merkx niet alleen te beperkt opgevat, het is tevens een opvatting van transcendentie die het heilige van het lichaam en het lichamelijke van het heilige niet respecteert.[28]

Godsbeelden als stukwerk
Manuela Kalsky geeft een goed beeld van het traject dat bij deze transformatie van God de Vader binnen de theologie is afgelegd, variërend van onderzoekers die uitkwamen bij een niet-bijbelse Godin tot het hanteren van vrouwelijke metaforen (moeder, geliefde, vriendin). Binnen de bijbelse traditie wordt gewezen op de wijsheidsliteratuur (het boek Spreuken) waar wordt gesproken van de Sophia-God: een vrouwelijk Godsbeeld dat het Goddelijk mysterie niet tot een mannelijke voorstelling reduceert. Elisabeth Schüssler Fiorenza kiest daarbij, om het onuitsprekelijke van de Godsnaam te beklemtonen, voor de aanduiding G*d.[29] Ook De Haardt, die de titel van haar inspirerende oratie ontleende aan het boek Spreuken, voelt zich sterk aangesproken tot de gepersonifieerde aanwezigheid Gods in Vrouwe Wijsheid. Interessant daarbij is dat de klassieke scheiding tussen profaan en sacraal in het licht van dit bijbelboek niet opgaat, waarin immers alledaagse ervaringen in een religieus kader worden geplaatst. 'De metaforische vrouwelijke verbeelding van de aanwezigheid van God in de wereld is direct en concreet: zij bouwt een huis, zij slacht het vee, maakt de wijn, bereidt de maaltijd en nodigt allen uit om daaraan mee te doen: díe uitnodiging aannemen is inzicht verwerven, is leven.'[30]

Maar met een simpele geslachtsverandering van het Goddelijke zijn we er niet, en dat wordt ook geenszins door de hierboven aangehaalde auteurs beweerd. God kan nooit vastgelegd of geobjectiveerd worden in beelden, dogma's en religieuze handelingen, zo stelt Leo Oosterveen. 'Godsbeelden zijn stukwerk, ze moeten voortdurend opgeruimd en vervangen worden.' Hierbij haalt hij meester Eckhart aan, die pleit voor het telkens afstand doen van onvolmaakte Godsbeelden om uiteindelijk de verborgen God te kunnen ontdekken die ten diepste deel uitmaakt van alle momenten van ons bestaan. De radicaliteit van zijn denken wordt eens te meer duidelijk als we beseffen dat hij deze gedachten formuleerde in dezelfde tijd als het initiaal werd getekend waarmee deze paragraaf opende. De moeilijkheid is evenwel om het Goddelijke in het alledaagse te kunnen beleven als zijnde immers doorgaans nauwelijks herkenbaar.[31]

Het Allard Piersonmuseum in Amsterdam nodigde in het kader van de tentoonstelling 'Grote Goden' in 1999 bezoekers uit om hun beeld van 'een' God te tekenen of te beschrijven. Zo'n vierhonderd personen, veelal schoolkinderen, gaven hieraan gevolg, hetgeen resulteerde in een enorme verscheidenheid. Herman Vuijsje maakte een scherpzinnige analyse van deze oogst voor NRC Handelsblad. Hij constateert dat God de Vader in de belevingswereld van scholieren nagenoeg is verdwenen. De invloed van de tentoongestelde beelden uit de Egyptische, Griekse en Romeinse mythologieën was, gezien de context van het project, vanzelfsprekend duidelijk aanwezig, waarbij de meeste inzenders bij 'een God' doorgaans aan een menselijke gestalte dachten. Het aantal voorstellingen van de klassieke God de Vader was zeer klein en bedroeg hooguit zo'n vijftien stuks, inclusief de vrouwelijke of geslachtsloze representaties. Hierbij gaat het dan om voorstellingen van een (meestal bebaarde) gestalte, staand of zwevend tussen de wolken, voorzien van een kroon of stralenkrans.[32]

In de brieven wordt God meestal met 'U' aangesproken. Vuijsje veronderstelt dat dit niet zozeer uit eerbied geschiedt, maar omdat God erg oud is. Ontroerend is de ontboezeming van een meisje dat schrijft 'Liefe Zeus, kom is in me dromen.' De God der Wrake van het Oude Testament ontbreekt nagenoeg geheel; wanneer er met bliksemschichten wordt geworpen, betreft het steeds goden uit de niet-christelijke mythologie. In zijn nadagen is hij echt de Lieve Heer geworden, zo schrijft Vuijsje, 'een vriendelijk personage met hartjes op zijn bloes'. Opmerkelijk is dat de tekenaars die God weergaven als een niet-gepersonifieerde of abstracte kracht het meest serieus gevolg hebben gegeven aan de opdracht; bij hen geen spoor van spot of agressie. Het oog dat een meisje tekende lijkt onmiskenbaar te verwijzen naar het klassieke 'God ziet mij' uit de christelijke iconografie, maar krijgt door het onderschrift een heel andere, spirituele betekenis: 'Wanneer je diep in de ogen van iemand anders kijkt kan je God zien; iedereen heeft God in zich; alleen sommigen kijken niet diep genoeg...' Het lijkt een oorspronkelijke verwoording van Emmanuel Levinas' kerngedachte. Een ander tekende een 'kiezelsteen god' of, nog alledaagser, God als 'een boterham met grillworst'.[33]

Het geloof in een onbestemde 'hogere macht', een vaag transcendentiegeloof zoals Vuijsje dat aanduidt, blijkt bij zowel kerkelijke als niet-kerkelijke Nederlanders sterk opgang te maken. Dit impliceert beelden van God als de 'bezielde natuur' of als iets dat diep in de mens is verankerd in plaats van een externe almacht, bijvoorbeeld gesymboliseerd in een stip met daarbij als toelichting: 'De stip is de liefde in je. Dat is God.' Een tekening waarbij natuurmystiek een rol speelt betreft de voorstelling van God als een wolk met een sekseneutraal, vriendelijk gezicht. Gods aangezicht is er letterlijk in nevelen gehuld; ieder moet zich daar maar een eigen voorstelling van maken, stelt Vuijsje, die de voorstelling beschouwt als een moderne icoon: 'vaag en abstract, vooral niet voorgeschreven – zo moet een eigentijds godsbeeld zijn'. De voorstelling heeft iets menselijks, is raadselachtig en onvoorspelbaar zonder angstaanjagend te zijn en roept een vreemd gevoel van onvergankelijkheid op.[34]

Opvallend is het grote aantal tekeningen met daarop goden als 'toffe, lollige, rare of zielige figuren', soms zelfs als 'lekker stuk'. Ze werden niet zelden naakt afgebeeld met nadrukkelijke geslachtskenmerken en sommige godheden roken zelfs een flinke geestverruimende joint. Vuijsje constateerde bij bijna een kwart van de voorstellingen een badinerende, ironische of soms ronduit vijandige inslag. Naast de gebruikelijke scholieren-meligheid is er grimmige kritiek, variërend van een 'Holy shit god' tot een God die de wereld demonstratief 'de vinger geeft'. Een scholier tekende een afschrikwekkende 'God van NIKS' met een rode kreeftenschaar als klauw en zwaaiend met een vervaarlijk kromzwaard in de rechterhand. Een ander dierlijk kenmerk in deze voorstelling is de lange drakenstaart, beeldelementen die – zoals we hieronder zullen zien – thuishoren in de iconografie van de duivel. In de toelichtingen bij dergelijke tekeningen is het actuele Nederlandse repertoire aan verwensingen goed vertegenwoordigd: 'Kankergod', 'Vieze teringlijer die zichzelf god noemt', 'Val dood', 'Vieze flikker', 'Rot op, lul' of: 'Hoi. Doei.

Rot op. Klotegod'.[35] God doet er ook bij deze scholieren kennelijk toe, al is het niet in positieve zin. De beelden en uitdrukkingen lijken veeleer te verwijzen naar een anti-God, die in de christelijke traditie meestal wordt aangeduid als de gevallen engel.

De vorst der duisternis

Het kwaad in de wereld is belichaamd in de bijbelse Satan, een angst-aanjagende figuur die tezamen met de andere gevallen engelen, zijn 'trawanten', de vijand vormt van het Godsrijk. Als tegenstander van het heil misleidt hij de mensen en ontfermt zich over de zondaars in de hel. Het Nederlandse woord 'duivel' vormt de weergave van het Griekse διάβολοξ, hetgeen de vertling is van het Hebreeuwse 'satan' in de bete-kenis van de tegenstander, vijand of aanklager die de relaties tussen God en de mensen tracht te verstoren. In het Nieuwe Testament wordt Satan niet slechts als aanduiding gebruikt, maar is het een zelfstandige eigen-naam voor de duivel geworden.[36]

In veel Nederlandse plaatsen, religieuze genootschappen en feminis-tische bewegingen ontstond begin 1992 opschudding over een reclame-campagne van een Belgische drukker waarbij langs de openbare weg op *billboards* levensgroot een blote vrouw die een appel uit een boom plukt, werd getoond. Bij de op de rug afgebeelde dame, die nadrukkelijk naar de voor de duivelse slang zwichtende Eva in het paradijs verwijst, stond voorts de tekst 'Waar laat de duivel het drukken'. Diverse plaatselijke overheden besloten om de affiches te verwijderen, aangezien de beeld-boodschap als schokkend werd ervaren door bijvoorbeeld protestants-christelijke kerkelijke gemeenten. Voor wie de zondeval een kernbegrip is in het gelovig denken zal deze reclame stellig aanstoot hebben gege-ven. Daarnaast zal ook de naaktheid van de paradijselijke onschuld voor de nodige wrevel gezorgd hebben. Behalve de afbeelding werkte ook de spottende tekst op de gelovige gemoederen. Zo diende de Bond tegen het Vloeken een aanklacht tegen het affiche in, die door de Reclame Code Commissie werd gehonoreerd. De speelse uitbeelding van de zondeval kon niet door de beugel aangezien ze in strijd werd geacht met goede smaak en fatsoen en tevens nodeloos kwetsend van aard was. Volgens de antivloekbond werd het hoog tijd om de reclamewereld eens te laten er-varen dat men de godsdienstige gevoelens van mensen niet zomaar straf-feloos kan passeren. De voorstelling verwijst daarbij naar de oermythe dat in elke vrouw een Eva, een potentiële verleidster, schuilt. Wie dit badinerend denkt af te doen met de opmerking dat 'het toch maar beelden' zijn, is zich – zo stelt Manuela Kalsky – onvoldoende bewust van de psychologische invloed die dergelijke beelden uitoefenen.[37]

Omstreeks dezelfde tijd veroorzaakte het Italiaanse modehuis Benetton de nodige ophef door reclameborden te plaatsen met daarop de afbeelding van een blank meisje en een zwart jongetje, waarbij het kapsel van de laatste een duidelijke reminiscentie bevatte aan de welbekende duivelshoorntjes, zodat tevens de aloude associatie van zwartheid met duivels kwaad werd benadrukt. Ook dit affiche veroorzaakte, overigens geheel volgens de bedoelingen van de firma, veel commentaar en dus *free publicity* in de nieuwsmedia. Deze publieke beeldboodschappen maken duidelijk hoezeer cultureel bepaalde beeldtaboes de receptie van voorstellingen in groepscircuits kunnen beïnvloeden.[38] Zo demonstratief als de duivel in de hedendaagse cultuur soms wordt weergegeven – waarbij de geïntendeerde provocatie erop wijst dat hij als mentale categorie nog volop aanwezig is – zo geniepig verschool hij zich in vroeger tijden.

De duivel lag in de pre-industriële voorstellingswereld als een externe, fysieke gestalte voortdurend op de loer om de mens te belagen tijdens zijn alledaagse, liefst godsdienstige bezigheden. Met ragfijn spel probeert hij de mens te verleiden, en als dat niet lukt zet deze 'mensenvijand' zonder schroom zwaar geschut in om zijn doel te bereiken. Maar heel vaak ook wordt hij voorgesteld als een uilskuiken dat hooguit door de zwakheid van de mensen bestaansrecht heeft en niet zelden op humoristische wijze tandenknarsend het veld moet ruimen. In een laatzestiende-eeuwse katholieke godsdienstinstructie, die onder de titel *Den Dobbelen Zielentroost* tot in de vroege negentiende eeuw herdrukt zou worden, is een exempel opgenomen waarin de duivel op een dergelijke wijze figureert. 'Het was eenen H. Bisschop die de misse zong, en den Diaken die zag den Duivel in een Venster zitten, en schreef eenen Brief van alle lieden die in de Kerk klapten. Toen den Brief vol was, wilde hij hem met zijn tanden wat uittrekken, toen scheurde hij den Brief en stiet zijn hoofd boven aan de venster; toen begon den Diaken te lagchen. Den Bisschop dit ziende, strafte hem, en vraagde waarom dat hij lagden? Hij zeide wat hij gezien had, en waar den Duivel zat. Toen bezwoer hij den Duivel, dat hij hem zeggen zoude, wat hij schreef. Hij zeide: ik schrijve al de onnutte woorden die de lieden in de Kerk spreken. Hierom zult gij in de Kerk niet klappen.'[39] Dit verhaal, een van de vele waarmee het derde gebod 'Sprekende van God te dienen op Zondagen en Heiligdagen' werd geadstrueerd, toont de duivel als een lachwekkende onderkruiper die volledig in de macht van de kerk is. Dit strookt geheel met de didactische strekking van dit 'volksboekje', waarin de kracht van de katholieke rituelen keer op keer aangetoond wordt. De macht om demonen te exorciseren was tijdens het vroegmoderne kersteningsproces immers succesvol gemonopoliseerd; inbreuken daarop werden streng bestraft.

Zoals God als vanzelf aanwezig was in het dagelijks leven, zo gold dat ook voor de antichrist. Leggen we tegenwoordig veeleer de nadruk op de mysterieuze verborgenheid van God, in de pre-industriële samenleving was de notie van de verhulde nabijheid van de duivel heel algemeen. Het was niet God maar de duivel die een spel met de mensen speelde, soms zelfs letterlijk. Als iemand zich achter vele maskers verschuilt, dan is het immers wel de duivel. Keurig in het pak zit hij met een 'pokerface' aan de kaarttafel in de kerstnacht en verleidt zijn medespelers tot misverzuim, zoals we in de vele door folkloristen opgetekende sagen kunnen lezen. Pas wanneer een der spelers een per ongeluk op de grond gevallen kaart wil oprapen wordt men zijn ware aard gewaar: de vreemdeling blijkt paardenhoeven of bokkenpoten te hebben. De kaarters hebben tot hun ontzetting de meest heilige nacht van het jaar doorgebracht met de duivel.[40]

Deze manifesteert zich in de beeldcultuur veelal als dier of personage met beestachtige trekken.[41] Het betreft daarbij het onkruid van de fauna zoals slangen, draken of vleermuizen. Monsterlijke misvormdheid, die volgens toenmalige opvattingen reeds van een afstand op morele defecten zou duiden, vormt een vast kenmerk van duivelse verschijningsvormen. Zo kan hij met een vertrokken gezicht grijnzen, woest kijken uit vurige ogen zo groot als schotels en ontbeert hij menselijke gezichtskenmerken zoals wenkbrauwen of neusvleugels. Als gevallen engel is hij mismaakt. De vleugels zijn akelige vlerken en als gevolg van zijn val loopt hij soms mank. Zijn dierlijke voorkomen wordt versterkt door de aanwezigheid van hoorns op het hoofd en een vervaarlijke staart. Voorts is hij uitgerust met paardenpoten of, wat meer gebruikelijk is, gespleten hoeven zoals bokkenpoten. In plaats van een gladde, lichte huid heeft hij schubben of een harige zwarte pels. De zwartheid van de duivel verwijst, behalve naar zijn fundamentele gebrek aan goedheid, naar het domein waar hij met zijn klauwpoten de scepter zwaait. In de hel, waar men het hemelse licht moet ontberen, is hij – de vorst der duisternis is altijd mannelijk – heer en meester. Volgens de zestiende-eeuwse Leuvense theoloog Joannes Molanus die een invloedrijk werk over de contrareformatorische beeldcultuur schreef, symboliseren de horens van Satan zijn macht en heerschappij over de zonen der hoogmoed. Zijn staart duidt op bedrog, terwijl zijn klauwen op roofzucht wijzen. Het vuur uit zijn muil en de walm uit zijn neus benadrukken zijn helse karakter.[42]

De duivel kan zich in beginsel voordoen als elk dier of als wezen met dierlijke trekken, behalve als lam, ezel of os, aangezien deze in de Bijbel rechtstreeks geassocieerd zijn met Christus. De voorkeur voor het dier als duivelsvorm hangt, naar het zich laat aanzien, samen met het gegeven dat de mythologische heidense godheden veelal nauw verbonden waren met bepaalde dieren. In het proces van christelijke diabolisering van deze goden kreeg een deel van de klassieke fauna duivelse trekken. Met name Pan, de Griekse god van de bergen, de weiden en het landleven, was dit lot in iconografische zin beschoren. Aangezien hij de Atheners in de slag bij Marathon had geholpen, kreeg hij als herdersgod een eigen cultusplaats. Pan wordt voorgesteld met een menselijk lichaam, zij het dat hij de poten en de kop van een bok heeft. Daarbij behoren een sik, hoorns en een staart. Zijn meest kenmerkende attribuut was evenwel de syrinx oftewel panfluit. De niet-christelijke aard van de duivel blijkt, afgezien van zijn voorkomen, uit de voorkeur voor heidense cultusplaatsen die als het ware heilig voor hem zijn. Zo vestigt hij zich graag in heidense tempels die door christenen worden vernietigd. Wijdt men deze daarentegen juist aan Christus toe, dan voelt de Boze zich er niet meer thuis. Zijn eigenlijke habitat moeten we dan ook plaatsen in de onherbergzame, wilde natuur of diep onder de aarde in het helse vuur. Deze oorden staan in schril contrast tot de harmonie van het paradijs en de zaligheid van de hemelse stad Jeruzalem.

De sacrale topografie van hemel en hel
Het 'nieuwe Jeruzalem' oftewel 'de brede en de smalle weg' is een klassiek thema in de christelijke iconografie, dat voortborduurt op zowel bijbelpassages als teksten uit de Griekse en Romeinse Oudheid. De smalle weg vol ontberingen is het pad der deugd dat uiteindelijk in de hemel (het nieuwe Jeruzalem) aankomt. De brede weg is die van het vermaak en het ijdele wereldse plezier: een boulevard gestoffeerd met herbergen, vrouwen – ziehier de misogyne traditie – en muzikanten. Deze weg voert rechtstreeks naar de hel; het macabere eindpunt van de licht-

zinnige route. De grondgedachte van deze iconografie is gelegen in de opvatting dat het leven in feite een reis of pelgrimsvaart is, die geacht wordt uiteindelijk te leiden naar de zaligheid.[43]

Kenmerkend voor de oude, katholieke voorstellingen van de brede en de smalle weg is de horizontale weergave. Aan de voet van de prent zien we fraai uitgedoste paren, onder begeleiding van muzikanten, door een brede poort rechtstreeks de hel in dansen waar duivels hen met stookgaffels in het vuur werpen. Daarboven loopt een minder breed pad dat naar de hemel lijkt te voeren. De vele onwaarachtigen, die naar het uiterlijk deugdzaam zijn, edoch veel op hun kerfstok hebben, bewandelen statig deze weg, die echter in het zicht van de haven een fatale wending richting hel maakt, waarin zij, voortgeholpen door de figuur van de eeuwige dood met zijn zeis, zonder pardon worden neergehaald. De weinigen, al dan niet uitgedost als pelgrims, die het bovenste pad met de smalle poort waarop de gekruisigde Christus prijkt hebben gekozen (in feite dus de derde weg) worden opgevangen door de heilige Drievuldigheid en toegelaten tot de stevig ommuurde hemelse stad. Aldaar klinkt het bazuingeschal der engelen en bloeit de boom des levens.

De voorstelling die in Nederland de meeste bekendheid heeft gekregen is uitgevoerd in een kleurensteendruk met een verticale compositie. Deze voorstelling vond vooral verspreiding onder protestantse huishoudens waar de prent een didactisch-moralistische vermaning vormde. Vanwege de gedetailleerde en verzorgde uitvoering heeft men er ongetwijfeld kijkplezier aan beleefd. Deze versie van de brede en de smalle weg was in 1866 ontworpen door Charlotte Reihlen, een welgestelde lutherse vrouw uit Stuttgart (Württemberg). Aldaar overheerste het piëtisme, waarin niet de geformuleerde geloofsbelijdenis, maar de persoonlijke geloofservaring voorop staat. Vanuit het standpunt dat beleven méér is dan belijden, wordt via het twee-wegenmotief getoond voor welke keuzen de individuele mens in zijn of haar leven komt te staan.

Reihlen kende de traditionele katholieke voorstellingen van de brede en de smalle weg, maar vond ze te grof en vulgair – zowel wat betreft uitvoering als beeldboodschap. Toen zij in 1860 weer eens een dergelijke prent in handen kreeg, ontstond bij haar het idee om een betere uitvoering van de prent, min of meer gebaseerd op haar eigen levensloop, te laten vervaardigen. De ontwerpster wilde de nadruk leggen op de kansen die God de mensen biedt, zonder zwaarmoedig te zuchten over de moeilijkheden en onmogelijkheden van het leven. De prent moest een hoopvolle uitstraling hebben, die aantoonde dat mensen op hun schreden konden terugkeren. Vandaar dat er op verschillende momenten in de brede levensweg bruggen geslagen zijn naar het smalle pad; een essentiële iconografische innovatie. Het meest opvallend, vergeleken met de oude katholieke volksprenten, zijn de bijbelteksten met centraal op de voorgrond de stenen tafelen van Mozes met de Tien Geboden. Tevens werd de afschrikwekkend prominent op de voorgrond staande hellemuil getransformeerd in een vulkanische berg op de achtergrond.

Een wegwijzer markeert de splitsing, die rechts door een klein poortje voert naar 'Leven en zaligheid' en links royaal toegang geeft tot 'Dood en verdoemenis' met een ruime poort waarop met grote letters uitnodigend 'Welkom' staat, geflankeerd door heidense beelden van Venus en Bacchus. De brede weg kent vele attracties die aan weerszijden staan opgesteld, zoals het logement 'Wereldzin' met balzaal, dranktent en 'zondagsontheiliging', de schouwburg alsmede een speelbank, sociëteit en loterij. Onderweg wordt gevochten, geroofd en verleid. Opmerkelijk is de scène waarin een trekdier wordt mishandeld: een vroeg protestsignaal tegen dierenmishandeling. Op de helling van de vulkaan op de achtergrond tuft, onder de rookpluimen van het helse vuur met bliksemschichten en duiveltjes, de 'zondagstrein'. De hel duidt hier op het ultieme lot van de waarlijk onverbeterlijke zondaar, die op zijn levenspad al zijn kansen heeft vergooid.

Uit zowel deze sacrale topografie als dierlijke iconografie blijkt dat de duivel steeds gemarkeerd wordt in termen van de ultieme ander, zoals – in het licht van de cultuurgeschiedenis ironisch genoeg – het Goddelijke tegenwoordig graag wordt aangeduid. Satan is letterlijk een tegenbeeld waarin alle elementen tezamen het eenduidige signaal van de duivel als anomalie uitzenden. Het betreft hier structurele opposities zoals wildheid versus beschaving, mens versus dier, goed versus kwaad, christelijk versus heidens, hemel versus hel, God versus duivel, deugd versus ondeugd, Christus versus antichrist, wit versus zwart, mooi versus lelijk, welriekend versus stinkend, bidden versus vloeken, lammeren contra bokken. Het is opmerkelijk dat we veel van dergelijke, blijkbaar typisch westerse culturele en/of christelijke categorieën aantreffen in vertogen over de ander, die gekenmerkt worden door een koloniaal etnocentrisme. Zo schreef paus Leo XIII in 1889 ter opwekking van de in Afrika missionerende Paters van Scheut: 'U kent, mijn zonen, ons vurig verlangen dat de wilde volkeren van Afrika de duisternis van de dwaling verlaten voor het schitterende licht van het Evangelie, en dat zij hun ruwe gewoonten ruilen voor beleefdheid en christelijke beschaving. Deze verandering zal tot gevolg hebben dat deze stammen, die verlaagd zijn tot het dierlijke niveau, onttrokken worden aan de wet van hun grillen, en dat zij van de slavernij van het verderf gebracht worden tot de glorievolle vrijheid van de kinderen van God.' Zelfs zonder de duivel hier met name te noemen wordt uit de antithetische structuur van deze retorische passage de betekenis van de inheemse Afrikanen als heidense, dierlijke, onbeschaafde, wilde wezens die gekluisterd zijn aan de duisternis van de verderfelijke Satan duidelijk.[44]

Helderheid over de positie van 'de ander' markeert tevens haarfijn de eigen positie. Het beeld van de ander is dan ook telkens tevens een vertoog over het zelf. Het is, zoals Vandenbroeck het noemt, een vorm van negatieve zelfdefiniëring: door systematisch te tonen hoe het niet moet, bevestig je de gewenste orde, in dit geval de christelijke samenleving. Vandaar het vele gebruik van inversies die de grenzen tussen de verschillende categorieën duidelijk afbakenen. De omkering werd gebruikt als een veelal komische maar daarom niet minder serieuze, vermaning hoe het niet hoorde; inversie en morele afkeuring vloeien hier samen.[45]

De geschiedenis van hemel en hel weerspiegelt bij wijze van *Jenseitsgeographie* deze morele tegenstellingen die wortelen in menselijke verlangens en angsten.[46] In hedendaags Nederland is het geloof in de hel een aflopende zaak, zelfs onder trouwe kerkgangers, die evenwel onverminderd blijven vertrouwen op de hemelse zaligheid. Nog maar zo'n vijftien procent van de Nederlanders gelooft in een oord waar men bestraft wordt voor zonden. De katholieke kerk heeft in 1999 bij monde van de paus zelfs officieel verklaard dat de hel niet dient te worden opgevat als een locatie maar als een zielstoestand. Deze omslag is opmerkelijk als we bedenken dat nog tot diep in de jaren vijftig de catechetische instructies voor de eerste communie voorzien waren van kleurige illustraties van de hel als eeuwig strafkamp. Zelfs bijna de helft van de achterban van de Evangelische Omroep gelooft thans dat Gods liefde dermate groot is dat hij geen ziel verloren laat gaan. Het Laatste Oordeel wordt niet meer gezien – beleefd zou je haast schrijven – als een individuele afweging van goed en kwaad, maar als een barmhartig over het hart strijken van de Godheid: schuld en boete lijken er te wijken voor verzoening en genade. Ieder mens gaat naar de hemel, dat is wat de katholieke kerk in de praktijk thans leert. 'Er wordt als het ware wel proces-verbaal opgemaakt, maar als puntje bij paaltje komt, wordt het genadiglijk verscheurd.' Het christendom is met andere woorden in ongekend tempo vervrolijkt, zo stelt Herman Vuijsje, 'van een godsdienst waarin het lijden centraal stond, ja verheerlijkt werd, ontwikkelt het zich tot een geloof in leuke dingen voor de mensen'.[47]

Roepende zonden

Voorstellingen van de duivel konden als zo bedreigend ervaren worden dat ze werden gecensureerd door bijvoorbeeld het gezicht van de demon te elimineren. Ook hier geldt het in het eerste hoofdstuk aangehaalde metoniem dat het portret staat voor de persoon. Het betreft vormen van beeldmagie, waaraan de veronderstelling ten grondslag ligt dat door het afbeelden en tonen van de figuur ook diens aanwezigheid wordt opgeroepen. De afbeelding wordt geacht aldus een immanente magische kracht te bezitten die bezworen kan worden door de figuur onherkenbaar te maken, bijvoorbeeld door het gelaat te maskeren of te verwijderen.[48] Een dergelijk handelingspatroon treffen we bij wijze van woordmagie ook aan in het taalgebruik, immers: 'als men van den duivel spreekt, is hij nabij' of 'trapt men op zijn staart'. Vandaar dat er zo vele alternatieve benamingen voor de duivel in zwang zijn; door hem met een pseudoniem aan te duiden vermijdt men het noemen van zijn naam, waardoor hij niet daadwerkelijk aan- of opgeroepen wordt. Zo spreekt men ook wel van 'droeskop', 'nikker', 'Heyntje-Pek', 'derde maet', 'vijand', 'booze' of 'zwarte steertgezel'. Daarbij komt dat het geven van spotnamen tevens een vorm van beheersing impliceert; door de duivel op deze wijze te ridiculiseren kon men ongestraft zijn duivelsangst bezweren. Een soortgelijk mechanisme zien we bij het fenomeen van de bastaardvloek, waarbij de aanroeping van God behendig wordt verdraaid en magisch wordt geneutraliseerd.

In het vroegmoderne kersteningsoffensief wordt voor de zuivering van de taal een grote plaats ingeruimd, hetgeen tot uiting komt in de repressie van het vloeken en zweren binnen christelijke gemeenschappen, met alle confessionele nuances van dien. Het lasteren en blasfemeren van een individu was niet onschuldig, het werd beschouwd als een concrete bedreiging van de collectieve *Christianitas*. De Godslasteraar riep niet alleen welbewust het onheil over zichzelf, maar ook over de groep af. Zowel kerk als overheid hebben in de loop van de geschiedenis, met een beroep op de Tien Geboden, vloekers en godslasteraars bestreden. Zij werden gezien als een ondermijning van het algemeen welzijn daar zij door hun gedrag de toorn van God over de gemeenschap afriepen. Het tweede gebod van de Decaloog veroordeelt immers het lichtvaardig gebruik van Gods naam: 'Gij zult de naam van Jahwe uw God niet misbruiken, want Jahwe laat hen die zijn naam misbruiken niet ongestraft'.⁴⁹ De diep gewortelde vrees voor de wraak Gods zette de christelijke kerkgenootschappen en overheden aan tot bestrijding en uitroeiing van de godslasteringen door het uitvaardigen van wetten en verordeningen met bijbehorende sancties op overtreding. Het waren kortom 'roepende zonden' waarbij niet gedoeld wordt op het verbale karakter ervan, maar op de Goddelijke straffen die dergelijke zonden over de mensheid verondersteld werden af te roepen.

Het noemen van de Naam
In kerkelijke handboeken wordt uitvoerig gehandeld over godslasteringen en de sancties die daarop dienen te worden geheven. Niet alleen het rechtstreeks beledigen en onteren van Gods naam, ook meer indirecte handelingen, zoals het bespotten van heiligen of sacramenten of het vernielen van gewijde goederen, worden – althans in het katholicisme – beschouwd als blasfemie. De echte, weloverwogen godslastering is een van de zwaarste zonden die een christen kan begaan. Ook al verleent het besef waarlijk de hemel te tarten het vloeken veelal zijn bekoring, doorgaans is de godslasteraar zich niet bewust van de volle draagwijdte van zijn woorden: vaak kent hij de betekenis van de vloekwoorden niet. Maar zelfs als sommige vloeken alleen als krachtterm worden gebezigd, blijven het in de ogen van theologen onbetamelijke uitdrukkingen die geweerd moeten worden aangezien de naam van de Schepper er oneerbiedig in wordt gebruikt. Met name katholieke moraaltheologen hebben zich de afgelopen eeuwen het hoofd gebroken over het vloeken en lasteren van Gods heilige naam. Vooral het vraagstuk of de uitdrukking 'godverdomme' een godslastering dan wel een (zelf)verwensing was, hield de gemoederen in bepaalde klerikale kringen gedurende de achttiende en vooral negentiende eeuw bezig. De absolute veroordeling van het vloeken werd door de katholieke kerkelijke overheden officieel pas in het begin van de twintigste eeuw enigszins gerelativeerd door dit taalgebruik, gesteld dat er geen sprake van bewuste intentie tot blasfemie was, te beschouwen als een 'dagelijkse' zonde, waarmee men zijn of

haar zielenheil niet rechtstreeks in de waagschaal stelde.[50]

De angst voor het ijdel gebruik van de naam van het Opperwezen hangt samen met de veronderstelde magische kracht van woorden en namen. In de orale cultuur van de pre-industriële samenleving bezat het gesproken woord een veel grotere potentie dan in onze tijd, waarin de gesproken taal voornamelijk een informatieve en expressieve functie heeft. In het magisch wereldbeeld wordt de mens in staat geacht door bepaalde handelingen, zoals het spreken, invloed uit te oefenen op krachten en machten die hem of haar in de natuur omgeven. In een dergelijke mentaliteit is de naam een wezenlijk onderdeel van de persoon; wat geen naam heeft, bestaat niet. Door het noemen van de naam raakt men het wezen. De naam is kortom zeer nauw met de drager verbonden: waar de naam genoemd wordt, daar is ook het wezen; wat er met de naam gebeurt, zal ook met de eigenaar ervan geschieden. Wie de naam van een persoon kent heeft dus een essentieel onderdeel van de genoemde in zijn macht. In dat opzicht verschilt de naam niet van sommige fysieke onderdelen van de mens, zoals nagels, haren, bloed en zweet, waarin de ziel van de persoon aanwezig wordt geacht. Dit zijn dan ook de klassieke ingrediënten voor bezweringsformules en toverhandelingen. De magische betekenis van de naam, die ook aan officiële liturgieën niet vreemd is, verklaart ook het gebruik in sommige culturen om elkaar met de bij- of spotnaam aan te spreken.

Het zorgvuldige en juiste gebruik van heilige namen daarentegen wordt beschouwd als heilbrengend. Werkzaamheden waarbij de Goddelijke zegen noodzakelijk werd geacht, zoals het inzaaien van akkers, begon men letterlijk 'in de naam van God'. Gebed en zegen, vloek en onheil liggen dicht bij elkaar. De naam van het Opperwezen is heilig. Aangezien onjuist of onvoorzichtig gebruik van heilige zaken gevaarlijk is, vormt het noemen van de naam van God een riskante zaak. Er worden krachten opgeroepen die men niet kan beheersen en waarvan effect en draagwijdte niet te overzien zijn. Vandaar dat het noemen van Gods naam zoveel mogelijk vermeden diende te worden. In veel archaïsche samenlevingen rustte er een taboe op. Vaak werd de godheid, zoals dat ook met de duivel het geval was, aangeduid met een omschrijving of schuilnaam, waarvan men het uitspreken als onschadelijk beschouwde. Ook werden veel namen en aanroepingen opzettelijk verminkt.

In dit licht moeten ook de bastaardvloeken worden beschouwd. Men beschermde zich tegen de magische werking van de vloekformules door ze enigszins te veranderen, zodat de genoemde Godheid, heilige of duivel niet opgeroepen of vertoornd werd. Zo ontstonden er vele 'onschuldige' varianten op vloekwoorden. In Duitstalige gebieden zei men bijvoorbeeld 'Potz Sapperment!' in plaats van 'Gottes Sakrament!' en 'Jemine' in plaats van 'Jesus Domine'. Verminkingen zijn veelal duidelijk aan te wijzen, zoals het Duitse 'Verflixt' (Verflucht) en 'Kruzitürken' (Kruzifix). In de Nederlanden zijn vooral de formules 'Godverdomme', 'Sacré nom' en 'Nom de Dieu' aan allerlei vervormingen en verminkingen onderhevig geweest. Het is echter de vraag in hoeverre sommige vloekformules opzettelijk veranderd en onherkenbaar gemaakt zijn. Uitdrukkingen zijn in de volkstaal namelijk snel aan slijtage onderhevig en worden *zersagt*, hetgeen bijvoorbeeld het geval lijkt te zijn geweest met de Franse vloeken die aan het einde van de achttiende eeuw in oostelijk Noord-Brabant in zwang kwamen. Door allerlei vervormingen en het opnieuw samenklutsen van gedeelten van bastaardvloeken is aldaar een bijna eindloze rij creatieve krachttermen ontstaan. 'Sacré nom' resulteerde daarbij in *sakkernon, sakkerdju, sakkerdjens, sakkerbant, sakkerdies, sakkerdoes, sakkerdommes, sakkerhel, akkernon, sapperdie, sapperdimme. Sapperloot* en *sakkerloot* is voor de meeste mensen wel wat te flauw, zo consteert Wim van Gompel, die deze regionale taalschat bijeenbracht. 'Nom de Dieu' werd *nondedju, nondepie, nondekaoi, nondekaai, nondekèèi* en *nondevoe*. Het zal niet verbazen dat 'Godverdomme' de meeste varianten kent. Kan het eerste gedeelte op verschillende manieren vervormd worden (*gatverdomme, potverdomme, pedomme, snoddomme, moddomme*), het tweede woorddeel komen we ook in allerlei gedaanten tegen: *verdoeme, verdimme, domme, tomme, goddorie, verdorie, potdorie, potverdorie, potverdie, potvermoetjes, potvernöllekes, potverdoeze, potverdezegene, potverhierenginder.* De historicus Jean Delumeau, die uitgebreid studie heeft gemaakt van de katholieke cultuur in de moderne tijd, spreekt dan ook van een algemeen verbreide *civilisation du blasphème*. Dit wijst al op een confessioneel verschil in benadering wat vloeken betreft; in de denominaties van het protestantisme wordt hier in verleden en heden heel wat zwaarder aan getild. De consequente bestrijding van het vloeken is in toenemende mate een exclusieve aangelegenheid van orthodoxe protestanten geworden, die in 1917 een landelijke Bond tegen het Vloeken zouden oprichten welke tot op de dag van vandaag actief is.[51]

In de zeventiende en het begin van de achttiende eeuw werden er in de Republiek der Verenigde Provinciën verschillende algemene en gewestelijke plakkaten uitgevaardigd waarin werd opgeroepen de verbodsbepalingen tot heil van de samenleving strikt te onderhouden. Zo werd in 1694 als oorzaak voor 'den droevigen toestandt van het lieve vaderlandt, door desen swaren Land en Luyden bedervenden Oorlog' – gedoeld werd op de Negenjarige Oorlog van 1688-1697 – gewezen op het zondig gedrag van vele ingezetenen, waartoe in de eerste plaats 'het schendigh en schrickelijck misbruyck van Gods Heyligen en aenbiddelycke Naem, met vloecken lichtvaerdigh zweeren ende lasteren' behoorde, dat 'onder alle soorten en staten van Menschen soo toeneemt en aanwast, selfs tot Jongens en Kinderen toe, dat men in Gezelschappen, op de Straten, in Schuyten, op Wagens, de Namen van God, de Heylige Sacramenten, en wat dies meer was, doorgaans schendelijck quamen te ontheyligen'. Hierdoor werden de vromen niet alleen bedroefd, maar werd ook Gods toorn 'op 't hooghste' ontstoken, 'als dewelcke niet wil ongestraft laten die gene die sijnen Heyligen Naem misbruycken, gelijck [Hij] oock daerom eertijds de Lasteraars sijns Naems met de doodt wilde gestraft hebben'. Wat had het voor zin om in gevaarvolle tijden officiële dank- en bededagen af te kondigen wanneer men niet genegen was tot een ware bekering van zonden en een 'dadelijcke verbeteringh des levens'?[52]

Onheil als Goddelijke straf
Het gesproken woord wordt niet door iedereen op dezelfde wijze beleefd. De perceptie van taal kan bij verschillende groepen in een samenleving sterk uiteenlopen. De status van de verteller bepaalt in hoge mate de betekenis en reikwijdte van het gezegde. Tevens is de locatie waar gesproken wordt van belang. Ook het tijdstip en allerlei andere mogelijke secundaire omstandigheden kunnen van invloed zijn op de beleving van de mondelinge informatie. Het taalgebruik van de priester bij gelegenheid van een feestdag op de preekstoel heeft voor luisterende parochianen een bijzondere belevingswaarde. De sacrale elementen zoals die aanwezig zijn in status, plaats en tijdstip geven het gesprokene als het ware een heilig karakter.[53] Sacrale zaken worden vanwege de directe relatie met het goddelijke, met alle mogelijke gevolgen van dien bij onjuist gebruik door niet-ingewijden, als gevaarlijk – taboe – ervaren. De verteller, in dit geval de prekende priester, is zich van deze omstandigheid echter niet altijd even bewust, hij kan zich vergissen in de slagkracht van zijn woorden.

De pastoor van het dorpje Sainte-Maure, enkele kilometers ten noorden van Troyes in Frankrijk, ondervond tijdens de pinksterdagen van het jaar 1728 de gevolgen van zijn sacraal taalgebruik. Wat was het geval? De *curé* had op de dag voor een verschrikkelijk onweer, dat grote schade aan de gewassen had toegebracht, zijn toehoorders tijdens de preek ernstig vermaand voortaan een christelijk leven te lijden aangezien ze anders 'de straffen des hemels' over zich zouden afroepen. Dat de pastoor geen profetischer woorden had kunnen spreken, bleek de volgende dag toen de parochianen hun veldvruchten door de hagel geruïneerd zagen. In plaats van de oorzaak voor deze voorspelde straf bij zichzelf te zoeken, zoals de pastoor hun had voorgehouden, wreekten zij zich op hun herder, die zich ternauwernood aan molest kon onttrekken door zich te verschansen in de kelder van de pastorie. De priester werd ervan beschuldigd een tovenaar te zijn die zich inliet met zwarte kunsten. De bisschop van Troyes, abbé Jacques-Bénigne Bossuet, stuurde daarop de prior en enkele kanunniken van de abdij van Saint Martin om de woedende menigte, die aandrong op levende verbranding van de priester, enigszins tot bedaren te brengen.[54]

Het dreigen met de straffen des hemels in de preek, als element in het door de clerus beoogde effect van de *Timor Dei*, bleek bijzonder effectief. In de belevingswereld van de pastoor riep de bevolking wellicht de hemelstraffen over zich af door het goddeloze gedrag, de parochianen daarentegen stelden hun herder rechtstreeks verantwoordelijk voor het ondergane onheil. De priester had immers de macht over het woord. Als technisch specialist *in sacris* kon hij heilige maar gevaarlijke zaken hanteren door middel van rituelen. De geestelijke is daarom een invloedrijk man: wie het goede kan aanroepen heeft ook macht over het kwade, wie kan helen kan ook verdoemen.[55] De parochianen van Sainte-Maure legden op hun manier een directe relatie tussen de preek en het zware onweer dat alle vruchten van hun arbeid vernietigde. Hier zien we een fraai voorbeeld van magische taalperceptie die geheel voorbijgaat aan de theologische ratio van de pastoor, die in de ogen van zijn parochianen anders had moeten handelen. De curé wordt beschouwd als een gevaarlijke tovenaar die zijn zwarte kunsten aanwendt tegen de parochiegemeenschap in plaats van heilzame sacramenten toe te dienen. De inwoners eisen dan ook dat alle kinderen worden herdoopt, immers: de doop door een tovenaar gedaan heeft geen kracht.

Dat in deze zaak ook verwikkelingen rondom het jansenisme een rol spelen, lijkt geen overbodig detail. Aangezien de pastoor zich genoodzaakt ziet naar Parijs te vluchten en het voorlopig niet waagt terug te komen, laat de bisschop de kerk 'interdiceren', zodat de parochianen het tijdelijk moeten doen zonder priester en sacramenten. Bisschop Bossuet stond bekend als een 'Anti-Constitutionaris', hetgeen wijst op zijn negatieve houding tegenover de Bulle Unigenitus uit 1713, waarin het jansenisme door de kerkelijke overheid werd afgewezen. In krantenberichten uit die tijd wordt de pastoor omschreven als een man 'die zeer stichtelyk leeft, waarom hy beschuldigd wordt, Jansenist te weezen'. Dat volkscultuur en (kerk)politiek vaak complex met elkaar verweven zijn blijkt uit de Nederlandse berichtgeving. De jezuïeten waren bepaald niet populair in de publieke opinie van de achttiende-eeuwse Republiek. Bij wijze van zelfbevestiging werd dan ook gememoreerd: 'De Paters Jesuïeten roeijen hier al weêr onder, en zouden door de oproerige baldadigheid van het Volk gaerne te weeg brengen, dat een Parochiaan van hunnen aanhang in zyne plaets gesteld wierdt.' Mogelijk is door de anti-jansenistische jezuïeten handig ingespeeld op de hierboven uiteengezette gevolgen van de magische belevingswereld van de parochianen.

Ook kleine dorpsgemeenschappen, die in de traditionele historiografie graag werden beschouwd als harmonieuze gesloten *Gemeinschaften*, blijken pluriform te zijn en vertegenwoordigers van verschillende subculturen, met dito belevingswerelden en gedragsrepertoires, te herbergen. In dit Franse dorp werd niet getwijfeld aan de destijds algemeen aanvaarde notie dat onheil, zoals onweer, een Goddelijke straf kon inhouden, maar werd de disloyale en zelfs als kwaadwillend beschouwde houding van de sacrale voorganger gelaakt die in plaats van het dorp te beschermen door protectie af te smeken met vuur had gespeeld door juist nadrukkelijk Gods toorn op te roepen. De man was ongetwijfeld ook om andere redenen impopulair; een dergelijk gewelddadig volksgericht komt, om in de beeldspraak te blijven, zelden uit de lucht vallen.

Behalve in nieuwstijdingen werden Goddelijke straffen voor begane zonden ook breed uitgemeten in geïllustreerde vlugschriften, die de actualiteit dagelijks onder de aandacht van een breed publiek brachten. Zo verscheen in 1673 te Antwerpen een 'vliegend blad' waarin kond werd gedaan van het gruwelijk lot dat een Duitse landheer was beschoren die een pachteres had afgeperst. Een niet nader bij naam genoemde edelman uit het dorp Eychen nabij Augsburg nam met geweld de koe van een arme weduwe in beslag toen zij niet aan haar verplichtingen kon voldoen. Hij zou het rund op de markt laten verkopen en het geld dat overbleef aan haar teruggeven. Toen de vrouw bij zijn landhuis kwam om de opbrengst te vernemen werd zij bars weggestuurd; de heer had het beest namelijk tussen zijn eigen vee gestald. Kort nadien stierven al zijn koeien, behalve het dier van de arme vrouw. Daarop begon de edelman God te vervloeken, waarbij hij de verwensing uitsprak dat Hij mocht veranderen in een hond om de kadavers op te vreten. Terstond werd hij 'door de straffe Godts' in een hond veranderd; een afschuwelijk beest met een mensenkop waarin men de landheer herkende. Het woeste beest duldde geen gezelschap, behalve een knecht met twee capucijner paters, met wie hij stad en land in een rijtuig afreisde om zich in allerlei bedevaartsoorden weer met God te verzoenen. Of hij daarin is geslaagd vermeldt het vlugschrift niet, wel dat 'desen Edelman en eet niet anders als rouw vlees'. Op de 'waerachtige Af-beldinghe', die boven de tekst is geplaatst, is het gebeurde bij wijze van plastisch stripverhaal in een kopergravure weergegeven. Op deze sensationele wijze werd niet alleen gewaarschuwd tegen het lasteren van God, maar natuurlijk vooral gewezen op de funeste gevolgen van sociaal onrecht die de rechtvaardige God niet ongestraft liet.[56]

Als ware ik gekrenkt in mijn rechten

Een rechtvaardige God die opkomt voor de noden van verdrukten, dat is een van de boodschappen van dit zeventiende-eeuwse pamflet. Dit is een notie die in het christendom een centrale rol speelt, maar die tevens wordt overschaduwd door de overweldigende aanwezigheid van onrecht, waarbij de Godheid kennelijk machteloos, of lijdzaam zoals we in het vorige hoofdstuk zagen, toeziet. Wat is dat voor een God die blijkbaar lijden toestaat? De vrome berusting dat het leed een hemelse straf voor begane zonden is, was, zoals we zagen, in het verleden algemeen aanvaard. Wanneer Desiderius Erasmus een roerend voorbeeld wil geven van godsvrucht, haalt hij de Goudse weduwe Bertha van Heyen aan, voor wie hij omstreeks 1490 een lijkrede schreef. Zij vluchtte niet voor de wereld in een klooster of begijnhof, zoals vele anderen in haar toestand, maar gaf zelfbewust gestalte aan haar geloof, ook toen God haar sloeg met tegenslag. Wanneer een van haar dochters, pas zes weken getrouwd, bezwijkt aan een noodlottige ziekte, snelt de jonge student Erasmus naar haar woning om de vrouw te troosten. De weduwe sprak echter: 'Gij komt mij troosten, als ware ik gekrenkt in mijn rechten of moedwillig geplaagd; maar is niet Hij, die mijn dochter mij ontneemt, dezelfde die haar mij gegeven heeft? Ben ik tot weeklagen bevoegd? Zij is heengegaan tot straf voor mijn ongerechtigheden.' Dat zo iemand niet de sluier behoefde aan te nemen om een voortreffelijke christen te zijn, werd hem aldus duidelijk; een inzicht dat de humanist tot op zijn oude dag zou blijven verkondigen.57

Maar wie kan hier na Auschwitz nog genoegen mee nemen? 'Alles was voor alle eeuwigheid verknoeid, – niet alleen hier, ook bij duizend eerdere en latere gelegenheden, waaraan niemand meer dacht', zo stelt de joodse oorlogswees Max Delius in Mulisch' *Ontdekking van de hemel* wanneer hij deze *anus mundi* bezoekt. 'De hemel was onmogelijk, alleen de hel bestond eventueel. Wie aan God geloofde, dacht hij en keek naar de reusachtige vitrine met speelgoed, moest terechtgesteld worden – tegen de zwartgeteerde executiewand, die hij naast Blok II had gezien.' Ook in de literaire hemel wordt vanzelfsprekend over de noodzaak van het kwaad gesproken, het ontzaglijke vraagstuk van de theodicee, waarop de mensheid sinds eeuwen haar tanden stukbijt. 'Maar ja,' zo laat de auteur de hemelse machten relativerend verzuchten, 'het graan moet nu eenmaal met dorsvlegels geslagen worden, eer het kan veranderen in heilig brood.'58

Een theoloog die als geen ander de onzalige relatie tussen geweld en verlossing heeft aangeklaagd is Dorothee Sölle. Een sadistische God die de mens laat lijden is voor haar niet te rechtvaardigen, ook niet door een latere opheffing ervan in het hiernamaals. 'Geen hemel kan zoiets als Auschwitz meer goedmaken,' schrijft ze in 1973. Het is volgens haar juist deze God van de verzoeningsleer die geweld en lijden legitimeert bij wijze van een *Henkertheologie* in plaats van het consequent te veroordelen. Manuele Kalksy stelt daarbij de vraag of de in het christendom gebruikelijke positieve duiding van geweld, zoals in de kruisdood van Jezus, ander maatschappelijk of privaat geweld inderdaad acceptabel maakt. Zij verwijst daarbij naar het werk van Regula Strobel, die de kruisdood niet langer wenst te beschouwen als een heilsnoodzaak, aangezien het een perverse liefde voor het lijden propageert en wrede machthebbers onvoldoende tot verantwoording roept. Het lijden is noch verlossend, noch heilbrengend en dient derhalve ook niet gesacraliseerd te worden. In lijn met bevrijdingstheologen ziet Strobel de persoonlijke inspanningen voor solidariteit en gerechtigheid als een vrijwillig gekozen, christelijke weg. Het lijden is daarbij geen zaligmakend, uit vrij wil ondernomen traject, maar slechts een door mensen eventueel veroorzaakt gevolg daarvan. In plaats van een ontlastende *Jenseits*-verklaring gaat het erom wie persoonlijk verantwoordelijk is voor geweld dat leed veroorzaakt; geen kwestie voor na de dood maar een zaak van solidaire rechtvaardigheid in het alledaagse hiernumaals. God wil het lijden niet, evenmin als de kruisdood van Christus Zijn werk is, of de weg naar het Godsrijk lijden impliceert.[59]

Maar niet iedereen kan zich in zo'n Godsbeeld, dat niet uitgaat van de Almacht, vinden. Andries Knevel (1952), programmamaker bij de Evangelische Omroep, worstelt evenzeer met de vraag waarom er oorlogen, verkrachtingen, plunderingen en moordpartijen in de wereld zijn. God lijkt het maar toe te laten. Waarom grijpt Hij niet in? De benadering dat God niet almachtig is, een tandeloze God zoals Kuitert het noemt, is voor hem onacceptabel. 'Met een tandeloze God kan ik niet leven, omdat ik me dan meteen zou afvragen waarin hij dan nog meer machteloos is. En dan krijg je een domino-effect. Want zo'n tandeloze tijger kan natuurlijk ook geen verlosser meer zijn – en al helemaal niet Zijn zoon naar de aarde hebben gestuurd. Dus daar kan ik niks mee.' Knevel ziet meer in de opvatting dat God de mensen met een verborgen bedoeling straft, tuchtigt en beproeft. 'Deels kan ik daar wel in meegaan, want God is natuurlijk niet alleen maar liefde. In het Oude Testament gaat het vaak genoeg over de toorn en de wraak van God. God is natuurlijk niet die zoete lieve Jezus die mensen van hem gemaakt hebben.' Hij heeft het opgegeven God met zijn ratio te willen verklaren, hetgeen volgens hem een heilloze weg is, en legt zich – overigens niet zonder kritische zin – neer bij het Goddelijk mysterie: '"Gods wegen zijn ondoorgrondelijk," zoiets. Dat is een heel gemakkelijk antwoord, ja, maar op dit moment is het alles wat ik heb. Ik heb er vrede mee. Nee, dat is het goede woord niet. Ik ben er *te*vreden mee.'[60]

Een God van liefde en een God der wrake, Godsbeelden die lijden legitimeren en verheerlijken, Godheden die soeverein zelf geweld toepassen om de mens gruwelijk te beproeven of slechts lijdzaam uit den hoge toezien, de klotegod van hedendaagse scholieren en de Here van de EO-jongerendag: het zijn slechts de uitersten van een spectrum met vele tussenposities. De duivel is bij deze baaierd aan numieuze beelden en concepties in de hedendaagse cultuur naar de achtergrond verdrongen. Het externe, gepersonifieerde duivelsbeeld is daarbij vervangen door de notie dat de duivel een onbestemde kracht in de mens zélf is. Al bestaat hij dus zeker nog als culturele categorie, zijn eertijds zo als nabij ervaren bedreigende aanwezigheid in allerlei alledaagse vermommingen die zijn ware aard verhullen behoort voor de meeste mensen tot het verleden. Daarvoor in de plaats lijkt een 'algemeen betwijfeld christelijk geloof' te zijn gekomen, om het beroemde boek van Kuitert te citeren.[61] Dit nieuwe spelen met vuur lijkt me bepaald geen verlies, zolang we oog houden voor de mysterieuze verborgenheid van God in het dagelijks leven, en daarbij onze persoonlijke verantwoordelijkheden voor een rechtvaardige samenleving niet ontlopen met een beroep op het andere, latere en onvatbare.

III De verborgen God

Deus absconditus

5 De alom Verborgene

Jan Bluyssen

Waarlijk, U bent een verborgen God,
U, God en Redder van Israël. (Jes. 45,15)

In de psalmen zeggen gelovigen eerlijk tot God wat er in hen omgaat. Die eerlijkheid en openheid is een van de mooiste trekken van de psalmen. De auteur van psalm 13 gooit zijn leed en wanhoop eruit voor het aanschijn van God, zonder te wikken en te wegen of het allemaal wel zo kan. Hij zit diep in de put, voelt zich door God verlaten, hoort de spottende stemmen van belagers, terwijl God in alle talen blijft zwijgen.

Hoelang nog, Heer?
Vergeet U mij voorgoed?
Hoelang nog verbergt U Uw gelaat voor mij?
Hoelang nog, dag na dag, moet mijn hart tobben en klagen?
Hoelang nog triomfeert mijn vijand over mij?
Zie naar mij om, Heer mijn God, antwoord mij...

Maar dan leeft plotseling zijn Godsvertrouwen weer helemaal op. Hij komt als het ware al biddend overeind. Hij weigert toe te geven aan vertwijfeling, maar vermant zich en maakt een beslissende keuze. Hij zingt zijn herwonnen Godsvertrouwen uit in dankbaarheid tegenover de Heer.

Op uw liefde vertrouw ik,
laat mijn hart om mijn redding juichen.
Ik zal zingen voor de Heer,
want Hij heeft mij goed gedaan.

189

(*links*) Crucifix, getekend door de Spaanse mysticus Jan van het Kruis (1542-1591) zoals afgebeeld op een devotieprentje (Avila, 1996) en (*onder*) de interpretatie van Salvador Dalí, getiteld 'Christus van Jan van het Kruis' (Glasgow Art Gallery and Museum).

Het aantal zogenaamde klaag- en vloekpsalmen in de Bijbel is aanzienlijk: ongeveer 40 op de 150. Ze weerspiegelen persoonlijke nood (ziekte, uitstoting, angst) of maatschappelijke tragedies (oorlog, verloren veldslag, ziekte, natuurrampen, goddelijke tuchtiging). Het zijn uit het leven gegrepen getuigenissen van pijnlijk ervaren Godverlatenheid.

Ook elders in de bijbelse geschriften klagen mensen God aan; men klaagt dat Hij niet te bereiken is, zelfs niet als Hij heel hard nodig is. Het oudtestamentische boek Job is daarvan het meest bekende voorbeeld. Job is als het ware de woordvoerder voor ieder die het niet kan laten zijn verdriet en ergernis uit te schreeuwen:

Waarom hebt U mij uit de moederschoot getrokken?
Was ik maar gestorven voordat iemand mij zag;
dan had ik nooit bestaan, dan was ik zo van schoot naar graf gedragen.
Is mijn leven niet kort genoeg? Laat me met rust.
Of is die korte vreugde mij ook niet gegund,
voor ik beland in een land van duisternis en schaduw,
waarvan niemand terugkeert,
een land van diepste duisternis en schaduw van de dood,
waar zelfs het licht nog duisternis is. (Job 10:18-22)[1]

'Rusteloos blijft ons hart'

De Bijbel laat met levende voorbeelden zien, hoe menselijk het is zich bij God te beklagen, God aan te klagen zelfs, vanwege al het leed, alle leegte, al de eenzaamheid die een mens te verwerken kan krijgen. Het ergst is het gevoel dat God er helemaal niet is, er niet bij is. De Duitse dichter Hölderlin (1770-1843) is een van de eersten die aan de ervaring van Gods afwezigheid een eigen naam gaf. Half krankzinnig geworden, zat hij te somberen in zijn torenkamer in Tübingen en worstelde vertwijfeld met 'die Fehl Gottes' (Gods afwezigheid). In feite zat hij daar in de torenkamer alsmaar te wachten, te wachten op een teken van God. Want God kon niet echt afwezig zijn. Als God echt afwezig zou blijven, zou Hölderlin niet weten hoe verder te leven.

Wat mankeert er aan God, wat mankeert God, dat we Hem zo moeilijk herkennen? Is Hij dood, bestaat Hij niet echt? Of is Hij zó verborgen, zó onkenbaar, zó anders, dat wij eenvoudig geen contact met Hem kunnen maken? Het is niet alleen het kwaad of het lijden die God voor mensen duister en onvatbaar maakt, maar ook – en wellicht nog méér – Zijn ongrijpbare verborgenheid, Zijn onbegrijpelijke afstandelijkheid. Of moeten we het manco bij onszelf zoeken: staat onze antenne slecht afgestemd, niet op God gericht, zodat we onszelf moeten zien als de eigenlijke oorzaak dat signalen van Godswege in de lege ruimte verloren gaan?

Toch is er een chassidische spreuk met de hoopgevende gedachte:

God blijft een verborgen God,
maar wanneer de mens weet dat Hij verborgen is,
is Hij niet echt verborgen.

Dat doet denken aan het bekende getuigenis van bisschop Augustinus: 'Rusteloos blijft ons hart, totdat het zijn rust vindt in U.'[2]

God niet vanzelfsprekend

In een God geloven was ooit vanzelfsprekend. In onze dagen echter blijkt God meer dan ooit een groot mysterie. In menig hart resteert van God een lege plek. Bij velen komt de vraag naar God niet of niet meer op, bij anderen leeft weerstand tegen elke herinnering aan de God van hun jeugd. En zij die aan het Godsgeloof hebben vastgehouden, weten vaak niet goed in wat voor god zij geloven, of zouden moeten geloven. In het maatschappelijk verkeer is Hij nauwelijks te bespeuren. Het wordt ook naïef geacht om God nog ter sprake te brengen.

Toch zijn er talloze tekenen te signaleren van zoeken en tasten naar een transcendente werkelijkheid: in reacties en uitspraken, in gebruiken en rituelen, in vragen en verzuchtingen; vaak min of meer ondergronds, soms spontaan of impulsief geuit, soms voorzichtig, tastenderwijs. Hoe dan ook, Anton Houtepen schreef niet zonder reden: 'Europa heeft afscheid genomen van de traditionele westerse vorm van het geloof in God.' Hij wijst op een diepgaand proces van bewustzijnsverandering: 'God hoeft niet meer.'[3]

Frère Roger van Taizé signaleerde Godsverduistering in de brief die hij publiceerde in vervolg op de Europese jongerenontmoeting in Stuttgart (28 december 1996 tot 1 januari 1997); hij gaf daarin aanzetten tot nieuwe hoop.[4] De aanhef, die de toon zet voor heel de brief, luidt:

Wij leven in een wereld waarin licht en duister hand in hand gaan. Sluipt er twijfel binnen in ons verlangen naar licht? Een Russische mysticus liet zich daardoor niet verontrusten en schreef: 'Ik ben een kind van twijfel en ongeloof... Mijn "hosanna" is door de smeltkroes van twijfel gegaan' (notities van Dostojewski). Gelukkig zijn zij die op weg gaan van twijfel naar een klare gemeenschap in Christus! Zoals de morgenmist optrekt, wordt de nacht van de ziel verlicht. En zelfs in de woestijn van het hart ontspringen koele bronnen.

Verderop in deze brief nodigt Roger Schütz zijn jonge lezers uit om niet te blijven staan bij de gevoelens en de vragen van het moment maar rond zich heen te kijken met open ogen en een open hart.

Kunnen we begrijpen dat God ons één voor één roept, zelfs als we een heel klein geloof hebben? Het Evangelie doet ons inzien dat er geen groter liefde is dan jezelf tot het uiterste geven (...). Zou twijfel opkomen? Het verlangen naar God hoeft daarmee niet te verdwijnen.

Roger Schütz verwijst dan naar Augustinus, die op basis van eigen langdurige ervaring kon stellen: 'Als je verlangt God te zien, heb je al geloof.' De prior van Taizé vervolgt dan: 'In het diepst van een mens die niet méér te bieden heeft dan het verlangen om in een goddelijke aanwezigheid te geloven, is een vlam gaan branden. Een bleek schijnsel? Wellicht ja, maar dan toch een vlam die blijft gloeien, zodat je de lange, nauwelijks verlichte nachten kunt doorkomen.' Aldus Frère Roger, die bij deze laatste regels nog enkele treffende citaten voegde waaronder dit gebedje van Augustinus: 'Ik zou niet zekerder van U willen zijn, wel steviger in U.'

Augustinus, die ongelooflijk taaie Godzoeker, had een heel lange worsteling achter de rug, vóórdat hij zich aldus uitte. Voor hem was God ten slotte dan toch zó vanzelfsprekend geworden dat zijn honger naar God niet meer te stillen bleek. Zijn autobiografische *Belijdenissen*, bij wijze van brief rechtstreeks aan God gericht, werd een rijk geïllustreerd getuigenis van de heilzame uitwerking van een volhardend zoeken naar God.

Een eigentijdse bevestiging ten aanzien van de eigen waarde van een zoekend Godsverlangen danken we aan J.W. Schulte Nordholt:

Hier loopt het vreemde ik, het richt zijn voeten
naar waar, naar waar? Het kent de wegen niet.
Alleen: het is! Het wil de aarde groeten
met een herkennend nieuw en oeroud lied:
hier loopt het ik en het wil God ontmoeten.[5]

Twijfel, vertwijfeling[6]
Veel tijdgenoten herkennen zichzelf in het volgende korte, maar veelzeggende gedicht van Gerard Reve:

> Eigenlijk geloof ik niets
> en twijfel ik aan alles, zelfs aan U.
> Maar soms, wanneer ik denk dat Gij waarachtig leeft,
> dan denk ik dat Gij Liefde zijt, en eenzaam,
> en dat, in zelfde wanhoop, Gij mij zoekt
> zoals ik U.[7]

Lijden wij in onze dagen te zeer aan een onzekerheidsvirus? Onze tijd
lijkt de twijfel te koesteren. Wat is waarheid? Bestaat waarheid? Is waarheid wel mogelijk? Ieder koestert zijn of haar eigen waarheid. Is er waarheid die men absoluut zou kunnen noemen? Of moet men uitgaan van
een veelheid van waarheden? Moet men niet zorgvuldig onderzoeken
welke van de vele verkondigde waarheden verdient (verdienen) geloofd
en gevolgd te worden?

Begin bij de twijfel, leerde de filosoof René Descartes (1596-1650). Hij
vindt tot in onze dagen talrijke aanhangers. Misschien gaat het ons en
onze tijdgenoten niet zozeer om een radicale twijfel, maar meer om de
verdediging van een gezonde onzekerheid, een ondogmatische opstelling, teneinde voor eigen visies minstens het voordeel van de twijfel te
kunnen bevechten. Want de huidige mens houdt niet van geheide overtuigingen, zeker niet van fanatisme en fundamentalisme, van zelfver-
zekerd en dwingend Godsgeloof. Wij houden niet van mensen die ons
bindend voorschrijven wat we moeten geloven en hoe we dienen te leven. Wij willen zelf ons leven regelen, zelf onze beslissende keuzes maken, vrij en welbewust. Niet dat we een eigenzinnig anarchisme voor-
staan. Neen, we willen graag luisteren naar ervaringen van anderen, van
mensen die iets te zeggen hebben. Twijfel als positieve levensinstelling,
twijfel vanuit een open, onbevangen ontvankelijkheid, houdt ons tole-
rant en mild, weerhoudt ons van scherpe veroordelingen en harde
standpunten, houdt ons flexibel en in staat om naargelang de omstandigheden de eigen visie nader in te vullen, eventueel bij te stellen. Maar
dat dan wel op grond van degelijke argumenten en diepgaande ervaringen. De paradoxale slotsom kan dan ook luiden: dankzij onze twijfel
zijn we beter in staat de waarheid te ontdekken.

Veel van de hedendaagse geloofstwijfels hebben van doen met onvermogen tegenover God: wat weten we eigenlijk van God? Hoe zouden we ons van God een betrouwbare voorstelling kunnen maken? Hij is immers helemaal anders dan wij. Hier wordt een belangrijk aspect van onze Godsvraag gesignaleerd. Valt er wel een rechte weg naar God te ontdekken? Hij lijkt onbereikbaar, niet te lokaliseren. Waartoe dus al die moeite om tot contact met Hem te komen? Waarom, als er zo weinig kans van slagen is?

In onze dagen voelen talrijke mensen zich eigenlijk verweesd. Te midden van allerlei onheilsprofeten met velerlei heilsaanbiedingen, te midden van zoveel verschillende spirituele bewegingen weten ze niet waar ze het zoeken moeten. Veel van hetgeen vertrouwd was, is verdwenen; onzekerheid lijkt vaak het enige wat rest. Wie is betrouwbaar genoeg om als gids te kunnen fungeren? Daarnaast zijn er niet weinigen die gelovig werden opgevoed, maar door negatieve ervaringen van welke aard dan ook God niet meer als realiteit kunnen herkennen. Samen met hen die zonder God opgroeiden en die geen enkele behoefte voelen om de vraag naar God serieus te onderzoeken, ervaren zij het Godsgeloof als een onnodig, overbodig, eventueel primitief of zelfs schadelijk moment in 's mensen evolutie. Voor hen is de ervaring van Gods afwezigheid een heel beslissende, afsluitende ervaring.

Ten slotte zijn er die rusteloos zoeken naar dieper Godsgeloof, maar steeds weer vastlopen op duisternis en verwarring. Zulke fases kunnen zeer vruchtbaar uitwerken, als je maar durft volhouden en verder zoeken. Wie ondanks alles toch op weg wil blijven, of eventueel opnieuw op weg durft gaan, wie zoekt naar een 'goddelijk' houvast, doet er goed aan uit te kijken naar deugdelijke richtingwijzers. Zulke wegwijzers zullen vooral te vinden zijn in de ervaringen van wijze tijdgenoten en van beproefde voorgangers. Waarom niet dankbaar gebruikmaken van de levensgetuigenissen van anderen? We beschikken in feite over een grote schat aan 'gestolde' ervaringen, in geschriften en beeldmateriaal en in allerlei uitingen van cultuur en kunst.

De door God en allen verlaten Christus

Hét klassieke voorbeeld van vertwijfeling, een gevoel van God en alleman verlaten te zijn, is Jezus Christus zelf. Op de avond voor Zijn sterven, tijdens zijn gebruikelijk nachtelijk gebed op de Olijfberg, als Hij weet dat Zijn lot bezegeld is, roept Hij wanhopig de Vader aan: 'Abba,

Vader, U kunt alles. Neem deze beker van Mij weg. Maar niet wat Ik wil, maar wat U wilt.' (Marcus 14:36). 'Abba', dat is de naam waarmee Jezus God aanspreekt. Het is overigens de enige keer in de Evangeliën dat Jezus God met die koosnaam aanspreekt. Juist omdat 'abba' een koosnaam is, kunnen we dit Hebreeuwse woord het best vertalen met 'pappie'. Dat accentueert overigens nog sterker de vertwijfeling die Hem overvallen heeft. Hoezeer Hij in paniek was geraakt, wordt extra onderstreept door wat de evangelist Lucas verder schrijft: 'Toen liet zich vanuit de hemel een engel zien om Hem te sterken. In angst geraakt bad Hij met nog meer aandrang. Zijn zweet viel als druppels bloed op de grond.' (Lucas 22:43-44).

Daags daarna stervend aan het kruis, schreeuwde Jezus het opnieuw wanhopig uit: 'Mijn God, mijn God, waarom hebt Gij mij verlaten' (Marcus 15:34; Mattheüs 27:46). Dit citaat uit psalm 22 (klaaglied vanwege pijnlijk ervaren Godverlatenheid) illustreert de bitter-zware last van dat ultieme moment; getuigt echter ook – vanwege de teneur van de psalm in zijn geheel – van Christus' rotsvast vertrouwen op God, Zijn Vader. Immers, als de Gekruisigde met de psalmist zijn hart heeft uitgeschreeuwd om zijn bitter lot, komt hij met de psalmist – bij wijze van conclusie – tot de volgende laatste expressie van dankbaar Godsvertrouwen:

Hij (God) kende geen afschuw en geen verachting voor het ongeluk van de ongelukkige; Hij heeft Zijn gelaat niet afgewend, nee, Hij luisterde toen om Hem werd geroepen. (Psalm 22:25)

De karmeliet Jo Tigcheler stelde expliciet de vraag: 'Kan de Godverlatenheid van Jezus een weg wijzen?' In antwoord daarop mijmerde hij als volgt: 'Nu velen de indruk hebben nog geen evenwichtige visie op God te hebben gevonden na hun afscheid van het vroegere Godsbeeld, kan het op momenten van diepe pijn en grote verlatenheid een echt probleem zijn om zich vol vertrouwen over te geven aan God. Juist zoekenden worstelen het meest met gevoelens van twijfel en onzekerheid, van teleurstelling en wanhoop. Gezamenlijk zijn we op zoek naar fragmenten van een eigentijdse Godservaring en naar nieuwe woorden – woorden die veel meer de relatie mét God proberen uit te drukken dan aan te sluiten bij het afstandelijk spreken óver God van vroeger. De Godverlatenheid van Jezus leert ons dat het alle moeite loont op God te blijven vertrouwen, al voel je je niet echt door Hem gesteund, en te aanvaarden dat je aan het eind van je leven alles moet durven loslaten.'⁸

Zijn wij 'Godverlatener' dan mensen van vroeger tijden? Ik neem aan van niet. Toch lijkt onze maatschappij met God nog maar weinig van doen te hebben. Misschien zijn de tekenen van Gods afwezigheid, van Zijn zwijgen, in onze dagen eerder oorzaak van benauwenis. De autonome mens is wellicht ook meer dan hij weten wil gevoelig voor een samenleving waarin geweld en koele concurrentie soms weinig ruimte laten voor compassie en een gevoel van geborgenheid. Daar komt bij dat de westerse mens zich zeer onbehaaglijk kan voelen bij het idee dat zijn welvaart in scherp contrast staat met de miserie van miljoenen medemensen elders, waardoor God nergens nog aanwezig kan lijken, noch bij ons welvarenden in het Westen, noch bij de armen in het Zuiden.

Rabbijn Awraham Shalom Soetendorp (1943) wees in zijn beschouwing in het dagblad *Trouw* over de tien geboden op een mogelijk gevoel van verlatenheid in God zelf:

Ik was zeven, misschien acht jaar oud en ik had een fantastische plek gevonden om mij te verstoppen. Onder het bed, helemaal diep onder het bed. Ik bleef daar liggen ondanks het feit dat ik het erg benauwd kreeg. Toen ik er na een hele tijd onder vandaan kroop, zag ik dat mijn broertjes en zusje gewoon aan het spelen waren.

Ik begon te huilen, liep naar mijn vader en zei: 'Abba, abba, ik heb me verstopt, maar er is niemand die mij zoekt.' Waarop mijn vader zei: 'Dat is precies wat God zegt, jongen: ik verstop mij, maar er is niemand die mij zoekt. Da's een heel erg diepe, chassidische uitspraak.'

Soetendorp vervolgt:

Ik heb God door de verhalen van mijn vader leren kennen. Hij nam ook iedere gelegenheid te baat om over Hem te vertellen. Op mijn vijftiende had ik een profetenvertaling gemaakt die ik mocht voorlezen in de synagoge. Na afloop zei mijn vader: 'Ik heb er geen enkel bezwaar tegen dat je jij zegt tegen God, maar in de loop der jaren zul je ervaren dat je soms jij, soms u, soms gij voelt.' Dat is ook zo. Ik wandel met God. Ik worstel met God. De verhouding tussen God en de mens kan zo ver zijn als de afstand die een vader en een zoon tussen elkaar hebben laten ontstaan. Die afstand is zo groot, dat als de zoon naar de vader wil of de vader naar de zoon, de een de ander nooit zal bereiken. Maar het wonder gebeurt: ze besluiten op hetzelfde moment naar elkaar toe te gaan en komen samen in het midden uit.[9]

Tastende schreden

In het allereerste stadium van onze zoektocht is eigenlijk niet God de echte vraag; ikzelf ben de grote vraag. Een mens dorst naar antwoord op zijn eerste, meest fundamentele vraag: 'wie ben ik?' Voordat deze vraag als vraag bewust wordt, kan de vraag naar God nauwelijks echt een vraag zijn. Het is allemaal vanzelfsprekend. Natuurlijk wil ik weten waar ik vandaan ben. Natuurlijk interesseer ik me niet zo voor de vraag wie Hij is die mij en alles heeft geschapen, zolang ik mezelf niet plaatsen kan in mijn concrete omgeving. Natuurlijk zou ik wel graag willen 'zien' hoe Hij is, maar er zijn andere vragen die mij meer direct bezig houden, er zijn mensen die mijn acute aandacht oproepen. Intussen kan een mens onwillekeurig in een lege ruimte belanden: terechtkomen in woestijn, leegte, verlatenheid, desoriëntatie, eenzaamheid, donkere nacht. Pijnlijk, afstotend, ontmoedigend. Maar juist in die lege ruimte kan God hem aanraken, opvangen. Zodat je langzaam maar zeker Hem meer nabij gaat voelen. Overigens zonder Hem beter te leren kennen. Want niet het weten groeit, eerder het niet-weten. Misschien ga je ervaren: God is niet te kennen, wel is Hij te beminnen. Wanneer liefde meer en meer de weg blijkt te zijn die je denkt te kunnen kiezen, dan weet je jezelf ook op veilige, vaste grond.

Menselijke liefde richt zich overigens allereerst op mensen. Op het gelaat van de medemens moeten, als God bestaat, sporen van Hem te ontdekken zijn. Vooral op het gelaat van de verachte en de verworpene, de eenzame en de lijdende. Zoals de Braziliaanse bisschop Helder Camara het in 1980 formuleerde:

Dit gezwollen gezicht, vuil en bezweet,
getekend door vallen of slagen –
is dit het gezicht van een drinker, een bedelaar,
of staan we zelfs op de Calvarieberg
en kijken de Zoon van God in het heilig gelaat?[10]

De karmeliet Carlos Mesters, door langdurige arbeid in het basispastoraat in Brazilië vertrouwd met allerlei aspecten van zoekend Godsgeloof, schreef in een brief van 10 juni 1981 aan het tijdschrift *Speling*: 'Voor mij bestaat mystiek in het zoeken en ervaren van het Gelaat, verborgen in het verscheurde leven.' Pater Carlos houdt niet zo van het woord 'mystiek', zegt hij, maar hij blijft er toch mee bezig, vooral als hij over de 'mystiek der armen' te spreken komt:

> Het is het weer zichtbaar worden van het Gelaat Gods in de pogingen van de armen om het leven weer heel te maken. Het is het herontdekken van Gods genade in de brokstukken van ons leven.[11]

Zo lijkt een korte weg naar God te lopen via de mensenwereld. Vanzelfsprekend eigenlijk. Vooral langs eerlijke liefde voor de andere mens kan liefde opbloeien tot God, en zonder mensenliefde lijkt God niet echt bereikbaar. Jezus Christus was daarin bijzonder duidelijk. Zijn meest dierbare leerling, de apostel Johannes, heeft hierover prachtige gedachten nagelaten, met name in zijn zogenaamde eerste brief:

> Geliefden, laten wij elkaar liefhebben, want de liefde komt van God. Iedereen die liefheeft is uit God geboren, en kent God. De mens zonder liefde kent God niet, want God is liefde. En de liefde die God is, is onder ons verschenen doordat Hij zijn enige Zoon in de wereld gezonden heeft om ons door Hem het leven te brengen. Hierin bestaat de liefde: niet wij hebben God liefgehad, maar Hij heeft ons liefgehad, en Hij heeft Zijn Zoon gezonden om onze zonden uit te wissen. Geliefden, als God ons zo heeft liefgehad, moeten ook wij elkaar liefhebben. Nooit heeft iemand God gezien, maar als wij elkaar liefhebben, woont God in ons en is zijn liefde in ons volmaakt geworden. (I Johannes 4:7-12)

Tussen hemel en aarde loopt dus echt geen hermetische scheidslijn.

'Oprecht veinzen', 'heilzame fictie'
'Ik ken de dood die alles omringt, de oneindige leegte achter al het zichtbare. Ik kijk door alles heen... En God is nergens te bekennen.'[12] Belijdenis van een zekere dokter Cranckx, schepping van de in 1990 op negenendertigjarige leeftijd gestorven schrijver Frans Kellendonk die blijkens zijn geschriften zich intensief bezighield met vragen rond godsdienst en geloof.

Via een essay in 1988 stelde Kellendonk vast: 'De grote woorden van vroeger zijn allemaal loze woorden gebleken. Als we ons al iets kunnen voorstellen bij het woord God, dan berust die voorstelling niet op een onmiddellijke ervaring, maar op een ervaring van het menselijk tekort. Al die begrippen zijn ontkenningen, en ontkenningen komen in de natuur niet voor, alleen in het menselijk bewustzijn. Ze spruiten voort uit het verlangen om de kloof te dichten die gaapt tussen het bewustzijn en de wereld, de "absence in reality" zoals de dichter Wallace Stevens die kloof heeft genoemd (...). Je kunt misschien wel die grote woorden afschaffen, maar niet het verlangen waarvan ze altijd hebben geleefd. De "absence in reality" blijft. Het levensontkennende van die woorden zat hem in hun absolute karakter, en daarvan moeten we ze ontdoen door ze gewoon te nemen voor wat ze zijn: uitingen van verlangen, verzinsels die heilzaam kunnen zijn, maar kwaadaardig worden zodra ze een absoluut bestaan gaan leiden. De religie van de hemel moet de religie van de aarde worden. Geloof is dan geen zekerheid, maar schepping. Betekenis wordt dan niet ontdekt maar gegeven (...). Heilig is wat geheiligd wordt en God troont op de gezangen van de mensen.'[13]

De door Kellendonk geciteerde Stevens verving de doodgewaande God door de poëzie en definieerde deze als 'the supreme fiction': 'The final belief is to believe in a fiction, which you know to be a fiction, there being nothing else.' Voor Kellendonk bleef God overeind, zij het 'als heilzame fictie'; want mensen hebben ficties en verzinsels nodig. Was geloven voor hem vroeger: zonder bewijs het bestaan aannemen van een transcendente, niet te kennen God, voortaan gaat hij uit van het 'willens en wetens geloven in verzinsels' waarvan God er één is. De naam die hij gaf aan dit procédé, luidde: 'Oprecht veinzen'.

'Ik heb zelfs een godsbeeld (...),' zo schrijft Frans Kellendonk verder. 'God is voor mij (...) bovenal de Schepper, de Kunstenaar. Wat Hij zo goed vond aan het eind van Zijn eerste werkweek was niet meer dan een eerste, beslissende opzet; het scheppingswerk is sindsdien steeds in volle gang geweest. God leeft ermee in taaie onvrede (...). En eh... gelóóf ik ook in die God van mij? Van de wenselijkheid, zeg maar gerust de noodzaak van zo'n geloof ben ik geheel doordrongen, maar wat geloven is en hoe het moet heb ik nooit kunnen ontdekken (...). Dat godsbegrip van mij is niet meer dan een fraaie constructie, een hypothese. Ik heb in het hart van de schepping een leemte ontdekt waar God, als Hij bestaat, mooi in zou passen, maar helaas is het niet zo dat het geloof begint waar het verstand ophoudt. Het ontbreekt me aan vertrouwen en dat komt weer doordat het me aan geloof in God ontbreekt. Geloven, lees ik in

mijn handboek van de katholieke leer, is "geen door eigen arbeid verworven inzicht, maar overgave". Waar moet ik me dan aan overgeven?
"Aan het geloof."'14

Met deze mijmeringen verwijst Kellendonk enerzijds naar de duistere, dus moeilijke weg van het geloof, anderzijds naar de kracht van een
diep verlangen. Als echt kind van zijn tijd worstelt hij met het Godsgeloof, maar – wat in zijn dagen minder gebruikelijk was – hij verbergt dat
zoeken niet. Zo heeft hij met zijn literair oeuvre een wezenlijke vraag in
leven gehouden, een vraag die nauwelijks nog gesteld leek te mogen
worden, maar die hij voor zichzelf niet ontwijken wilde.

Verlangen

Aldus heeft Kellendonk op een wijze die respect verdient, uiting gegeven aan een – naar het lijkt – ingeboren menselijke vraag en deze bespreekbaar gehouden. Een dergelijke vraag laat zich niet verdringen,
evenmin het verlangen dat daaraan ten grondslag lijkt te liggen. Elk genot ontspruit uiteindelijk aan verlangen. Eerst is er verlangen, daarna
het verwekte zoeken naar vervulling, en met de vervulling komt de ge-
nieting. Ligt het dus niet voor de hand dat geestelijke schrijvers het uitgangspunt voor hun zoeken en geloven terugvinden in een diep en rusteloos verlangen, woelend in hun binnenste innerlijk?

De Deense denker Sören Kierkegaard (1813-1855) was daarvan zo overtuigd, dat hij aan een van zijn toespraken de uitdagende titel meegaf:
'Verlangen naar God is 's mensen hoogste volkomenheid.' (4,220v) Vele
eeuwen eerder had bisschop Aurelius Augustinus (354-430), puttend uit
eigen diepgaande ervaringen, al vastgesteld: 'Heel het leven van een oprechte christen bestaat in heilig verlangen. Wát men verlangt, ziet men
nog niet. Maar verlangen schept ontvankelijkheid, en wanneer het
ogenblik daar is dat we zullen zien, zullen we in staat zijn er helemaal
door vervuld te worden.'15

Kellendonk geneert zich niet te bekennen dat hij balanceert tussen
geloof en ongeloof. Dat precies typeert mijns inziens de oprecht-zoe-
kende. 'Ongeloof plaagt me voortdurend, als een suffe bui, of een hard-
nekkige kater, als iets dat zal overgaan, met andere woorden, hetgeen
me de troost geeft dat ik het in elk geval nooit zonder de hoop hoef te
stellen. Van dag tot dag weet ik me heel aardig te redden door mijn ongeloof op te schorten met behulp van een paar flinke doses agnosticisme. Maar dat is oppervlakkig en onoprecht, aspirine voor de ziel. Het

geloof waar de agnosticus zijn schouders over ophaalt, belijdt hij met zijn voeten. Hij gelooft dat morgen de zon weer zal opgaan, maar wenst dat geloof nergens op te stoelen. Hoe een agnosticus er een ethiek op na moet houden, weet ik niet. Hij gelooft niet in de geboden van de eerste tafel en ontneemt daarmee de overige geboden hun rechtsgrond. Hij probeert zich uit dat dilemma te redden door te beweren dat die overige geboden een soort natuurwetten zijn.' Maar Frans Kellendonk voegt hieraan nog iets toe, iets opmerkelijks: 'Intussen voegt ieder verhaal dat ik schrijf, zich ongemerkt naar de ritus van de éne, heilige, katholieke en apostolische Kerk, zoals ik die jarenlang minstens eenmaal per week heb meebeleefd. Hersenspoeling? Ik denk liever dat ik, een ongelovige, toch Gods werk doe, dat ik Zijn blinde handlanger ben en door mijn werk mezelf schep naar Zijn beeld en gelijkenis, zoals Hij Zichzelf schept door mij. Misschien, denk ik nu (en mijn onbehagen wordt zo groot als de kosmos), twijfelt God wel net zo hevig aan Zijn schepping als ik twijfel aan Hem, en is werkelijk geloven pas mogelijk in het Nieuwe Jeruzalem, waar Hij en ik één volmaakt lichaam zullen zijn.'[16]

Frans Kellendonk, een ongelovige, een twijfelaar misschien...? Dan toch van het kaliber van een apostel Thomas die door Jezus bevestigd werd en door de Kerk als typerend, zelfs als heilig voorbeeld is erkend van zoekend, oprecht geloof.

Simone Weil: 'Met aandacht wachten op God'[17]
Verrast was ik, toen ik een aantal jaren geleden, nader kennis makend met de geschriften van de joodse filosofe Simone Weil (1919-1943), ontdekte hoe consequent zij was in haar overtuiging: je moet God *niet zoeken*, je moet met volle aandacht *op Hem wachten*. God zoeken, vindt zij, dat doe je om aan je eigen bestaan fundament te geven. Wachten op God is iets heel anders: dat is jezelf leeg en open maken, je ter beschikking houden, met aandacht jezelf richten op de hoogste waarden, de waarheid, de schoonheid, de goedheid. Niet het zoeken, maar het verwachten en het gericht staan op de ware werkelijkheid, brengt ons bij de ander en bij God.

De bron van waaruit de verwachting opwelt, is niet het ik dat streeft naar eigen vervulling en daaraan alles ondergeschikt maakt, maar het ik dat leeg wil worden van alle zoeken en klaar wil staan om te ontvangen wat de werkelijkheid te doen geeft. God moet niet gezien en gezocht worden als noodzakelijk en onontkoombaar. De enig zinvolle houding tegenover God is dan ook: *leeg* worden, verwachtende aandacht. Een Godsbeeld dat God maakt tot sluitstuk van menselijke behoeften en bestaansvoorwaarden, heeft volgens Simone Weil niets met God van doen. Het is te veel op eigen bevrediging gericht. Je moet God alle *ruimte* laten, alle ruimte geven: slechts als Hij zich wil laten ervaren, en op het moment dat Hij zich wil laten ervaren, kom je met Hem in levend contact.

Martin Buber (1878-1965) heeft wat dit betreft een enigszins verwante visie. 'Je kunt God niet zoeken, want er is geen enkele plek waar Hij niet te vinden is. Hoe dwaas zou iemand zijn, die zou afwijken van zijn levensweg om God te zoeken. Al zou hij alle wijsheid van de eenzaamheid en alle macht van concentratie winnen, God liep hij mis. Veeleer is het als wanneer iemand zijn weg gaat en alleen maar hoopt, dat het de weg van God zal zijn. Zijn zoeken uit zich in de kracht van zijn hopen. Iedere ontmoeting is dan een plek die hem een blik gunt in de allesvervullende ontmoeting. Zo is hij in alle ontmoetingen verwachtend. Hem verwachtend, niet zoekend, gaat de mens zijn weg. Hij zegent alle plaatsen die God geherbergd hebben, en alle plaatsen waarin Hij nog zijn intrek zal nemen. En als hij gevonden heeft, is dat niet het einde van de weg. Want het is een vinden zonder zoeken. Het oneindige Jij is ons altijd al tegenwoordig. Zijn tegenwoordigheid moet ons slechts helemaal werkelijk worden vanuit de werkelijkheid van het geheiligde leven in de wereld. Men vindt God niet wanneer men in de wereld blijft, men vindt God niet wanneer men uit de wereld gaat. Wie met zijn hele wezen tot zijn Jij uitgaat en alle dingen van de wereld tot Hem brengt, vindt Hem die men niet zoeken kan.'[18] De vraag was voor Buber altijd al van beslissende betekenis. Het antwoord is voor hem te vinden in de alledaagse concrete ervaringen. De visie van Martin Buber komt sterk overeen met die van Simone Weil: verwachtend uitzien naar God is wezenlijker dan God zoeken. Wellicht kan men dit het best als volgt samenvatten: als het over God gaat, laat zoeken dan allereerst verwachten zijn.

Simone Weil had driemaal een soort mystieke ervaring, de meest ingrijpende in 1939. Ze bracht de Goede Week door in de abdij van Solesmes, maar werd daar gekweld door een afschuwelijke hoofdpijn. Toen gebeurde er plotseling iets heel aparts. Zij beschrijft dat enkele jaren later in een van haar brieven.[19] 'Gedurende al die ervaringen had het woord God geen enkele plaats in mijn gedachten. Het heeft er nooit een plaats gehad, tot op de dag, ongeveer drieënhalf jaar geleden, waarop ik het die plaats niet meer heb kunnen weigeren. Op een moment van hevige fysieke pijn, terwijl ik mezelf dwong om lief te hebben, maar zonder dat ik geloofde het recht te hebben aan deze liefde een naam te geven, heb ik, zonder er ook maar enigermate op voorbereid te zijn geweest – want de mystieken had ik nooit gelezen – een aanwezigheid gevoeld, persoonlijker, zekerder en werkelijker dan die van een menselijk wezen, een aanwezigheid die zowel voor de zintuigen als voor de inbeelding ontoegankelijk was, en die vergelijkbaar was met de liefde die zichtbaar wordt in de tederste glimlach van een geliefd wezen. Vanaf dat moment hebben de namen van God en Christus zich steeds onweerstaanbaarder met mijn gedachten vermengd.' Ook in een brief aan de dominicaner pater Perrin herinnert Simone aan die ervaring, en schrijft daarover: 'Ik heb slechts via lijden de aanwezigheid gevoeld van een liefde die vergelijkbaar is met de liefde die men leest in de glimlach van een geliefd gelaat.'[20]

Simone Weil laat er geen twijfel over bestaan: God kwam naar haar toe. Zelf had zij de vraag naar God nooit eerder willen stellen; nooit had zij God gezocht. Nu moet zij wel gaan nadenken over God, denken aan God, wachten op signalen van God: waarom raakte God haar aan? Zij had haar leven gewijd aan de wetenschap, aan de ongelukkige medemens en aan de vraagstukken van de feitelijke samenleving. Nu gaat ze dat alles opnemen in haar relatie tot God. En ze raakt overtuigd, dat haar 'ik' daarvoor wijken moet.

Simone Weil schrijft veel over ongeluk, tegenspoed en rampen, en in dat verband komt ze ook te spreken over de ervaring van Gods afwezigheid: 'Rampen maken God gedurende een tijd afwezig, méér afwezig dan een dode, méér afwezig dan licht in een volledig duistere cel. Een zekere paniek bevangt de hele ziel. Gedurende deze afwezigheid is er niets meer om lief te hebben. Het verschrikkelijke is, dat als de ziel in deze duisternis – waar niets is dat men beminnen kan – ophoudt met liefhebben, dat dan de afwezigheid van God definitief wordt. De ziel moet doorgaan met liefhebben in de leegte, minstens doorgaan het zelf te willen, desnoods met een oneindig klein deel van zichzelf.'

Leegte, Godverlatenheid, ervaring van Gods afwezigheid. Simone Weil geeft haar pijnlijk verworven overtuiging weer, dat juist ongeluk en pijn duidelijk kunnen maken hoezeer God een mens serieus neemt. God wil zich niet aanwezig doen voelen, zolang de mens niet 'actief' betrokken wil zijn, met zijn vrije 'instemming' zich opent voor God. God wil zich niet presenteren als uiterste veilige garantie, de mens meeslepend zó dat hij niet weigeren kan. Integendeel, Hij daagt de mens juist uit om door de pijnlijke ervaring heen van Gods afwezigheid toch op Hem gericht te blijven. Hetgeen betekent dat zelfs op dat uiterste moment de kostbaarste schat van de mens, zijn vrijheid, door God volkomen geëerbiedigd wordt. Voor Simone Weil betekent dan ook schepping niet allereerst dat God zijn Zijns almacht uitbreidt buiten zichzelf. Neen, van God uit gezien houdt schepping in: passie, *ontlediging*. God offert zijn bij-Zichzelf-zijn op; God accepteert dat er ook beperkte vormen van bestaan komen, die volledig zichzelf mogen zijn. Hier komt het bijbelse begrip 'κένωσις' terug, dat de wezenlijke betekenis heeft van totaal loslaten, onthecht worden aan jezelf, naar het beeld van God-Vader die als eerste zichzelf 'ontledigde' door de schepping en de menswording. Loslaten, onthechting, ontlediging, het hoort bij God. Dus is ook de mens daartoe geroepen. Zo redeneert Simone Weil, samen met talloze andere spirituele zoekers.

'God komt door de kosmos heen tot ons. Over de eindeloze tijd en ruimte heen komt Gods nog oneindig eindelozer liefde om ons aan te raken. Wij hebben de macht Hem toe te laten of toegang te weigeren. Als wij doof blijven voor Zijn komst, dan komt Hij net als een bedelaar keer op keer terug; maar op een dag komt Hij niet meer. God legt een heel klein zaadje in ons en gaat dan heen. Vanaf dat tijdstip hebben wijzelf noch God iets anders te doen dan te wachten. Wij moeten alleen maar onze toestemming, ons jawoord blijven beamen. (...) Eens komt het moment dat de ziel God toebehoort, het moment waarop zij niet alleen maar met de liefde instemt, doch werkelijk zelf liefheeft. Nu moet zij op haar beurt door de hele kosmos gaan om tot God te komen. De ziel kent dan niet meer de schepselmatige liefde, maar een goddelijke, ongeschapen liefde. Want het is Gods liefde voor zichzelf die door de ziel heengaat. Alleen God is in staat God lief te hebben. Ons is het alleen gegeven om van harte onze eigen gevoelens te laten verdwijnen en zo ruimte te maken voor deze liefde. Dat houdt in dat wij onszelf verzaken. Wij zijn geschapen opdat wij daartoe bereid zouden zijn.'[21]

Zo heeft Simone Weil de laatste jaren van haar korte leven *met aandacht gewacht op God*. Ze mocht dat wachten beloond zien: intense Godservaring werd haar deel. Maar zoekend naar een gemeenschap waarin ze haar Godsgeloof met anderen zou kunnen delen en onderbouwen, kon ze (nog) niet tot een beslissende stap komen. Ze zag een mogelijk toevluchtsoord in de rooms-katholieke kerk, ging daarheen op weg, zocht contact met vertegenwoordigers van die Kerk, maar is er toch niet kunnen binnengaan. Intussen ondermijnde haar radicale levenswijze haar gezondheid. Ze wilde in alle opzichten haar leven delen met de minst bedeelden, en spaarde zichzelf in niets om hun haar solidariteit kenbaar te maken. Dat was haar manier van wachten op God: een allerminst passief afwachten, veeleer een zeer actieve vorm van opperste inzet voor onderbedeelde medemensen. Aldus gaf zij getuigenis van haar hoop op een solidaire God. Ze stierf ten slotte aan algehele uitputting in een sanatorium te Ashville (Kent, Engeland) op 24 augustus 1943; ze was toen 34 jaar.

Twee wegen naar God

Simone Weil en Martin Buber adviseerden om af te zien van een systematisch zoeken naar God; ze hadden daarvoor ieder hun eigen motieven. Maar hoe zou je het kunnen laten, als je eenmaal bent besmet met een nieuwsgierig verlangen naar enige onthulling van het goddelijk mysterie? Of je nu zoekt naar waarheid, naar de volle waarheid, dan wel verlangend uitziet naar vervulling van wat je node mist, of geduldig wacht en afwacht tot de Transcendente zich kenbaar maakt, hoe dan ook, het gaat in feite om de allesoverstijgende, allerdiepste grond van ons bestaan. Hoe een mens God ook meent te mogen duiden en benoemen, hij blijft al gauw steken op vermoedens, gissingen. Alleen al ons spreken over God is een moeizaam spreken, met horten en stoten, zoekend, haperend, aarzelend.

Het was echt niet blasfemisch wat Gerard Reve te zijner verdediging in hoger beroep betoogde over ons menselijk ervaren van God:

Alle narigheid komt hieruit voort, dat God voor mij niet is de 'gans andere', de emanente, maar 'het meest eigene', dat wil zeggen: de immanente. Mijn God is kennelijk niet de God van Nederland, of zoals onze grote schrijver Nescio Hem in zijn onsterfelijke verhaal 'Dichtertje' noemt, 'de God van je tante, die zei dat je moest groeten als je langs 't huis van je baas kwam (...) ook al zag je niemand, je kon nooit weten wie 't zag'. Ik bezit geen statisch Godsbeeld, maar als ik van God een definitie zou moeten geven, dan zou die thans luiden: God is het diepst verborgene, meest weerloze, allerwezenlijkste en onvergankelijkste in onszelf. Korter en beter door Iemand anders geformuleerd ten aanhoren van dat onuitroeibare slag lieden dat altijd wil weten of het Koninkrijk Gods een absolute dan wel een constitutioneel-parlementaire monarchie zal zijn: 'Het Koninkrijk Gods is binnen in U.'[22]

God, binnen in mij, en toch de gans-Andere, oneindig anders dan wij ons kunnen voorstellen, de totaal-Andere, uiteindelijk niet te definië-ren, niet te verbeelden, niet te noemen. Mensen die door eigen stand-vastig zoeken God aldus ervaren hebben, kunnen daarover veel vertel-len. Sommigen hebben hun ervaringen in deze op schrift gesteld. Daaruit kunnen we leren hoe zij toen gehandeld hebben, en dus ook hoe wij nu het best naar God op zoek gaan. De diepzinnige middeleeuwse theoloog Anselmus van Canterbury (1033-1109) getuigde hoe een mens vanuit innerlijke waarneming kan komen tot besef van Gods geheel-an-ders-zijn, en hij bad om hulp daarbij:

> Diep in onze ziel hebt U, God, een notie van Uzelf neergelegd; laat ons die aanraken dat ze opspringt; voordat we gaan redeneren, weten we al van U: in alles de Grootste.[23]

Al het concreet bestaande laat zich zien als spiegelbeeld, als afbeelding van God. Deze relatie tussen Schepper en schepsel bracht de Duitse filo-soof Nicolaas van Cusa (1401-1464) ertoe God de naam te geven van de 'Niet-Andere'. Deze grote Godzoeker wist beide namen voor God bij el-kaar te houden: Totaal-Andere en Niet-Andere. Want zowel de verbor-gen vreemdheid van God als de intieme verwantschap van de mens met God werden door deze bijzondere denker in zijn zoeken heel diepgaand ervaren.

Dankzij een brede, levende stroom van Godservaringen, zodoende staande op de schouders van ontelbare voorgangers, weten wij van een zeer gevarieerd spreken over God en van de vele manieren waarop men-sen God ervaren. Er is geen eenduidige ervaring van God, elk mens komt tot een eigen Godsbeeld, elk mens ís ook op eigen wijze beeld van God. Nicolaas van Cusa filosofeerde over dit mysterie eindeloos, en wel zodanig dat zijn geest meer en meer geïmponeerd raakte door Gods on-begrensd bestaan. Wij kunnen nu, vele jaren later, dankbaar reflecteren op wat hij daaromtrent heeft opgetekend.

Dionysius de Areopagiet (een wat mysterieuze figuur uit de vijfde-zesde eeuw) schreef een korte verhandeling, getiteld 'Over mystieke theologie', baanbrekend toen, nu nog altijd richtinggevend. Hij was de eerste die uitdrukkelijk en systematisch pleitte voor een zeer beschei-den spreken over God. Hij propageerde een 'negatieve' (apophatische =

ontkennende, aporetische = wegnemende) manier van spreken over God. Het is het spreken van de sprakeloze. De eeuwen door heeft dat denken en spreken over God steeds opnieuw verdedigers gekend; het vindt in onze dagen opvallend veel erkenning.[24] Ik denk dan echter niet aan het postmodernistisch pleidooi van sommige denkers, dat een totaal zwijgen over God propageert. Bij het niet-kunnen-kennen van God legt een christen zich niet neer. Hij of zij wil door de 'verbazing' heen om die verstomming, niet tegengehouden door die duistere stilte rondom, blijven zoeken naar passende antwoorden.

Wat wil deze Dionysius? Hij bepleit een positief, gelovig benaderen van God, maar dan vanuit het besef dat ons denken en spreken essentieel ontoereikend is om Hem op adequate wijze ter sprake te brengen. Woorden en begrippen schieten totaal tekort om God te schilderen zoals Hij is. Iets zinnigs zeggen over God moet beginnen met nuanceren en wegstrepen. 'We kunnen van God niet weten wat Hij is,' zei de grote Thomas van Aquino, 'alleen wat Hij niet is.'[25] Alles wat te maken heeft met het zintuiglijke en lichamelijke, ja alles wat louter schepsellijk is, schiet tekort als we iets over God willen weergeven; immers, niets daarvan is op God werkelijk van toepassing. Slechts via metaforen en met gebruik van beeldspraak, slechts in beeldende taal dus, kan over God iets ter sprake komen. Slechts van daaruit kan zich een weg omhoog openen, een vermoeden ontstaan hoe het best op zoek te gaan naar de Transcendente die zich verborgen houdt in het ondefinieerbare, duistere, niet te kennen gebied.

Volgens Jan van het Kruis is dit de weg waarop men 'alles' achterlaat om ten slotte uit te komen bij het 'niets'. Slechts via de 'donkere nacht' kan men zover komen. Andere Godzoekers, ieder zich anders uitdrukkend, ieder met eigen beelden en woorden, uitgaande van eigen intieme ervaringen, vertolken verwante gedachten. Zo onder meer Eckart, Nicolaas van Cusa, Jan van Ruusbroec.

In feite zijn er *twee hoofdwegen* waarlangs een mens op zoek kan gaan naar God: a) de bevestigende weg van het meer willen weten; b) de ontkennende weg van het niet-weten.

In de eerste hoofdstukken van ons boek volgden wij de eerste, de positieve weg: we zochten naar namen, beelden, sporen van God, we keken naar de verscheidene manieren waarop mensen hun zoeken naar God manifest maken, we onderzochten de veelvoudige wijzen waarop onze voorouders God zagen en vierden, we gingen uit van overgeleverde

Godservaringen, bijeengesprokkeld uit allerlei bronnen van voorbije tijden en allerlei ervaringen van mensen van eertijds en van nu. Zo zochten we naar herkenningspunten in verleden en heden die ons nader kunnen brengen tot Hem. Door ons op de hoogte te stellen van hetgeen zeer verschillende mensen dankzij hun volhardend zoeken naar het Goddelijke en het Heilige aan Godservaring hebben beleefd, kunnen we ons een beter beeld vormen van Hem die wij de Oorsprong en de blijvende Bezieler durven noemen van heel ons bestaan.

De positieve weg *begint* bij eigen alledaagse ervaringen en bij opkomende vragen rond ons eigen bestaan. Bewust daarmee bezig zien we hoe zich vensters openen met ruimer uitzicht en breder perspectief. Dat stuwt onze hoop om van daaruit nader te komen tot de Schepper van al wat is, de Behoeder van al wat leeft. In de schepping en vooral in de omgang met medemensen, maar ook in de krochten van onze eigen persoon mogen we trachten wegwijzers te vinden. Wie echt hoopt uit te komen bij God, zal moeten beginnen bij de wereld waarin wij leven. Want al het geschapene draagt in zich het zegel van de Schepper; wat dat betreft is er verwantschap tussen God en Zijn schepping. Vooral de mens mag zich verwant weten met de Schepper, mag heel intiem met God omgaan.

Maar deze wezenlijke verbondenheid is heden ten dage – niet voor het eerst overigens – verduisterd. God lijkt ver, God lijkt vreemd, Hij lijkt niet te passen bij de huidige stand van wetenschap en cultuur, Hij lijkt overbodig. Zo zijn we ons aangaande God dieper bewust geworden: dat Hij verborgen blijft en ver weg, dat Hij zonder gestalte is en ongrijpbaar, ja zelfs dat Hij voor ons altijd de Onvatbare zal blijven, de Onbegrijpelijke, de Allesoverstijgende, de Verborgene. Dat is een positieve verworvenheid van onze tijd. Ons geloof kan mystieker worden, omdat het realistischer is, meer open voor de unieke, onvatbare eigenheid van God. Daar precies hebben we het uitgangspunt voor een zoeken langs die andere weg, de weg van de negatie, de weg van het niet-kunnen-kennen, van het niet-weten.

Nicolaas van Cusa ('Cusanus', geboren te Kues aan de Moezel in 1401), later bisschop van Brixen en kardinaal van de Romeinse curie, heeft verschillende studies nagelaten over deze grote levensvraag, de vraag naar het wezen van God. Aan hem danken we onder meer het geschrift *De visione Dei*, in Nederlandse vertaling verschenen onder de titel *Het zien van God*.[26] Zijn hoofdwerk is getiteld *De docta ignorantia* (over het aangeleerde niet-weten), handelend in drie delen over het aanleren van het zogenaamde niet-weten.[27]

In *De docta ignorantia* verbindt Nicolaas van Cusa, zoals andere beoefenaars van de 'sprakeloze theologie' voor en na hem, de twee wegen met elkaar, die van het bevestigende weten en die van het ontkennende nietweten, om zo de weg te effenen naar een maximaal haalbaar contact met de Onkenbare. Een mens wil weten, wil graag op zoek gaan, wil vertrouwen dat God zelf hem geleidelijk wat meer zal laten ervaren van Zijn aanwezigheid en Zijn innerlijk wezen. Puur afwachten, helemaal niets doen, dat lijkt een derde weg, maar een weg die nergens toe leiden zal. Door op zoek te gaan geeft men God alle ruimte. Nicolaas van Cusa legt dan ook grote nadruk op onze allereerste opgave, die een dubbele is: zoeken en inoefenen. Het *zoeken* zal altijd moeten geschieden in de wereld van mensen, in het leven van alledag. Door dat dagelijks zoekend op weg zijn realiseert zich het vereiste *inoefenen*. Aldus doende ontdekt men ervarenderwijs, spelenderwijs de fundamentele waarde van Jezus' aansporing: 'Zoekt en ge zult vinden.' (Mattheüs 7:7)

Nicolaas van Cusa geeft aan het menselijk vermogen om God te kennen graag de naam van 'zien'. Het benaderen van de waarheid is een zien, vindt hij; het zoeken is van dat zien een belangrijk onderdeel. Dit zien dringt dieper door in de werkelijkheid dan het verstand alleen. Het zien van het niet-weten reikt verder dan het zogenaamde kennen, het zien van het verstand alleen. Maar in het 'aangeleerde niet-weten' (*docta ignorantia*) van Nicolaas van Cusa zijn weten en niet-weten met elkaar vervlochten. We kunnen God niet vatten, maar dankzij ons vermogen om te 'zien' kunnen we aannemen dat Hij er is. Nicolaas van Cusa illustreert dat door te verwijzen naar het zintuiglijk zien van onze ogen. We zien kleuren, maar we zien niet het licht dat de kleuren veroorzaakt. 'Kleur is een beperkte weergave van licht... De beperking van het licht in datgene wat oplicht, is de kleur. Nu eens is de oplichting rood, dan weer blauw. Maar alle kleur is gave van het neerdalend licht.' (*De dato patris luminum* 2; PTS I,312) We zien slechts de kleuren, maar daarin zien we ook het licht dat de kleuren veroorzaakt. Zo zetten kleuren ons op het spoor van het licht. En zo zet ook het niet-weten ons op het spoor van het weten.

God daagt de mens uit. Via allerlei wegen, waarbij de grote godsdiensten een stimulerende rol mogen spelen, spoort God mensen als het ware permanent aan om bewust te zoeken naar de diepere aard van de vragen die hen bezighouden. Als bewust zoekend mens wil je meer weten. Een mens verlangt te kennen en te weten. Dat bezorgt je een open oor voor diepere levensvragen, bijzonder voor relatievragen, vragen naar de relatie met medemensen, met de hele schepping en met de Schepper. Als God bestaat, als er een echte God is, als je geloven kunt in een Goddelijk bestaan, dan mag je jezelf uitgedaagd weten om je bewust te worden van die existentiële relaties en van de lasten en lusten verbonden aan al die relaties. Een mens kan niet alleen zijn (vgl. Genesis 2:18), geen mens kan zich zonder schade isoleren en daarin bevrediging vinden. Geluk kan men alleen putten uit het onbevangen samenzijn met anderen, uit kosmische c.q. gelovige ervaringen.

Die beide wegen, de positieve van het meer-weten en de negatieve van het niet-weten, vormen dunkt me samen de ideale combinatie om van Gods mysterie, hoe vreemd en onbereikbaar ook, iets te kunnen ervaren, te ervaren van zeer nabij.[28]

'De mens is niets', 'God is niets'[29]

Een van de grootste christelijke denkers over de 'negatieve' weg, bekend propagandist van de 'mystieke', de 'ontkennende' theologie van Dionysius de Areopagiet, is de middeleeuwse theoloog Meester Eckhart (1260-1328), lid van de orde der dominicanen. Zijn faam als theoloog en geestelijk leraar was wijdverbreid, zijn uitstraling zeer groot. Zijn invloed reikt over de eeuwen heen tot in onze tijd. Tragisch is dat tegenstanders hem in de loop der jaren steeds feller aanvielen, zodat in 1329 (een jaar na zijn dood) paus Johannes XXII een bulle ondertekende waarin 28 van Eckharts formuleringen werden veroordeeld. Gevolg was dat zijn geschriften voorwerp van felle discussies werden. Men vond sommige formuleringen tekortdoen aan de ware christelijke leer over God. Afzonderlijke zinnen apart genomen kunnen zeker serieuze vragen oproepen. Maar nauwkeurige lezing en welwillende afweging van zijn hele oeuvre moet mijns inziens uiteindelijk voeren tot een positieve beoordeling. Wat beoogde Eckhart, waarop was zijn aandacht uiteindelijk gericht?

Meester Eckhart bestreed om te beginnen de nonchalante manier waarop mensen God voor hun eigen karretje trachten te spannen. 'Veel mensen willen naar God kijken zoals ze naar een koe kijken; ze willen van God houden zoals ze van een koe houden. Daarvan houd je wegens de melk en de kaas en omwille van je eigen nut. Zo doen ook al die mensen die van God houden om uiterlijke rijkdom en innerlijke troost. Die houden niet echt van God, maar van hun eigenbelang.' (M 67, Q 227) 'Je zoekt iets met God en je doet precies alsof je van God een kaars maakt om daarmee iets te zoeken. Heb je gevonden wat je zocht, dan gooi je de kaars weg.' (M 45v, Q 170v)

Verschillende levenshoudingen vergelijkend houdt hij een pleidooi voor een Godsliefde die boven elk platvloers eigenbelang uit gaat. 'Als je God dient in vrees, is dat goed; als je Hem uit liefde dient, is dat beter; maar als je in de vrees de liefde kunt grijpen, is dat het allerbeste. Als een mens een rustig en vreedzaam leven heeft in God, is dat goed; als hij een moeizaam leven met geduld draagt, is dat beter; maar als je rust vindt in een moeizaam leven, is dat het allerbeste.' (M 101, Q 324) Met een andere vergelijking tracht hij hetzelfde op andere wijze te poneren: 'Onze Heer zegt: Wie omwille van mij en omwille van mijn naam iets weggeeft, zal ik het honderdvoudig teruggeven en het eeuwig leven bovendien. (Mattheüs 19:29) Geef je het echter weg omwille van dit honderdvoud of omwille van het eeuwig leven, dan heb je niets weggegeven; zelfs als je weggeeft vanwege duizendvoudig loon, heb je niets weggegeven. Je moet jezelf achterlaten en wel volledig, dan heb je echt achtergelaten.' (M 90v, Q 299v)

Op de volstrekt onvatbare eigenheid van Gods wezen wees hij in opvallend radicale termen: 'God is niet zijn noch goedheid. God is niet goed of beter of allerbest. Wie zegt: God is goed, die doet Hem onrecht, evenzeer als wanneer men de zon zwart zou noemen.' (Q 197). 'Wanneer Hij goedheid noch zijn, waarheid noch eenheid is, wat is Hij dan? *Hij is louter niets*, Hij is noch dit noch dat.' (DW I 402) 'Een kardinaal vroeg aan St.-Bernardus: waarom moet ik God liefhebben? St.-Bernardus antwoordde: dat zal ik u zeggen, God zelf is de reden waarom je Hem moet liefhebben. De wijze van deze liefde echter is: zonder wijze, want *God is niets*; niet dat Hij zonder zijn zou zijn, maar Hij is niet dit of dat noch iets wat je kunt uitleggen; God is zijn boven alle zijn. Hij is wijze-loos zijn. Daarom moet de wijze waarop je Hem liefhebt, ook wijze-loos zijn.' (Q 407)

Het is vooral in preek 17 dat Eckhart zich inspant om zijn visie uit te leggen en aannemelijk te maken. 'De ziel overkomt vernieuwing in zoverre ze 'ziel' heet; want 'ziel' heet ze in verband met het feit dat ze het lichaam leven geeft en beginsel van het lichaam is. Vernieuwing overkomt haar ook in zoverre ze 'geest' heet, en 'geest' heet ze naarmate ze afgescheiden is van het hier en nu en al het natuurlijke. Waar ze echter beeld van God is en naamloos als God, overkomt haar geen vernieuwing, maar enkel eeuwigheid, zoals God. Let nu op! *God is naamloos*, want van Hem kan niemand iets zeggen of kennen. Daarom zegt een heidense meester: wat wij van de eerste oorzaak kennen of zeggen, zijn we meer zelf dan dat het de eerste oorzaak zou zijn, want die is boven ieder zeggen en verstaan verheven. Zeg ik dus: God is goed, dan is dat niet waar; eerder ben ík goed, maar God is niet goed! Ja, ik zou zelfs durven zeggen: ik ben beter dan God, want wat goed is, kan beter worden; wat beter worden kan, kan het allerbeste worden. God nu is niet goed; daarom kan Hij niet beter worden. En omdat Hij niet beter kan worden, kan Hij ook niet allerbeste worden. Want ver van God verwijderd zijn deze drie: 'goed', 'beter', 'allerbest'. Hij is immers boven alles verheven. Zeg ik vervolgens: God is wijs, dan is dat niet waar. Ik ben wijzer dan Hij. Zeg ik verder: God is een zijn, dan is dat niet waar. Hij is veeleer zijn én niet-zijn uitgaande boven al wat is...'

Eckhart zelf zegt van zijn preken dat hij daarin vier fundamentele gaven behandelt die voor de betrokkenen opgaven zijn. Allereerst is er – wat hij noemt – de afgescheidenheid, waarmee hij tegelijk duidt op afscheid en leegheid: een mens moet leeg worden, vrij van zichzelf en van al het andere. Op de tweede plaats stelt hij dat de mens opnieuw geboren moet worden, geboren tot 'het éne goede, dat is God'. Ten derde vraagt Eckhart aandacht voor de grote adel welke God in de ziel heeft gelegd, waardoor ze de mogelijkheid heeft binnen te treden in het wonderbare leven van God zelf. Op de vierde plaats spreekt hij over de onvoorstelbare louterheid van de goddelijke natuur. Eckhart geeft nadere toelichting.

Afgescheidenheid vraagt: loslaten van een al te oppervlakkig omgaan met God, en kiezen voor God als doel van mijn inspanningen, kiezen voor God als de zin van mijn leven, als markt van mijn zaligheid, als schoot van mijn geborgenheid. 'Het hoogste en uiterste wat een mens kan loslaten, is dat hij God loslaat omwille van God.' (preek 7) Met zo'n wel heel sterke uitspraak kunnen we weinig anders dan vragen: wat bedoelt hij? Hij lijkt te duiden op een geestelijk afscheid dat de richting van mijn leven verandert, dat mijn blik niet richt naar boven of naar ver weg, maar naar binnen. 'Gisteravond dacht ik, dat God onthoogd zou moeten worden (...). Het betekent: een onthoogde God, niet absoluut, maar van binnen, opdat wij verhoogd zouden worden. Wat boven was, worde van binnen.' En elders zegt hij: 'Je moet God niet opvatten als buiten jezelf, maar als je eigenste, als iets in jou.' (preek 5)

Om die afgescheidenheid te bereiken moet men diverse foutieve gerichtheden opgeven. Allereerst de gehechtheid aan vaste locaties: de ware mens is 'onderweg'. 'De mens die zich onderweg bevindt, voortdurend onderweg, (...) is de hemelse mens. Dit (...) betekent dat je geen eindpunt hebt, nergens afgesloten bent, nergens blijft staan.' (Q188v, M57v) Ook de ruilhandel met God dient verlaten te worden. (Q153, M31v) Soms kan zelfs het 'doen van Gods wil' mensen op zijsporen zetten. 'Zolang ge de wil hebt om de wil van God te vervullen, en verlangen koestert naar de eeuwigheid en naar God, zolang zijt ge niet echt arm.' (Q304, M95)

Wat bedoelt Eckhart met de 'adel van de ziel'? Hij heeft er moeite mee om dat uit te leggen. 'Ziel', dat is bij Eckhart de mens in zijn diepste zijn, de eigenlijke mens, een en al geheim. Hij spreekt over 'iets in de ziel'; hij gebruikt ook symbolen als: kracht, vonkje, burchtje; hij maakt gebruik van paradoxen, contradicties en verbeteringen. Maar het liefst spreekt hij over 'adel' en over 'burchtje' van de ziel.

'Er is iets in de ziel dat één en al geheim en verborgen is, iets dat ver boven die plek ligt waar de vermogens van verstand en wil uit de ziel uitbreken (...). Een bepaalde meester die op de allerbeste wijze over de ziel gesproken heeft, zegt dat het gehele menselijk weten nooit hierin doordringt: wat de ziel in haar grond is (...), daarvan weet niemand iets.' (preek 6). 'Nergens is God zo eigenlijk als in de ziel (...), in het binnenste en in het hoogste van de ziel, waar nooit tijd binnendrong en nooit een beeld binnenlichtte.' (preek 18) De ziel kan verkommeren doordat een mens oppervlakkig leeft, naar buiten kijkt, niet in zichzelf doordringt. Komt hij wel tot zichzelf in de diepste zin van het woord, dan wordt hij uiterst vruchtbaar, stabiel, gelijkmoedig, en zal hij alles aankunnen. Hij vindt dan zichzelf, in zijn verbondenheid met God. Eckhart stelt: God is in de ziel God zoals de zon in de spiegel zon is (preek 8 en 11). Soortgelijke gedachten en uitdrukkingen over God als grond of vonk of burcht of adel van de ziel vindt men ook bij Hadewych ('gront van de ziel'), Jan van het Kruis (sprekend over een 'wat' aan het eind van zijn 'Geestelijk Hooglied'), en andere spirituele auteurs.

Als de mens op zoek gaat naar zijn ziel, vindt hij daar God. Eckhart spreekt in dit verband over *Godsgeboorte*. Het gaat hem om de plek in de ziel waar de Vader zijn Zoon van eeuwigheid baart. De mens en God zijn daar aan elkaar geboren. Het is van de kant van de mens een herboren worden in God. God in de mens en de mens in God. Dit werken van God schrijven wij bij voorkeur toe aan de Heilige Geest. De herboren mens is de gelijkmoedige mens. Gelijkmoedigheid is voor Eckhart de verzameling van alle deugden. Gelijkmoedigheid duidt sterkte aan en soliditeit, zo'n mens kan ertegen, hij leeft en werkt van binnenuit, niet gedreven van buitenaf.

Wat tenslotte God zelf betreft, maakt Eckhart onderscheid tussen 'God' en 'Godheid'. Een subtiel onderscheid, naar het schijnt, want God en Godheid moeten wezenlijk één zijn. Onderscheid is er dan ook alleen aan de kant van de schepselen. Eckhart acht dat onderscheid echter van groot belang. 'God' is voor hem aanduiding van God als Schepper zich uitwerkend in veelheid. De naam 'Godheid' daarentegen drukt oorspronkelijke en blijvende eenheid uit en enkelvoudigheid. Godheid, dat is verborgen duisternis, ondoorgrondelijke zee, bodem, bron, stille kamer van eeuwig vaderschap (termen van Eckhart zelf). Godheid, dat is God in zichzelf, onbekend en onkenbaar, absoluut verborgen.[30] Godheid, dat is Eckharts uitdrukking voor God als onze uiteindelijke levensvraag, God in diepste wezen.

God – Niemand

Ontkennen van woorden en van namen voor God, alle schepselijk materiaal ongeschikt verklaren om God te duiden, dat kan leiden tot op het eerste gezicht vreemde conclusies. Sommige Godzoekers zijn op grond van hun 'negatieve' ervaringen bij het zoeken naar God zelfs zó ver gegaan dat ze God de naam *Niemand* durfden geven.

Van bisschop-kerkleraar Gregorius van Nazianze (ca.329–ca.390) stamt dit gebed:

O Gij, alles voorbij, hoe anders U te noemen?
Hoe kunnen woorden U prijzen,
Gij die door geen woorden te zeggen zijt.
Hoe kunnen gedachten U bereiken,
Gij die door geen denken te grijpen zijt.
Gij, Enige, Onuitsprekelijke,
bij U alleen blijft alles bewaard.
Op U hoopt alles,
Gij zijt het doel van alles.
Gij zijt één.
Gij zijt alles.

Gij zijt niemand.
Gij zijt geen een.
Gij zijt niet alles.
Wees mij genadig,
o Gij, alles voorbij.[31]

Niemand, geen een, niet alles, alles voorbij. Wat deze bisschop van Constantinopel eigenlijk zeggen wil, blijkt vooral uit diens slotregel: 'O Gij, alles voorbij'. God is niemand of niets in concreto, niets van alles wat wij rondom waarnemen. Hij is alles voorbij.

Vele eeuwen later roept de dichter Paul Celan God aan met diezelfde vreemd-overkomende benaming: 'Niemand'.

Niemand knetet uns wieder aus Erde und Lehm.
Niemand bespricht unsern Staub.
Niemand.
Gelobt seist du, Niemand.
Dir zulieb wollen
wir blühn.
Dir
entgegen.
Ein Nichts
waren wir, sind wir, werden
wir bleiben, blühend:
die Nichts-, die
Niemandsrose.
Mit
dem Griffel seelenheil, dem Staubfaden himmelwüst,
der Krone rot
vom Purpurwort, das wir sangen
über, o über
dem Dorn.[32]

De vierde regel is beslissend voor de interpretatie van deze 'psalm': het gaat om Iemand die het best Niemand genoemd wordt. Met 'Niemand' zet Celan ons op weg naar de 'negatieve theologie', die het Opperwezen aanduidt en aanspreekt in termen die Zijn onbenoembaarheid onderstrepen. Celan gaat overigens verder. Ook de mens krijgt een naam die ontkenning is: 'niets'. Uit de mens-niets, creatie van God-Niemand, bloeit overigens de 'niets- en niemandsroos' op. Die dubbele benaming duidt op de diepe verbondenheid tussen Schepper en schepsel. In het gedicht van Celan vallen verder de woorden 'doorn' en 'kroon' op; het zijn verwijzingen naar het onontkoombare lijden en de verrijzenis van de lijdende Christus. Daarnaast is er de metafoor leem – pottenbakker, welke herinnert aan Job 10,9: 'Bedenk toch dat Gij mij als leem hebt gevormd, en wilt Gij mij tot stof doen wederkeren?' Zo heeft de dichter deze 'psalm' tot een welsprekende belijdenis gemaakt, 'een antwoord op klemmende vragen aan een afwezige God, die zich heeft vermenselijkt in de gekruisigde man met de doornenkroon'.[33] Nog twee andere mystiek geladen gedichten van Celan, evenzeer als het zojuist geciteerde gedicht hoopvol verwijzend naar de verborgen God, kan men behandeld vinden in de bundel *Tot op de bodem van het niets*.[34]

Inderdaad kunnen veel mensen getuigen, hoe ongrijpbaar en onvoorstelbaar God voor hen is, zodat ze eigenlijk slechts in negatieve termen over Hem kunnen spreken. Celan lijkt te adviseren: laten we Hem gewoon benoemen zoals we Hem ervaren, als afwezig, compleet verborgen, met niets en niemand te vergelijken. Wanneer echter een mens, God zoekend, geen woorden of namen weet te vinden die Hem recht doen, hoeft dat nog niet te betekenen dat hij helemaal niets van Hem ervaart. Maar ook als je niets van God ervaart, kan wellicht toch het verlangen blijven leven naar zo iets of iemand als God. Al ervaar je primair niets concreets, niets wat onder woorden of in beelden te vatten is, toch is contact met Hem niet per se uitgesloten. Daarvan getuigen mensen die zulks ervaren hebben. Na alles wat zij meegemaakt hebben, weten zij het zeker: God die zich pijnlijk verborgen houdt in schijnbaar niets, 'tot op de bodem van het niets', kan niet altijd blijven weigeren zich kenbaar te maken aan wie blijft zoeken.

Mensen gaan vaak erg laat op zoek naar God. Maar als zij zoeken, wijzen ze Hem soms te vroeg aan, zetten Hem dan te snel op Zijn plaats. Edward Schillebeeckx heeft erop gewezen dat de plaats waar je Hem ervaart, iets anders is dan God. Het verhaal over God in het brandende braambos (Exodus 3:1-15) is volgens Schillebeeckx verhelderend: die brandende doornstruik is niet God zelf. God manifesteert zich daar wel, maar Hij is veel meer dan de plaats waar Hij zich manifesteert: Hij is niet die plek. God is niet de persoon of het gebeuren, de droom of het visioen waarin ons iets van Hem kenbaar wordt.[35] We mogen spreken van heilige plaatsen en personen, wanneer God zich daarin manifesteert. Maar niets of niemand ter wereld mag men vereenzelvigen met God. Als een mens alleen op eigen gezag pretendeert Gods stem te zijn, heeft hij veel uit te leggen. En overal waar God vereenzelvigd wordt met iets van Zijn schepping, overal waar God geacht wordt samen te vallen met wat je geneigd bent heilig te noemen, overal daar wordt God schromelijk tekortgedaan.

Mensen, past tegenover God slechts eerbied in diepe bescheidenheid, eredienst in oprechte dankbaarheid, overgave in respectvol vertrouwen. God is zozeer niets en niemand, dat alleen vanuit een collectief, alleen op gezag van Godservaringen binnen groter verband, het spreken en denken over God met enig vertrouwen onder woorden gebracht zal kunnen worden. Wij, kleine mensen, klein als individuen, zijn voor zoiets groots als Godskennis en Godsbeleving aangewezen op Godservaringen van grote geesten en van geloofwaardige gemeenschappen. Niet voor niets groeit de hoop, dat de rijke schat aan authentieke Godservaringen binnen heel het wereldomvattend kader van de mensheid dankzij eensgezind zoeken eens zo gebundeld zal kunnen worden, dat God beter ervaarbaar en herkenbaar wordt.

'De donkere nacht'
Twee Spaanse heiligen, Jan van het Kruis (1542-1591) en Teresa van Avila (1515-1582), zijn gezamenlijk bekend gebleven als opmerkelijke hervormers van de Karmel-orde, maar ook en vooral als opmerkelijke vertolkers van persoonlijke mystieke belevingen. Aan Jan van het Kruis danken wij de uitdrukking 'donkere nacht'. Onder deze titel componeerde hij een gedicht, en op dit gedicht (althans op de twee eerste strofen ervan) schreef hij twee uitvoerige commentaren, waarin hij zijn zeer persoonlijke Godservaring in verstaanbare woorden trachtte te vertolken. Hier volgt de Nederlandse vertaling van het gedicht.

In een nacht, aardedonker,
in brand geraakt en radeloos van liefde,
– en hoe had ik geluk! –
ging ik eruit en niemand
die 't merkte – want mijn huis lag reeds te slapen.

In 't donker, geheel veilig
langs de geheime trap en in vermomming,

– en hoe had ik geluk! –
in 't donker, ongezien ook,
want alles in mijn huis lag reeds te slapen.

In de nacht, die de kans geeft,
in het geheim, zodat geen mens mij zien kon
en ook ikzelf niets waarnam:
ik had geen ander leidslicht
dan wat er in mijn eigen binnenste brandde.

Dat was het dat mij leidde
– zekerder dan het zonlicht op de middag –
daarheen waar op mij wachtte,
van Wie ik zeker kon zijn,
en op een plaats waar niemand ooit zou komen.

O nacht die mij geleid hebt!
o nacht, mij liever dan het morgengloren!
o nacht, die hebt verenigd
Beminde met beminde,
beminde, opgegaan in de Beminde!

Aan mijn borst, wei vol bloemen,
Hem alleen, onbetreden voorbehouden,
daar is Hij ingeslapen
en heb ik Hem geliefkoosd
en gaf de waaier van de ceders koelte.

De koelte van de tinnen
kwam, onderwijl ik door zijn haren heen streek,
met haar hand, licht en rustig,
mij aan de hals verwonden,
en stelde al mijn zinnen buiten werking.

Mijzelf liet ik, vergat ik;
ik drukte het gelaat aan mijn Beminde;
het al stond stil, ik liet mij gaan,
liet al mijn zorgen liggen:
tussen de witte leliën vergeten.[36]

Dit gedicht dient gelezen, herlezen, nogmaals gelezen en rustig overdacht te worden. Het bevat diverse lagen die alleen bij aandachtige beschouwing en gelovige overdenking kunnen worden ontdekt. Wat men bij eerste lezing nog niet ziet, zal men lezend en mediterend geleidelijk aan ontdekken. Het gedicht is samen met de prozacommentaren van de auteur een bijzonder exempel van mystieke Godsbeleving. Jan van het Kruis schreef het (samen met andere poëtische ontboezemingen) tijdens de moeilijkste periode van zijn leven: toen hij als gevangene op water en brood was gesteld, opgesloten in een kale kloostercel in Toledo (van december 1577 tot augustus 1578). Een grote groep medebroederskarmelieten was het zeer oneens met de strenge hervormingen die hij in hun orde probeerde door te voeren. Daarom isoleerden ze hem en wilden hem via een wreed en bar regime tot inkeer dwingen.

Op een avond, toen hij diep terneergeslagen in het donker van zijn cel zat, hoorde hij buiten op straat een jongen een populair volksliedje zingen: 'Ik sterf van liefde, liefste wat zal ik doen? – Sterf maar, alahee.' Jan van het Kruis met zijn absoluut gehoor raakte diep ontroerd door de mooie stem van de jongen, zozeer dat de tekst van het volksliedje in zijn oren zich ontvouwde tot een heel diepgaande, emotioneel geladen ontboezeming. Het groeide in hem naar de enige betekenis die hij in die boze situatie ermee uitdrukken kon: sterven van liefde; ja, ik sterf van liefde voor de Enige voor wie het alle moeite waard is te sterven; sterven wil ik om met Hem vereend verder te leven. Diepe troost in barre duisternis. Het gebeuren is prachtig onder woorden gebracht door de befaamde literatuurkenner Kees Fens, die concludeerde: 'De jongen zong een mystieke dichter vrij: nog in zijn cel schreef Jan van het Kruis enkele van zijn mystieke gedichten.[37]

Jan van het Kruis was een mysticus; hij leefde op hoog niveau, ondanks zeer zware crisismomenten. Echte mystieken staan niet los van de wereld rondom: zij vertolken in hun geschriften dan ook kernbelevingen, die de diepere dimensies raken van elk wanhopig tasten in duisternis; en ze zijn zich daarvan bewust. Hun ervaringen zijn ondanks de uitzonderlijke persoonlijke diepgang ook voor gewone mensen zeer leerzaam. Zeker wanneer het gaat om momenten van pijnlijke duisternis en onverdraaglijk onrecht, kunnen ze niet alleen bemoedigend, maar ook inspirerend werken. De donkere nacht van Jan van het Kruis kan als wegwijzer fungeren voor ieder die in diepe duisternis moeizaam op zoek gaat. Die 'boze dag', die 'donkere nacht', was voor hem bittere werkelijkheid; maar in de negatieve werkelijkheid vond hij de positieve keerzijde van een veilig houvast. Terwijl hij het 'zwarte gat' ontvluchtte, zocht hij zijn toevlucht bij de Enige die die hij liefhebbend nabij wist.

Jan van het Kruis is genoemd 'leraar van het niets'. Bij hem was het immer: alles of niets. Hij koos voor 'alles', dat wil zeggen God. Die keuze hield feitelijk in: de weg gaan van het 'niets'. Bekend is zijn schets van de beklimming van de berg Karmel. De enige juiste route gaat recht vooruit omhoog, ze voert langs 'niets, niets, niets', en komt boven op de berg uit bij 'niet'. Alle andere paden leiden af van het te bereiken doel.

> Om te komen tot wat je niet weet, moet je gaan langs waar je niet weet (...). Wil je ertoe komen alles te weten, wens dan in niets iets te weten (...). Zodra je staan blijft bij iets, houd je op naar het Al te streven. Want om van alles tot het Al te komen, moet je je geheel en al van alles ontdoen. Wanneer je ertoe gekomen bent het Al te bezitten, moet je het bezitten zonder iets te verlangen.

Deze vérgaande overwegingen zijn moeilijk te verstaan, als men niet proberen wil ze één voor één op zich te laten inwerken. Op het eerste gehoor kan alles lijken op woordenspel, maar in feite betreft het een moedige poging om onder woorden te brengen wat nauwelijks te verwoorden is. Het gaat over een weg, over de weg die leidt naar 'de Beminde', naar God. Die weg voert van duisternis naar licht. De Beminde zelf heeft het initiatief. Wat de mens moet doen is: ruimte maken, zich leegmaken, zich losmaken van alles wat tegenhoudt, 'versterven'. In het gedicht 'de donkere nacht' verlaat Jan de schijnbaar veilige ruimte van zijn huis om de duistere nacht van de woestijn op te zoeken, waar te vinden is die Hij zoekt, omdat hij al zijn hoop op Hem gericht heeft. 'Geloven zonder te zien, hopen zonder aan te raken, beminnen zonder te voelen', zo typeerde kardinaal Danneels de houding van Jan van het Kruis.[38]

Wie dat durft na te doen, ondervindt hoe alles op zijn kop komt te staan, en aanvaardt dat. Van nature proberen wij iets van God te ontdekken vanuit de geschapen wereld waarin wij leven. Maar volgens Jan van het Kruis zou het juist andersom moeten: alleen vanuit God kunnen we beter zicht krijgen op de wereld waarin wij leven. Hij formuleerde het zo: 'Het grote genot van dit ontwaken in God bestaat hierin, dat zij (de ziel, de mens) de schepselen kent via God en niet God via de schepselen. Ze kent dus de effecten vanuit hun oorzaak en niet meer de oorzaak vanuit de effecten. Dit laatste is een soort achterlijk kennen, het eerste is pas wezenlijk kennen.'[39]

Jan van het Kruis geeft drie redenen waarom iemand tijdens zijn zoektocht naar God een situatie doormaakt die met alle recht als 'nacht' kan worden aangeduid. Allereerst is er het *vertrekpunt*: men moet veel loslaten van wat tot nu toe vertrouwd was in de zintuiglijk waarneembare wereld rondom. Vervolgens is er de *weg* die gegaan moet worden: de weg van een zich uitzuiverend geloof waarbij het verstand meermalen in het duister tast. Ten slotte lijkt het *doel* waarnaar men op weg gaat, God, nauwelijks of niet bereikbaar, in duister verborgen als het is.[40]

Jan van het Kruis spant zich ook in om uit te leggen waarom God ervaren wordt als verborgen en afwezig. Hij ziet God als de 'grond van mijn grond'; maar als je de grond zoekt waarop je staat, vind je die niet, juist omdat je daarop staat. Ook al zou je opzij gaan staan, dan nog is het moeilijk te vinden wat je zoekt; want ook daar is God de grond van jouw grond. Een tweede reden werd al gesignaleerd door bisschop Augustinus: 'Wij zouden Hem niet zoeken, als we Hem al niet gevonden hadden.' Jan van het Kruis citeert deze uitspraak met instemming, en zegt dat een werkelijk mystiek mens weet waar hij God moet zoeken. Het zoeken ontspruit niet aan heimwee (een 'gehad hebben'), maar aan verlangen naar meer. Het behoort tot het eigen karakter van dit verlangen dat het nooit volkomen gestild kan worden. Het gaat immers om het Al. Volgens hem bereikt de weg die leidt naar God nooit het verzadigingspunt, want je zult nooit genoeg krijgen van het zoeken, en nooit tevreden zijn met wat je al bezit. De derde reden houdt verband met het eigen karakter van mystiek. Jan van het Kruis komt daar vaak op terug. Gods verborgenheid volledig uitleggen en verklaren, is uiteraard tot mislukken gedoemd. Weliswaar zal een mens altijd daarnaar streven, maar het blijft een zoeken zonder eind. Laat het een troost zijn te weten dat zelfs mystici Gods geheim niet kunnen ontsluieren.

'Waar houdt Gij u verborgen?' vraagt Jan van het Kruis in een ander gedicht: het 'Geestelijk Hooglied', strofe 1. Uit eigen ervaring kan hij antwoorden: 'Het Woord, de Zoon van God, samen met de Vader en de H. Geest, is op verborgen wijze wezenlijk aanwezig in het innerlijk van de ziel' (commentaar Geestelijk Hooglied, 1,6). Jan van het Kruis ziet God wonen in ons eigen diepste innerlijk, in het centrum en de grond van onze persoon: 'het middelpunt van de ziel is God'. (*De levende vlam van liefde*, 1,12; commentaar 4,3)[41]

Steeds weer herhaalt Jan dat God in ons verborgen aanwezig is. Verborgen in onszelf; verborgen dus, maar uiterst nabij. Die constatering is de kern van alle mystiek, liever: de kern van alle geloven, van elk doorleefd Godsgeloof. Wat een mens tevoren meende te kennen van God, blijkt nu een zeer beperkt kennen; het baseerde zich op voorstellingen en begrippen, waarachter God verscholen blijft. Je kent Hem niet echt zoals je meent Hem te kennen. In een latere fase, als die bemiddelende, afstand scheppende werktuigen naar de achtergrond schuiven, kan een 'substantieel kennen' groeien. Hij typeert dit met de volgende kernzin: 'Gods naakte substantie raakt aan de naakte substantie van de mens.' ('Geestelijk Hooglied', 39,12) Wat in de mens is het dat dan wordt aangeraakt? Niet de zintuigen, niet het verstand voorzover dit via begrippen werkt. Maar toch weer wel het verstand, maar dan voorzover het 'middel-loos', zonder bemiddeling, rechtstreeks tast naar God.

'Waar houdt Gij u verborgen?' Antwoord: 'In jou zelf.' 'Waarom ervaar ik Hem dan niet?' De verklaring van Jan van het Kruis luidt: 'Dat gaat alleen als jij je evengoed verbergt als Hij zich verbergt voor jou.' De mens moet dus voorbij de gewone waarnemingen komen, voorbij de normale manier van kennen. Het is God die dat mogelijk maakt. God neemt hem mee naar zijn geheime zielengrond. Juist daar is God voor hem niet echt verborgen. Jan van het Kruis spreekt uit eigen ervaring: hij zocht en kon niet vinden, vond Hem ten slotte toch. Doordat God hém zocht en hem vond, kon hij God vinden. Jan concludeert dan ook: juist omdat ik zocht, kon ik ontdekken dat Hij mij zocht en mij vond. En hij daagt zijn lezers uit hierover heel goed na te denken. Want het diepe geheim van heel dit proces bestaat in het oprechte verlangen, dat stuwend en sturend aanwezig de mens activeert om te blijven volhouden. Juist dit, het volgehouden zoeken, doet uiteindelijk vinden. Zoals Jezus beloofde (vgl. Mattheüs 7:8; Lucas 11:10). Precies omdat Jan van het Kruis dit zo sterk had ervaren, legde hij – evenals andere Godzoekers – voortdurend alle nadruk op *verlangen*. Verlangen naar God, naar iets van God, naar het Goddelijke, dat mag een mens niet negeren, kan hij ook niet echt negeren. Hij moet zich juist daardoor laten leiden. Vanuit het vermoeden, de overtuiging dat ook God door honger gedreven, zoekende is. Zo vaart men op het kompas van de zuivere hoop.

Het zou een mens niet moeten verwonderen, laat staan teleurstellen, dat God primair overkomt als afwezig. De Bijbel belooft wel dat men 'God eens zal zien van aangezicht tot aangezicht'; eens, na dit leven.

Maar ook dan is Hij alleen te kennen als de grote Verborgene. Hij zal altijd te groot blijken voor ons menselijk invoelingsvermogen, ook in dat latere leven. Als schepselen kunnen we God altijd slechts 'gecamoufleerd' kennen. Dit wil niet zeggen dat God zich alleen maar verstopt. Integendeel, Hij heeft zich geopenbaard. Vooral in Jezus Christus heeft Hij zich kenbaar gemaakt. Maar nooit openbaart Hij zich ten volle. Wij zouden dat niet kunnen verwerken.

Een mens heeft een binnen- en een buitenkant, zo stelt Jan van het Kruis. Hij onderscheidt in de mens 'de zinnen' en 'de geest'; hij spreekt van 'de nacht van de zinnen' en 'de nacht van de geest'. De zinnen (zintuigen) zijn de ramen waardoor we zicht hebben op de ons omringende materiële wereld. Wij zijn sterk naar buiten gericht, extravert.

Een mens is echter meer dan buitenkant. Dat méér is wat Jan noemt: het centrum van de ziel. Daar is de mens beeld van God, daar woont de Drie-ene God, daar is de mens tempel van Gods Geest. Dat punt bedoelt hij als hij schrijft: 'het middelpunt van de ziel is God' (*De levende vlam van liefde*, 1,12). Een mens die zich naar binnen keert, keert zich naar God, áls hij althans zich zó leeg en stil durft maken dat God alle ruimte krijgt.

De nacht blijft duister en veroorzaakt doorgaans nieuwe pijn en lusteloosheid. Vooral wanneer Gods licht zich openbaart, zie je pas goed hoe donker het is in jouzelf, hoe dominant jouw eigenliefde is, hoezeer jij jezelf beleeft als hét middelpunt van alles. Wat dan echt pijn doet, is dat jouw duisternis zich sterker opdringt dan Gods lichtende aanwezigheid.

De donkere 'nacht van de geest' mag niet gezien worden als bewijs van Gods afwezigheid. Het is juist Gods nabijheid die de nacht veroorzaakt. Gods verblindend licht maakt het donker. Het is zijn dominante aanwezigheid die de pijn veroorzaakt. Die werkt als vuur dat het hout blakert en zwart maakt, alvorens het zelf brandend vuur wordt. Het is een smartelijk proces waarin een mens wordt omgesmolten tot wat hij ten slotte worden mag. ('Geestelijk Hooglied', 10,1) In twee hoofdstukken van zijn commentaar op 'de donkere Nacht' toont Jan aan dat niemand die God werkelijk zoekt, kan ontsnappen aan de pijnlijke nacht. Het enige waar het dan op aankomt, is: jezelf loslaten, God alle ruimte geven (Donkere Nacht, II, 2-3).

In zijn commentaar op zijn derde grote gedicht, 'Levende Liefdevlam' (4:16-17), schrijft Jan van het Kruis over het 'ademen van God' in de mens. Vroeger bad jij tot God, gebrekkig; nu bidt God in jou, de Geest van God bidt in jou. Je wordt binnengeleid in het trinitaire gebed, dat onafgebroken doorgaat in het centrum van de ziel. Het was er altijd al, maar je wist het niet, deed er dan ook niets mee.

De Bijbel suggereert dat God, als Hij iets belangrijks beoogt, bij voorkeur gebruikmaakt van als negatief ervaren situaties: vertwijfeling, verlatenheid, angst, beleefd als verwarrend, verontrustend en ontmoedigend, verbeeld in metaforen als nacht, woestijn, duisternis. Vooral de nacht manifesteert zich in bijbelse verhalen als milieu bij uitstek van Godsontmoeting. Jakob worstelt met de engel in de nacht en krijgt dan zijn nieuwe naam Israël. (Gen. 32:23-29) De bevrijding van het joodse volk uit Egypte via de wondervolle doortocht door de Rode Zee heeft plaats in de nacht. (Ex. 12:29-42; 14:21-31) Jezus wordt in Bethlehem geboren midden in het duister van de nacht. (vgl. Wijsheid, 18:14) Het is ook in de nacht dat Gods allergrootste heilsdaad plaatsvond: de verrijzenis van de gestorven Christus.

Jan van het Kruis schreef vanuit eigen ervaringen over de mystieke zoektocht naar God. Ook wie die mystieke weg niet uit ervaring kent, kan profiteren van zijn leringen. Want wat hij beschrijft, kan gedeeltelijk of in fases van pas komen voor wie serieus op zoek gaat naar beter contact met God. De donkere nacht markeert de overgang van illusie naar waarheid. Waarin bestaat de illusie? Dat wij zelf geheel alléén onze toekomst zouden kunnen en moeten bevechten. De donkere nacht is de crisis waarin een mens zijn zucht naar autonome zelfhandhaving inruilt tegen een bevrijdende overgave aan God, aan de grond van zijn wezen. God, die in naam afwezig graag nabij blijft om te kunnen meegaan op die beslissende tocht.

Wat willen wij, mensen van de millenniumwisseling, verdedigen en promoten? Onszelf, ons vermeende 'ego'? Uit angst? Ja, voor een deel ongetwijfeld uit angst. Want van alle kanten staan we bloot aan agressie en dreiging. Tegen wie richt zich onze zelfverdediging? Tegen mensen en tegen God. Het meest logisch zou zijn: mét God en medemensen in het geweer komen tegen het echte gevaar, tegen de veelkoppige alles en iedereen bedreigende boze machten. Is angst niet een van die boze machten? Speelt naast angst niet ook een zeker narcisme? Een mens is verliefd op zichzelf, op zijn eigen spiegelbeeld, op zijn ondeugdelijk 'ego'. Zo kiest hij voor een ambivalent ideaal: zelfhandhaving. Zijn waarheid is dat hij geschapen is als beeld van God: je bent van-God en naar-God, je bent verwant aan God. Je moet je op Hem richten om de waarheid omtrent jezelf te ontdekken.

Het is beslist de moeite waard kennis te nemen van het rijke gedachtegoed van Jan van het Kruis en andere schrijvers, die zo diepgaand de dimensies van het bestaan analyseerden. Wel zal het nogal wat moeite kosten je in te leven in hun heel persoonlijke ervaringen.

Veel hedendaagse goeroes, ook christelijke goeroes, wijzen op de grote Bondgenoot, diep in de mens verborgen. Meester Eckhart bij voorbeeld legt uit hoe de mens bepaald is door zijn 'forma', de idee die God van hem heeft. Die Goddelijke idee zit in de zielengrond, de zielenvonk; ze stuwt je terug naar je oorsprong, God. De geestelijke weg is dus eigenlijk vrij simpel aan te duiden: waar het op aankomt, is dat je je leegmaakt, dat je afwijst al wat met God strijdig is. Zelfs je eigen 'ik', want wat wij 'ik' noemen, is niet ons ware 'ik'. Dat 'ego' is een pseudo-ik. Ons echte 'ik' is te goed om niet op God georiënteerd te willen zijn.

De vraag naar de Verborgene is door Jan van het Kruis vooral onder woorden gebracht in zijn gedicht 'Geestelijk Hooglied', veertig strofen lang, én in het daarop aansluitende commentaar.[42] Uit het gedicht citerend moeten we volstaan met twee van de markantste coupletten: het eerste en het voorlaatste. Men zou hierbij dat prozacommentaar dienen te lezen van de dichter zelf, want dat onthult veel van de diepere lagen van het gedicht. Denk niet dat met één korte oogopslag genoeg te vatten is van de speelse, uitdagende essentie van deze poëzie.

Waar houdt Gij U verborgen,
Beminde, en Gij laat me in zuchten achter?
Gelijk een hert ontvlucht Ge,
nadat Ge mij gewond hebt;
ik liep en riep U na en Gij waart spoorloos.
(...)
De wind die zachtjes ademt,
het zingen van de zoete nachtegalen,
het woud in al zijn tover
van nachtelijke vrede,
daarbij die vlam die wel brandt maar geen pijn doet.

Hoe komt het toch dat mensen zó in de put raken dat ze met veel pijn, zelfs in grote wanhoop God ervaren als ongeïnteresseerd en onbereikbaar? Verschillende oorzaken kunnen daarin een rol spelen. Allereerst is er de grote discrepantie tussen God en mens, ondanks de 'ingeschapen' gerichtheid van beiden op elkaar. Niet voor niets wordt God getypeerd als de 'Totaal-Andere'. Ook zonder dat een mens zwaar beproefd wordt, is het moeilijk zich een passend beeld van God te vormen. Daardoor klampt men zich al gauw, min of meer onbewust, vast aan een mankerend en misleidend Godsbeeld, dat in feite verder van huis voert. Zo'n vals Godsbeeld kan wortelen in een vals zelfbeeld, een misleidend en mankerend beeld van je eigen persoonlijkheid. Bovendien lijkt een mens enerzijds van nature gericht op een kennen en erkennen van God, maar anderzijds zit in hem een agressief egocentrisme: hij kan het niet laten zijn eigen 'ego' te versterken, eventueel ten detrimente van medemensen, zelfs van de erkenning van een Transcendente Werkelijkheid. Ook kan men door tegenslagen en teleurstellingen zó ontgoocheld raken, zich zozeer verliezen in eigen leed, verzinken in zichzelf, in eenzaamheid en wanhoop, dat men niet meer in staat is om – wat juist dan meer dan ooit nodig is – van buitenaf verlossing en bevrijding te vragen uit die dodelijke cirkelgang. Ten slotte overheerst soms in het diepste van een mens een innerlijke verscheurdheid, een verwarring scheppende schizofrenie: niet wetend hoe daaruit te komen raakt dan voor zo iemand, of hij wil of niet, alles in duisternis gehuld.

Wat kunnen we doen om ervaringen van Gods verborgenheid c.q. Gods afwezigheid te doorstaan, te boven te komen? Het meest fundamentele hulpmiddel is: blijven vertrouwen op Gods aanwezigheid, jezelf aan Hem blijven aanbevelen, jezelf ondanks alles toch durven overgeven aan Zijn onvoorwaardelijke zorg. Van wezenlijk belang is ook de gewone dagelijkse opgaven en verplichtingen trouw te blijven vervullen, vanuit een toegewijde zorg voor anderen en een volgehouden zoeken naar de Ander. Fundamenteel is intussen de constante poging om God niet allereerst en niet primair te zoeken voor eigen troost en bevrediging; God heeft altijd recht op prioriteit, Hij verdient het gezocht en gebeden te worden om Zichzelf. Daarnaast is het van wezenlijk gewicht dat men blijft vertrouwen dat God de goede gaven wil geven waarom wij bidden. Ons bidden moet een luisteren zijn en tegelijk een vertrouwvol afwachten. Intussen komt het er ook op aan volhardend te

blijven streven naar grotere harmonie en evenwicht in het eigen innerlijk, gesteund als het kan door betrouwbare deskundigen met goed spiritueel inzicht.

Loslaten, leegmaken, God laten doen
Vaststaat dat er onder ons tallozen zijn die beklemd raakten door de ervaring van een al te vage God, een God vreemd en ver, een verborgen
God. Hoe vaak hoor je mensen niet verzuchten: waar blijft God toch?
Wat moet ik met een God die zo verborgen, zo afstandelijk, zo passief
blijft? Wat mensen, afgezien van alle persoonlijke ellende, als benau-
wend ervaren, is de kwetsbaarheid van het bestaan, de onzekerheid en
onveiligheid binnen de samenleving, hun machteloosheid. Als dan ook
het zoeken naar religieuze perspectieven vastloopt, waar zul je dan een
werkelijk houvast zoeken? Die fundamentele onmacht pijnigt zowel
mystici als niet-mystici, en daagt hen uit: het is een worsteling met de
duisternis van het alledaagse.

Erik Borgman, schrijvend over de Leidse filosofe Ilse Bulhof, signaleert het spiritueel karakter van haar denken, waar zij wijst op het 'onre-
presenteerbare van het heilige' in onze postmoderne tijd. Borgman concludeert: 'Religie is de omgang met het onontkoombare duister'. Zo
sluit hij aan op het onderzoek van Ilse Bulhof rond het heilige in onze
cultuur; dat onderzoek bracht een merkwaardige paradox aan het licht:
we kunnen het heilige niet uitspreken, we kunnen het niet presenteren,
en juist dat illustreert hoezeer het heilige onder ons aanwezig is.[43] In
haar inaugurale rede, getiteld 'Naar een postmoderne spiritualiteit?' (30
oktober 1992), verwijst Bulhof naar Plato's term *chora* in diens dialoog
Timaeus, alsook naar het artikel van de Franse filosoof Jacques Derrida
getiteld 'Chora' (1987). Chora betekent zoiets als leeg, vormloos, maag-
delijk. Het heeft niets eigens, het heeft niets van zichzelf, het leent zich
slechts voor het opnemen van eigenschappen die het ontvangt. Derrida
bedoelt te zeggen: *leeg en open*, dat is wat chora is. Chora is een lege open
plek; chora is niet een 'alsof': chora is zelf die open plek. In feite gaf Bulhof, inspirerend en stimulerend, een eigen aanzet tot een eigentijdse
spiritualiteit van de leegte.

In de bundel haar gepresenteerd bij haar afscheid van de Leidse universiteit legt Ilse Bulhof uit hoe ze als filosofe uitgaande van het postmoderne denken van onze tijd en tegelijkertijd voortbouwend op de katholieke metafysische traditie kwam tot haar spiritualiteit van de leegte.

Het hedendaags wijsgerig denken distantieert zich van alle metafysica, elk filosoferen in termen van zijn en absoluutheid. Alle 'grote verhalen', alle zogenaamde 'ismen' zijn voorbij, alleen het objectieve ervaren doet ertoe. Bulhof neemt dit eigentijdse denken serieus, maar kan zelf niet anders dan uitgaan van de persoonlijke, subjectieve ervaring, van het wenkende perspectief waardoor ze gedreven wordt. Het basisverlangen naar het Transcendente is haar te machtig. Zij weet zich daarbij geïnspireerd door de dertiende-eeuwse franciscaner theoloog Bonaventura in zijn 'Itinerarium mentis ad Deum' (de weg van de menselijke geest naar God), maar niet minder door de Christushymne van de apostel Paulus in de Filippenzenbrief. (2:6-11) Haar persoonlijke ervaringen van het goede voeren haar langs de weg van de 'negatieve theologie' naar de herkenning van de ontlediging (κένωσις) als vrijwillig aanvaarde uitdaging. Het blijft dus bij Ilse Bulhof niet bij denken en beschouwen: beschouwen moet uitlopen op navolgen, uitvoeren. Haar filosofie is een denken in de eerste persoon. Haar drijft een houding van overgave in lotsverbondenheid. *Kenosis*, zich leegmaken, is de weg naar de ander. Het is de weg van Christus; het is dus de weg van God, tegelijk de weg naar God. Haar filosofie stuwt naar spiritualiteit, wijst een mystieke weg.[44]

Evenals de ontlediging van Christus (Fil. 2:6-11), die vele spirituele schrijvers tot navolging en dus ontlediging stimuleerde, is ook de donkere nacht van Jan van het Kruis Gods initiatief. Die nacht vraagt van de betrokkene God te laten werken. Dat kan geen totale berusting betekenen. Rustig afwachten, louter wachten, dat kan de bedoeling niet zijn. Met de donkere nacht en elke andere duistere prikkel daagt God mensen uit. Waartoe daagt Hij uit? Tot aandachtig wachten, tot stil worden om te luisteren; tot een beschikbaar stellen en beschikbaar houden van zichzelf; tot loslaten van al wat belemmeren kan. Kortom: de mens is geroepen om *God te laten doen*. In het spoor van Bulhof verdergaande, zal elke theologie van het heden het hedendaagse denken serieus moeten nemen, en dus moeten onderzoeken hoe het heden theologische vindplaats kan zijn van God. Mij dunkt dat dan het schijnbare zwijgen van God niet primair als gebrek aan religieuze feeling mag worden beschouwd, maar integendeel als de meest geschikte vorm waarin God ons wil aanspreken. Zijn zwijgen en Zijn verborgenheid vormen de eigentijdse uitdrukking van Zijn ontlediging, en daarmee van Zijn actuele bekommernis om ons, mensen van nu.

Adrienne von Speyr (1902-1967) beschrijft het zo: 'Men moet de nacht aannemen, even gewoon en eenvoudig als men een bord soep aanneemt. Zonder erover na te denken waartoe dit kan leiden. Men moet zich in de nacht storten zonder voorbehoud.'[45] Haar staat voor ogen 'ein Zustand *reinen Geschehenlassens*', de houding van Jezus ten aanzien van Zijn lijden en kruis. Ook Paulus verwees naar de 'gelatenheid' van Christus: 'Hij die bestond in goddelijke majesteit, heeft zich niet willen vastklampen aan de gelijkheid met God. Hij heeft zichzelf ontledigd en de gestalte van een slaaf aangenomen.' (Fil. 2:6-7) Eckart spreekt eveneens graag over 'Gelassenheit', waarmee hij bedoelt: laten gebeuren wat gebeurt, accepteren en tevreden zijn. God klopt aan de deur in de donkere nacht, hard en indringend; als je bevestigend antwoordt: 'Hier ben ik,' en meteen de deur opent, kan God binnenkomen op de wijze die Hij wenst.

De hier bedoelde 'gelatenheid' (*Gelassenheit*) heeft overigens niets van loutere passiviteit; neen, ze wil uitgroeien tot actieve overgave, tot daadwerkelijke bereidheid het spel met God intensief mee te spelen. Als eerste spelregel geldt: probeer te beseffen dat Hij te groot is voor jou. Alleen dan kun je wat zich afspeelt tussen God en mens, waarderen op zijn eigenlijke waarde. God volgt jou op passende afstand, zodat je niet schrikt, niet verward raakt. Zie het als een liefdesspel, al ervaar je het mogelijk niet als zodanig. Vele geestelijke auteurs hebben het wel zo beleefd, althans op bepaalde momenten. In overeenstemming met de speels uitdagende, meermaals gehanteerde prikkel van Jezus: 'Wie het vatten kan, die vatte het'. (Mattheüs 19:12) Een relatie heeft tijd nodig om te kunnen ontkiemen en groeien. Voordat een mens beseft dat er werkelijk iets groeiende is tussen hem of haar en een ander, moet er nogal wat gebeurd zijn. Bewustwording veronderstelt attentie en bezinning, en vooral een innerlijk zich openen naar onverdachte nieuwe mogelijkheden. 'Wie het vatten kan, die vatte het.'

Poging tot samenvatting

Op onze zoektocht naar God zullen we moeten beginnen te erkennen dat we op eigen kracht niet ver komen. Slechts mét God kun je iets omtrent Hem vatten. Alleen vanuit dit inzicht, met een daarmee gepaard gaande omkeer/bekering, kies je het goede vertrekpunt. Loslatend waaraan je je hecht, tastend in de donkere nacht, beseffend dat jouw geest moet afgestemd raken op de grote Geest, je geheel en al overgevend aan de H. Geest, sla je de geschikte richting in.

De tweede stap houdt in een accepteren dat God eigenlijk het best te vinden is in het kader van 'niet-weten'. Mijn verstand kan niet anders dan zoeken naar begrippen, woorden en redeneringen, maar die zullen de werkelijkheid van God niet echt bereiken. Ook mijn gevoelen, mijn hart, kan slechts op menselijke wijze zich God 'indenken' of 'verbeelden'. Die wegen moet ik dus niet als alleen-zaligmakend beschouwen. De aanlokkelijke weg van 'zeker weten' en 'helder zien' kan ik beter laten voor wat die is. Eigenlijk kan ik omtrent God slechts denken en spreken vanuit een 'alsof', accepterend dat 'niet weten' niet minder met God van doen heeft dan 'weten'. Wie te veel over God wil weten, schiet zijn doel voorbij. Geloven betekent: durven zoeken naar wegen die werkelijk leiden naar het doel, wegen die hoewel lastiger toch geschikter lijken.

Op de derde plaats moet ik ervan uitgaan dat God zó apart, zó anders, zó vreemd is, dat je om Hem te naderen zelfs jezelf moet durven loslaten. Dat wil zeggen dat je de weg durft gaan van het blinde vertrouwen, de volledige overgave aan God. God niet zoeken omdat je Hem zo hard nodig hebt, omdat Hij de enige is die je helpen kan. Dat zou betekenen: God voor jouw karretje spannen. God wordt dan louter middel voor jouw geluk. Als je van een ander houdt alleen maar voorzover je aan die ander plezier beleeft, maak je de partner tot louter middel. Dat mag je niemand aandoen. Je moet God niet slechts zoeken omdat je Hem nodig hebt; je zou Hem primair moeten zoeken omdat Hij het waard is, omdat Hij God is.

Dat is echter eerder gezegd dan gedaan. Het is echt 'een sprong in het duister'. De donkere nacht, de woestijn, de leegte, het gevoel van Gods afwezigheid, van verlatenheid, desoriëntatie en eenzaamheid – dat alles is onvermijdelijk, wil men verder proberen te komen. Hoe pijnlijk en verschrikkelijk ook, in die lege ruimte kan God liefdevol en vruchtbaar op mij inwerken, mij opvangen, mij aanraken zodat ik me dicht bij Hem ga weten. Zonder Hem beter te kennen overigens. Want het weten groeit niet, eerder het niet-weten, het besef dat God niet te kennen is. Je ontdekt meer en meer: God is niet echt te kennen, Hij is wel echt te beminnen.

Het menselijk vermogen om lief te hebben kan zich richten op God, de 'ongekende Bekende'; het kan zich ook hechten aan iemand of iets uit de geschapen werkelijkheid. In dit laatste zit niets verkeerds, zolang die liefde maar niet uitgroeit tot totale vervanging van de liefde die ik God verschuldigd ben. Wat mystici sterk ervaren, is dat ons probleem niet in de mindere kwaliteit van al het geschapene ligt, maar in de psychologische structuur van de mens. Wij hechten ons totaal aan degene of datgene waarnaar onze liefde primair uitgaat; al het andere, ook alle andere mensen raken dan op de achtergrond. God kun je alleen beminnen door Hem totaal lief te hebben, en dat kan zonder mededinging, vinden mystici. Het is wel niet eenvoudig beide liefdes op één spoor te houden, maar onmogelijk is het zeker niet. De liefde voor een bepaalde mens hoeft de liefde voor God geenszins in de weg te staan. Integendeel, als we het hebben over God liefhebben en een mens (of mensen) beminnen, hebben we het volgens Jezus over één opgave, één gebod.

De meeste mensen zullen het niveau van de mystieke Godsontmoeting nooit bereiken. Je moet dat ook niet willen. Die bijzondere gave dient geheel en al aan Gods initiatief te worden overgelaten. Mystici houden ons echter wel de unieke beminnenswaardigheid van God voor, en dagen ons uit steeds te blijven zoeken naar de best mogelijke wijze om God dichterbij te komen. Weliswaar is hun manier van leven meer te bewonderen dan na te volgen (*magis admirandum quam imitandum*), maar zij herinneren ons aan de diepe waarde van een oprecht en volhardend zoeken naar God.

De apostel Paulus schreef over de oude mens die gekruisigd moet worden en over sterven met Christus; dan verrijst een nieuwe mens. Jan van Ruusbroec heeft daarvoor een eigen uitdrukking: 'over-vormd worden door God'. Het gaat om een proces waarbij een mens niet bang hoeft te zijn zijn eigen individualiteit, zijn eigen persoonlijkheid te verliezen. Wel wordt eigenbelang vervangen door belangeloosheid, en eigenliefde wijkt terug voor overgave aan God. Men gaat daardoor heel anders leven. Naakt, ontdaan en onthecht, treedt men God tegemoet, vertrouwend niet voor niets te zijn wakker gekust uit een sluimerend niet-weten naar een onvermoed weids perspectief.

De Heilige Geest: God in ons, verborgen en dichtbij

Wijdverbreid leeft de idee dat God een statische en statige figuur moet zijn, de Allesovertreffende die zekerheid is en zekerheid garandeert. Mensen hebben Hem zelfs gemaakt tot de filosofische Perfectie, het absolute Zijn, pure en zuivere Volmaaktheid, verheven maar ongenaakbare Majesteit. Wijdverbreid leeft ook de veronderstelling dat God nadat Hij de wereld geschapen had, de handen volkomen terugtrok van Zijn schepping. De mens moest na het werk van de schepping als het ware Gods plaats overnemen; hij werd belast met de opdracht de aarde te bevolken en te beheren. Zo zou God de schepping aan de mens, en daarmee de mens aan zijn lot hebben overgelaten, met een in feite onmogelijke opgave.

Gelukkig heeft de Bijbel ons een ander beeld van God nagelaten. Weliswaar een God met velerlei gezichten, maar evenzeer een God die allereerst het gelaat vertoont van warmte en nabijheid. De God van de christenheid presenteert zich als een God met een warm hart, een nabije, bezorgde en zorgende God. Toch ervaren wij God maar al te vaak als veraf, verborgen, onbereikbaar. Hoe is nu feitelijk de God waarnaar wij uitzien?

Jezus beloofde 'een andere Helper', de H. Geest. Die Geest is daadwerkelijk gekomen. De eerste generatie christenen was daar op grond van eigen ervaringen heilig van overtuigd. Zij wisten zich gegrepen en gedreven door goddelijke kracht, van buitenaf op ons toekomend, van binnenuit bezielend en inspirerend.

Jezus zelf lijkt van meet af aan erop uit te zijn geweest om de Geest van God te vergelijken met het mysterieuze blazen van de wind:

> De wind blaast waarheen hij wil; gij hoort wel zijn gesuis, maar weet niet waar hij vandaan komt en waar hij heen gaat. Zo is het met ieder die geboren is uit het blazen van de Geest. (Joh. 3:8)

Een haiku van Louis Tiessen verwoordt dit waaien van de Geest heel herkenbaar:

> Nooit gezien de wind,
> maar waar de bomen buigen
> gaat hij voorbij.

Tiessen toont ons de wind in wat hij feitelijk uitwerkt. De wind is niet te zien, maar aan bewegende bomen en voelbare stoten is te merken waar hij zich ophoudt en wat hij doet. Zo kan men ook Gods Geest, de Adem van God, niet zien, maar in Zijn uitwerkingen toch waarnemen.

Als het gaat om Gods Geest, gebruikt de Bijbel een woord dat zowel in het Hebreeuws (*ruach*) als in het Grieks (*pneuma*) betekent: adem, zucht, wind, bries. Als het in de Bijbel gaat over de adem, de wind, de Geest van God, dan gaat het om de directe betrokkenheid van God bij Zijn schepping, heel bijzonder bij het doen en laten van Zijn mensen. In zijn boek *God, een open vraag* formuleert Anton Houtepen dat bondig.

Zoveel is duidelijk: als in de Bijbel over God wordt gesproken, is het vaak in termen van geraas en geruis, storm en bries, adem en zucht, wolk en stoom, geestvervoering en extase: het zieden en broeien van Gods creatieve Pneuma. Dat is al zo in Genesis 1:2, waar de Geest van God waait over de oerzee. Dat blijft zo in de wirwar van de geschiedenis, als God zijn Geest op Jozef legt (Gen. 41:38), op Mozes, op de oudsten van Israël (Num. 24:2-3), op Simson (Richt. 13:25; 14:6-19; 15:14-16), op Elia (2 Kon. 2:15), op Samuël (1 Sam. 19:19-24)..., op David (2 Sam. 23:2), en op Israël als Dienaar van JHWH (Jes. 11:2; 42:1; 61:1). Typerend is het van buitenaf komende. Zo spreekt ook Jezus over het Pneuma van God als iets dat over Hem komt. En als over de Zoon van God en de kinderen van God wordt gesproken, is ook dat altijd in termen van het als een duif fladderende of als vuurvlammen wakkerende Pneuma van God, dat zich op de profeten, op hemzelf en daarna ook op de leerlingen neerzet.[46]

Houtepen waarschuwt echter ook dat men dat *pneuma* (adem, geest), werkzaam in een mens, niet moet zien als iets van het verstand, maar als de onmisbare levensadem zelf. Als je de geest geeft, ga je dood, maar het is via de levensadem, door God de mens ingeblazen, dat je hier en nu leeft.[47] Hij waarschuwt bovendien dat we 'het Pneuma (de Geest) van God' niet mogen zien als iets van onszelf in termen van bewustwording of zelfbewustzijn, enthousiasme of extase, en dergelijke. De Geest Gods is, als we de Heilige Schrift goed lezen, niet iets úit onszelf, wel helemaal ín onszelf. De Bijbel verwijst waar sprake is van 'Geest', steeds naar God, naar God die ons overstijgt ook als Hij in ons binnenste direct werkdadig aanwezig is. God is transcendent én immanent, tegelijk en onafscheidelijk.

Religieuze ervaringen zijn menselijke ervaringen, maar ze ontspruiten aan een goddelijke bron. In wezen is hier sprake van een aangrijping Gods, een kracht van Godswege; er is sprake van goddelijke *power* en *dunamis* (kracht, energie), stroomstoten van God. De Heilige Geest, dat is goddelijke *pushing*, goddelijke 'wind' in de rug, men wordt opgepakt en meegevoerd op de adem van de Eeuwige.[48] Bijna alle religies wijzen in diezelfde richting.

Het mysterie van de Heilige Geest duidt op een werkelijke en werkzame relatie tussen God en mij. De boodschap van Gods Geest toont aan dat God zich interesseert voor mij, voor iedere mens wie dan ook, dat Hij ons dus niet alleen laat. Jezus Christus heeft ons geleerd dat God niet slechts Schepper is, maar ook Metgezel, dat Hij bij ons blijft en met ons meegaat heel ons leven lang. Dat werken van de Goddelijke Geest is ook niet incidenteel, gaat niet slechts met stoten; de Geest van God is blijvend bij ons, woont in ons; zodat de apostel Paulus zijn mensen de naam durft geven van 'Gods tempel': 'Weet gij niet, dat gij Gods tempel zijt, en dat de Geest van God in u woont?' (I Kor. 3:16)

Dezelfde apostel stelt zelfs: 'Niemand kan zeggen: Jezus is de Heer, tenzij door de Heilige Geest.' (I Kor. 12:3) Dit kan niets anders betekenen dan dat God zelf helpt om Christus te zien als Gods bijzondere weg naar Hem. Weer is het Paulus die zijn mensen krachtig aanspoort te luisteren naar zichzelf, naar Gods Geest in hun binnenste, en serieus te streven naar een levenswijze die geënt is op een intieme levensrelatie met God:

'Aan ons heeft God het door de Geest geopenbaard. De Geest doorgrondt alles, zelfs de diepste geheimen van God. Ook onder de mensen weet niemand wat er in een mens omgaat dan alleen zijn eigen geest. Zo weet niemand wat er in God is dan de Geest van God. Welnu, wij hebben niet de geest van de wereld ontvangen, maar de Geest die van God komt, opdat wij zouden weten wat ons door Gods genade is geschonken. Daarover spreken wij dan ook, niet in termen ontleend aan menselijke wijsheid, maar onderricht door de Geest, geestelijke dingen uitdrukkend in de taal van de Geest. Maar de natuurlijke mens aanvaardt niet wat komt van de Geest Gods. Hij beschouwt het als dwaasheid. Hij is niet eens in staat deze dingen te vatten; alleen de Geest onderscheidt ze.' (I Kor. 2:10-14) Deze passage vraagt om aandachtige overweging.

Niemand weet wat in God is dan de Geest van God. Wat weet een mens uit zichzelf van God? Terwijl hij onrustig zoekt naar zijn eigen diepste geheim, lijkt God zelf onrustig doende om de juiste richting aan te geven. Juist het vinden van de goede oriëntatie en het afstemmen van de antenne op de juiste golflengte blijkt de zwaarste opgave te zijn. Jezus had zijn apostelen op de laatste avond van zijn leven al bemoedigend aangekondigd: 'De Heilige Geest die de Vader in mijn Naam zal zenden, Hij zal u alles leren en u alles in herinnering brengen wat Ik u gezegd heb.' (Joh. 14:26) God heeft dus zich tot taak gesteld mensen datgene in te fluisteren wat zij op eigen kracht niet vinden kunnen. Het is precies onder de naam van Heilige Geest dat God deze hulp verleent.

Onderricht door de Geest. Deze mooie uitdrukking van Paulus heeft diepe wortels. Jezus zelf gebruikte haar al: 'Allen zullen door God onderricht worden' (Joh. 6:45), daarbij verwijzend naar de profeten, in feite naar Jesaja (54:13) en Jeremia (31:33). Daarmee maakte Hij duidelijk, dat geloof in een goddelijke inspiratie, samen met de aansporing je te willen laten onderrichten door God, behoort tot het aloude erfgoed van zowel de joodse als de christelijke traditie. Gods Geest, zwevend boven de chaos bij de schepping in het begin, bracht ordening en leven. Zo zweeft nu Gods Geest boven de chaos van mijn eigen alledaagse ongeordend 'ik'; Hij wil daarin leven en ordening brengen. Het is de Geest van God die verbinding, relatie bevordert van de mens met de menslievende God, die via de Geest van Jezus Christus gepassioneerd doende is goede verhoudingen te herstellen met Zijn mensen. Alleen Gods Pneuma weet uitweg in het labyrint van onze chaotische vragen. Alleen deze Geest zal aan onze geest de goede weg kunnen wijzen. Dat biedt een hoopvol perspectief.

Het is de Geest van God die vragen omtrent God helpt uitgroeien tot echt verlangen en daadwerkelijk zoeken. Veel geestelijke schrijvers hebben aangespoord oog te hebben voor dit onderhuidse Godsverlangen. Augustinus formuleerde het zo: 'Heel het leven van een echte christen bestaat in heilig verlangen. Wát men verlangt, weet men niet precies, nog niet. Maar dát men verlangt, dat schept ontvankelijkheid. Wanneer dan het ogenblik aanbreekt dat we gaan zien, zullen we in staat zijn daar helemaal door vervuld te worden.'49 Zoeken en verlangen, zichzelf willen laten onderrichten, de Geest van God ruimte geven. Dat is het begin, de Geest weet dan wel raad.

Wat bedoelt Paulus als hij het heeft over *de taal van de Geest*? Het hart probeert de taal van de geliefde te verstaan en die taal ook zelf te spreken. Zo tracht een gelovig-zoekend mens de taal van God te verstaan, en zich ook in de levensstijl van het Godsrijk in te leven. Jezus liet zich leiden door Gods Geest, vervuld als Hij was van de Geest. Hij sprak dan ook de taal van de liefde, en wees de liefde aan als centrale levensopdracht voor heel de mensheid. Hij beloofde na Zijn heengaan de komst van 'een andere Trooster die altijd bij jullie zal zijn, die te midden van jullie woont, en zich bevindt in jullie... Hij zal jullie naar de volle waarheid leiden.' (Joh. 14:16-17; 16:13)

Alleen de Geest onderscheidt, stelt de apostel Paulus bij wijze van conclusie. God heeft zijn mensen niet achteloos alleen gelaten. Integendeel, Hij heeft in hun diepste innerlijk een vonk ontstoken, een goddelijke vonk, die vraagt om steeds weer aangejaagd te worden door de warme kracht van haar eigen oorsprong, God. Die vonk werkt als gloeiend metaal, als een tweesnijdend zwaard. De Heilige Geest leert ons het verschil te zien tussen goed en kwaad, en onderscheid te maken tussen waar en onwaar. De Heilige Geest leidt ons geweten, als dit tenminste op Hem is afgestemd; wij mogen bidden dat Gods Geest in ons de ruimte vindt om ons met Zijn wijsheid en kracht tot goede beoordelingen en juiste beslissingen te brengen.

Als de Heilige Geest bezielend en ordenend in mij werkzaam is, dan is Hij dat natuurlijk ook in andere mensen. Geloof in de goddelijke aanwezigheid in eigen persoon dwingt als het ware tot respect voor andere mensen, in wie God evenzeer aanwezig is. Juist de goede omgang met medemensen geeft aan religie en geloof de vereiste ruimte, de noodzakelijke basis voor het werken van de Heilige Geest. Godsbeleving ontplooit zich vooral in en door liefdevolle omgang met elkaar. Juist daardoor bouwt zich echte gemeenschap op. De goddelijke Geest mogen we primair zien als de Geest van gemeenschap en liefde. Als de Bijbel de jonge Kerk in Jeruzalem beschrijft, dan wordt dat een typering van de ideale christengemeenschap. 'Zij legden zich ernstig toe op de leer van de apostelen, bleven trouw aan het gemeenschappelijk leven en ijverig in het breken van het brood en in het gebed. Ontzag bezielde ieder, en er gebeurden vele wonderen en tekenen door toedoen van de apostelen. Allen die het geloof hadden aanvaard, bleven bijeen en bezaten alles gemeenschappelijk. Ze verkochten have en goed en verdeelden dat onder allen naar ieders behoeften.' (Hand. 2:42-45)

Het christendom hecht grote waarde aan de garantie die het van zijn grote Leraar meekreeg: de verzekering dat *God de alom en altijd Nabije*, de 'immer Tegenwoordige' mag worden genoemd. Die nabijheid van God is door Christus verkondigd en – als we Hem geloven mogen – wordt die goddelijke nabijheid juist door de Heilige Geest op bijzondere wijze waargemaakt.

Geloven groeit dan ook niet via een louter verstandelijk bezig zijn met God, een uitsluitend rationeel discussiëren óver God. Het is een zoeken naar de nabije God, een rusteloos zoeken of men Hem vinden zal.[50] Alleen zo kan geloof leiden tot een beter, een bevrijdend zicht op ons bestaan, tot leven vanúit God, en beleven ván God in zorgzaam omgaan met elkaar. Dan gaat het niet over een Godsgeloof dat in feite vernis en uiterlijk vertoon blijft. Dan springen dankzij de Geest vonken van vuur over, en vormen zich in het alledaagse leven achttienkaraats edelstenen. Want de Heilige Geest wil ongetwijfeld mensen juist in het alledaagse en doodgewone tot optimale prestaties brengen.

Rest de vraag, of ook in onze dagen iets te merken is van Gods Geest. De vraag leeft, wordt bij herhaling gesteld, in allerlei variaties. Van de Vader van Jezus Christus mogen we aannemen dat Hij in Zijn universele en onmetelijke liefde elk mens heel persoonlijk benadert. Hij hanteert geen algemeen patroon, geen uniform schema. Gods liefde voor mensen blijkt zo direct, zo oprecht, dat Hij met iedereen omgaat overeenkomstig ieders aard en behoefte. Dat meen ik ook te mogen opmaken uit mondelinge en schriftelijke getuigenissen van mensen die Gods nabije liefde op meer dan gemiddelde wijze ervaren hebben. Elke Godservaring, iedere Godsbeleving zal heel persoonlijk gekleurd zijn, zodat mensen God op heel verschillende wijze beleven en ervaren. Op grond daarvan kan de geloofsgemeenschap zich beroepen op een grote schat aan geloofservaringen. In de schoot van de Kerk zijn zoveel getuigenissen opgeslagen dat de christenheid mag spreken van een welhaast onuitputtelijke bron. Andere godsdiensten hebben weer andere, eigen schatten aan geloofservaringen, die uiteindelijk ook weer teruggaan op dezelfde Goddelijke Werkelijkheid.

Het is de Heilige Geest door wie God van een 'Hij' of 'Zij' wordt tot een 'Gij'. Ook Jezus Christus is dankzij de Heilige Geest een 'Gij' geworden: eerst was de Heer Jezus iemand *over* wie je spreken kunt; nu is Hij iemand *tot* wie en *met* wie je spreken kunt. Dat danken wij aan de Heilige Geest. 'Waar houdt Gij U verborgen?' vroeg Jan van het Kruis. Waar en waarom verbórgen? De door Christus aangekondigde Geest lijkt het antwoord te geven. De Heilige Geest ís de nabijheid van God. De Heilige Geest licht op als Gods mooiste gave, als God-nabij in persoon. Via de Geest is God dagelijks spelenderwijs met mensen bezig, in het gewone leven van elke dag.

6 Het vieren van God

Gerard Rooijakkers

Op het feest van Driekoningen in het jaar 1661 hield de ongeschoeide karmeliet Joseph van de H. Barbara in Antwerpen een preek die grote indruk maakte op de gelovigen. Het was evenwel niet zozeer de inhoud van zijn boodschap als wel de metaforische vorm die de predikant hanteerde die opzien baarde. Het feestsermoen in de karmelietenkerk van Sint-Jozef was namelijk gewijd aan het kaartspel. Nu waren afkeurende pastorale verhandelingen over kansspelen niets nieuws, maar een pater die het kaartspel propageerde was toch ongehoord. En ook al betrof het geen profaan kaartspel dat in de herberg kon worden gespeeld, een kansspel was het wel degelijk, met als inzet de prijs van het eeuwig leven. Aan de hand van een alledaagse beeldspraak volgde een catechetische uiteenzetting over de liefde. Niet alleen de metafoor zelf, maar ook de omgang ermee werd gekenmerkt door een ludieke benadering van het heilige. Door aan te sluiten bij de praktijk van alledag kon de predikant de abstracte leer concretiseren. Naast het op verrassende wijze boeien van zijn gehoor vormde het kaartspel een vertrouwde structuur om de katholieke geloofswaarheden aanschouwelijk en tastbaar te maken. Dit had tevens als voordeel dat zo'n geestelijk kaartenhuis houvast bood bij het ordelijk onthouden van de leerstukken. Het was met andere woorden een mnemotechnisch hulpmiddel oftewel een zinnebeeldige geheugensteun. Binnen het triviale kader van het spel plaatst de predikant de liefde tot God centraal, die hij heel plastisch en zelfs zinnelijk verwoordt, aansluitend bij de Spaanse mystiek van Teresa van Avila die binnen zijn kloosterorde veel aanhangers vond. Op deze wijze kwamen op 6 januari 1661 alledaags spel, lichamelijkheid en mystiek tezamen.[1]

Uitgaande van deze preek, die enkele jaren later uitgewerkt zou wor-

Sint-Bartholomeüs daalt op zijn feestdag (24 augustus) onder een regen van kleurige papier-
snippers de trappen af van de kerk in Giarratana op Sicilië, Italië, 1995 (foto: Giuseppe Leone).

den tot een pastorale instructie in boekvorm, wordt in dit hoofdstuk aandacht besteed aan de relatie tussen spel en religie. Deze verhouding is in de loop der tijd niet zonder spanningen geweest, maar in de geschiedenis van het christendom zien we dat het ludieke telkens op waarde geschat is. Met name het kansspel is voer geweest voor moraaltheologen die, in tegenstelling tot wat veelal gedacht wordt, zich vrij mild hebben opgesteld. Vehemente bestrijders ervan treffen we vooral aan binnen de stromingen van de Reformatie, die dobbelen en gokken als welhaast blasfemisch beschouwden. Spelelementen binnen de religie impliceren onvermijdelijk thema's als ritueel en lichamelijkheid. Behalve in de officiële liturgie treffen we ludieke handelingspatronen aan in paraliturgische en buitenkerkelijke numineuze ervaringen, variërend van vieringen in de religieuze volkscultuur tot aan gesublimeerde mystiek – die overigens evenzeer tot die volkscultuur kan behoren. Al te snel wordt de mystieke ervaring van Gods verborgen nabijheid als een elitaire, niet-alledaagse categorie terzijde gesteld.

Het geestelijk kaartspel

'Den *Wyse Man* zegt (Eccl. 3) lieve Christene Zielen, hoe dat *alle dingen moeten hebben haeren tyd, daer is eenen tyd van lagchen*, want den boog (zoo men zegt) en mag niet altyd gespannen zyn,' zo opent pater Joseph van de H. Barbara zijn feestelijke predikatie, getiteld 'Het Heylig ende Geestelyk Kaertspel, met herten Troef' in Antwerpen op 6 januari 1661. De drie koningen hadden een verre reis met veel vermoeienissen doorstaan om de pasgeboren Heer te vinden en verheugden zich nu in Zijn aanwezigheid. 'Aengezien dan dat 't is nu eenen dag om ons wat te vermaeken, ik hebbe voor my genomen na te volgen de maniere van 't weireldlyk volk, die als sy maeltyd hebben gehouden, daer naer om den tyd te passeren, en haer wat te vermaeken gaen spelen met de Kaerte; en gy-lieden al-te-saemen zoo ik hope, van desen dag oft op de voorlede dagen maeltyd hebt gehouden aen de Tafel des Heere, nuttende 't H. Lighaem en dierbaer Bloed *Christi*, onder de gedaente des broods: ik hebbe U-L. heden genood om t'saemen wat te vermaeken met het *Geestelyk Kaertspel*.' Zoals in sommige landen het wereldlyk kaartspel wel wordt aangeduid als het 'boek van de vier vorsten', zo telt ook het geestelijk kaartspel bij onze ongeschoeide karmeliet vier vorsten. Naast de drie wijzen uit het Oosten (Balthasar, Melchior en Kaspar) rekent hij daartoe natuurlijk ook de nieuwgeboren koning Jezus Christus. De karmeliet verdeelt zijn verhandeling in vier

partijen. Allereerst legt hij de betekenis van de stukken uit van zijn kaartspel. Vervolgens behandelt hij het misverstand dat velen menen over een
'troef' te beschikken, *quod non*. Het derde deel is gewijd aan de 'Herten
Zot', daarbij verwijzend naar de bekeerde zondaar. Ten slotte 'zullen wy
spelen, en om te winnen, wy zullen leeren verliesen'. Maar voordat hij
verder gaat wordt in de kerk een Ave Maria gebeden, om op haar voorspraak bijstand van de H. Geest te verkrijgen.[2]

De uitleg van de stukken vangt aan met hartenaas. Het is de prijs waarvoor gespeeld zal worden. Hartenaas is troef aangezien het hart de rustplaats is van de liefde die op haar beurt weer de spijze oftewel het aas van
ons hart is. Maar als iemand zou vragen wat hartenaas nu werkelijk be-
duidt, dan zou hij antwoorden: de Heilige Drievuldigheid. 'Want gelyk
het hert drykantig is, en maer en is voor een menschelyke natuere om te
maeken eenen mensch, alzoo ook in de H. *Dryvuldigheyt* vind men dry Persoonen en maer een Goddelyk natuere, en gelyk het drykantig herte is
den stoel oft rust-plaetse der Liefde, alzoo ook de H. *Dryvuldigheyt*.'

De predikant speelt eindeloos, tot vervelens toe, met de dubbele betekenissen van zijn beeldspraak, en zijn preek zal dan ook gemakkelijk
een uur geduurd hebben. We herkennen er de vroegmoderne voorliefde
voor emblematische motieven in terug, waarbij aan alledaagse dingen
op onverwachte wijze zowel diepzinnige als frivole beschouwingen
werden gekoppeld – evenwel nooit zonder lering en moraal. In dat opzicht is pater Joseph van de H. Barbara te vergelijken met zijn katholieke collegae Adriaen Poirters en Abraham van St. Clara of protestantse
emblematisten als Jan Luyken en Roemer Visscher. Is het werk van deze
auteurs rijk geïllustreerd uitgegeven, dat van de karmeliet verscheen
sober verlucht met een tiental gravures van de Antwerpse kunstenaar
Fr. Bouttats. Zonder de bijbehorende tekstpassages zijn de voorstellingen moeilijk te duiden, hetgeen de sterke verwevenheid tussen tekst en
beeld in de emblemata-traditie onderstreept. Met tijdgenoot Jan Luyken had de karmeliet de voorliefde voor mystieke thema's gemeen. Het
is de versluierde aanwezigheid van het goddelijke mysterie in het dagelijks leven die hen fascineert en tot taal- en beeldspel aanzet. Geen bete-
kenislaag of associatie mocht daarbij ongebruikt gelaten worden, waardoor het spel meteen ook iets plichtmatigs krijgt. Het ware spel wordt,
zoals we verderop nog zullen zien, immers niet alleen gekenmerkt door
verrassende wendingen, maar vooral ook door ongedwongen improvisatie. We dienen evenwel op te passen met het hanteren van onze nor-

men bij het beoordelen van dergelijke literatuur. De enorme populariteit van dit genre wijst erop dat het zich in de gunst van een breed publiek mocht verheugen. De vele drukken van het Geestelijk Kaartspel spreken in dat opzicht boekdelen. De gravures waren op zo'n intensieve editiegeschiedenis niet berekend: in latere drukken resteert – ondanks het voortdurend bijwerken – slechts een schim van de oorspronkelijke kopersneden. Werden de boeken niet stukgelezen, dan toch in ieder geval nagenoeg 'stuk' gedrukt.

Dat een predikant vanaf de kansel en in een pastoraal instructieboek zich zo inlaat met een kansspel als onderdeel van de profane driekoningenviering – een kalenderfeest dat toentertijd de viering van kerstmis in uitbundigheid ver overtrof – is minder vreemd dan op het eerste gezicht lijkt. Katholieke moraaltheologen beschouwden het kansspel in de vroegmoderne tijd immers veeleer als een contract waarbij het toeval bepalend was voor de uitkomst. Wanneer het kansspel beantwoordde aan de principes van contractuele rechtvaardigheid met als voornaamste elementen vrijwilligheid, gelijke kansen en fair play, waartoe ook eerbaarheid en fatsoen behoorden, was er theologisch gezien geen probleem. Spel en ontspanning werden beschouwd als noodzakelijk voor het evenwicht, wie zich daaraan onttrok werd veeleer als asociale spelbreker beschouwd. Wanneer iemand zich de godganse dag onledig hield met spelen was dat zeker zondig, zij het een gemakkelijk te vergeven 'dagelijkse zonde' op voorwaarde dat hierdoor de kerkdiensten niet verzuimd werden.[3]

Juist doordat voor het lot zo'n grote rol is weggelegd, bestond er in de wereld van de reformatie daarentegen grote onenigheid over het kansspel. Lotwerpen werd er gezien als een vorm van bidden aangezien er een ijdel beroep werd gedaan op de onmiddellijke voorzienigheid van God. Het paste kortom niemand om van het lot een spelletje te maken. Dergelijke spelers tartten het lot der wrake Gods. Deze houding tegenover het spel vormde een consequente doorvoering van het in de Nadere Reformatie beleden beginsel dat in het dagelijks leven niets aan het toeval mocht worden overgelaten. Het was een perfectionistische levenshouding die voortvloeide uit het zoeken naar bevestiging van de eeuwige uitverkiezing in het kader van het gepredestineerde lot van de mens. De wereld van het protestantisme kent evenwel vele varianten, en naast deze houding van 'preciezen' bestonden er ook meer milde, 'rekkelijke' standpunten ten aanzien van het (kans)spel waarbij in plaats van absolute veroordeling veeleer werd gestreefd naar beschaafde verheffing met nadruk op menselijke spelkwaliteiten als inzicht en intellectuele behendigheid.[4]

Spelen met het Laatste Oordeel

Was het moraaltheologische vertoog vooral gericht op het kansspel, ook het spelen in het kerkgebouw zelf kon de geestelijke gemoederen in beweging brengen. Zo werd bij de regionale en lokale doorvoering van de decreten van het Concilie van Trente (1545-1563) steevast gewezen op het tegengaan van de ontheiliging van gewijde plaatsen door profane (kinder)spelen. De hardstenen stoepen en zerken van kerk en kerkhof waren immers ideale plekken om te dobbelen of te bikkelen en de vele kruisen en pilaren leenden zich uitstekend voor zoekspelletjes – zaken die letterlijk misplaatst geacht werden in heilige ruimten. De kerk werd in toenemende mate een plaats van ingetogenheid en stilte; een numineuze kwaliteit die overigens tot op de dag van vandaag wordt nagestreefd. Hoezeer dat tot in ons moderne gedragsrepertoire doorwerkt blijkt wel uit het gegeven dat de meeste mensen bij het betreden van een kerkgebouw nagenoeg onbewust overgaan op een fluistertoon.

Dat het er in kerken van voor de grote hervormingsbewegingen bij tijd en wijle kon toegaan als een oordeel, blijkt onder meer uit de plaatsing van astronomische kunstuurwerken voorzien van een spel, die in het christelijke Europa van de late middeleeuwen populair waren. Met name in aanzienlijke stadskerken vormden deze uurwerken een statusrijke verwijzing naar de grootsheid van de schepper. Dat ook in Nederland zo'n speels kerkelijk kunstuurwerk heeft gestaan is nagenoeg onbekend. Ons land staat veeleer bekend om zijn rijke orgelcultuur en ook al gaf het bespelen van deze instrumenten – met name in protestantse kring – niet zelden aanleiding tot twist, ze maken ook nu nog onlosmakelijk deel uit van kerkgebouw en christelijke viering. In feite kun je stellen dat de organist de enige is die tot op de dag van vandaag officieel in de liturgie mag 'spelen' in de kerk.

Als een zichzelf respecterende stad beschikte Den Bosch in de grote stadskerk, naast een of meerdere orgels, over een speelautomaat voorzien van mechanische taferelen. Voordat de Sint-Jan met de oprichting van het bisdom 's-Hertogenbosch in 1559 een kathedrale basiliek werd, was de status van dit bouwwerk en de erin vervatte kunstwerken wijd en zijd bekend. Niet zonder overdrijving en een flinke dosis lokaal chauvinisme werd het astronomisch kunstuurwerk, dat in het begin van de zestiende eeuw was geplaatst tegen de westzijde van het Onze-Lieve-Vrouwe-koor, beschouwd als een wereldwonder. Het bestond uit een grote kast met wijzerplaten waarop de burgerlijke en kosmische tijd af te lezen was, compleet met een kalendarium waarop de feestdagen waren aangegeven alsmede indicaties van de maanstanden en de planeten van het plaatselijk firmament. Maar het meest spectaculair was wel het automatische figurenspel, dat bestond uit een weergave van de wijzen die het kerstkind aanbidden (het driekoningenspel) en het Laatste Oordeel. Aan dit laatste tafereel ontleende het astronomisch kunstuurwerk zijn naam, namelijk het oordeelspel. Op gezette tijden – de een spreekt van twaalf uur en anderen berichten van een voorstelling op elk heel uur – trokken de drie koningen aan de madonna met kind voorbij, waarbij ze uit eerbied een buiging maakten. Vervolgens openden zich de grote beschilderde luiken van het bovendeel waardoor God de Vader met Zijn heiligen zichtbaar werden om over de uit hun graven verrijzende doden te oordelen waarbij de bokken van de schapen werden gescheiden. Op dat moment ging ook de hellepoort open waaruit duivels tevoorschijn kwamen om de verdoemden mee te sleuren in het vuur, terwijl de uitverkoren zaligen ter hemel werden gevoerd waarna de luiken zich weer sloten. Dit alles werd begeleid door orgelspel en bazuingeschal.

Dit oordeelspel was het enige oude monumentale astronomische kunstuurwerk dat Nederland ooit gekend heeft, aldus de campanoloog André Lehr die zich intensief heeft beziggehouden met deze her en der in Europa – onder andere in Münster, Gdansk en Lund – bewaard gebleven kerkelijke kunstuurwerken.[5] Helaas werden de vervallen resten van het Bossche oordeelspel in 1858 door het kerkbestuur uit de kerk verwijderd. Slechts enkele onderdelen, zoals de beschilderde luiken en sculpturen van een jongeling die op de hielen wordt gezeten door de dood in de vorm van een vervaarlijk skelet, zijn bewaard gebleven.

De wereld waarin in 1513 het oordeelspel werd geplaatst, was een heel andere dan onze huidige samenleving. Het sacrale en profane, het heilige en wereldse waren onontwarbaar met elkaar vervlochten. Vroomheid en vermaak gingen hand in hand. Het heilige was dan ook iets alledaags en het geloof werd als vanzelfsprekend beschouwd, ook al was het aan de vooravond van de Reformatie niet onomstreden. Het is de periode die met het gelijknamige werk van de grote cultuurhistoricus Johan Huizinga bekend staat als het 'Herfsttij der Middeleeuwen', dat gekenmerkt werd door wat hij noemde "'s levens felheid'.[6] Behalve in de genoemde verwevenheid van het heilige en het profane kwam die laatmiddeleeuwse heftigheid tot uitdrukking in zeer plastische, zintuiglijke verbeeldingen van het sacrale waarmee mensen, met name ook in het kerkelijke domein, werden geconfronteerd. Het heilige werd heel fysiek voorgesteld en beleefd, waarbij met name de contrasten tussen goed en kwaad, deugden en zonden, hemel en hel een centrale plaats innamen bij wijze van educatief vermaak.

In onze wereld van een kleine vijf eeuwen later staat dit alles ver van ons af. Wie is er nog bang voor de duivel? En ook al behoort de 'pastoraal van de angst' tot het verleden, met het verdwijnen van de duivel kwam in zekere zin ook God in het proces van secularisering in toenemende mate op de achtergrond te staan. In het oordeelspel spelen beiden een prominente rol. Maar ook al leven we in een andere cultuur met gewijzigde Godsbeelden, als we ons de moeite getroosten om aandachtig te beschouwen (en dus niet vrijblijvend argeloos te kijken) biedt zo'n historisch oordeelspel ook voor mensen van nu tal van aanknopingspunten in spirituele zin. De kwestie van goed en kwaad is immers nog even actueel als vijfhonderd jaar geleden. Het vormt immers een van de menselijke oervragen. Een historische verbeelding – er zijn plannen om te komen tot een reconstructie van het Bossche oordeelspel – dient dan ook niet zozeer tot exotisch vermaak bij wijze van rariteitenkabinet met 'toeters en bellen', maar kan – in een verantwoorde religieuze context geplaatst – kernvragen met betrekking tot de christelijke spiritualiteit oproepen en bespreekbaar maken. Een cultuurhistorisch verantwoord oordeelspel, dat verbonden is met het levensverhaal van zo'n kathedrale basiliek, dient dan tevens als instrument ter inspiratie.

Behalve naar de klassieke kwestie van de theodicee van het kwaad – waar generaties gelovigen mee hebben geworsteld en die nolens volens ook in de 'geschiedenis' die nog in het verschiet ligt actueel zal blijven – verwijst een astronomisch kunstuurwerk heel nadrukkelijk naar de notie van tijd, die in de bijbelboeken zo'n belangrijke rol speelt. De diagnose van heden, verleden en toekomst – wat is er toch met ons mensenkinderen gebeurd en wat staat ons te wachten – is immers een essentiële factor in elk identiteitsproces. Het onderstreept de menselijke behoefte om zich in tijd (en ruimte) te hechten en diepere zin te geven aan het dagelijkse bestaan. Het noodt tot reflectie en relativering met impliciete verwijzingen naar bijbelse noties van tijd en eeuwigheid. We zijn als

'Gods volk onderweg' voortdurend in beweging, niet als geïsoleerde individuen, maar als gemeenschap in Gods hand. Alleen in de tijd zelf openbaart het goddelijke zich in concrete mensenervaringen: toen, daar, op dat moment, in die situatie was Hij ons nabij. Het gaat daarbij niet louter om een profane, burgerlijke tijd, maar tevens om het kosmische tijdsbesef van de schepping: we zijn nietig, kwetsbaar, sprankels als een tempel van God in een onmetelijke ruimte en tijd die ons profane bevattingsvermogen te boven gaat.

Het is de mens gegeven daarover in spirituele zin te reflecteren, maar als stoffelijke wezens hebben we daarbij behoefte aan materiële houvasten, richtingwijzers die ons letterlijk in beweging kunnen zetten naar God en de sporen van Zijn aanwezigheid in de wereld markeren. Dit zowel ter her-'innering' alsook bij wijze van voortdurende diagnose van het hier en nu: wij zelf 'zijn' immers de tijd in afwachting van het koninkrijk Gods. Zolang Zijn rijk nog niet is gerealiseerd is er voor ons mensen werk aan de winkel, moeten we elkaar mobiliseren, opwekken en inspireren. Deze mensendienst vormt als het ware de kern van de godsdienst. 'Wie vergeeft mij mijn verloren tijdt', zo luidde dan ook heel toepasselijk een van de opschriften op het Bossche kunstuurwerk. De vroegere devotionele heilige tijd is tegenwoordig voornamelijk – al dan niet toeristische – 'vrije tijd' geworden. Die klok valt onmogelijk simpelweg terug te draaien. Het kunstuurwerk biedt daarentegen positieve kansen om mensen, juist wanneer ze zich aan het jachtige leven van alledag onttrekken en zich uit het drukke stadsgewoel onthaasten door het bezoeken van de kathedraal, te confronteren met de diepgelovige levensbeschouwing van onze voorouders. Hun vormentaal is niet meer de onze, maar zet ons daarom eens te meer aan het denken over de erin vervatte, achterliggende boodschap. Door daarbij ook sporen van onze tijd toe te laten in de reconstructie kan deze missie worden geactualiseerd. Een wereld van onverwachte spiritualiteit kan met de luiken van het oordeelspel dan ontsloten worden, waardoor de profane ('vrije') tijd als het ware even geheiligd wordt.

Het in beweging zetten in de richting van het numineuze en goddelijke vormt de wezenlijke kern van de liturgie. Een theoloog als Romano Guardini heeft in zijn werken daarbij steevast gewezen op het belang van het spel[7], een notie die de eerdergenoemde cultuurhistoricus Huizinga op meesterlijke wijze heeft uitgewerkt in zijn boek over de homo ludens. Het is geen toeval dat hij daarbij veel aandacht heeft besteed aan de eredienst. Het spel is een kamp *om* iets dan wel een vertoning *van* iets. De cultus, zo vervolgt hij, is derhalve een dramatische voorstelling, een verbeelding bij wijze van vervangende verwezenlijking. 'De mensheid speelt de orde der natuur, en houdt die zo in stand'.[8] Deze klassieke inzichten zijn de laatste jaren in liturgische studies weer uiterst actueel. Hedendaagse theologen als Bernhard Lang en – in ons land – Paul Post wijzen op de cruciale betekenis van religie als 'heilig spel'.[9] Door middel van rituelen en symbolen bakenen we immers een sacraal 'speelveld' af met welomschreven spelregels die het individu idealiter niet louter als vrijblijvende toeschouwer maar als actieve medespeler deel doet hebben aan een geloofsgemeenschap die is verankerd in een als sacraal-mythisch beleefde tijd en ruimte.

De Sint-Janskerk is zo'n mythische plek bij uitstek, geheiligd als deze is door generaties gelovigen die er hun heil en toevlucht gezocht en gevonden hebben in goede tijden en slechte tijden. Een astronomisch kunstuurwerk met verbeeldingen van het Laatste Oordeel en de aanbidding van het Christuskind door de wijzen uit het Oosten verwijst daarbij naar een mythische tijd: zowel die van het verleden als die van de toekomst. Het is aan ons, als mensen van nu in een nieuw millennium, om onze hoop en verwachting in waarachtig Godsvertrouwen uit te bazuinen. Het vieren van de tijd kan niet zonder spel, het in beweging zetten tot het hogere kan niet zonder symbolen en rituelen. Maar zonder spiritualiteit zijn spel en ritueel slechts holle vormen. Een oordeelspel louter als cultuurhistorische kijkkast heeft in een liturgische ruimte dan ook geen functie, ze hoort dan veeleer in een museum thuis. De ware kunst van het astronomisch uurwerk is dan ook niet zozeer gelegen in de artistiek-technische uitvoering of het spectaculaire vertoon, maar in de daarin vervatte spirituele boodschappen die verwijzen naar de transcendente dimensies van ons bestaan waarbij het aankomt op leven en dood, goed en kwaad, onze plaats markerend in de keten van de tijd die met de komst van Zijn koninkrijk volgens de gelovigen ooit eens voltooid zal worden. Door kortom het kunstuurwerk in beweging te zetten, dienen we onszelf op een speelse wijze te mobiliseren in een beweging naar God én onze medemensen, waarin Hij zich immers manifesteert.

Huizinga sprak in 1938 niet van het spel *in* de cultuur, zoals veelal wordt gedacht, maar ging uit van het spelen als constituerend element *van* cultuur. Hij illustreerde dit met een vracht aan historisch materiaal, waarbij hij terecht kritisch opmerkte dat de etnologie van zijn tijd hiervoor weinig belangstelling had. Vandaar dat hieronder, in plaats van liturgische exercities, ruim aandacht wordt geschonken aan de paraliturgische of zelfs profane viering van het heilige zoals dat in de loop der tijd gestalte heeft gekregen in de volkscultuur, met name in de feestelijke celebratie van de biografische en kosmische tijd. Hiernaar verwees al de predikant van het geestelijk kaartspel in de context van het vrolijke driekoningenfeest, waarmee dit hoofdstuk opende. Ging Huizinga sterk uit van wat we tegenwoordig 'hoge cultuur' noemen, de voorbeelden aan de hand waarvan we de rituele spelelementen analyseren betreffen voornamelijk de 'lage cultuur' oftewel de cultuur met een kleine c, die overigens niet noodzakelijkerwijs verwijst naar het leven van *kleine Leute* alleen.

Festa fori, festa chori

Bij het begrip feest zijn we geneigd, en niet geheel ten onrechte, om te denken aan vrolijke gebeurtenissen. Bij een feest wordt doorgaans immers op 'feestelijke', al dan niet officiële, wijze iets herdacht en gevierd. In etnologische zin wordt het feestconcept echter ruimer opgevat, meer in een algemene zin als viering. Daartoe behoren dan ook droevige momenten die ritueel beleefd worden, zoals bijvoorbeeld een begrafenis, de plotselinge dood als gevolg van een verkeersongeluk of straatgeweld[10] en de herdenking van oorlogsgevallenen. Met name bij als traumatisch beleefde incidenten, die de dagelijkse gang van zaken ingrijpend verstoren, zien we dat mensen behoefte hebben aan algemeen herkenbare handelingspatronen oftewel rituelen, om hun collectieve gevoelens tot uitdrukking te brengen. Daarnaast zijn er ook meer gewelddadige vieringen, waarin het herstel van een verstoorde orde op rituele wijze plaatsvindt. Dit is de donkere zijde van het feest, waarbij geweld en feestelijke hilariteit samengaan. Gedoeld wordt hier op openbare strafvoltrekkingen of het in de volkskunde klassieke thema van de volksgerichten of charivari's: strafexpedities tegen personen die zich niet aan de, veelal ongeschreven, regels van de groep houden. Maar ook meer actuele uitingen van 'feestelijk' geweld, zoals dat van voetbalsupporters (*hooligans*) en groepen in het uitgaansleven (variërend van materieel vandalisme tot fysieke aanranding) behoren hiertoe. Er zijn allerlei typologieën van het feest denkbaar, die als mentale constructies tegelijkertijd sterke relativering behoeven. Zo maakt Willem Frijhoff bijvoorbeeld, naast de klassieke feesten uit de levenscyclus en kalender, tevens onderscheid tussen burgerlijke vieringen van de lokale samenleving (kermis), feestrituelen van de politieke gemeenschap (Koninginnedag), feestrepertoires van sociale groepen (feesten van verenigingen en beroepsgroepen) om te eindigen met het onnoembare feest (lynchings of vieringen die overgaan in oproer).[11] Weer anderen hanteren typologische categorieën op basis van structurele basiselementen van feesten, zoals het valoriseren en sacraliseren van tijd en plaats, overgangsgebruiken (*rites de passage*), omkeringsrituelen (inversie), het demonstreren van macht door overdaad (*conspicuous consumption and display*), theatrale opvoeringen, reciprociteit (wederkerigheid in giften) en competitie.[12]

Het feest is geen willekeurige, spontaan verlopende handeling, maar vereist een zekere regelmaat en herhaling, alsmede een sociale groep die participeert en er betekenis aan verleent. Het feest kent tevens een vast verloop, met een duidelijk gemarkeerd begin en einde. Hierbij wordt doorgaans gebruikgemaakt van symbolen die binnen een bepaalde groep betekenis hebben en verstaan worden. Het zijn ook juist deze feestelementen die in het traditionele volkskundeonderzoek gekoppeld werden aan begrippen als continuïteit en traditie waaraan doorgaans een diepere betekenis in mythologische zin met veelal een, al dan niet impliciete, ideologische hang naar een voorchristelijk, Germaans verleden ten grondslag lag. Op deze wijze werd het begrip 'volksgebruik' opgerekt tot iets met universele duiding, dat het gewone mensenbestaan oversteeg. Maar in de sociale praktijk hebben feesten juist betekenis voor de mensen die ze vieren. Ze markeren er enerzijds overgangen (statusveranderingen) mee en anderzijds bakenen ze tevens de groep af. Hieronder gaan we nader in op deze elementen, te weten het rituele karakter alsmede het markeren van overgangen en groepen.

Strikt genomen weten we van de belevingswereld van mensen niets rechtstreeks. We kunnen alleen gedragingen van mensen in heden en verleden traceren en aan de hand daarvan ons een (indirecte) voorstelling trachten te maken van de achterliggende ervaringswereld. Deze wordt immers pas voor ons herkenbaar als er vorm aan gegeven wordt. Vandaar dat we steevast pleiten voor termen waarin het handelen van mensen expliciet tot uitdrukking komt. Zo is een term als 'vieren' te prefereren boven het begrip 'volksgebruik', niet alleen vanwege het versluierende voorvoegsel volk dat een monolithische eenheid suggereert, maar ook doordat de viering als culturele praxis direct verwijst naar een handelingscontext. Van de achterliggende motieven en het wereldbeeld waaruit bijvoorbeeld vieringen voortvloeien weten we als onderzoekers in beginsel niets. We kunnen alleen het feitelijke feestgedrag van mensen, of de historische sporen daarvan, observeren. Dit corpus van waarnemingen vormt het materiaal waarmee de volkskundige, antropoloog, socioloog of historicus aan de slag kan om zich een beeld te vormen van de achterliggende noties om iets te vieren. Met andere woorden: de wetenschapper interpreteert het gedrag en de objecten (bijvoorbeeld maskers) als stille getuigen daarvan, om de culturele beleving van gevierde momenten in een ver of nabij verleden te reconstrueren. Door de introductie van het cultuurbegrip komen gedrag vormgeving en beleving meer op de voorgrond. Kortom, door de culturele uitingen en gedragingen van de mens met betrekking tot de *festa fori* en *festa chori* te inventariseren en interpreteren krijgen we toegang tot de culturele categorieën van de feestvierder: het achterliggende domein van normen en waarden oftewel het wereldbeeld.[13]

Het proces van vormgeving is veelzeggend: er zijn immers talloze mogelijkheden om uitdrukking te geven aan gevoelens en opvattingen. Deze kunnen gematerialiseerd worden door bijvoorbeeld bepaalde kleding, huisvesting of voeding, maar er zijn ook allerlei mondelinge en non-verbale (*proxemics* en *kinesics*) mogelijkheden.[14] De keuze van gedragsvormen wordt sterk bepaald door de communicatieve functie, die al naar gelang de context kan variëren. De gedragselementen zijn als letters van een alfabet: pas in bepaalde combinaties (woorden, zinnen) krijgen ze – voor wie de taal verstaat – een specifieke betekenis. Gedragselementen kunnen elkaar daarbij aanvullen om de boodschap meer eenduidig over te brengen. Als er sprake is van vaste, geformaliseerde handelingspatronen, kunnen we spreken van rituelen. Oorspronkelijk werd deze term gereserveerd voor strikt religieuze, liturgische handelingen en werden de profane riten aangeduid met het begrip 'ceremonie'. Hier worden met de term 'ritueel' zowel sacrale als profane, geformaliseerde en binnen een bepaald cultureel circuit algemeen aanvaarde gedragsvormen aangeduid. Hierbij is de sociale, politieke, economische en culturele context bepalend voor de betekenis. Ook maken we geen onderscheid tussen ritueel en rite; een verschil dat tamelijk diffuus is. Een rite kan een onderdeel zijn van een ritueel, dat dan bestaat uit een corpus of configuratie, een samenstel van riten: vaste handelingen, als woorden in een zin.[15]

Zo kunnen bijvoorbeeld volksgerichten of charivari's, om ons nog even te bepalen tot feestelijk geweld, omschreven worden als niet-officiële rituele sancties op 'deviant' gedrag. In het kader van dergelijke vormen van rituele vijandigheid hebben voorwerpen (ploegen, karren, wanmolens, borden met opschriften, poppen), handelingen (het maken van ketelmuziek), relaties (geburen), gebeurtenissen (traktatieweigering of andere vormen van wat als afwijkend gedrag ervaren wordt), gebaren (joelen), ruimten (erf) en tijdstippen (schemering, middernacht) een symbolische betekenis. Dergelijke communicatiecodes vormen als het ware de rituele grammatica van het volksgericht. Lag in de traditionele volkskunde-beoefening sterk de nadruk op de vele *vormen* van charivari, de laatste jaren wordt steeds meer aandacht besteed aan de *inhoud*: in dit geval de betekenissen en de evoluties daarvan voor verschillende sociale groepen in samenlevingen. De betekenis van een bepaald symbool is sterk afhankelijk van de context. Evenals letters in een bepaalde volgorde kunnen combinaties van doorgaans meerduidige (polyseme) symbolen een bepaalde zin krijgen. Op deze wijze ontstaat wat E. P. Thompson heeft genoemd een plastisch 'symbolisch vocabulaire'; een voorraad rituelen waaruit geput kan worden en die in combinatie kenmerkend zijn voor charivari's. De 'teksten' van dergelijke symbolische vocabulaires vormen sleutels tot de cultuur van samenlevingen.[16]

In het geval van de charivari mogen we aldus niet spreken van 'irrationeel' of 'primitief' geweld. Uit een dergelijke etnocentrische benadering spreekt een elementair onbegrip van de (plattelands)cultuur waarin collectief geweld veelal als een weloverwogen en effectief ritueel medium werd ingezet om concrete gemeenschappelijke doelen – doorgaans gerelateerd aan noties van eer en schande – te bereiken.[17] Zo kwam het Overijsselse dorp Staphorst in 1961 landelijk in het nieuws. Een paar dat verdacht werd van overspel werd aldaar in tamelijk ontklede staat in de winterkou op een kar tot spot door de straten gevoerd. 'Middeleeuwse toestanden', kopte bijvoorbeeld een landelijk dagblad. Hierbij speelde het gegeven dat Staphorst als een conservatief-gereformeerde, naar binnen gekeerde gemeenschap te boek stond een extra stigmatiserende rol. In de publiciteit werd enerzijds volledig voorbijgegaan aan het feit dat dergelijke strafexpedities als zwarte folklore toentertijd ook in andere plattelandsgemeenschappen voorkwamen en dat het anderzijds – zoals meestal met volksgerichten – om een bijzonder, zij het niet uniek incident ging. Staphorst staat sinds die tijd eens te meer te boek als een 'achterlijke' gemeente waar kinderen niet worden ingeënt, televisie taboe is en de reputatie van nachtvrijers overgaat in al dan niet in klederdracht gestoken moraalridders; etnocentrische stereotypen en vooroordelen die, wanneer je kijkt naar bijvoorbeeld de nationaal geïntegreerde plaatselijke economie, volledig misplaatst zijn.[18]

Een belangrijke bijdrage tot de studie van rituelen werd geleverd door Arnold van Gennep (1873-1957), een Franse volkskundige met een moeder van Nederlandse herkomst wier naam hij hanteerde, die in 1909 zijn boek over *les rites de passage* publiceerde. De meeste rituelen, zo betoogde hij, markeren overgangen in de levensloop of jaarcyclus. Hij analyseerde met name de structuur van deze overgangsrituelen, die hij in drie duidelijk afgebakende hoofdfasen verdeelde. In de zogenaamde pre-liminele fase van het ritueel wordt bijvoorbeeld de persoon die geïnitieerd wordt in een groep, onthecht en afgezonderd uit zijn omgeving ter voorbereiding op de eigenlijke overgang naar een nieuwe status, zoals die van de volwassenen. De overgang zelf, de liminele fase, wordt gekenmerkt door allerlei handelingen die de kwetsbaarheid van de persoon op dat gevaarlijke en onbestemde moment dienen te compenseren. Hiertoe behoren bezweringen en gebeden, amuletten en talismans alsmede lichaamsversieringen. Aangezien dergelijke rituelen ingewikkelde handelingen voorschrijven die maar op één vastgestelde wijze correct uitgevoerd kunnen worden, zijn deze doorgaans voorbehouden aan sacrale specialisten in technisch ritueel zoals de medicijnman of priester. Het derde en laatste stadium van het ritueel betreft de post-liminele fase die in het teken staat van incorporatie in de nieuwe groep en statusbevestiging. De geïnitieerde krijgt een nieuwe naam, andere kleding, wordt ingewijd in speciale kennis – heeft kortom een andere plaats in de groepscultuur gekregen.[19] Nauw verbonden aan de notie van liminaliteit zijn de begrippen taboe en communitas.

De mens is onderworpen aan ge- en verboden, die veelal beleefd worden als goddelijke voorschriften. Zo zijn er ook rituele verboden, de zogenaamde taboes: morele gedragsgrenzen die niet zonder gevolgen overschreden kunnen en mogen worden. De numineuze ervaring en beleving kan leiden tot gevoelens van vrees en eerbied, resulterend in schroom en ontzag tegenover bepaalde plaatsen, tijden, voorwerpen of personen.[20] De aanwezigheid van taboes vereist derhalve kennis van zaken en omzichtigheid: om bijvoorbeeld een feest op de juiste wijze te kunnen vieren of een overgangsritueel correct te voltrekken dient men ingewijd te zijn in de regels van de groep.

Taboes treffen we aan in en rond personen, objecten, plaatsen en fasen die grenzen, drempels, marges en overgangen belichamen of als zodanig ervaren worden. Deze liminaliteit komt, zoals Anton Blok heeft betoogd, bijvoorbeeld treffend tot uiting in de ambivalente positie van de beul of scherprechter. Hij was de officiële ceremoniemeester in belangrijke overgangsriten: de schakel tussen leven en dood, tussen ziek en gezond, tussen sociaal en asociaal. Allerlei zaken die voor gewone stervelingen als vuil, besmettelijk en onrein – kortom taboe – werden beschouwd kregen in de persoon van de scherprechter een heilzame werking. Hij was iemand die zich *betwixt and between* bevond: hij bekleedde een ambt als overheidsfunctionaris maar had geen burgerrechten, symboliseerde met zijn zwaard het gezag van de landsheer maar stond door zijn contacten met vilders op de laagste trede van de samenleving. Verder bracht de scherprechter niet alleen mensen ter dood, hij kon ze ook genezen. Zijn hele bestaan staat kortom in het teken van het overschrijden van grenzen en drempels waarbij ongewenste 'vuile' elementen worden verwijderd (het elimineren van *matter and persons out of place*, zoals de antropologe Mary Douglas het noemt). Wanneer de beul faalde bij het ritueel van de terechtstelling en de overgang tussen leven en dood, vuil en rein niet naar behoren verliep, konden de toeschouwers gewelddadig optreden: de sacrale orde der dingen was verstoord.[21]

Vanuit dit perspectief bezien zijn vieringen te beschouwen als een liminele toestand, als een tijdelijke opschorting van de dagelijkse situatie. Het feest is met andere woorden een moratorium, een opschorting, van het alledaagse: het is essentieel anders dan het gewone. Feest en ritueel bestaan juist bij de gratie van het contrast met de doordeweekse routines, zowel voortdurend werken alsook altijd feesten houdt niemand vol. Als inbreuk op de economie van het dagelijks leven, die zuinig en profijtgericht georiënteerd is, staat het feest met zijn royaal en verkwistend karakter. Het doorbreken van de gewone continuïteit staat hierbij in het teken van het voortbestaan van de groep. Het is dan ook de gemeenschap die zichzelf in het feest tegenwoordig stelt.[22] In feesten en rituelen worden kortom niet alleen overgangen en taboezones gemarkeerd, ook groepen bakenen zichzelf met behulp van dergelijke geformaliseerde handelingspatronen ten opzichte van elkaar af. In het ritueel wordt tot uitdrukking gebracht wat mensen bezielt, wat voor hen als 'heilig' geldt in hun leefwereld.

Ritueel spel

Bij het gezamenlijk vieren van een feest kan een tijdelijke toestand bereikt worden die de antropoloog Victor Turner heeft aangeduid met het begrip *communitas*. Het vormt in zijn woorden een onmiddellijke en totale momentane beleving van de groep als een homogene, niet-hiërarchische, ongestructureerde en vrije gemeenschap. Het is een ideaaltoestand waar mensen, die het eenmaal ondergaan hebben, telkens weer opnieuw naar zullen blijven streven. Om dit te bereiken dienen er echter afspraken en regels gemaakt te worden: het feest krijgt een vaste structuur en bijvoorbeeld een eigen organisatiecomité. Op deze wijze ontstaat de paradoxale toestand dat het feest, als uiting van speelse communitas waarbij men verlost is van de dagelijkse sleur met al zijn sociale verplichtingen en conventies, zelf een verplichtend corpus aan structuren en hiërarchische organisaties in het leven roept. Zodoende ontstaat een cyclische dynamiek waarbij het verlangen naar spontane communitas in het geval de structuren gaan domineren, weer nieuwe feest- en belevingsvormen doet ontstaan.²³

In deze cyclische dynamiek speelt een aantal factoren daarbij een rol, die als volgt geanalyseerd kunnen worden. Allereerst is de afbakening in tijd en ruimte van het feest van belang: het vindt op een welomschreven plaats en een bepaald moment in de kalender of levensloop plaats. Hierbij speelt de aanleiding tot de viering een belangrijke rol. Juist de combinatie van verleden, heden en toekomst verleent aan het feest een kritische spanning: op het moment van de viering wordt met het oog op de toekomst iets uit het verleden – een gebeurtenis, een persoon of een af te leggen status – als heuglijk feit gememoreerd. Deze rituele gedachtenis is, zoals de liturgist Paul Post benadrukt, vaak gevaarlijk spel. Niet zelden wordt de herinnering ondergeschikt gemaakt aan de feestroes, of wordt een passende 'herinnering' bij wijze van aanleiding verzonnen. Daarnaast wordt voortdurend gewerkt aan de memorie, waarbij deze niet zelden wordt gereduceerd tot een *safe story* waarbij het feest ontdaan wordt van pijnlijke dimensies. De viering wordt dan een risicoloze vlucht uit het alledaagse. Zonder kritische anamnese staat volgens hem de deur open naar het antifeest waarbij 'slechts' gespeeld wordt om het spel. Anderzijds is er ook een tendens om het vieren voortdurend te legitimeren, alsof de omgang met schijnbaar nutteloze en gratuite rituelen een investering is die verantwoord moet worden in bijvoorbeeld *talkshows*, documentaires en musea met hun tentoonstellingscatalogi.²⁴

Het naar de hand zetten van het verleden, of beter, het uitvinden van een herinnering wordt in de bundel van Eric Hobsbawm en Terence Ranger uit 1983 veelal aangeduid als *invention of tradition*. Zelden is een boektitel zo programmatisch gebleken, waarbij wel dient te worden gesteld dat het begrip in veel onderzoek ietwat anders wordt gehanteerd dan de samenstellers destijds bedoelden. Zo gebruikten de meeste auteurs het begrip in uitsluitend pejoratieve zin om er bijvoorbeeld de negentiende-eeuwse constructie van een nationale Schotse identiteit, waarbij de 'uitgevonden' folklore rond *kilts* en *tartans* een grote rol speelde, mee aan te duiden. Deze negatieve appreciatie doet denken aan de houding van veel volkskundingen in het verleden ten opzichte van de 'pseudo-folklore uit de tweede hand' die we thans aanduiden als folklorismen, terwijl het proces van folklorisering tegenwoordig als een neutraal volwaardig onderzoeksobject wordt beschouwd. Dat laatste deden de Britse historici ook, maar bij hen stond het ontmaskeren en ontmythologiseren aanvankelijk eveneens sterk centraal. Wat dat betreft heeft ook hier een verschuiving plaatsgevonden: het 'uitvinden van tradities' is een proces dat zich in allerlei perioden op velerlei levensterreinen voordoet. In plaats van een louter *debunking* gaat het onderzoekers zoals Peter Nissen nu veeleer om de vraag hoe deze processen precies verlopen en functioneren, en vooral welke betekenissen tradities, of ze nu oeroud of piepjong zijn, hebben voor de betrokkenen in de praktijk van alledag.[25] Anders geformuleerd: hoe gaan mensen om met het verleden en de herinnering en op welke rituele wijze geven ze dat vorm in rituelen en tradities, die desnoods eenvoudigweg geconstrueerd en uitgevonden worden? Dit gebeurt enerzijds om aan die memorie letterlijk culturele vorm te geven, anderzijds dienen de *invented traditions* met hun vermeende ouderdom en continuïteit als legitimatie voor de rituelen en feestelijke vieringen in kerk en wereld.

Begrippen als communitas en ritueel, kunnen tevens worden verbonden met noties als respectievelijk spel en ritueel.[26] Deze elementen zijn nagenoeg altijd aanwezig in vieringen. Zoals we stelden neigen feesten ernaar in de loop van de tijd steeds meer georganiseerd te worden, waardoor het uiteindelijke doel, het bereiken van een toestand van communitas, erbij dreigt in te schieten. Naarmate de reglementering en bestuurlijke organisatie rond een feest toenemen, zo luidt de stelling, zien we aan de andere kant een behoefte bij de vierders om aan het – weliswaar noodzakelijke maar ook hinderlijke – keurslijf te ontsnappen door allerlei spelelementen te introduceren die het communitas-gevoel versterken. Het ludieke biedt de mogelijkheid om te relativeren en te improviseren, het schept ruimte voor spot en ironie. Hier participeren de *pretenders*, die een loopje nemen met de ernst van de zaak en het leven van de zonnige kant bekijken. Losbandigheid en vrijheid in de vorm van een ontwapenende chaos zijn de kenmerken van het speelse communitas-gevoel. Daartegenover staat de serieuze ernst van het ritueel dat aan regels gebonden is en de sociale orde bevestigt. In het officiële scenario is precies vastgelegd wie wat moet doen en waar hij of zij zich aan te houden heeft. Dit is de onmisbare tegenhanger van het spel in de vorm van de rituele structuur, waarbij het officiële aspect dominant is.[27] De binaire oppositie van deze begrippen dient hier – om misverstanden te voorkomen – wat te worden gerelativeerd. Het betreft een vereenvoudigde weergave van de werkelijkheid, waarbij structuur (liturgie) natuurlijk niet per definitie lijnrecht tegenover communitas (euforisch samenzijn) als een belemmering hoeft te staan. In veel rituelen wordt immers op een geformaliseerde wijze toegewerkt naar een collectief gevoel van eenheid en bevrijding.

De dynamiek tussen beide polen laat zich goed illustreren aan de hand van het begrip 'authenticiteit', dat in veel vieringen een grote rol speelt. De organisatoren hechten bijvoorbeeld veel waarde aan historisch verantwoorde kostuums en attributen om aan het feest een uitstraling te geven die recht doet aan het culturele belang ervan. Zo wordt de improvisatie aan banden gelegd en wordt er letterlijk een keurslijf voorgeschreven. Zo kan bij een historische optocht bijvoorbeeld het voorschrift gelden om polshorloges en sieraden af te doen. De participanten daarentegen kunnen de kleding- en handelingsvoorschriften als dermate beperkend gaan ervaren dat ze deze op hun beurt gaan aanpassen. 'Hoed blijft op,' zo stelde een figurant in een volkskundige film tot wanhoop van de regie koppig.[28] Wat ook voorkomt is dat bijvoorbeeld toeschouwers in de marge van het ritueel de spot gaan drijven met de authentieke uitdossing van de ander. Zo hulden jongeren uit het dorp Beugen zich in 1996 in een ridicuul kostuum, met koperen kolenbakken als helm en borstels als epauletten, voorzien van een nepkanon en fantasievaandels om het Heilig Bloedgilde van grote buur Boxmeer tijdens het jaarlijkse ritueel van de metworstrennen belachelijk te maken. In Brielle zien we dat bij de 1 april-viering aldaar het enthousiasme voor het officiële, formele spel daalt ten gunste van de meer geïmproviseerde straatfeesten waar men elkaar ongedwongen kan ontmoeten.[29]

Reglementering van rituelen

Belangrijke factoren die invloed uitoefenen op de cyclische dynamiek van speelse communitas en rituele structuur betreffen politieke, religieuze, economische en culturele machtsfiguraties. Zo worden de organisatoren van een feest geacht zich binnen de grenzen van de wet te gedragen. Veel vieringen zijn in de loop der tijd dan ook gedisciplineerd: bij wijze van een burgerlijk beschavingsoffensief zijn gewelddadige en onbeheerste uitwassen effectief geëlimineerd.[30] Dit betreft bijvoorbeeld het hanteren van wapens om vreugde- en saluutschoten af te vuren tijdens verlovings- en bruiloftsfeesten en de nieuwjaarsviering. Maar bij dit laatste feest zien we dat ook in de huidige samenleving de viering van oud en nieuw aanleiding geeft tot het uitdagen van het gezag en het tijdelijk verleggen van grenzen met baldadig vermaak. Bekend zijn de ruige feesten in de nieuwjaarsnacht in de Haagse Schildersbuurt, waar groepen jongeren bijvoorbeeld auto's in brand steken terwijl ze elkaar, met flesjes bier in de hand, hartelijk een gelukkig nieuwjaar toewensen. Op het strand van Scheveningen wordt sinds enkele jaren een enorme kerstboomverbranding in de nieuwjaarsnacht gehouden, die door de overheid oogluikend wordt toegestaan, waarschijnlijk om baldadigheid in de bebouwde kom te kanaliseren. De dag daarop kan men, op datzelfde strand, de 'traditionele' nieuwjaarsduik in zee maken die aldaar sinds 1966 wordt georganiseerd met sponsoring van een grote soepfabrikant. Ook de 'fikkies' die door de jeugd in de Zaanstreek worden gestookt in de nacht van Luilak (de zaterdag voor Pinksteren) ontkomen niet aan politioneel toezicht. Hoewel men bijvoorbeeld in Oostknollendam een tamelijk coulante houding aanneemt, grijpt men wel in bij het in brand steken van papiercontainers en het illumineren van de straat met grof huisvuil inclusief afgedankte koelkasten. Ook is men beducht voor confrontaties tussen verschillende buurten, waarbij ook etnische sentimenten (Zuid-Molukkers) op de achtergrond meespelen.[31]

Dat feesten soms in de knel kunnen raken met – gewijzigde – regelgeving van de overheid blijkt bijvoorbeeld uit de paasvuren die in Oost-Nederland op eerste paasdag de hemel rood kleuren. Deze paasvuren kennen veelal een sterke traditie, waarbij het van belang is dat ze 'van oudsher' op een bepaalde plaats worden ontstoken. In de loop der tijd zijn deze plekken veelal binnen de bebouwde kom komen te liggen, waardoor de veiligheid in het geding dreigt te komen en er steevast brandweertoezicht geldt. Daarnaast zijn er allerlei nieuwe voorschriften met betrekking tot afvalverbranding, zodat geschilderd hout en allerlei huishoudelijk afval worden verboden als zijnde belastend voor het milieu. Het extern reglementeren van zo'n paasvuur kan heftige emoties teweegbrengen, waarbij door de vierders een beroep wordt gedaan op de traditie, die men dan boven de wet wil stellen.[32] Waren het in het verleden vooral de calvinistische kerken die de paasvuren als 'relikten van heidense gebruiken' en de ermee gepaard gaande losbandigheden bestreden, tegenwoordig zijn het de van overheidswege ingestelde milieumaatregelen die als concrete aantasting van de christelijke traditie worden ervaren. Het overheidsoptreden kan soms ook worden ingeroepen door organisaties die zich inzetten voor het milieu of voor het welzijn van dieren. Zo werd mij eens veldwerk ontzegd bij een Limburgse Sint-Hubertusjacht. Ook al kon men de zuiver wetenschappelijke intenties van het voorgenomen onderzoek waarderen, men was toch bevreesd dat de uiteindelijke publicatie van de resultaten actievoerders, zoals die van het 'dierenbevrijdingsfront', op het specifieke feest zou attenderen.

Gaat het de overheid doorgaans om het handhaven van de openbare orde met een beroep op de wet of de plaatselijke politieverordening, de kerkelijke overheid heeft – althans in het verleden – zich juist sterk bekommerd om morele 'uitspattingen' tijdens vieringen. Genoemd werd al het paasvuur, maar ook in onze ogen minder spectaculaire zaken zoals het dansen werden gedurende een tamelijk consistent kerkelijk offensief tegengegaan. Ook het drankgebruik was de Kerk een doorn in het oog. Bij vele rituele gelegenheden hoorde een borrel of excessief biergebruik. Menigvuldig zijn de klachten over bijvoorbeeld het 'verdrinken' van een kind na afloop van de doop, de drinkgelagen naar aanleiding van – aanstaande – huwelijksvoltrekkingen (zoals het kwanselbier) en bij begrafenissen. Zo werden de geburen of dragers van de kist vooraf voorzien van een borrel – in het stadje Eindhoven gebeurde het in de achttiende eeuw dat van overheidswege aangestelde dragers zoveel moesten drinken dat ze halverwege de dag hun taak niet meer met de vereiste reverentie konden volbrengen. Na afloop van de teraardebestelling vond dan nog het lijkmaal plaats waar, na een eenvoudige maaltijd, het glas werd geheven en in veel Zuid-Nederlandse plaatsen tot in de negentiende eeuw ook werd gedanst. Het gezegde 'uitvaart, zuipvaart' hoort in deze context, maar we dienen niet te vergeten dat ook de dood werd gevierd met rituelen waarin reciprociteit, dit wil zeggen het beginsel van wederkerigheid, een belangrijke rol speelde.[33]

Behalve de verplichte rouwperiode, die voor naaste familieleden meer dan een jaar kon duren, volgde zoals gezegd meteen na de teraardebestelling de begrafenismaaltijd, meestal 'lijkmaal' of 'doodmaal' geheten. Op 2 mei 1731 vaardigde de Staten-Generaal te 's-Gravenhage een plakkaat uit voor de Generaliteitslanden (gebieden als Staats-Vlaanderen, de Landen van Overmaze en Staat-Brabant die onder rechtstreeks bestuur stonden van de Staten-Generaal) waarin het houden van deze maaltijden 'welke door de meenigte van Menschen, op deselve Doodmaalen verschynende, niet alleen veroorsaaken groote onordentelijkheeden en buitenspoorigheeden, nemaar ook daarenboven nog excessive en ondraaglijke onkosten voor Weduwen en Weesen, of andere Erfgenaamen van de Overledenen' met zich meebrachten, werd verboden. Het trakteren op de dag der begrafenis, ofwel enkele dagen ervoor of daarna, al dan niet in het sterfhuis, werd voortaan beperkt tot de directe gezinsleden, voogden of organisatoren ('directie-voerders') van de uitvaart op straffe van een boete van maar liefst honderd gulden. Elke ongeoorloofde gast verbeurde daarnaast tien gulden.[34]

Het houden van maaltijden na begrafenissen, waar alle verwanten, vrienden en buren elkaar troffen, was in de Nederlanden een algemeen verspreid en oud gebruik. Van Alkemade en Van der Schelling halen in hun *Nederlandsche displegtigheden* de zestiende-eeuwse beschrijving van Guiacciardini aan, die het gebruik om begrafenismaalttijden te houden ziet als een middel om de droefenis te verdrijven: '...zoo word, om zwarigheid te verdryven, een hoffelyke, en kostelyke maaltyd gehouden...' Folkloristen beschouwden de doodmalen, volgens de mythologische onderzoekstraditie, als een relictmatig voortleven van de 'oeroude heidense dodenoffers'.[35] Meer antropologisch beschouwd, waarbij niet zozeer de herkomst maar de betekenissen van cultuuruitingen van belang zijn, worden met dit gebruik de gemeenschapsbanden ritueel bevestigd. De banden die de overledene had met de gasten werden op deze wijze als het ware gecontinueerd, waardoor tevens de relatie met de dode werd gehonoreerd en gemarkeerd. Het uitgenodigd worden op een dergelijk dodenmaal gold als een belangrijk teken van vriendschap; het weigeren van de invitatie werd opgevat als een zware belediging. Het niet verzoeken van familieleden en buren werd opgevat als een teken van vijandschap.[36] Hieruit blijkt hoe belangrijk deze maaltijden waren in de familiale en lokale sociabiliteit. Het vormt tevens een indicatie van de implicaties die het plakkaat van de Staten-Generaal uit 1731, waardoor niet meer aan deze ongeschreven gemeenschapsverplichtingen mocht worden voldaan, kon hebben. De begrafenisschulden der erfgenamen werden weliswaar op deze wijze tegengegaan (zodat ze bijvoorbeeld aan hun belastingplicht konden voldoen); anderzijds werd inbreuk gemaakt op de reciprociteit van het trakteren: het ritueel van de gift.[37]

Het plakkaat van 1731 betrof in feite een regionale toespitsing van verbodsbepalingen die elders in de Republiek reeds eerder golden. Zo was in 1635 door het Hof van Holland reeds een verbod uitgevaardigd tegen het schenken van wijn en bier op begrafenissen om dronkenschappen tegen te gaan. Twee jaar later werd deze bepaling herhaald met de toevoeging dat ook het dragen van lange rouwmantels 'ende 't behangen vande Kameren met rouw' strafbaar was. Het dragen van rouwkleding was uitsluitend toegestaan aan de naaste verwanten. Meer specifiek voor het Hollandse platteland werd in 1671 bepaald dat het geven van doodmalen, 'welcke door de meenichte van Menschen op de selve Doodt-malen verschynende, ende door den toeloop van Bedelaers en Vagabonden' niet alleen grote onkosten maar tevens onordentelijkheden met zich meebrachten, werd verboden. Dit plakkaat werd blijkbaar, gezien een resolutie uit 1689 waarin op strikte naleving werd aangedrongen, veelvuldig overtreden.[38]

Het organiseren van doodmalen was ook in de Zuidelijke Nederlanden algemeen gebruikelijk. In 1701 kwam het in Vlierden tot een conflict met de schoolmeester aangezien een doodmaal voor veel geluidsoverlast zorgde, zodanig 'dat de clocke in perikel was van te bersten'. Het betrof dan ook een deftige begrafenis waarbij op het dodenmaal grote hoeveelheden brood en ham verteerd waren alsmede vele kannen bier en jenever. Het was aldaar tevens gebruikelijk om muzikanten uit te nodigen. Dat het plakkaat van de Staten-Generaal zeker niet tot gevolg had dat de doodmalen werden afgeschaft blijkt uit een Tilburgse dagboekaantekening, waarin als memorabel feit het niet-trakteren wordt vermeld. Bij de begrafenis van Leonardus Damen in 1774 was de maaltijd namelijk achterwege gelaten: 'dat is den eersten geweest alwaar hier de vrienden, gebuuren, de regeering etc. altemaal met een egaal tractement getracteerd zijn, te weeten met niet'.[39] Hieruit kunnen we tevens opmaken dat, al naar gelang de relatie met de dode, verschillend getrakteerd werd. De doodmalen waren op zich niet verboden, als men zich maar hield aan de bepaling dat geen 'buitenstaanders' werden uitgenodigd. Zolang ze geen aanleiding gaven tot verstoringen van de openbare orde, werden ook meer uitgebreide begrafenismalen, naar het zich laat aanzien, door de plaatselijke bestuurders – die immers ook deel uitmaakten van de 'communitas' der overledene – gedoogd. De wederzijdse sociale verplichting om volgens rang en stand te trakteren was erg sterk, en een inbreuk op de reciprociteit werd als bijzonder oneervol beschouwd. Vandaar dat men zich liever jarenlang in de schulden stak dan dat men schande afriep over de familie. Het overheidsingrijpen werd dan ook, naast een beroep op de openbare orde, gemotiveerd door het onvermogen om na een sterfgeval te kunnen voldoen aan de belastingverplichtingen. Wanneer de doodmalen uit de hand liepen, of in geval de plaatselijke overheidsdienaar onwelwillend tegenover een familie stond, kon het tot juridische processen komen die het reciprociteitsbeginsel ontwrichtten, waarbij de loyaliteit immers niet uitging naar de anonieme staat maar bij de lokale gemeenschap berustte.[40]

In Eindhoven en omgeving werden de doodmalen ook wel 'kwansels' of 'hoetjes' genoemd. De gemeentebestuurders stoorden zich in 1804 aan de ongeregeldheden 'welke gansch niet overeenkoomen met de plegtigheid en de gematigdheid, welke bij het begraaven der doode lichaamen vereijscht word, en welke bijsonder ten nadeele strekken van de bloedverwanten van den overleden, zoo in het schenken van jenever, brandewijn, en ander gedistilleerde dranken, als in het houden van coffij en bier kwansels of zoogenaamde hoetjes na de begravenisse; niet alleen door de gebueren, maar door andere persoonen, welke in 't geheel niet behooren tot de begraavenissen'. Het trakteren op drank en voedsel werd verboden op straffe van een boete van zes gulden. De 'kwansels' en 'hoetjes' waarvan hier sprake is, doen denken aan de gezellige bijeenkomsten bij gelegenheid van ondertrouw en huwelijk. Interessant is dat het door de Eindhovense magistraat blijkbaar ongepast werd gevonden om ter gelegenheid van een droevige gebeurtenis als een begrafenis feestelijk te trakteren, hetgeen wijst op een veranderde perceptie in elitekringen.[41]

De dood, zo blijkt, werd gevierd. Opmerkelijk is dat van katholieke kerkelijke zijde hiertegen niet werd opgetreden. De overgang van het tijdelijke naar het eeuwige bestaan was dan ook in katholieke zin niet uitsluitend iets droevigs: wanneer iemand 'ten volle bediend' een 'goede dood' was gestorven, was de hemelse glorie immers binnen handbereik. Het gezamenlijk gebruiken van de maaltijd was, mits matigheid

werd betracht, niet in strijd met een collectief gedeeld oprecht godsvertrouwen in het leven na de dood. Werd tegen het fenomeen van de be-
grafenismaaltijden op zich niet opgetreden, het overmatig gebruik van
sterke drank was in 1846 voor de redemptoristenpater Bernard Hafken-
scheid, zoals hij vanuit een volksmissie (een periodiek, intensief herker-
steningsritueel in parochies) te Heesch berichtte, 'een reden, die mij beweegt, om dat Missievuur aan deze kanten levendig te houden. (...)
Want waarlijk, deze kanten zijn allerongelukkigst wat geloof en geest
betreft. Jammer maar, dat óók hier de jenever zoo lekker smaakt aan de
vrouwen en deerskes.' In de missieverslagen uit deze jaren treffen we
dan ook regelmatig opmerkingen aan dat het misbruik om in de na-
middag jenever te drinken is afgeschaft. Tevens wordt geageerd tegen
het gebruik onder vrouwen om veel jenever tot zich te nemen, en tegen
de dronkenschappen bij gelegenheid van begrafenissen en bruiloften.[42]

De uitbundige viering van de begrafenis werd in de achttiende en in
de eerste helft van de negentiende eeuw sterk ingetoomd. Zo was het in
sommige Oost-Brabantse plaatsen in de achttiende eeuw gebruikelijk
om van het graf naar de herbergen te gaan om te dansen, een gewoonte
die in het begin van de negentiende eeuw nog bestond in Helmond,
waar speellieden de 'dodendansen' in de sterfhuizen begeleidden. In
Boxmeer waren de doodmalen, die vroeger in een 'brasserij' ontaard-
den, afgeschaft en vervangen door een eenvoudige koffiemaaltijd met
brood en kaas. Reeds in 1720 had de overheid aldaar een einde gemaakt
aan de drinkgelagen bij de begrafenissen, aangezien de dronkaards
zelfs in de kerk groot schandaal veroorzaakten. Ook de maaltijden werden bij die gelegenheid verboden, bepalingen die in 1773 werden herhaald en aangescherpt. In Sint Michielsgestel werden familie en dragers
na de begrafenis in het sterfhuis onthaald op witbrood ('mik') en kaas.
Na de middag kwamen de dragers daar met hun vrouwen terug om bier
te drinken. Daarbij werd tevens de jonkheid uit de buurt uitgenodigd,
zodat de begrafenisplechtigheid met een soort kermis eindigde, een gebruik dat in de loop van de negentiende eeuw verdween. De rijk besprenkelde doodmalen en festiviteiten werden ingetogen koffietafels.
Het fenomeen van de begrafenismalen als zodanig verdween echter niet
maar veranderde sterk van karakter, hoewel ook hier overdaad en gepaste vrolijkheid niet waren uitgesloten. Zo werd men in Oss na afloop
van de begrafenis 'aan de plank' verzocht waarbij grote hoeveelheden
brood en kaas verorberd werden; niet slechts een teken van vrijgevig-

heid maar tevens als symbool van welstand en status.[43]

Door in materiële zin tegen elkaar op te bieden (steeds meer, steeds kostbaarder, met als uiterste grens het bestaansminimum) wordt de eer van de familie of clan bevestigd. Het is een vorm van *keeping-while-giving*: door royaal te trakteren (vandaar de soms ondraaglijke, excessieve kosten waaraan de overheid paal en perk wilde stellen) behoudt men, paradoxaal genoeg, zijn positie in de dorpssamenleving.[44] Dat uiteindelijk niet de aard van de traktatie (koffie in plaats van bier, brood in plaats van schotelspijs) maar veeleer het ritueel van de gift in het systeem van reciprociteiten een wezenlijk element vormt, verklaart het voortbestaan van de begrafenismalen. Dit mechanisme zien we bijvoorbeeld overvloedig geïllustreerd in de viering van jubilea zoals de sterk geritualiseerde zilveren en gouden bruiloften waarbij de sociale druk van familie en buurt groot is. Maaltijden zijn daarnaast het symbool bij uitstek van verbroedering en vriendschap, een betekeniselement dat we, afgezien van christelijke liturgieën, bijvoorbeeld ook aantreffen bij het teren van schuttersgilden en religieuze broederschappen.[45]

Pastorale instrumentalisering van tradities

Feesten en rituelen zijn sterk aan veranderingen onderhevig, waarbij verschuivende machtspatronen een grote invloed hebben. De sterke relativering van het continuïteitsbegrip mag ons overigens niet doen vergeten dat er wel degelijk feesten bestaan die naar menselijke maatstaven lange tijd min of meer onafgebroken gevierd zijn. Deze continuïteit kan betrekking hebben op de vorm van het feest (de rituele aankleding) en/of op de betekenissen (de inhoud) ervan. In veel gevallen zien we een combinatie van zowel continuïteit als verandering naar vorm en inhoud. Daarbij mogen we er niet van uitgaan dat continuïteit iets vanzelfsprekends is. Klassieke folkloristen beschouwden het vermeende ongewijzigd voortbestaan van cultuurverschijnselen als iets natuurlijks, dat als het ware buiten de mens om plaatsvond. Continuïteit is daarentegen in onze optiek mensenwerk, een voortdurende reproductie van vormen en betekenissen van de ene op de andere generatie. Bij die reproductie kunnen allerlei verschuivingen optreden al naar gelang het culturele circuit en de specifieke inpassing en toe-eigening van de rituelen in het gedragsrepertoire.

In zekere zin beschikken we over een enorm ritueel potentieel, dat voortdurend naar believen gerevitaliseerd en geïnstrumentaliseerd kan worden door groepen.[46] Een fraai voorbeeld daarvan is de actuele her-ontdekking van 'oude volksgebruiken' door de geestelijkheid, die ze als een middel beschouwt om het contact met de gelovigen te intensiveren of zelfs te herstellen. Werden profane elementen, lange tijd met argus-ogen bekeken en zoveel mogelijk geweerd uit de eredienst, tegenwoor-dig worden wereldse feesten en rituelen dankbaar aangegrepen om er tevens een liturgische of paraliturgische vorm aan te geven. Een fraai voorbeeld vormen de zogenaamde carnavalsmissen die de laatste jaren in Limburg en Noord-Brabant sterk in zwang zijn. Op de zaterdag-avond of zondagochtend voor vastenavond vindt dan in het kerkge-bouw een feestelijke, zo niet uitgelaten viering plaats waarbij de parochianen verkleed ter kerke gaan. Zo'n mis wordt steevast opgeluis-terd door een of meer carnavalskapellen, die dan eens per jaar hun pro-fane klanken door de gewijde ruimte kunnen laten galmen. Bij dergelij-ke speelse gelegenheden ontstaat weer een sterk communitas-gevoel, dat velen niet meer in het strakke rituele repertoire van de kerkgang konden herkennen. Hoe opmerkelijk het fenomeen van deze carnavals-missen in feite is, blijkt wel uit de omstandigheid dat een generatie voordien in dezelfde kerken tijdens het carnaval het zogeheten veertig-urengebed plaatsvond ter rituele compensatie van de op dat moment plaatsgrijpende zonden.

Dit voorbeeld is met vele andere uit te breiden. Gedacht kan worden aan het feest van 'alderbeesten' te Roermond, dat in de jaren vijftig is geïntroduceerd door de plaatselijke folklorist Jo Hansen op het feest van Sint-Franciscus oftewel dierendag (3 oktober). Die dag komen kin-deren bij de Munsterkerk bijeen, voorzien van huisdieren of knuffels, die dan door de priester worden gezegend, om vervolgens in optocht door de binnenstad te trekken. Het feest eindigt bij een vestiging van McDonald's, waar zowel de kinderen als de dieren – hoe ironisch als men bedenkt dat juist dit bedrijf een mondiale grootverbruiker is van producten uit de bio-industrie – een versnapering krijgen aangereikt. Aanvankelijk distantieerde de clerus zich van dit nieuwe gebruik, maar sinds enkele jaren kan het organiserend comité rekenen op medewer-king, waarbij de geestelijke de losjes rondom hem in de openlucht ge-groepeerde kinderen en ouders in het dialect toespreekt en de wijwater-kwast kwistig hanteert – dit alles tot hilariteit van de aanwezigen. De priester motiveert zijn optreden achteraf door te stellen dat de kerk ook vrolijke kanten heeft en hij zo tevens parochianen bereikt die hij anders zelden of nooit in zijn kerkbanken ziet. Met name Paul Post heeft in ver-schillende publicaties gewezen op deze pastorale instrumentalisering van folklore zoals de herleving van de palmpaasoptochten die, ook in plaatsen waar dat voordien niet in deze vorm gevierd werd, thans sterk aan populariteit hebben gewonnen. Bij dergelijke vieringen zien we een aantal vaste elementen, zoals het gegeven dat (een deel van) de viering plaatsvindt in de openlucht, de geestelijkheid (zowel katholiek als pro-testant) bereid is om het strakke ritueel aan te passen in een paraliturgi-sche vorm en het ten slotte veelal gebruiken betreft waar (ook) kinderen bij betrokken zijn.[47]

Naast de kerk vormt bij deze rituele vernieuwing ook het onderwijs een belangrijke invloedsfactor. De kinderen leren op school bijvoor-beeld hoe ze een palmpaasstok moeten maken. In klasverband wordt dan ook ingegaan op de betekenis en achtergronden van het gebruik, waarbij naast een portie catechese niet zelden verouderde volkskundige inzichten worden doorgegeven. Ook bij andere kinderfeesten zoals Driekoningen (6 januari) en Sint-Maarten (11 november) is de invloed van scholen van wezenlijke invloed op de vorm- en betekenisgeving van het ritueel. Heel in het bijzonder geldt dat voor antroposofisch georiën-teerde onderwijsinstellingen die, in navolging van Rudolf Steiner (1861-1925), bijzondere pedagogische betekenis hechten aan archetypische vieringen. Zo is de actuele opleving van het Sint-Maartenzingen in Amsterdam en omstreken voor een groot deel op de invloed van deze scholen terug te voeren. Het onderwijs heeft een sterk socialiserende en acculturerende betekenis, die wat rituelen betreft bijvoorbeeld tot uit-drukking komt in het klassikaal vieren van rituelen van een andere et-nische herkomst, zoals het mohammedaanse Suikerfeest. Daarnaast zien we dat anderzijds ook kinderen van culturele minderheden via school kennismaken met feesten als Sinterklaas, Kerstmis en Sint-Maar-ten. Deze invloed van het onderwijs op de feestviering is niet nieuw; in de negentiende eeuw speelden bijvoorbeeld de zondagsscholen een be-langrijke rol bij de introductie van de kerstboom in Nederlandse gezin-nen.[48]

Bij de reproductie van feesten en rituelen in generationele zin spelen ook allerlei verenigingen een belangrijke rol. Zij waarborgen veelal de continuïteit van een feest onder het motto dat dergelijk cultuurgoed niet verloren mag gaan. Zo werden in 's-Hertogenbosch en Tilburg in de jaren twintig speciale comités opgericht om het tanende driekoningenzingen weer nieuw leven in te blazen. Het instellen van een organisatie om een feest te behouden past geheel in het proces van folklorisering, waarbij tevens de functie en betekenis van het ritueel veranderingen ondergaat. De comités, uiteraard voorzien van een geestelijk adviseur, beijverden zich om het feest in goede banen te leiden, zodat het langs de deur 'schooien en bedelen' van arbeiderskinderen of baldadige acties wanneer een traktatie uitbleef zoveel mogelijk werden beperkt. Nadruk werd (en wordt!) gelegd op waardige uitdossingen en een goede uitvoering van het lied. Er wordt met andere woorden veel aandacht besteed aan esthetische elementen: het feest moet het aanzien waard zijn. De laatste jaren wordt creativiteit in deze gestimuleerd door bij wijze van competitie het meest origineel verklede stel of leukste eigengemaakte lied met een prijs te belonen. Tevens wordt het demonstratieve karakter van het feest benadrukt door, naast van het individueel langs de deur gaan, ook een groepsviering in te bouwen. Deze kan, zoals in Den Bosch, bestaan uit een grote feeëriek met lampionnen verlichte optocht waarbij de koninkjes vergezeld door de 'echte' koningen inclusief kamelen en schapen optrekken naar de Sint-Janskathedraal waar uit volle borst met orkest nog eens het driekoningenlied collectief wordt gezongen. Evenals bij de carnavalsmis ontstaat hier een speciaal gemeenschapsgevoel dat we, in de zin van Turner, kunnen duiden als communitas.

Bij andere driekoningenvieringen eindigt het feest veelal in een gemeenschapshuis, waar de kinderen voor een volle zaal met ouders mogen optreden. Een dergelijke bijeenkomst heeft een hoog vertederend gehalte. De lokale omroep maakt dan ook opnamen die niet alleen gretig bekeken worden door grootouders en familie, maar waarbij het rituele moment (van het eigen kind vooral) tevens in videovorm bestendigd en gematerialiseerd wordt. Het geld dat bij zo'n feest door de kinderen wordt opgehaald, wordt soms centraal verzameld en geschonken aan een goed doel; het fruit en snoep mogen de zangers zelf houden. Deze van hogerhand georganiseerde kanalisering van de giften geeft een extra pedagogische betekenis aan het feest: kinderen leren delen met minderbedeelden (meestal voor 'kindjes in arme landen'). Zo eindigen de meeste palmpaasoptochten bij de kinderafdeling van het plaatselijke ziekenhuis, waar de rijk met lekkernijen versierde stokken – niet zelden met enige pijn in het hart – door de kinderen worden achtergelaten.

Een wel heel actief gezelschap betreft het Comité Folkloristische Kienjerfjeeste te Roermond. Zij vormen sinds de jaren vijftig de organisatoren van het bovenvermelde 'alderbeesten'-feest, dat naar analogie van het feest van de onnozele kinderen oftewel 'alderkienjer' (28 december) zo is genoemd. Bij laatstgenoemd feest kampt het comité echter de afgelopen jaren met problemen. De opkomst van kinderen is bij dit feest minimaal. Zo kwamen er in 1996 en 1997 maar een vijftiental in de kleren van volwassenen uitgedoste deelnemertjes opdagen. De viering eindigt in het verzorgingstehuis waar de bewoners, soms nauwelijks nog aanspreekbaar, kunnen genieten van het kindervertier, waarbij er gezamenlijk in dialect nog enkele liedjes worden gezongen. Binnen het comité wordt een discussie gevoerd of dit feest – dat slechts een onderdeel vormt binnen een corpus van wel succesvolle vieringen zoals 'palmebessem' (Palmpasen), 'sintermerten' en het genoemde 'alderbeesten' – nog wel levensvatbaar is. Zo blijkt het moeilijk om de kinderen in de kerstvakantie te mobiliseren, de ondersteuning van de scholen ontbreekt hierbij. Daarnaast is het feest van de onnozele kinderen ook in de liturgische kalender nauwelijks nog van betekenis; een kerkelijk onderdeel ontbreekt dan ook bij de viering van dit feest. Een ander aspect is dat de decembermaand al zovele vieringen kent (Sinterklaas, Kerstmis, Oud en Nieuw) zodat de meeste mensen niet zitten te wachten op het vieren van alweer een feest. De meeste ouders, zo blijkt, geven liever een andere invulling aan de vrije tijd met hun kinderen. Zo komt het dat je het merendeel van de kinderen tijdens de viering van alderkienjer aan de hand van hun ouders in de winkelstraten aantreft voor feestelijke aankopen. Dergelijk winkelen kunnen we overigens net zo goed als een ritueel beschouwen. De voorzitter – een middenstander met aanzien – van het Roermondse comité, dat wordt gevormd door mannen en vrouwen van middelbare leeftijd of ouder met een sterk gemeenschapsgevoel en een 'groot hart voor traditie', tracht zijn collega's te blijven overtuigen van de noodzaak om ook dit aflopende feest te blijven vieren, met als argument dat als het feest eenmaal weg is, het nooit meer terugkomt. Andere comitéleden daarentegen menen dat een feest niet kunstmatig in stand te houden is, en je de activiteiten beter kunt concentreren op wel levensvatbare of succesvolle vieringen.

Dergelijke kijkjes achter de schermen van het ritueel zijn ongemeen boeiend en vormen dan ook een belangrijk onderdeel van het etnologisch veldwerk. Waren volkskundigen van oudsher sterk gefixeerd op het ritueel zelf met centraal daarin de sequentie van handelingen, in het moderne onderzoek zijn het voor- en natraject net zo goed van belang.

Op welke wijze werken mensen verwachtingsvol toe naar dat ene moment en, aan de andere kant, hoe kijken ze erop terug, op welke wijze krijgt de herinnering aan het feest gestalte, wat ging er achteraf bezien wel en niet goed. Met name de evaluatie van een feest binnen zo'n comité verschaft, bezien vanuit het organisatorische perspectief, waardevolle informatie. Dit betreft dan ook de in het oude onderzoek schromelijk verwaarloosde materiële condities van het feest. Op welke wijze zijn de vrijwilligers georganiseerd, hoe verloopt de sponsoring, kan men weer rekenen op een subsidiebijdrage van de gemeente? Het is dan ook boeiend om alle onbetaalde inspanningen te kapitaliseren en deze, vermeerderd met de kosten, af te zetten tegen het aantal passieve toeschouwers. In veel gevallen blijkt dan dat, wanneer men zoiets in een commercieel pretpark of theater zou willen bijwonen, de kosten per bezoeker – evenals bij een kerkviering overigens – aanzienlijk zouden zijn. De kijkers langs de stoeprand van het openbare feest realiseren zich dat doorgaans volstrekt niet, ze vinden het – en dat is tevens het fascinerende van rituelen die de schijn van gratuïteit met zich meedragen – doodnormaal dat zoiets plaatsvindt: het is immers traditie. Op deze gekapitaliseerde wijze beschouwd blijken de feesten en rituelen in het hedendaagse Nederland, anders dan de lege parochiekerken op zondag doen vermoeden, geenszins in een crisis te verkeren, zoals folkloristen in het verleden zwartgallig profeteerden. Sterker nog, er hebben wellicht nog nooit zoveel door vrijwilligers gedragen tradities bestaan als in de huidige tijd.

Het vieren van de Godsontmoeting
Deze paradoxale rituele vernieuwing die schuilgaat onder – al dan niet uitgevonden – tradities roept vragen op met betrekking tot de actuele katholieke liturgie. Gewezen werd reeds op de pastorale instrumentalisering van profane of paraliturgische gebruiken die niet alleen de opbloei ervan maar ook het broodnodige communitasgevoel in kerkelijke zin sterk kunnen bevorderen. Desalniettemin blijven hier veel kansen onbenut, met name door een beperkte visie op de christelijke sacramenten, die in de loop der tijd zo heilig geworden zijn dat er in de dagelijkse praktijk niet meer mee gespeeld kan worden. Alleen al de notie van spel wordt daarbij soms zelfs als blasfemisch opgevat. Voor een nieuw boek over de sacramenten heeft de theoloog Edward Schillebeeckx (* 1914) een stevige wandeling ondernomen in zijn oude 'tuintje' met daarin flo-

rerende publicaties uit de jaren vijftig over de sacramentele heilsecono-
mie en Christus als sacrament van de Godsontmoeting. Hij heeft er naar
eigen zeggen hier en daar wat gewied en nieuwe aanplant verzorgd om
het een aanblik te geven die beter past bij het nieuwe millennium.[49]
Daarbij heeft hij zich laten inspireren door de culturele antropologie en
etnologie. In deze disciplines zijn de laatste jaren immers belangrijke
resultaten geboekt op het terrein van ritualiteit, die nu ook een vertaling krijgen in de sacramententheologie.

Zoals de filosofie van oudsher gold als de 'dienstmaagd' van de theologie, zo beschouwt Schillebeeckx de antropologie als een onmisbare
basiswetenschap die zich bezighoudt met het concrete gedrag van mensen, inclusief de religieuze dimensie die beschouwd dient te worden als
een cultureel systeem. Deze opvatting hoeft, wie het werk van deze
theoloog kent, niet te verbazen. In het overzicht dat van Schillebeeckx'
werk tot 1965 is gemaakt kunnen we de ontwikkelingsgang van zijn katholieke 'cultuurtheologie' op de voet volgen.[50] Zijn huidige inzichten
sluiten daarop naadloos aan. In die zin heeft de Nijmeegse theoloog zijn
tuin dus niet hoeven om te ploegen. Hij heeft er veeleer een nieuw spoor
gebaand waarbij noties als alledaagsheid, lichamelijkheid en spel als
richtingwijzers fungeren. Als etnoloog ben ik gefascineerd door de wijze waarop hij inzichten uit de cultuurwetenschap in theologische zin
toe-eigent en op creatieve wijze hanteert om de aard en werking van de
sacramenten opnieuw te doordenken. Het vormt een intellectuele oefening die – in tegenstelling tot wat sommigen menen – geenszins een bedreiging vormt voor christendom en katholicisme, maar de fundamentele waarden ervan juist hernieuwd onder de aandacht brengt op een
wijze die geloof en spiritualiteit voor mensen van vlees en bloed, hier en
nu, dient.

Deze constatering markeert tevens de relevantie van Schillebeeckx'
denken voor de pastorale praktijk. We kennen allemaal de argumenten
die vele 'randkatholieken' hanteren om hun distantie of afkeer van de
kerk en haar rituelen te legitimeren. Schillebeeckx stelt terecht, en daarin is hij zeker niet origineel, dat het afdoen van sacramenten als 'achterhaalde zaken' door deze gelovigen in feite is gebaseerd op achterhaalde
geloofsvoorstellingen die hen ervan weerhouden actief te participeren
in liturgische vieringen. Als men geen betekenisvolle voorstelling heeft
bij wat er nu eigenlijk in de kerk wordt gevierd, wordt een essentiële
hindernis opgeworpen om de sacramenten effectief te doen zijn. Het

vormt een obstakel dat de genademiddelen blokkeert in het uit zichzelf werkzaam zijn, zoals de klassieke sacramententheologie stelt. De beelden en begrippen waarin het evangelie in de loop der tijd is vormgegeven zijn voor veel gelovigen onbegrijpelijk geworden of alleen nog maar cultuurhistorisch van betekenis. Het ontkennen van de historische ontwikkeling en de vele naar tijd, ruimte en cultuur gevarieerde voorstellingen door als het ware een bepaalde cultuurfase van na het concilie van Trente (1545-1563) te 'bevriezen', doet met andere woorden geen recht aan de actuele erkenning van het Absolute. Als mensen zijn we met handen en voeten aan de dynamiek van de cultuur gebonden die ons de beelden en symbolen aanreikt om de evangelische boodschap te communiceren. Het vasthouden aan letterlijk zinloos geworden relicten kan het vieren van God, dat toch het wezen van religie vormt, in de weg staan.

Het gaat hier evenwel niet om het afschaffen van een cultuurtraditie, maar om de opdracht om fundamentele christelijke waarden als liefde, rechtvaardigheid en godsvertrouwen in deze tijd zinvol liturgisch nabij te brengen. De sacramentele liturgie zoals we die nu in onze westeuropese cultuur kennen wordt grotendeels bepaald door de 'dienst van het woord', waarbij het feestelijke en soms zelfs dramatische handelen naar de achtergrond is verdrongen. De vieringen worden gekenmerkt door een sterke nadruk op het gesproken woord en een ingetogen, verstandelijke houding. Het enthousiast met het hele lichaam vieren van God is een vormgeving die we associëren met de Afrikaanse of Latijns-Amerikaanse wereld. Dit te kopiëren zou zinloos zijn in de context van onze cultuur, maar het is wel van belang om een beter evenwicht te bereiken tussen het verbale, verstandelijke handelen en het ernstig uitvoeren van het heilige spel waarbij het lichaam en de profane ervaringen van alledag een waardevolle context vormen. Immers, ons menszijn krijgt juist in de dynamische tijdgebondenheid van de cultuur gestalte.

Ritueel handelen zit de mens ingebakken, het maakt deel uit van zijn natuur. Schillebeeckx stelt dan ook dat zowel de profane als religieuze rituelen hun 'humus' vinden in onze bio-psychische lichamelijkheid. In zijn oude werk stelde hij reeds dat geloofsinhoud en de sacramentele vormgeving daarvan niet te scheiden zijn. De klassieke opvatting dat mythen als geloofsinhoud de riten als vormgeving voorafgaan bestempelt het ritueel in feite als secundair en niet-wezenlijk. Biologisch blijkt echter, en in dat opzicht plaatst hij een belangrijk nieuw accentverschil, ritualiteit voorrang te hebben op 'mythe'. De theoloog haalt hierbij empirisch onderzoek aan van ethologen die rituele vormen van communicatie hebben vastgesteld in de dierenwereld. In al dan niet ludiek gedrag worden door stilering en herhaling bepaalde handelingen 'symbolisch' voorbespeeld of nagespeeld als indirecte verwijzingen om te kunnen overleven. In de natuur worden alledaagse handelingen met andere woorden voortdurend geritualiseerd: negatieve ervaringen en aangename belevingen worden in periodieke *performances* tot uiting gebracht. Hoe we het ook wenden of keren, als mensen behoren we tot de diersoorten die rituelen uitvoeren waarbij het lichaam een hoofdrol speelt. In alles wat voor ons van belang is om te leven en te overleven speelt ritualisering een rol, variërend van voeding, socialisering en seksualiteit tot ziekte en dood. Schillebeeckx beschouwt ritualisering als een antropologisch basisgegeven, waarbij hij – geheel in lijn met de angelsaksische onderzoekstraditie van de 'ritual studies' – rituelen ziet als sleutels om door te dringen tot de culturele categorieën van mensen. Want hoe biologisch geprogrammeerd we ook zijn zonder het veelal te beseffen, de mens maakt keuzes waarbij hij gedragsvormen selecteert uit de verschillende culturele repertoires die tot zijn beschikking staan. Door het ritueel vieren in een sacramentele praktijk, met als fundamentele dimensie het lichaam dat verwijst naar ons biologische wezen, wordt het geloof beleefd en concreet gestalte gegeven. Het betreft een stelsel van symboolhandelingen waarin het geloof kortom wordt belichaamd.

Tot ritueel gelouterd

Het is dit rituele potentieel dat in de menselijke cultuur de puur biologische behoeften overstijgt en de emotionele overdracht van levensovertuigingen mogelijk maakt. Dit proces van wederzijds inspirerende levensoriëntatie is in feite 'tot ritueel gelouterd', zoals de auteur in navolging van Huub Oosterhuis stelt.[51] Loutering betreft iets dat men ondergaat. Het zich laten louteren vereist zowel mystieke overgave als oefening; de auteur spreekt hier treffend van God laten 'betijen'. Sacramenten zijn immers uitzonderlijke genademomenten waarin de in het profane leven veelal verborgen aanwezigheid van God, die zich slechts in bevoorrechte flitsen laat ervaren, wordt gevierd.

Het door christenen afkeuren van rituelen in andere godsdiensten, een handelingspatroon dat teruggaat tot de diskwalificatie van joodse of oudtestamentische rituelen in het vroege christendom, is een vorm van discriminatie waarbij het verschil in uitvoering als maatlat wordt genomen met voorbijgaan aan het sacrale effect oftewel de sacramentele genadekracht. Op basis van etnologische inzichten stelt Schillebeeckx dat de christelijke sacramenten als menselijk ritueel niet rechtstreeks uit het geloof kunnen worden afgeleid maar teruggaan op biologische lichamelijkheid. Hieruit volgt dat de vraag naar de 'stichter' of 'insteller' van sacramenten geen relevant theologisch probleem is. 'Of Jezus de sacramenten persoonlijk wilde instellen, wellicht enkele ervan, of allemaal (en hoeveel zijn dat er?), of geen enkele daarvan, is louter historische kwestie, die alleen historisch te beantwoorden is, in positieve óf negatieve zin'.[52] Hiermee raakt hij tevens de kwestie van het aantal sacramenten. Het 'heilig zevental' is geen dogma, ook al is dat getal op het concilie van Trente nog eens bevestigd in reactie op de afwijzing van bepaalde genademiddelen in de reformatie. In geval van ernstige pastorale behoeften kunnen nieuwe sacramenten worden ingevoerd. Het reduceren van sacramenten tot één formule of gebaar is een obsessie waaraan volgens de auteur maar eens een einde moet komen. Hij verwijst daarbij naar priesters die vroeger 'door angstige scrupules tot bevens toe werden geplaagd' bij het uitspreken van de zogeheten instellingswoorden in de eucharistie. Een onderdeel uit het ritueel wordt daarbij onthecht uit het complexe geheel van de *performance* waarbij elementen als licht, ruimte, stilte en gezang evenzeer van belang zijn. Het leidt gemakkelijk tot magisch ritualisme. Objectief genadeniveau en subjectieve antropologische dimensie zijn daarentegen onlosmakelijk met elkaar verbonden.

Een ander punt dat Schillebeeckx naar voren brengt is de opvatting dat door hun betekeniskracht sacramenten de genadebereidheid van God 'causaal' bemiddelen, hetgeen in extreme vorm tot uiting komt in de opvatting van de fysieke verandering van brood en wijn in lichaam en bloed van Christus – alsof de atomen en moleculen een mysterieuze verandering zouden ondergaan. Dat is, zelfs in metaforische zin, voor velen moeilijk te accepteren en sacramenten hebben een dergelijke betekeniskracht die uitstijgt boven de werkzame ritualiteit volgens Schillebeeckx helemaal niet nodig: het sacramentele mensenwerk ís juist de essentiële bemiddeling van Gods vrije genadegave.[53] Het is door de ontmoeting van naasten dat in sacramenten, als ritueel potentieel dat besloten ligt in ons menszijn, de Godsontmoeting gevierd kan worden.

IV De universele God

Deus universalis

7 Cultueuze circuits

Gerard Rooijakkers

De pastoor van Eindhoven, Joannes Buycx, stapt op 31 augustus 1694 naar de notaris om zwart op wit een verklaring af te leggen over het gedrag van een kapelaan uit Sint-Huibrechts-Lille die zich bezighoudt met het 'overlezen' van mensen en dieren. Deze priester uit de Spaanse Nederlanden heeft in de parochies van Eindhoven en omgeving strikt genomen niets te zoeken, maar de bezwaren richten zich vooral tegen zijn klerikale activiteiten, namelijk het bezweren of 'overlezen' van mensen en dieren. Hij verricht deze magische praktijken volgens de Eindhovense pastoor en zijn confraters in het geniep. Dit alles wordt als een groot schandaal beschouwd, temeer daar onder de katholieke bevolking het gerucht de ronde doet dat de kapelaan tijdens het belezen met groot kabaal allerlei beesten, zoals padden en slangen, uit de lichamen van zieken te voorschijn tovert.[1]

Op aandringen van zijn ambtgenoten uit de omgeving doet de pastoor zijn best om de activiteiten van zijn klerikale collega uit de Zuidelijke Nederlanden tegen te gaan. Samen met twee andere mannen, die bij de notaris de verklaring zullen onderschrijven, gaat hij op de avond van 23 juni omtrent twaalf uur naar het nabijgelegen dorp Woensel waar zij onverhoeds huize De Wan van Stephan Engelen binnentreden. Zij betrappen er de bewuste kapelaan *in flagranti delicto et amictus stola*, dit wil zeggen op heterdaad en gehuld in priestergewaad. Achter de gesloten deur van het 'keldercamercken', waarmee ongetwijfeld het opkamervertrek is bedoeld, treffen zij verschillende plattelanders aan 'met henne pottekens rontom den selven cappellaen knielende'. De priester uit Sint-Huibrechts-Lille is dan juist bezig met het schenken van een vloeistof uit een grote pot die op een tafel tussen allerlei poedertjes en

Een orthodox kruis op Transilijev, het zuidelijkste eiland van de Koerilen-archipel, moet de Japanners duidelijk maken dat de Koerilen Russisch zijn (foto Oleg Klimov/Fotoloods, *NRC Handelsblad*, 5-11-1997).

specerijen staat. Als de Eindhovense pastoor daarop vraagt op wiens bevel of gezag deze bijeenkomst is belegd, repliceert de kapelaan dat hem zulks niets aangaat. De pastoor vermaant daarop de aanwezigen en dreigt zijn collega, na 'vele ende verscheijde woorden naer behooren', aan te geven bij de hoge overheid.[2]

Het magisch monopolie

Hoe het daarna met de kapelaan afloopt, vernemen we niet. Desalniettemin is dit getuigenis, bij wijze van historische momentopname, in meerdere opzichten veelzeggend. In de eerste plaats omdat hieruit duidelijk blijkt dat er binnen de geestelijke stand aanzienlijke meningsverschillen konden bestaan over de toepassing en uitvoering van exorcismen, die tot hevige confrontaties konden leiden. De clerus had dit domein als het ware gemonopoliseerd door een nauw omschreven corpus van bezweringsformules vast te leggen die alleen door gewijden, en dan vaak alleen nog met speciale toestemming van hoge kerkelijke overheden, uitgevoerd mochten worden. Deze exorcismen stonden bijvoorbeeld in het officiële *Rituale Romanum* waarin de officiële rooms-katholieke liturgische rituelen waren opgenomen. Er bestond zelfs een speciaal handboek van de Leuvense kanunnik Maximiliaan van Eynatten, getiteld *Manuale exorcismorum*, dat zich in menige Zuid-Nederlandse priesterbibliotheek bevond.[3] Werd dit welomschreven magisch monopolie doorbroken, dan was er reden tot strafvervolging bij de kerkelijke rechtbanken.

Uit het Eindhovense geval blijkt dat er priesters waren die andere opvattingen hadden over de scheidslijnen tussen de officiële religie en de populaire magie. De kapelaan verricht de rituelen duidelijk in zijn functie als priester, bekleed met de stola. Het liturgisch karakter wordt voorts versterkt door de rondom hem knielende boeren en buitenlui. De kapelaan is afkomstig uit Sint-Huibrechts-Lille, een plaatsje in het huidige Belgisch-Limburg waar Sint-Hubertus, specialist op het gebied van hondsdolheid en andere besmettelijke ziekten, als patroon vereerd wordt. Ongetwijfeld heeft de priester wat van de magische kracht van deze heilige meegenomen in de vorm van een relikwie of een gewijd voorwerp dat daarmee in aanraking is geweest. Het ritueel vindt voorts plaats op een bijzonder tijdstip, namelijk aan de vooravond van Sint-Jan – een belangrijke feestdag in het volksgeloof die de midzomer markeert.[4] Precies op de grens van de etmalen valt de pastoor binnen, naar het zich laat aanzien op het hoogtepunt van de ceremonie, als er wordt geschonken (en wellicht gedronken) van een magische vloeistof. Tijdens het overlezen, zo gaat het gerucht, verlaten met groot kabaal padden en slangen – diersoorten met een sterke symbolische lading – het lichaam. In deze vorm wordt het uitdrijven van ziekten en boze geesten voorgesteld, zoals soms ook op prenten en bedevaartvaantjes te zien is.[5]

De geestelijkheid vormt, evenals het gelovige volk, geen eenheid. Vanzelfsprekend niet in hiërarchisch opzicht, maar ook sociaal en cultureel bestaan grote verschillen. Sommigen zijn, om de twee polen waarbinnen allerlei gradaties mogelijk zijn aan te geven, dragers van een meer elitair ascetisch-jansenistisch katholicisme en anderen vertegenwoordigen in hoge mate het alledaagse 'geleefde geloof' van de massa.[6] De kapelaan uit Sint-Huibrechts-Lille en de aanwezige plattelanders overschreden in 1694 duidelijk de klerikale normen in Eindhoven en omgeving gezien de consensus onder de zielenherders in dat gebied. Pastoor Buycx had immers, wanneer hem dergelijke 'bedroeffde saecken' ter ore kwamen, zijn parochianen altijd krachtig vermaand en berispt.[7] Hij had duidelijk een andere opvatting over volksdevotie dan zijn collega uit de Spaanse Nederlanden.

Bij onze kapelaan staat de magische handeling centraal, die nauwgezet volgens een vaste formule wordt uitgevoerd. Een kenmerk van rituelen is namelijk dat ze verricht moeten worden door de aangewezen persoon, op de juiste tijd en plaats. Een ritueel kan maar op één manier goed uitgevoerd worden; vinden de heilige handelingen niet volgens de code plaats, dan ontstaat er een gevaarlijk, averechts effect. Vandaar dat gelovigen hun toevlucht zoeken tot specialisten op ritueel gebied. Zij beheersen immers de technieken en verzekeren een goede afloop.

Rituelen, opgevat als vaste en geformaliseerde al dan niet sacrale handelingspatronen, zijn een vorm van communicatie. De uitvoerder van de rite communiceert enerzijds met het heilige, en anderzijds met de gelovigen voor wie hij als bemiddelaar optreedt. De symbolische onderdelen van een ritueel kunnen verschillende betekenissen hebben. De betekenis van een symbool is sterk afhankelijk van de context. Zoals letters in bepaalde combinaties woorden met vaste betekenissen vormen, zo kunnen ook bepaalde opeenvolgingen van symbolen een specifieke zin krijgen. Op deze wijze vormen rituelen een symbolische taal, die door ingewijden verstaan wordt. Het is voor de onderzoeker van belang, wil hij toegang krijgen tot bijvoorbeeld de religieuze cultuur van een samenleving, om dit symbolische vocabulaire te doorgronden. Hij kan dat alleen door onder andere de sociale, economische, politieke, confessionele en culturele context te bestuderen die immers betekenis geeft aan het menselijk gedrag.

Sacrale landschappen als confessionele strijdperken

Terwijl in het bisdom 's-Hertogenbosch de katholieke geestelijkheid in de zeventiende eeuw nog volop bezig was de Contrareformatie op alle fronten door te voeren met als inzet een zuiveringsproces door systematisch profane en sacrale elementen te ontkoppelen, werd met de inname van de stad Den Bosch in 1629 en vooral na de vrede van Münster in 1648 een calviniseringsoffensief ingezet. Hiertoe behoorde ook een zuivering van de kerken en, in tweede instantie, ook het verwijderen van als 'superstitieus' beschouwde religieuze objecten in de openlucht.[8] De invloed van de predikanten reikte echter buiten de kerkgebouwen niet ver, getuige de vele klachten over wegkruisen, kapelletjes, heilige bomen en dito bronnen, opgeworpen religieuze steenhopen en heuveltjes, uithangborden en gevelversieringen. Een in algemene termen gesteld samenvattend overzicht hiervan werd omstreeks 1750 opgesteld door de predikanten van Peel- en Kempenland ten einde bij de centrale overheid, de Staten-Generaal te 's-Gravenhage, op maatregelen aan te dringen. Zo stoorde men zich aan de gewoonte om op plaatsen waar een bijzondere gebeurtenis, zoals een sterfgeval, had plaatsgevonden een gedenkteken in de vorm van een kruis op te richten: 'Dat 'er voortaan geen houte of steene Kruyssen meer op de weegen (zo men segt te Maarheze te geschieden), in de akkers (als te Aarle) of selfs tegen de Huijsen (diergelijks men te Dinther ziet) aen, op geenig praetext, als dat 'er iemand sou sijn vermoordt, of schielijk doot gebleeven etc. zullen mogen geplant of geset worden.' De bestaande kruisen dienden te worden weggenomen en verbrijzeld binnen twee etmalen ten overstaan van de gerechtsdienaren.[9]

Tot de religieuze objecten die geëlimineerd dienden te worden, behoorden ook gesacraliseerde landschappelijke elementen zoals bomen, heuveltjes en bronnen. De predikanten stelden 'dat de sogen[aamde] geweijde of H. Eijken of Linden sullen werden uijtgeroeijt, so 'er te Eersel, en Asten, of elders anders mogte weesen'. Het betrof hier doorgaans bomen waar de Moeder Gods in zou zijn verschenen en/of vereerd wilde worden. Rondom dergelijke heilige loofbomen ontstonden officiële cultussen met een grote toeloop van gelovigen in de vorm van 'begankenissen' of bedevaarten, zoals onder meer te Oirschot, Meerveldhoven, Ommel, en in de buitenlandse grensgebieden te Handel, Uden, Scherpenheuvel, Marienbaum en Kevelaer. In plaatsen als Eersel, Alphen, Heeze en Overasselt werden eveneens heilige bomen vereerd, zij het zonder officiële kerkelijke goedkeuring.[10]

Het meest bekend in de Meierij van 's-Hertogenbosch was wel Onze Lieve Vrouw van de Heilige Eik te Oirschot. Het cultusbeeld aldaar zou volgens de legende in het begin van de vijftiende eeuw gevonden zijn door herders toen het nota bene stroomopwaarts in het riviertje De Aa dreef. Het beeldje werd in een eik aan de waterkant geplaatst. Bij de boom werd in het begin van de zeventiende eeuw, toen de wonderkracht van het oord officieel werd erkend, een stenen kapel gebouwd die ondanks de vele bezwaren van predikanten ook na 1648 druk bezocht bleef, zodat men in 1671 klaagde over 'sonderlinge en overgroot stoutpleegen van de openbaere paepsche dienst in verscheyde plaetsen, insonderheyt oock het daegelijcx loopen nae de capelle ende affgodische eycke van de lieve vrouwe tot Oirschot'. De devotie tot deze plaats werd, vooral in de moeilijke tijd na de Vrede van Münster (in 1649 was de oorspronkelijke eik geveld en de eigenlijke kapel gesloopt), strategisch ondersteund door de uitgifte van devotieprenten, die in Antwerpen waren gedrukt. Kon de overheid het ontstaan van nieuwe devoties destijds effectief tegengaan, zoals in 1663 het geval was met het lichaam van de 'heilige non' te Oirschot uit wier lichaam een heilzame olie zou vloeien, de bestaande oorden behielden grotendeels hun populariteit. In gereformeerde visitatierapporten en acta wordt in de zeventiende en achttiende eeuw regelmatig geklaagd over de bedevaarten aldaar 'met grooten toevloet van menschen, en andere stoutigheden meer'.[11]

Ook Stephanus Hanewinkel (1766-1856), telg uit een Oost-Brabants calvinistisch predikantengeslacht, vermeldt deze devotie, hoewel hij uitvoeriger is over de heilige linde te Eersel, die in de kerkakkers stond 'werwaards de Roomschen zich begeeven, om, al knielende en rondom denzelven kruipende, hun *Pater-noster* en *Ave-Maria* te prevelen'. Interessant is de opmerking dat omstreeks 1800 de gelovigen overdag om de boom kropen, terwijl dit vroeger alleen 's avonds geschiedde, wellicht om niet onnodig aanstoot te geven, temeer aangezien deze devotie ook door de katholieke Kerk niet officieel was erkend. 'Men gaat ook wel zachtjens rondom denzelven, staat nu en dan stil; in den bast steekt men ook wel spelden, op dat de geenen, die de Koorts hebben, 'er door zouden geneezen worden; alles geschied biddende en prevelend.' Hane-winkel voelde zich hier te midden van de 'oude blinde Heidenen' die immers ook onder gewijde bomen hun godsdienst verrichtten. Op de vraag of deze boom heiliger dan andere was, durfden de ingezetenen volgens de predikant niet bevestigend te antwoorden; 'of zulke gebeden, onder dien Boom uitgestort, meer op rekening bij God of de Heiligen afdeeden, en waarvan toch die gewaande heiligheid voortvloeide, zwegen zij dood stil'.[12]

Hanewinkel betreurde echter zijn nieuwsgierigheid toen hij zag dat hij de katholieke Eerselnaren in verlegenheid bracht en met schaamte vervulde, waarbij hij gezien het polemisch gehalte van zijn reisverslagen ironisch opmerkte dat hij niet graag iemand stof tot aanstoot of ergernis wilde geven. Blijkbaar heeft men hem toch nader geïnformeerd, aangezien hij een aan de boom verbonden oorsprongslegende van de heilige Odora [bedoeld werd Odrada] vermeldt. De Eerselse linde of 'lijnt' was tot diep in de negentiende eeuw een sacrale plek waar men genezen kon worden van de 'derdedaagse koorts' of 'bibberkoorts' door een lintje met een speld of spijker in de bast vast te hechten. Wanneer het lintje (door de wind) begon te trillen, was de koorts op de wonderboom overgegaan; een fraai voorbeeld van wat in de volkskunde als 'sympathie' wordt aangeduid. In de zeer oude, holle lindeboom van enorme afmeting huisden echter ook gevaarlijke krachten in de gedaante van heksen en katten die er omstreeks het middernachtelijk uur rondspookten; een tijdstip waarop men de lindeboom beter kon vermijden. Hier zien we de essentie van het heilige in de vorm van een contrastharmonie tussen *fascinosum* (bekorende aantrekkingskracht) en *tremendum* (vreeswekkende ongenaakbaarheid) treffend geïllustreerd.

Door zo'n boom in een officiële kerkelijke cultus te incorporeren kon de schrikwekkende kracht echter bezworen en ten goede ingedamd worden, hetgeen in Eersel evenwel nooit is geschied, waarschijnlijk doordat hier, behalve de boom, geen sprake was van een cultusobject in de vorm van een (Maria)beeld. De clerus trachtte, vooral tijdens de doorvoering van de Contrareformatie, deze devoties in meer orthodoxe kerkelijke banen te leiden, bijvoorbeeld door de mirakelkracht kritisch te onderzoeken en de beelden een plaats in de kerk te geven. Wanneer dit niet lukte, zoals bij het steeds naar de boom terugkerende beeld te Oirschot, bouwde men bij de boom bijvoorbeeld een officiële stenen kapel. Lang niet altijd raakte door een dergelijke kerkelijke 'incorporatie' het

bezoek aan de oorspronkelijke plek in onbruik, zodat er twee cultusplaatsen – een officiële devotie rond beeld en altaar en een officieuze
verering bij een boom – ontstonden. Iets dergelijks was het geval in het
Peellandse dorpje Ommel nabij Asten. De heilige boom aldaar, waarover
in het gereformeerde classisrapport van omstreeks 1750 wordt gerept,
stond in Hanewinkels tijd nog langs de weg tussen Asten en Ommel. In
de laatstgenoemde plaats stond een populaire bedevaartkapel waar tot
1732 een mirakuleuze *Sedes Sapientiae* (OLV als Zetel der Wijsheid) werd
vereerd. 'Dit wonder-verrichtend beeld zou in de allervroegste tijden
gerust hebben in of onder eenen grooten Lindenboom,' aldus de predikant, die had gezien dat deze plek bij 'het domme volk' zijn sacrale
kracht nog niet had verloren: 'men bidt ook dikwijls onder deezen
boom, en kruipt 'er geduurig op de knieën rond, gelijk men duidelijk
zien kan; elke Roomsche, die deezen heiligen boom voorbij gaat, neemt
zijnen hoed eerbiedig voor denzelven af. In *Holland* zijn wij zoo beleefd
niet, om boomen te groeten'. Mogelijk is de devotie bij de 'keskesboom'
toegenomen toen de zusters franciscanessen het klooster in 1732, met
medeneming van het in hun beheer zijnde wonderbeeld, moesten verlaten om er pas weer na de Franse Tijd terug te keren.[13]

Heilige bomen: incorporatie en natuurmystiek

In het rechterschip van de Sint-Lambertuskerk te Meerveldhoven, ten
zuiden van Eindhoven, is een Onze-Lieve-Vrouwekapel ondergebracht
die geheel wordt gedomineerd door een levensgrote boom. In de eikenboom, daar waar de stam zich vertakt, is een vijftiende-eeuws Mariabeeldje in een klein kapelletje geplaatst. Aan de onderste takken van de
ontbladerde boom hangen vele zilveren ex-voto's en andere wijgeschen-
ken zoals rozenkransen en halssierraden met crucifixen. We zijn hier bij
de cultusplaats van Onze Lieve Vrouwe ter Eik. Volgens de legende, die
motieven bevat die we ook in andere bedevaartsoorden aantreffen, vond
een dorpeling in het jaar 1264 het beeldje in een eikenboom op die plek.
Hij nam het mee naar huis, maar het keerde tot driemaal toe terug op de
oorspronkelijke vindplaats. De boodschap was duidelijk: alleen daar
wilde Maria vereerd worden. Omstreeks 1470 wordt bij de boom een kapel gebouwd die niet alleen plaatselijk en regionaal veel bedevaarders
zou trekken, maar ook als attractie gold voor pelgrims uit het prinsbisdom Luik en Frankrijk. Door middel van een speciale pelgrimsweg, de
Onze-Lieve-Vrouwedijk, werd het bedevaartsoord ontsloten en kon het

gaan functioneren in een grensoverschrijdende sacrale infrastructuur.

Het bijzondere van dit bedevaartsoord is dat de hiërofanie van de boom in de kapel is gehandhaafd. De heilige eikenboom is als het ware geïncorporeerd in een officiële kapel, een situatie die reeds in de zeventiende eeuw bestond. Ook toen al hingen er vele votiefgeschenken, als materiële dankzeggingen voor verhoorde gebeden. Maar van een ononderbroken traditie is hier nauwelijks sprake aangezien de kapel in 1648 in handen van protestanten kwam. Het beeldje werd in veiligheid gebracht en twee gereformeerde kosters die in de kapel gingen wonen, ontmantelden het heiligdom. Een van hen hakte de boom tot brandhout, een lot dat ook de vele krukken – die waren achtergelaten door op voorspraak van Maria genezen pelgrims – was beschoren. Toen het de katholieken omstreeks 1675 werd toegestaan aan de overkant van de weg een onopvallende schuilkerk te bouwen in de vorm van een schuur (vandaar de benaming schuurkerk) werd het Mariabeeldje weer ter verering uitgestald. Van openlijke bedevaarten en processies kon echter geen sprake zijn. Deze situatie duurde tot 1796 en inmiddels was in het begin van die eeuw de oude kapel afgebroken. De grond van deze 'kapeldries' bleek echter onverkoopbaar; het werd beschouwd als een 'verworpen plaats', die men uit eerbied en vrees niet wilde profaneren.

In 1803 werd ten slotte, op de oorspronkelijke heilige plek, een nieuwe kapel gebouwd en kon de devotie aldaar aan een nieuw hoofdstuk beginnen. Was het tijdens het Ancien Régime de gereformeerde kerk die aanstoot nam aan de roomse volksdevotie, in de negentiende eeuw was het uitgerekend de katholieke clerus die bezwaren uitte tegen de heropleving van de bedevaart tot Onze Lieve Vrouwe ter Eik. In hun ogen waren de devotiedagen eerder kermisdagen en brachten de pelgrims vrolijk en uitgelaten meer tijd door in de herberg dan in de kapel. Ook de ex-voto's en krukken die binnen de kortste keren weer de kapel sierden werden door de pastoor van een naburig dorp verwijderd, als zijnde onteringen van het godshuis. In 1889 werd de kapel opgenomen in een parochiekerk, die in 1953 – de bedevaart was lucratief – weer werd vervangen door de huidige kerk.

Ook de bomen werden met enige regelmaat vervangen. Zo werd in 1901 een nieuwe heilige eik aangeschaft aangezien de vorige was omgevallen. Toen in 1953 de nieuwe kerk werd geopend was de boom evenwel verdwenen: de eik uit 1901 had de sloop van de oude kerk niet overleefd. De parochianen stonden er echter op dat er weer een boom kwam, maar probleem was dat bij de bouw niet was voorzien in een grote toegangspoort. Een week later stond er niettemin vóór in de kerk weer een levensgrote heilige eik; een voorval dat aldaar wordt bestempeld als 'het tweede wonder van Meerveldhoven'.[14] Het tekent het belang dat gelovigen hechten aan de oorspronkelijke hiërofanie, waarin natuurmystieke elementen zijn te onderkennen, en die onlosmakelijk verbonden is met de heilige plek waar niet van mag worden afgeweken. Op bepaalde plaatsen kan immers met meer effect contact gelegd worden met het heilige dan op andere, niet-sacrale plaatsen. De omgang met het heilige kan dan wel, in al zijn dynamische verschijningsvormen door de tijden heen, een vertrouwelijk karakter hebben, het vereist toch in de eerste plaats respect en ontzag – los van alle kerkelijke en klerikale ingrepen. Onze Lieve Vrouw kan in Meerveldhoven kortom niet worden losgekoppeld van de eik waarin zij oorspronkelijk is verschenen. Ook al is het niet meer fysiek dezelfde boom, de morfologische continuïteit wordt door het kerkvolk beleefd als een onaantastbare, heilige traditie.

Van een geheel andere orde is de eikenboom die in het buitengebied van het dorp Overasselt, ten zuiden van Nijmegen, wordt bezocht om er genezing te vinden van allerlei ziekten, vooral van koortsen. In de boom is nooit een heiligenbeeld verschenen en er worden, anders dan in Meerveldhoven, ook geen kaarsen gebrand. Deze boom lééft en staat voor iedereen toegankelijk op een open plek in een bosrijk wandelgebied. In plaats van glinsterende ex-voto's draagt deze boom bladeren en... vele linten in alle soorten, kleuren en maten. Het betreft hier een zogeheten lintjes- of lapjesboom waar mensen uit de buurt de koorts kwamen (én komen) afbinden. Daarbij neemt men een kledingstuk van de koortslijder, bij voorkeur lijfgoed dat doordrenkt is van het koortszweet, dat met een stevige knoop aan de takken van de boom wordt gebonden. Op deze wijze, en zeker wanneer de linten in de wind gaan trillen, wordt de ziekte overgedragen. Anno 1996 hangen de onderste takken van de boom vol met repen van hemden, T-shirts, sokken alsmede ondergoed tot en met kanten lingerie-onderdelen. Bij lang niet alle linten zal er een intentie tot genezing aan het rituele knopen ten grondslag liggen. Veldwerk leert dat sommige mensen iets in de boom hangen vanwege de 'oude traditie' die niet verloren mag gaan. Anderzijds bezoeken ook gezinnen met jonge kinderen soms de boom om ter preventie een kinderkledingstuk op te hangen. Wanneer de takken van de eik te hoog zijn, hangt men het textiel in nabijgelegen vlierstruiken.[15]

De boom staat bij de verlaten ruïne van een vijftiende-eeuwse kapel die is toegewijd aan de heilige Walrick oftewel Walaricus, die in het midden van de zesde eeuw werd geboren in de Auvergne. Hij stichtte in Picardië een klooster dat de regel van Benedictus aannam en zou uitgroeien tot de abdij Saint Valéry in het huidige St. Valéry-sur-Somme ten zuiden van Calais. De heilige verloste tijdens zijn leven met gebed velen van de koorts, reden waarom hij na zijn dood als patroon tegen deze ziekte werd aangeroepen. Omstreeks 1100, en wellicht reeds vroeger, bezat deze abdij een uithof in Overasselt dat in een document uit 1130 'den dorpe Sinte Wallericks' is geheten.[16] Van een bijzondere devotie rond een (koorts)boom is tot in de negentiende eeuw geen spoor te vinden. Wellicht gaf de cultus rond de afgelegen boom geen aanstoot bij clerus en overheid zodat er geen klachten zijn genoteerd. Anderzijds is het niet-vermelden van de curieuze boom in bijvoorbeeld een reisbeschrijving uit 1844 even opmerkelijk. Feit is dat we slechts vanaf het einde van de negentiende eeuw kunnen beschikken over gegevens van deze magische koortsdevotie. Het gemak waarmee sommige auteurs stellen dat de huidige boom zeker voorgangers heeft gekend en de cultus teruggaat tot voorchristelijke, heidense tijden is derhalve misplaatst.

De kapel vormde in de twintigste eeuw het einddoel van processies en pelgrimages uit omliggende dorpen om er gezamenlijk te bidden voor de genezing van een zieke verwant of dorpsgenoot. Van tevoren had men een reepje stof van het zieke lichaam zorgvuldig in de boom geknoopt, een handeling die volgens overlevering niet door vreemde ogen mocht worden gezien. Wanneer het hele dorp in het ritueel participeerde, was de kans op genezing naar verluidt het grootst. Dat devoties dynamisch kunnen zijn, blijkt onder meer in Overasselt. Nabij de koortsboom is in een nis van de muur van de Sint-Walrickskapel een beeld van Onze Lieve Vrouw van Lourdes geplaatst, compleet met enkele stenen uit de grot aldaar.[17] Met behulp van deze 'relieken' zijn twee heilige plaatsen als het ware gecombineerd en is het doel van de pelgrimstocht niet louter een ongewijde boom, maar tevens een erkend cultusbeeld. Onze Lieve Vrouw van Lourdes geldt in de rooms-katholieke religieuze volkscultuur van de twintigste eeuw als een van de invloedrijkste voorspreeksters ter genezing van allerlei ziekten. Hier zien we dat een eikenboom met een bijzondere rituele betekenis met behulp van een populaire maar relatief jonge devotie christelijk wordt gemarkeerd. Een beeld van de in Nederland verder onbekende heilige Walaricus, als oorspronkelijke bemiddelaar en betekenisgever van deze sacrale plek, had in historisch opzicht echter meer voor de hand gelegen. In de religieuze volkscultuur gaan clerus en kerkvolk echter doorgaans op een creatieve wijze om met het verleden, waarbij zowel veranderingen als continuïteiten zijn te onderkennen in betekenis en vorm van rituelen.

Het lichaam als bemiddelaar: relikwieën

In het katholieke domein kan het numineuze zich op verschillende manieren manifesteren. In ruimtelijke zin kennen we heilige plaatsen, zoals het Heilig Graf, het Heilige Land, het kerkgebouw, het priesterkoor, het altaar en de begraafplaats. Behalve dit onroerend goed bestaan er ook mobiele heilige voorwerpen die ruimte innemen en wijden, zoals kruisen, heiligenbeelden of partikels van heiligen, de zogenaamde relikwieën. Hieronder verstaan we niet alleen lichaamsdelen, maar ook gebruiksvoorwerpen, lijdenswerktuigen of andere objecten die nauw met het leven en de dood van de vereerde persoon in contact hebben gestaan. De – al dan niet geconserveerde – resten van het lichaam zoals beenderen, tanden, nagels of haar gelden als de meest krachtige en belangrijke relieken (letterlijk: overblijfsels of resten). De sacrale kracht van een heilige was tot in het kleinste onderdeel van zijn lichaam aanwezig, hetgeen het bezit van deze partikels tot een begerenswaardig goed maakte. De delen raakten over de gehele christelijke wereld verspreid (het proces van *dismembratio*) en werden door gelovigen met grote eerbied behandeld.

De relieken werden, al naar gelang hun betekenis, bewaard en uitgestald in reliekhouders die allerlei vormen konden aannemen, variërend van een grote schrijn (een kostbaar 'huis' van edelmetaal en edelstenen) tot een klein 'zakheiligdom' als amulet voor reizigers. Heel bijzonder zijn de zogenaamde 'sprekende' reliekhouders, die het lichaamsdeel uitbeelden waarvan de relikwie deel uitmaakte, zoals een elleboog die zichtbaar is gemonteerd in een sculptuur van een rechtopstaande arm. Hoe groter het reliek van een heilige, des te krachtiger was zijn sacrale aanwezigheid, die voor allerlei doelen kon worden aangewend, zoals het afweren van vijanden en het bezweren van natuurrampen zoals misoogsten en pestepidemieën. Daartoe werden de relikwieën openlijk in processie rondgedragen en vereerd. Vele bedevaartsoorden danken hun ontstaan aan het bezit van kostbare relieken, zoals die van de Drie Koningen te Keulen. Op gezette tijden werden deze resten aan het gelovige volk getoond, waarbij pelgrims soms de sacrale kracht van de relieken trachtten op te vangen met behulp van zogenaamde spiegelinsignes. Dit zijn draagtekens vervaardigd van een legering van tin en lood die behalve een voorstelling van het cultusobject een spiegeltje bevatten. Wanneer de relikwie in het insigne was weerspiegeld zou, volgens het volksgeloof, (een deel van) de magische kracht in het draagteken zijn opgevangen.[18]

Relieken waren in de Middeleeuwen en nog lang daarna belangrijke statussymbolen. Belangrijke kerken en kloosters bezaten dan ook een hele verzameling, gemonteerd in kostbare houders en ondergebracht in schatkamers. Het is dan ook niet verwonderlijk dat ze soms het object waren van roof en lucratieve handel. Maar ook door andere omstandigheden, zoals zich wijzigende politiek-religieuze situaties of de wederwaardigheden van particuliere reliekenbezitters, konden partikels gaan zwerven. Dit is bijvoorbeeld het geval met de intrigerende relikwie van de heilige Justus, wiens schedel sinds 1785 wordt bewaard en vereerd (feestdag 18 oktober) in de kerk van de heilige Carolus Borromaeus te Antwerpen. De heilige wordt aldaar aangeroepen tegen ziekten die verband houden met het hoofd en het zenuwstelsel. Er is hier in de religieuze volkscultuur aldus een verband tussen de aard van het reliek (een schedel) en de veronderstelde geneeskracht van de heilige, of liever gezegd van zijn gekoesterde lichaamsdeel.

De heilige Justus stierf omstreeks 287 de marteldood op negenjarige leeftijd: hij werd onderweg tussen Amiens en Parijs onthoofd om vervolgens als een zogenaamde cefalofore heilige met het hoofd in de handen naar zijn laatste rustplaats te lopen. Zijn hoofd zou vervolgens onder meer opduiken in het Gelderse Zutphen en via kanunnik Egbert Spithold in Antwerpen belanden. Bij het overlijden van Spitholt, die in 1595 plebaan van de kathedraal was geworden, werd in 1627 de reliek in bewaring gegeven aan de zusters annunciaten. Toen dit klooster in 1783 door Jozef II werd opgeheven, kwam de schedel uiteindelijk op zijn huidige bewaarplaats terecht, waar de reliek permanent te bezichtigen is. Met name het specifieke traject van zo'n reliek binnen het 'circuit der objecten' is in cultuurhistorisch opzicht bijzonder interessant. De devotie wordt sinds 1872 ondersteund met een speciaal devotieprentje, waardoor de gelovigen een tastbare herinnering aan de reliek mee naar huis kunnen nemen. Hierin wordt tevens gewezen op het bestaan van de broederschap van de heilige Justus. Zowel prentje als broederschap zijn pastorale instrumenten om de devotie te propageren en te bestendigen.[19]

Het vereren van lichaamsdelen van aanzienlijke personen, zoals heiligen, is niet exclusief christelijk. Ook in andere culturen worden menselijke lichaamsdelen in een cultische context bewaard en vereerd. Wanneer het schedelrelieken betreft liggen parallellen met bijvoorbeeld het snellen van koppen door de Asmat in Papoea Nieuw-Guinea voor de hand. Ze zijn met geweld verkregen (vergelijk de marteldood van christenen), incorporeren sacrale levenskracht, vormen statussymbolen en refereren bij transmissie tussen de generaties aan de machtige voorouders. Maar ook in een Europese context is het onorthodoxe, dit wil zeggen het niet door de kerk goedgekeurde, magische gebruik van haar, nagels en andere lichaamsdelen niet onbekend. Om in Antwerpen te blijven: op 14 mei 1491 werden drie vrouwen aldaar bijvoorbeeld tot een bedevaart naar Onze Lieve Vrouw van Einsiedeln veroordeeld, omdat zij hoofd en handen van een gehangen dief hadden afgehouwen. Het hoofd werd onder de achterdrempel van hun huis, de ene hand onder de voordeurdrempel begraven en de andere hand werd in de schouw gehangen. Van één hand werden vier vingers afgesneden, die de vrouwen meedroegen naar de altaren van de Onze-Lieve-Vrouwekathedraal om missen daarvoor te laten lezen. Hoofd, handen en vingers werden op deze wijze gebruikt als rituele beschermers van huisopeningen en persoonlijke amuletten: een magisch delict waarop destijds eigenlijk de doodstraf stond.[20] In dat geval leverden hun lichamen op de galgenberg, die als afschrikwekkende locatie steevast in de buitenwereld was gesitueerd, echter weer de potentieel magische ingrediënten voor anderen...

Ik geef opdat gij geeft: machtige heiligenbeelden

De relatie van de mens met het heilige had doorgaans een contractueel karakter. Dit *do-ut-des*-principe (ik geef opdat gij geeft) lag bijvoorbeeld ten grondslag aan de ex-votopraktijk. Hierbij werd de heilige 'uit gelofte' een geschenk toegezegd, mits hij of zij te hulp kwam. Aan deze instrumentele beloningen en betuigingen van dankbaarheid werd op verschillende wijze gestalte gegeven. Zo kon men een bepaald gewicht (zoals dat van een ziek kind) in graan of was offeren of een zogeheten ex-voto van bijvoorbeeld was of zilver schenken, waarbij de vorm verwees naar het verholpen ongemak.[21] Werd de heilige tevergeefs aangeroepen, dan bleef de beloning in zilver, was of weit achterwege. Mogelijk was de toegezegde beloning niet groot genoeg, zo dacht men, of was de sacraliteit van de heilige plaats niet sterk genoeg. Men zocht dan veelal zijn of haar toevlucht tot een ander oord. Uit de mirakelverhalen kunnen we veelvuldig opmaken dat pelgrims al verschillende andere bedevaartoorden geconsulteerd hadden voordat zij eindelijk baat vonden.[22] De uit Helmond afkomstige priester Joannes Bueckelius plaatste bij een mirakel dat was geschied onder aanroeping van Onze Lieve Vrouw te Aarle in 1599 een kanttekening onder de titel: 'Waerom is dese vrouwe gheholpen tot Aerlen ende niet tot Ommel, ist niet een Lief Vrouw die hier en daer aangheroepen wordt?' God doet zijn wonderen waar dat het hem belieft, stelt de priester, 'ende soo kan zy [Maria] meer op die een plaets als op die ander intercederen, nae den wille Gods voor die menschen. Soo kan zy meer op die een plaets als op die ander voor ons miraculooselijcke hulp becomen alsoo sal zy verhooren de menschen, by die vijfste of seste Bevaert, ende niet by die eerste (...)'.[23] De ene plaats is kortom meer geschikt om met succes in contact te treden met het hogere dan de andere plaats; een principe waarop de sacrale topografie van bedevaartplaatsen berust.

De sacrale voorspre(e)k(st)er kon echter in deze instrumentele heiligheidsopvatting persoonlijk aangesproken worden op zijn of haar plichtsverzuim en in pre-industrieel Europa soms bedreigd of daadwerkelijk gestraft worden.[24] Immers, heiligen en mensen hebben niet alleen rechten maar ook plichten wat betreft verering en hulp. Zo kennen we, naast het weigeren van geloftegeschenken, het ritueel van de *clamor*, waarbij aan de heilige een min of meer dwingend verzoek werd gedaan tot ingrijpen. In een elfde-eeuwse tekst uit het Vlaamse Sint-Winnoksbergen wordt bijvoorbeeld de heilige Lewinna door een der monniken aan een *clamor* onderworpen: 'Waarom goede maagd, laat jij ons dienaars in de steek? Waarom laat je niet zien wat een grote kracht jij bezit, opdat de bewoners van deze plaats jouw wondertekenen aanschouwen, jou eren en geloven dat je een heilige maagd en martelares Gods bent? (...) Als je dat niet doet, zal je zo spoedig mogelijk naar het klooster worden teruggedragen, op je plaats worden teruggezet, en voortaan als minder in eer en verdienste worden beschouwd.' Hier is duidelijk sprake van een verstoorde verhouding met het heilige. Bij het 'zwaardere' ritueel van de vernedering of *humilatio*, worden de relieken van de heiligen van hun hoge en verheven plaats gehaald en op de grond gezet en wordt er eventueel met doornentakken geworpen.[25]

Behalve over informatie met betrekking tot deze binnenkerkelijke rituelen beschikken we over gegevens, veelal door etnografen vanaf de negentiende eeuw opgetekend, die duiden op de contractuele aspecten van de relaties tussen heiligen en gelovigen. Alhoewel het gebruik van dit min of meer 'folkloristische' materiaal als historische bron veelal problematisch is wegens het gebrek aan nadere contextinformatie, geeft het in algemene zin (uiteenlopend in tijd en ruimte) indicaties over de schaars gedocumenteerde informele belevingsvormen van het heilige.

Zo memoreert de cultuurhistoricus Schotel, tevens hofprediker van koning Willem II te Tilburg, in zijn *Tilburgsche Avondstonden* uit 1850 dat het in 'een kleine stad' in Duitsland in het begin van de zestiende eeuw gewoonte was om op de feestdag van Sint-Maarten (11 november) het beeld van deze heilige openlijk langs de straten rond te dragen. Gebeurde dit bij helder weer, dan begoot men het beeld met wijn, maar regende het, dan wierpen zij het met slijk en modder.[26] In het kader van de kalenderfeesten moest vooral Sint-Paulus (25 januari) het ontgelden: als hij omstreeks halfwinter niet voor goed weer zorgde, werd hij bestraft.[27] Schotel vermeldt het plaatsen van 'een strooijen Paulus aan den haard' op zijn feestdag terwijl de vrouw koeken bakt. Was het weer goed, dan wierp zij een pan met boter over hem heen, of sloeg hem met een 'geboterden koek in het aangezigt'. Was het weer slecht, dan wierp zij hem in het vuur.[28]

In zijn standaardwerk over 'de heilige afbeeldingen' dat in 1570 te Leuven verscheen spreekt de theoloog Molanus eveneens over het straffen en mishandelen van beelden. 'Daarom moet dat driewerf vervloekt misbruik afgeschaft worden, dat nochtans op sommige plaatsen nog niet afgeschaft is, om namelijk de beelden van de H. Paulus en de H. Urbanus in stromend water te gooien als op hun feestdag regen valt of een 'gemene' storm woedt, vooral wanneer dit gebeurt op de dag van de Bekering van Paulus'.[29] Het betreft hier wederom de feestdag van Sint-Paulus op 25 januari alsmede de feestdag van Sint-Urbanus op 25 mei. In het 'Frankenland', zo stelt Molanus verderop, plaatsen de wijnbouwers op de dag van de H. Urbanus een tafel op de markt of op een andere openbare plaats, die ze versieren met doeken, loof en allerlei welriekende planten. Hierop zetten ze het beeld van de heilige paus hetwelk ze, als het mooi weer is, royaal met wijn bekronen en met allerhande eer bejegenen; maar als het regent, laten ze dit niet alleen achterwege, maar gooien ze tevens slijk naar het beeld en begieten het met veel water.[30]

Bij Peter Burke lezen we dat de bevolking van het mediterrane San Pedro de Usun hun beeld van Sint-Pieter in de rivier dreigden te werpen als hij hun gebeden niet zou verhoren. De inwoners van het Franse Villeneuve-St.-Georges voegden de daad bij het woord en gooiden hun Sint-Jorisbeeld in de Seine, toen hij in 1735 had verzuimd om hun wijnstokken te beschermen.[31] Kornelis ter Laan meldt dat te Chimay in Henegouwen de lotelingen in de negentiende eeuw het Christusbeeld sloegen om een hoog nummer te verkrijgen. Te Montigny aan de Sambre, bij de Petites Soeurs des Pauvres, zette men de heilige Jozef net zo lang in de lege boterpot totdat een liefdadig man de pot weer vulde. Een vrouw uit Antwerpen zette het beeld van de H. Antonius van Padua in de regen en kou, tot de heilige haar de afgesmeekte gunst toestond. Heiligenbeelden konden voor straf ook omgedraaid worden, met de rug naar de mensen gekeerd.[32] Sommige vissers aan de Vlaamse kust geselden naar verluidt nog in de twintigste eeuw, wanneer er schipbreuk dreigde, hun madonnabeeld, echter niet zonder elke geselslag op een kerfstok te noteren. Bleef de boot gespaard, dan liet men snel, bij wijze van boete, zoveel missen lezen als er inkervingen in de stok waren.[33]

Een dergelijke beleving van de heiligheid – inclusief noties van eerbied, macht en gevaar – van beelden treffen we tot diep in de twintigste eeuw aan, bijvoorbeeld wanneer mensen de oude gipsen stolpbeelden, die in de jaren zestig alom het veld moesten ruimen in de woonkamers, niet weg wilden gooien of durfden kapotslaan, maar ermee naar de pastorie of een priester gingen om ze 'veilig' af te geven. Ook werden dit soort beelden soms – in al dan niet gewijde grond – begraven.[34] De laatste jaren fungeren musea als veilige rituele depots van devotionalia. In de context van deze cultuurtempels krijgen de beelden een status als profaan relikwie; een kunstvoorwerp of curiositeit in de vorm van een relict dat de tand des tijds heeft doorstaan.

Veel middeleeuwse sculpturen, die in een museum niet zouden misstaan, functioneren echter tot op de dag van vandaag in officiële cultussen. Dergelijke, al dan niet in een kerkelijke context 'gemusealiseerde' beelden, behouden dan hun sacrale functie en betekenis. In de westerse wereld zijn hiervan vele voorbeelden bekend. Ze belichamen in materiële zin de continuïteit met de voorouders, waarbij de ouderdom tevens iets wezenlijks toevoegt aan de sacraliteit van het object. Zo wordt in de Sint-Willibrorduskerk te Antwerpen een beeld vereerd dat bekendstaat als Onze Lieve Vrouw van Sint-Willibrords. Rond het beeld speelden zich allerlei mirakelen af. Niet alleen werden vele zieken genezen, ook gaf het beeld zélf bij calamiteiten soms commentaar op de gebeurtenissen. Bij de beeldenstorm in 1566, door pastoor Petrus Loyckx van de Sint-Willibrordusparochie in 1769 omschreven als 'de duyvelsche Raesernye der Calvinisten tegen de Beelden van Godt en syne lieve Vrienden de Heyligen', werd het beeld door gelovigen in veiligheid gebracht. Toen vrome vrouwen in de nabijheid van het Mariabeeld met afschuw over het onteren en 'martelen' van de beelden door de beeldenstormers spraken, constateerden zij dat het beeld 'vele druppelen waeter' zweette.35

Een begijntje dat elf jaar lang aan haar rechterarm verlamd was, werd terstond genezen toen zij haar arm tegen het beeld aan streek. Het belang dat werd gehecht aan het fysieke contact met dit miraculeuze beeld illustreert de instrumentele omgang met het heilige. Het beeld van Onze Lieve Vrouw van Sint-Willibrord draagt duidelijke sporen van veelvuldige aanrakingen; zo is de polychromie op het voorhoofd geheel afgesleten. Er is niet alleen sprake van een fysieke omgang met het beeld, de sculptuur wordt zelf ook als een lichaam behandeld. Het beeld is aangekleed met een fraaie mantel en gedecoreerde schoot. Vereerders hebben in de loop der tijd allerlei kostbare kledingstukken aan het beeld geschonken, zodat Onze Lieve Vrouw van Willibrords, zoals vele andere Mariale cultusbeelden, over een uitgebreide garderobe beschikt waaruit al naar de gelegenheid een keuze wordt gedaan. Het cultusbeeld krijgt op deze wijze heel nadrukkelijke antropomorfe kenmerken en wordt in de religieuze volkscultuur als een lichamelijk existerende persoon behandeld.

Langs 's Heeren wegen: kapellen, contexten, betekenissen

Ten tijde van koning Philips II, zo wil de legende, bouwde een Spaanse majoor in het Noord-Brabantse Gemert een kapel ter ere van Maria Magdalena, die hij als patrones van zondaars had aangeroepen vanwege een opgelopen syfiliskwaal. Overdekt zijnde met puisten en zweren had hij via de heilige om vergiffenis gevraagd met als resultaat dat hij binnen drie dagen weer gezond was. De huidige kapel, in de buurtschap Koks van het gehucht Esdonk, dateert van 1695 en trekt, al naar gelang de religieuze conjunctuur, tot op de dag van vandaag pelgrims. Hieronder bevinden zich vanouds zigeuners, waarbij de vrouwen in geval van ziekte soms een bijzonder offer in de vorm van een haarvlecht brachten. Ook heeft men foto's van zigeuners aangetroffen die achter het barokaltaar waren gestoken om zodoende verzekerd te zijn van de voortdurende bescherming door hun geliefde patrones. In Esdonk treffen we naast een geschilderde voorstelling van Maria Magdalena tevens een zeventiende-eeuwse sculptuur aan van een nagenoeg levensgroot Corpus Christi dat languit in een nis ligt. Het beeld is ook aan de buitenzijde van de kapel door een venster met traliewerk te bezichtigen. In de plexiglazen plaat is een uitsparing gemaakt zodat de gelovigen altijd roestige spijkers kunnen offeren bij het beeld. Het betreft in feite een vermenging van twee afzonderlijke, maar gezien de rol van Maria Magdalena bij de kruisdood van Christus, weliswaar nauw verwante devoties.[36]

In 1904 is er sprake van een 'oude deur vol spijkerkoppen' in de kapel, hetgeen erop duidt dat, mogelijk als relict van een oude spijkerboom[37], bedevaartgangers niet alleen spijkers bij het beeld neerlegden, maar ze ook in het hout dreven. Overigens gaan de bronnen voor deze spijkercultus niet verder terug dan 1870. De keuze voor spijkers houdt mogelijk verband met de kruisiging van Christus (er werden vooral op Goede Vrijdag spijkers geofferd). Anderzijds is er ook sprake van een sympathetisch verband tussen zweren en roestige spijkers. Dit is het zogeheten *similia similibus curantur*-principe, hetgeen wil zeggen dat het gelijke met het gelijke wordt genezen. Daarnaast geldt metaal als een magisch ingrediënt bij uitstek, dat bijvoorbeeld ook in de reguliere ex-votopraktijk werd toegepast. De praktijk van het offeren van nagels is ook elders gangbaar, zoals in het Belgische Bareldonk, waar ze dienen om steenpuisten (nagelaten) kwijt te raken. Omstreeks 1800 werden, zoals we hierboven zagen, in de heilige linde te Eersel spelden gestoken tegen de koorts. De vergelijking met zogenaamde spijkerfetisjen, zoals die met name in niet-westerse culturen bekend zijn, dringt zich hierbij op. Maar ook dichter bij huis, zoals in de Kempen, kennen we dergelijke cultusbeelden.

Opmerkelijk is dat pelgrims die de kapel willen bezoeken met behulp van gebarentaal in een nabijgelegen boerderij de sleutel kunnen opvragen om vervolgens zwijgend te offeren en te bidden. Anno 1996 komen er nog maar zelden zigeuners, maar tienduizenden weten al dan niet zwijgend jaarlijks de kapel te vinden – vooral in de Goede Week en het octaaf van het feest van Maria Magdalena op 22 juli. Bij die gelegenheid is het heiligdom, dat gelegen is op een geologische breuk of 'wijst', fraai versierd en wordt er een openluchtmis gevierd. Bij het Christusbeeld ligt een bakje vol met spijkers dat regelmatig geleegd moet worden, alsmede een sigarenkistje dat uitpuilt van foto's van kinderen en gezinnen die op deze wijze hun aanwezigheid *in effigie* op deze sacrale plek willen bestendigen.

Op het Zuid-Nederlandse platteland bevinden zich nog veel kleine, soms piepkleine, kapellen die bij de plaatselijke bevolking leven en goed onderhouden worden. Zo staat in het Noord-Brabantse Liempde langs de weg nabij het landgoed De Scheeken een klein bakstenen 'keske' met daarin – achter een traliewerk met kippengaas – een Madonna voorzien van plastic bloemen. Het lijkt niet waarschijnlijk dat dit eenvoudige en van goedkoop materiaal vervaardigde beeldje ooit in een museale collectie opgenomen zal worden. Het bouwsel wordt omgeven door twee in elkaar gestrengelde boompjes en staat op een klein eiland aan de rand van een bos. Dit afgebakende sacrale domein kan betreden worden via een uitnodigende vlonder, waarna men rechtstreeks geconfronteerd wordt met het beeld. De bezoeker kan geen andere kant op. Tevens wordt dan duidelijk dat het hier telkens een individuele devotie betreft; twee personen verdringen elkaar onwillekeurig op het kleine stoepje met alle gevaren van dien. Aan de voorzijde is onder het beeld een steen ingemetseld met het opschrift 'KAJ', waaruit we kunnen afleiden dat het kapelletje is gebouwd door de Liempdse Katholieke Arbeiders Jeugd. Het initiatief ligt ook hier dus duidelijk in handen van een organisatie. De onderzoeker die uit is op 'spontaan' ontstane devoties en kapellen dient duidelijk op zijn hoede te zijn.

Een heel andere context, en dus ook betekenis, hebben de kapellen die in de twintigste eeuw aan de noordgrens van de provincie Noord-Brabant langs belangrijke invalswegen werden geplaatst. 'En er komt heel wat raar slag volk de Moerdijkbrug af, de Brabantse landouwen inrollen met 100 K.M.-vaart van auto's en elektriciteit. Met zwaarbeladen opleggers op 16 gummibanden voortrollend, is de industrie de korenlanden binnen gereden. Ja, er komt heel wat langs de nieuwe weg naar beneden geduikeld, heel wat slag van volk; raar slag en de duivel weet zich te vermommen als een argeloze arbeider die Communisme predikt, als een hyperbeschaafde cultuurling die de oude theorieën met welwillende minachting prijsgeeft aan de hoon van zijn armzalige hoogmoed. Maar nauwelijks hebben zij deze heilige grond betreden of zij vinden tegenover zich de wakende Moeder, die haar beide provincies beschermen zal. Want wij vertrouwen vast en zeker, dat Maria, deze, die zich op bijzondere wijze haar hebben aanbevolen, zal beschermen door haar gebed. Want zij is een macht, groter dan een leger in slagorde geschaard,' aldus de radiopredikant Henri de Greeve bij de opening van de Mariakapel nabij de Moerdijkbrug in augustus 1939.[38]

Deze kapel was een initiatief van de Hilvarenbeekse priester dr. P.C. de Brouwer, een der voormannen van de beweging 'Brabantia Nostra'. Hij vond dat het 'kapelleke' moest aanwijzen waar en vooral hoe Brabant begint. De verering van de Lieve Vrouw was volgens hem door de eeuwen heen een levende kracht geweest in de Brabantse ziel.[39] Het initiatief sloeg aan. Toen op 30 april 1945 door Herrijzend Nederland vanuit de Sint-Janskathedraal te 's-Hertogenbosch het openingslof van de meimaand werd uitgezonden, preekte kapelaan Hermus: 'Over Maria, die eenzaam wakend aan de Moerdijk, Brabants Westerpoort, staat; over Maria, die vanuit Den Bosch Haar Moederzorgen over ons gewest spreidt; over Maria, die...' De voorzitter van de Katholieke Arbeiders Beweging te Grave, die de preek op de radio beluisterd had, nam toen het initiatief om aldaar een soortgelijke wegkapel te bouwen om 'Brabants Oosterpoort' religieus te beveiligen. Op Hemelvaartsdag 1947 werd de kapel plechtig ingezegend door bisschop Mutsaerts.[40]

De ontstaansgeschiedenis van deze moderne grenskapellen verwijst naar een specifiek cultuurpolitiek kader dat destijds leefde bij de Noord-Brabantse intelligentsia. Dit emancipatiestreven waarbij de goede, vooral religieuze elementen van de 'volksaard' beschermd dienden te worden, had duidelijk ideologische trekken. De elite diende zich van haar taak bewust te zijn. Immers: als de leiders niet waken, dan is een bevolking gedoemd op den duur zedelijk ten onder te gaan. De zondvloed van de boven-Moerdijkse cultuur kon, zo vreesde men, gemakkelijk het diep ingewortelde oude christelijke geloof wegspoelen 'tot er het oppervlakkige quasi-cultuurtje van overblijft, wat we "modern leven" noemen – een allegaartje van wat bijgeloof, lichtzinnigheid, sentimentaliteit, jazz- en vleescultus.'[41] Deze bevoogdende houding van de katholieke intelligentsia in Noord-Brabant stuitte destijds vele andersdenkenden tegen de borst. Sommige protestantse intellectuelen tekenden bezwaar aan tegen het protectionistische wantrouwen dat uit de grenskapellen sprak. Met een beroep op de ideologie van de 'diepgelovige Brabantse volksziel' kwamen de kapellen er uiteindelijk toch en vele aanhangers, ook buiten Brabant, stortten geld voor de bouw. Het organisatorisch vermogen van deze 'elitaire volksdevotie' was niet te onderschatten.

De 'magische versterkingen van de provinciale toegangen' liggen er tegenwoordig wat verlaten bij en de meeste mensen blijken bij navraag de oorspronkelijke bedoeling van de kapellen niet meer te kennen. Voor hen hebben deze bouwwerken inmiddels geen of geheel andere betekenissen. Vormen de kapellen aan de noordgrens van de provincie relicten van een oud politiek-ideologisch kader, in Liempde is het 'keske' door de naaste omgeving geadopteerd en lijkt het thans te verwijzen naar een door natuurmystiek gekleurd belevingskader, terwijl de 'spijkerkapel' in Esdonk zowel door de buurtschap als door de heemkundekring wordt gekoesterd en ook door buitenstaanders druk wordt bezocht. De gelovigen laten er, onder meer ter bestendiging van hun aanwezigheid, hun materiële sporen achter in de vorm van geofferde roestige spijkers en foto's van dierbaren.

Het heilige in huis: domestieke sacraliteit

Toen de predikant Hanewinkel op zijn reis door de Meierij omstreeks 1800 in een herberg te Haaren een glas jenever dronk, viel zijn oog op een bedevaartprent van OLV van Kevelaer. 'Overal bij de Roomschen in de Majorij vind men afbeeldingen van dit MARIAbeeld', fulmineerde hij, 'of ook wel van de Lieve-vrouw te Haandel (...), waarbij men allerlij, zelfs Godslasterlijke, bijschriften vind'. Volgens dezelfde predikant zag men in elke woning ook 'eenen zoogenoemden Huiszegen, zijnde een afbeeldsel van eenen gekruisten CHRISTUS, waarnevens een, in veele opzigten Godonteerend, gebed te leezen is'. De huiszegens waar Hanewinkel op doelt, bestonden uit een blad papier van circa 40 cm breed en 33 cm hoog met daarop twee taferelen. De linker houtsnede gaf meestal een Mariale devotie weer, zoals OLV van Kevelaer, Scherpenheuvel, München of Halle. Rechts was altijd een gekruisigde Christus afgebeeld met daaromheen een gezette gebedstekst.[42] Het is bekend dat de huiszegenbladen ook wel in twee losse delen werden verkocht – ze bestonden immers eigenlijk uit twee prenten.

Vooral in de zuidelijke Generaliteitsgebieden van de Republiek der Verenigde Nederlanden, waar tot 1795 de openbare uitoefening van het katholicisme officieel niet was toegestaan, hadden dergelijke devotieprenten een grote betekenis in de religieuze volkscultuur. De voorstellingen vulden als het ware het sacrale vacuüm op dat was ontstaan na de zuiveringsacties van de publieke heiligdommen door gereformeerde kerkelijke en wereldlijke overheden. De prenten behoorden in beginsel tot het particuliere, domestieke domein en vormden als zodanig dan ook een juridisch onaantastbaar en moeilijk te elimineren element in de katholieke materiële cultuur. De devotieprenten brachten de heiligen letterlijk in huis, waar ze een vaste plek kregen.

Omstreeks 1890 vinden de huiszegenprenten, nu weliswaar gelithografeerd op machinaal papier, nog algemeen toepassing in Zuid-Nederland en België. 'Er zijn, geloof ik,' aldus Jozef Cornelissen in 1892, 'maar weinig boerenhuizen en werkmanswoningen in de Kempen, waar men den Huiszegen niet aantreft. Men vindt hem gewoonlijk genageld of geplakt op de deur der moos of der kelderkamer; in sommige huizen heeft men zelfs den onkost gedaan hem in eene houten lijst te laten vatten en hij hangt daar, bij wijze van schilderij, aan den muur der woon of slaapkamer te pronken. De Huiszegen wordt gelezen, als er eenig groot gevaar op handen is, wanneer een vrouw in barensnood verkeert of een mens op sterven ligt, maar vooral ten tijde van onweder. Dan zitten al de huisgenoten rond de tafel geschaard, waarop de gewijde kaars staat te branden, terwijl de vader des gezins met luider stemme den zegen voorleest, opdat het huis en erf bevrijd mogen blijven van het vuur des hemels, en de oogst te velde niet verpletterd worde door den hagelslag.'[43]

Het sacrale wordt in het volksgeloof zoveel mogelijk tastbaar gemaakt: de biddende mens wil voelen (rozenkransen) en zien (prenten). Deze beleving kent fysieke aspecten. Men zoekt niet alleen letterlijk houvast bij de devotionalia, maar de heiligen zijn in de vorm van afbeeldingen als het ware ook fysiek in huis aanwezig. De devotieprenten en bedevaartvaantjes werden in woning en stal opgehangen. Zo treffen we de 'heijligjes', zoals de prenten vroeger wel genoemd werden, bijvoorbeeld aan op staldeuren, de rugleuning van banken en aan de binnenzijde van kistdeksels en kastdeuren. Vooral de huiszegens hebben daar tot in de twintigste eeuw hun plaats; in geval van nood, zoals bij onweer, wordt het deksel opgeklapt of de deur opengezwaaid, en wordt door de familie het huisgebed gebeden.

Laten we eens een kijkje nemen in het interieur van de boerderij van Sjoke Jansen (1900-1989) in het Kempense gehucht Grazen langs de Belgische grens tussen Nieuw-Ginneken en Meerle.[44] De witgekalkte wanden van het binnenhuis waren gedecoreerd met ingelijste voorstellingen en een hangend uurwerk. De ingelijste afbeeldingen achter glas, de zogenaamde 'schilderijen', betreffen voornamelijk religieuze chromolitho's met voorstellingen van Antonius van Padua (patroon voor verloren zaken) en het Heilig Hart van Jezus en Maria. Daarnaast hangt tegen de wand tussen bedstee en voorkamerdeur een aantal medaillons met eveneens devotionele voorstellingen, waaronder een reproductie van 'Het Angelus' van J. F. Millet die tot circa 1950 in geen enkel katholiek Zuid-Nederlands boereninterieur ontbrak.[45] De kleine medaillons vormen als het ware een erekrans rond het centrale fotoportret van de ouders van Sjoke. Tevens hangen aan de wanden ingelijste herinneringsplaten van haar broer Jan waaronder een erediploma uit 1911 met eervolle vermelding voor, nota bene in aanwezigheid van de Mechelse aartsbisschop, bewezen godsdienstkennis. Ook de gedachtenisprenten aan de eerste communie van Jan, Sjoke en een in huis opgenomen nichtje dat wees was geworden, completeren het geheel.

Op de kasten staan behalve heiligenbeelden ook beschilderde melkglazen (opaline) vazen met daarin veren en sierbloemen. Het driestel stolpen met een calvarie, geflankeerd door beelden van Jezus en Maria, op het stolpenkastje waren afkomstig van een tante. Deze had de stolpen gekregen bij gelegenheid van haar huwelijk. Ze waren in de Grazense boerderij terechtgekomen toen het ouderloos geworden dochtertje van deze tante door Jan en Sjoke in huis werd opgenomen. Naast de stolpbeelden stond op het kastje tevens een groot heilig-hartbeeld uit de jaren '30 met draadijzeren aureool. 'We hebben dat eens gekocht in Breda op bonnetjes. De kapelaan van Galder is toen te voet gekomen om het te wijden, ik weet het nog goed,' aldus Sjoke in 1979.[46]

Zij kocht echter vroeger tegen de winter van een 'rondloperke' ook wel 'verse' kunstbloemen, die ze onder de stolp om de heiligenbeelden plaatste zoals bij het madonnabeeld op het kabinet. Dergelijke colporteurs verzorgden de ambulante handel in religiosa op het afgelegen platteland. Zo was de huiszegen, een kleurige prent die aan de binnenzijde van de schapraaideur in de goede voorkamer was bevestigd, indertijd gekocht van een zogenaamde 'kistjesventer' die bijvoorbeeld ook rozenkransen in zijn colportage-assortiment had.[47] Ook hier stuiten we weer op een traditioneel arrangement: het aan de binnenzijde van kastdeuren en kistdeksels opplakken van prenten was, voor de opkomst van de als 'schilderijen' veilig ingelijste prenten, algemeen gebruik. De kwetsbare papieren gebruiksvoorwerpen werden op deze wijze behoed voor stof, vocht en roetaanslag, maar waren in geval van nood direct bij de hand. De huiszegen van Sjoke was gedrukt bij de firma Brepols in Turnhout en droeg een afbeelding van Onze Lieve Vrouw van Scherpenheuvel. De devotieprenten brachten de heiligen letterlijk in huis, waar ze een vaste plek kregen. Daarnaast had ze ook andere, profane platen tegen de kastdeur bevestigd, zoals een illustratie van grazende koeien uit het weekblad *De Boerderij* met daaronder een afbeelding van paus Johannes XXIII omgeven door nieuwjaarskaarten.

Op de schouwrand treffen we twaalf sierborden aan van gedecoreerd Maastrichts aardewerk met in het midden, recht boven het open vuur, een klein houten, gedraaid en zwartgeverfd kruis. Onder aan de schouwplank hangt een smalle strook zeildoek, het zogenaamde 'schouwvalleke'. Boven de bedstee waarin broer Jan sliep, naast de moos, is eveneens een crucifix aangebracht. Sjoke had in haar eigen bedstee, boven het bed, een kruisbeeld en wijwaterbakje hangen. Het kruisteken, christelijk symbool bij uitstek, speelde overigens in dit huis een grote rol. Zo was op de buitenmuur boven het keldergat een kruis gewit, maar ook minder prominent was elke ruimte voorzien van een crucifix. Zo was het vee geplaatst onder de hoede van een klein en eenvoudig, zelfgemaakt houten kruisje dat tegen de brandmuur op de voorstal hangt. Aangezien het bij het witten van de muur talloze malen is overgeschilderd valt het nauwelijks op, hetgeen erop duidt dat het kruis er niet ter decoratie maar louter functioneel, als krachtig religieus symbool ter bescherming van de levende have, aanwezig was. Ook in de Vlaamse schuur was, eveneens onopvallend, tegen een der gebintstijlen een soortgelijk, maar nu blankhouten kruisje aangebracht.

De devotionalia zijn in een dergelijk interieur in feite relatief jonge objecten. De stereotiepe constellatie, die we bijvoorbeeld ook steevast aantreffen in museumboerderijen, is in feite een jonge verschijningsvorm waarmee lange tijd vooral de middenstand in materiële zin vorm gaf aan haar geleefde geloof. Uit onderzoek naar Oost-Brabantse negentiende-eeuwse boedelinventarissen is gebleken dat tussen 1830 en 1860 het bezit aan kruisen en heiligenbeelden toeneemt. Kwam omstreeks 1830 bij middenstanders nog nauwelijks een kruisbeeld, Mariabeeld of wijwatervat voor, tegen het einde van de negentiende eeuw bezit elk modaal huishouden wel een religieus voorwerp. Interessant is dat het juist de middengroepen waren die destijds het voortouw namen; was bij hen omstreeks 1860 gewoonlijk reeds een Mariabeeld in huis, bij de hogere burgerij vinden we dit pas omstreeks 1890 frequenter vermeld. Ook in de laagste consumptiegroepen verloopt de introductie van devotionalia zoals beelden, wijwaterbakjes en crucifixen in een langzamer tempo. De devotionalia waren oorspronkelijk dus lang niet zo 'volks' als wel wordt gedacht, en het negentiende-eeuwse devotionaliseringsproces sloeg het meest aan bij de middengroepen, die aan hun katholiek-zijn een specifieke vormgeving en levensstijl verbonden.[48] Pas in de eerste decennia van de twintigste eeuw, de bloeiperiode van het 'rijke roomse leven', worden de industrieel vervaardigde devotie-objecten zoals de gekleurde gipsen heiligenbeelden en ingelijste chromolitho's werkelijk gemeengoed in de boereninterieurs.

Het religieuze repertoire van een colporteur

Bij de rituele bescherming van het woonhuis werden in het verleden lang niet altijd officieel erkende specialisten en ingrediënten gebruikt. Heel vaak zien we een vermenging van orthodoxe para-liturgie en magische handelingen. Zo werd op 15 december 1750 in de Gevangenpoort te 's-Hertogenbosch een zekere Gabriël Leemans opgesloten. Hij was een ambulante handelaar in religieus drukwerk zoals 'passie en andere boekjes en Jubilee of aflaatsbrieven'. Door oorlogshandelingen was hij invalide aan een arm en derhalve niet tot werken bekwaam. Vandaar dat de in Tienen geboren Leemans een knecht had om zijn handelswaar te dragen. Zijn assistent, Laurens Cossan uit Maastricht, werd evenals zijn baas gedetineerd. Uit de verhoren blijkt dat Leemans, naast de verkoop van zijn drukwerk langs de deur, tevens allerlei religieuze diensten verleende. Zo besprenkelde hij op sommige plaatsen de stallen met wijwater en voltrok daarbij het 'huisgebed' opdat de behuizing bevrijd zou zijn van sterfgevallen. Tevens beschikte hij over 'papiertjes met heijligdom' die in het dak gestoken werden tegen hekserij. Ter compensatie van deze magisch-religieuze diensten diende men een aalmoes te geven, die Leemans dan zou gebruiken om er in een klooster een mis van te laten lezen. Op andere plaatsen stak hij een handschoen uit met het verzoek daar wat geld in te steken 'voor een Moeder van een Clooster, en voor hem soo veel souden geven als God in haar herte stierde'. Daarnaast gaf deze colporteur zich uit voor een 'zevende zoon' die het zogenaamde koningszeer door middel van zegening kon genezen. Leemans verrichtte deze handelingen in huis; zijn knecht bleef dan gewoonlijk aan de deur staan, zodat die naar zijn zeggen weinig gezien had wat zijn baas precies uitvoerde. De knecht werd dan ook op 16 april 1751 zonder verdere straf ontslagen, Leemans werd op die dag daarentegen veroordeeld tot geseling.[49]

Drukwerk was, zeker in de achttiende eeuw, een stadsproduct. Geen drukker met enige handelszin vestigde zich immers buiten de bebouwde kom. Toch wilden de uitgevers van boeken en prenten hun waar ook op het platteland aan de man brengen. En omgekeerd bestond onder boeren en buitenlui behoefte aan almanakken, liedteksten, devotieboekjes en volksprenten. Na circa 1750 maakten de belangrijkste uitgevers van volks- en kinderprenten in de Nederlanden gebruik van een netwerk van vaste verkooppunten. Deze wederverkopers waren doorgaans plaatselijke boekhandelaren, die in ruil voor hun forse bestellingen de prenten bedrukt kregen met hun eigen firmanaam. Over de leurders en marskramers die het platteland bedienden, zoals Gabriël Leemans, is veel minder bekend. Het onderzoek naar deze beroepsgroep wordt bemoeilijkt doordat zij geen vaste vestigingsplaats hadden, met alle archivalische gevolgen van dien. Slechts bij toeval komen we deze ambulante handelaren tegen, met name in rechterlijke archieven.

Behalve met de verkoop van religieus drukwerk in allerlei soorten en maten aan de plattelandsbevolking voorzag Leemans ook met andere middelen in zijn ambulante bestaan. Uit het verhoor kunnen we opmaken dat hij een specialist was op het gebied van afweer en genezing van ziekten. Mens en dier werden in de achttiende eeuw immers regelmatig geteisterd door besmettelijke plagen, zoals de 'rode loop' (dysenterie). Zijn preventieve repertoire bestond uit het sprenkelen van wijwater, het uitspreken van een gebed en het plaatsen van zegenformulieren in huis en stal. Zij die leden aan het 'koningszeer' konden door zijn, bij geboorte verkregen, magische kracht genezen worden. Deze ziekte, officieel *scrofulose* (kropzweren) geheten, was een soort geelzucht en werd 'koningszeer' genoemd doordat de vorsten van Frankrijk (*toucher du roi*) en Engeland (*royal touch*) geacht werden deze aandoening door aanraking te kunnen genezen. Deze helende kracht vloeide voort uit de opvattingen omtrent het sacrale karakter van het koningschap in de vroegmoderne tijd.[50] Behalve door koninklijke geboorte konden ook 'gewone stervelingen' met magische krachten begiftigd zijn, bijvoorbeeld door het geboren worden met 'de helm' (waarbij het vruchtvlies nog om het hoofd van het kind zit) of als zevende zoon. Gabriël Leemans was naar zijn zeggen zo'n gelukskind, alhoewel de rechter daar niet zo van overtuigd bleek.

Leemans werd voor zijn – in juridische ogen – afwijkende gedrag gevangengezet en gegeseld. Hij overschreed de voorgeschreven maatschappelijke grenzen en normen. In de Meierij van 's-Hertogenbosch was in die tijd de calvinistische, 'ware gereformeerde religie' bevoorrecht en de openbare uitoefening van het katholicisme officieel verboden. De overheid stelde colportage van katholiek drukwerk beslist niet op prijs. In de eerste helft van de achttiende eeuw zien we daarenboven een toenemende aandacht van overheden voor landloperij en bedelarij. Vagebonden werden zoveel mogelijk geweerd als zijnde nutteloos en gevaarlijk; zij voldeden niet aan de vigerende normen van de gezeten burgers. Het magisch wereldbeeld dat uit de rituelen van Leemans spreekt, strookte niet met de opvattingen van de machthebbers. Leemans overschreed nog een andere grens: hij betrad in feite het afgebakende domein van de officiële rituele specialist, namelijk de priester. De protestantse overheid beschouwde het handelen van deze laatste overigens, ook al was de priester officieel toegelaten, eveneens letterlijk als bijgeloof ('paapse superstitie').

De valse voorwendsels van Leemans hebben voor de overheid ook meegewogen. In het verslag wordt gesuggereerd dat hij de mensen oplicht door hen voor te spiegelen dat de 'aalmoezen' voor zijn diensten ten goede komen aan een klooster en dat hij de mensen misleidt door zijn bijzondere geboorte. Wellicht exploiteerde Leemans het geloof van de plattelanders ten eigen bate, maar het mag niet op voorhand worden uitgesloten dat hij zichzelf oprecht beschouwde als ritueel specialist met bijzondere gaven. Een van de valkuilen van juridische bronnen vormt immers de elitaire vertekening; wat de verdachte werkelijk meende of beleefde komt niet – of slechts indirect – tot ons.

Het religieuze repertoire van Leemans bevat elementen uit verschillende tradities en circuits. Opvallend is dat hij als leek para-liturgische handelingen van de kerk uitvoert, zoals het besprenkelen van stallen met wijwater en het uitspreken van het huisgebed. Met dit gebed kan de Latijnse tekst in het officiële *Rituale Romanum* bedoeld zijn, maar het ligt meer voor de hand dat Leemans zich bedient van de Nederlandse tekst op een gedrukte huiszegen, die hij wellicht zelf langs de deur verkoopt. De man kon in ieder geval schrijven en dus ook lezen – hij werd namelijk tevens gestraft voor valsheid in geschrifte. Ter verantwoording van zijn honorarium verwijst hij naar officiële kerkelijke instellingen. Hij zal er een mis van laten doen in een klooster of het geld ten goede laten komen aan een non. Het drukwerk dat hij verkoopt heeft ook een semi-officieel karakter. De jubilee- of aflaatbrieven bevatten voor het zielen-heil belangrijke informatie over de te verwerven geestelijke gunsten bij speciale kerkelijke gelegenheden.

Het plaatsen van 'papiertjes met heiligdom' in het dak tegen de hek-serij daarentegen is een duidelijk voorbeeld van een praktijk uit het magische domein. Met deze 'papiertjes' worden bezwerings- of zegen-formulieren bedoeld: prenten die in het midden een 'heiligdom' met al-lerlei opgeplakte magische ingrediënten bevatten en die in de vorm van een opgevouwen pakketje in omloop waren. Dergelijke zegenformulie-ren beschermden tegen ziekte, brand en toverij. Door het plaatsen van symbolische afweermiddelen op, bij of in de kwetsbare plekken van het huis – zoals openingen in de vorm van deuren, keldergaten en schoor-stenen of de brandgevoelige daken die have en goed beschermen – werd het gebouw als het ware magisch versterkt.[51] In feite vormden de op deze wijze toegepaste zegenformulieren een soort magische tegenhan-ger van de huiszegens. Ook het element van de zevende zoon met gene-zende krachten vormt een magische component in het religieuze reper-toire van Leemans, dat aldus gekenmerkt wordt door een eigenaardige symbiose van officiële en magische praktijken.

De grenzen tussen officiële religie en alledaagse magie zijn niet altijd even duidelijk te trekken. Vaak is er sprake, zoals in het bovenstaande geval, van een nagenoeg onontwarbaar kluwen van praktijken die zijn beïnvloed door meer of minder kerkelijke en populaire tradities. De schone eenvoud van het begrip 'volksdevotie' is dan ook verraderlijk. In sociaal-cultureel opzicht is 'het volk' geenszins als een monolithische eenheid te beschouwen. Daarnaast is het begrip devotie in de zin van 'vereren' te beperkt en veelal eenzijdig op het officiële klerikaal-kerke-lijke circuit gericht gezien de vele onorthodoxe, magische praktijken en mengvormen in het domein van de religieuze volkscultuur.[52]

Het 'geleefde geloof': van voorwerp naar gedrag

Bij het moderne cultuurwetenschappelijk onderzoek zijn we niet zo-zeer geïnteresseerd in de voorwerpen als zodanig, maar is de rol die de objecten spelen in het gedrag van mensen van belang. Welke betekenis hebben de devotionalia voor de belevingswereld van 'het gelovige volk'? Uit de beschrijving van haar interieur volgt dat Sjoke Janssen uit Grazen blijkbaar niet alleen prijs stelde op materiële decoratie in huis, maar ook katholiek-gelovig was. Dit laatste blijkt echter eenduidiger uit haar religieuze praxis. Het welzijn van de dieren was voor boerenmensen van levensbelang, vandaar dat Sjoke jaarlijks Hubertusbroodjes in huis haalde. In de eigen parochiekerk van Meerle, over de grens in België, haalde ze op de feestdag van Sint-Hubertus (3 november) zogenoemde 'Hubbekesbrooikes' met krenten erin, die aldaar in grote manden ter beschikking van het gelovige volk stonden. Er werden ook broden gewijd die men mee naar huis nam. 'Iedereen moest hiervan een stukske eten, mens en dier, ja alle beesten, en Sjokes kopke knikte heftig van ja, ja, anders kreegde razernij. *Witte da!*'53

We stoten hier op het alledaagse 'geleefde geloof' van deze boerin. De devotionalia maken integraal deel uit van een handelingspatroon en specifieke levenshouding. Zijn de stolpen en schilderijen niet meer in situ aanwezig, maar fraai opgepoetst en bij voorbeeld ondergebracht in een museumvitrine, dan gaat niet alleen de fysieke samenhang tussen de objecten onderling, maar ook de relatie met het religieuze gedrag gemakkelijk verloren. Vandaar dat we de traditionele objectgerichte benadering dienen te heroriënteren in een meer contextueel perspectief, met aandacht voor de wisselende betekenissen die voorwerpen kunnen hebben voor mensen.

De wederwaardigheden van de kapelaan uit Sint-Huibrechts-Lille, de marskramer Leemans, de leiders van Brabantia Nostra en de boerenvrouw uit Grazen zijn – ieder voor zich – getuigenissen van volksdevotie. Ze vertellen ons iets over de sociaal, economisch, chronologisch, geografisch en cultureel gedifferentieerde vormen waarin mensen in de Zuid-Nederlandse samenleving in de praktijk van alledag gestalte gaven aan hun geloof. In deze religieuze volkscultuur speelden én spelen objecten – of dit nu kerken, kapellen, bomen, relieken, prenten, mirakelbeelden of kitscherige stolpbeelden zijn – een cruciale rol als materiële makelaars in het cultueuze circuit tussen hemel en aarde.

8 De ene God en de vele Godsdiensten

Jan Bluyssen

> Ben Ik een God die in de nabijheid is?
> – godsspraak van de Heer – ;
> ben Ik niet een God die ver weg is?
> Nergens kan een mens zich verbergen
> zonder dat Ik hem zie
> – godsspraak van de Heer –.
> HEMEL EN AARDE ZIJN VOL VAN MIJ
> – godsspraak van de Heer –.
>
> (Jeremia 23:23-24)

Oude joodse geschriften verhalen hoe de grote profeet Mozes door God geroepen werd om Zijn geliefd volk te bevrijden uit de slavernij in Egypte en het door de woestijn van Sinaï heen te geleiden naar het Beloofde Land. God sprak tot Mozes vanuit een doornstruik die brandde, maar niet verbrandde.

Mozes hoedde de kudde van zijn schoonvader Jetro, de priester van Midjan. Eens dreef hij de kudde tot ver in de woestijn en kwam hij bij de berg van God, de Horeb. Toen verscheen hem de engel van de Heer in een vuur dat opvlamde uit een doornstruik. Mozes keek toe en zag dat de doornstruik in lichterlaaie stond en toch niet verbrandde. Hij dacht: 'Ik ga eropaf om dat vreemde verschijnsel te onderzoeken. Hoe komt het dat die doornstruik niet verbrandt?' De Heer zag hem naderbij komen om te kijken. En vanuit de doornstruik riep God hem toe: 'Mozes, Mozes.' Hij antwoordde: 'Hier ben ik.' Toen

'Lumen unum, tres personae, Deus unus', Drieëenheid uit de *Scivias* van Hildegard von Bingen onder haar regie met miniaturen geïllustreerd (de zgn. 'Prachtcodex' van Rupertusberg, 1151).

sprak de Heer: '*Kom niet dichterbij* en doe uw sandalen uit, want de plaats waar u staat is heilige grond.' (Exodus 3:1-5)

Het verhaal roept de indringende vraag op: waarom moet Mozes op eerbiedige afstand blijven? Is die brandende doornstruik gevaarlijk? Weliswaar verbrandt de struik niet, al staat hij in lichterlaaie; hij brandt echter wel. En in die brandende struik manifesteert God zich, God die zich nooit laat zien. God die zo hevig aanwezig is dat Hij brand veroorzaakt, zij het zonder verbranding. De Godsontmoeting van Mozes blijkt er een van bijzondere aard. Een ontmoeting van heel dichtbij, zo nabij dat Mozes afstand dient te houden. Hij zou kunnen verbranden, opbranden in God.

God wil vertrouwelijk praten met Mozes, hem aanspreken over de bijzondere hem toebedachte missie. God benadert hem van heel nabij, van zo dichtbij als maar mogelijk. Wel met de waarschuwing: kom niet dichterbij. God blijkt eens te meer de bij definitie Onbereikbare, de Onkenbare. Ook in ultieme nabijheid zal God verborgen blijven. Mozes mag tevreden zijn met deze nabijheid op afstand. En dat is hij ook; méér dan dat. Juist daardoor kan de Verborgene hem meer nabij komen dan ooit.

In de beleving van Mozes is God vriendelijk-nabij, zeker als Hij zijn Naam bekend maakt: JHWH, 'Ik-ben-die-is-voor-jullie.' Het is alsof God zich met een vriendelijke tik op de schouder legitimeert bij Mozes teneinde hem een dienst te vragen, een uiterst belangrijke dienst. God klopt aan, dringt aan. Mozes is een grootse rol toebedeeld in de uitvoering van Gods plan met de mensheid.

Het verhaal van de bevrijding van de Israëlieten uit de Egyptische slavernij is het oudst opgetekende bijbelverhaal. Deze gebeurtenis moet zich ruim duizend jaar voor Christus hebben afgespeeld. Het joodse volk zou het nooit meer vergeten: die wonderbare bevrijding door God uit een te lange periode van harde onderdrukking. Het heeft in deze trotse, blijde herinnering zijn eigen identiteit gevonden en die voor altijd gekoesterd.

Bij ons nu, drieduizend jaar later, dringt zich de vraag op: die God van de joden, in hoeverre mocht Hij de God van de christenen gaan heten? En in hoeverre mogen zij Hem zien als de God van alle mensen?

Op weg naar het Beloofde Land

Leven is uitzien en op weg gaan, trekken en zich bewegen, opbreken en nieuwe horizonten aftasten. Het leven is als een tocht, een trektocht naar een toekomst met doorgaans vage contouren.

> Er is geen einde en geen begin
> aan deze tocht, geen toekomst, geen verleden,
> alleen dit wonderlijk gespleten lange heden.
> (M. Vasalis, 'Afsluitdijk')[1]

Het leven verloopt zoals de tijd en samen met de tijd. Je ziet het einde niet, evenmin als het begin. Het leven is steeds in beweging. De klok tikt altijd verder, totdat het leven stilvalt. Dan houdt het heden op en staakt de tijd, althans voor jou. Eens raak je uitgeteld.

In bijbelse verhalen zien we vaak mensen op weg. De Bijbel speelt graag met de metafoor van het op-weg-gaan en het onderweg-zijn. De magische aantrekkingskracht van het onderweg-zijn heeft zeker in die oude tijden de verbeelding geprikkeld. Het nomadenleven zit ons, mensen, nog altijd in het bloed. Er is een grens aan het thuis zitten met zijn sociale controle en zijn al te eentonig levenspatroon. Een mens moet er eens tussenuit. De tijd vliegt, je wilt op een gegeven moment meevliegen, de tijd en de ruimte verkennen voordat het te laat is. Geen wonder dat veel jongeren rond de twintig voor een aantal maanden op stap gaan, de wijde wereld in, op verkenning. Veel zien, alles meemaken, zelf beslissen wat je doen zult, ontdekken wat er in die wijde wereld te koop is. De bijbelse Pentateuch, het Gilgamesj-epos, de *Odyssee*, de Graalzoekers, de reis van Sint-Brandaan, Dantes *Goddelijke Komedie*; steeds datzelfde grote thema in telkens andere aankleding: het vertrouwde verlaten en de fascinerende ruimte binnengaan van het onbekende. Opmerkelijk dat in al die 'grote verhalen' het numineuze de beslissende rol speelt.

De 'bijbelse geschiedenis' komt pas echt op gang als Abraham op het toneel verschijnt: 'De Heer zei tegen Abram: "Trek weg uit uw land, uw stam en ouderlijk huis, naar het land dat Ik u aan zal wijzen. Ik zal een groot volk van u maken. Ik zal u zegenen en uw naam groot maken, zodat u een zegen zult zijn. Ik zal degenen zegenen die u zegenen, maar degene die u verwenst zal Ik vervloeken. In u zullen alle geslachten op aarde worden gezegend."' (Genesis 12:1-3)

Zo wordt Abraham de stamvader van een uitverkoren volk; zelf zal hij voor dat volk, zijn nageslacht, het lichtend voorbeeld blijven, de trouwe gelovige, die op een wenk van zijn God opbrak en het verre, onbekende land tegemoet ging. Sindsdien heeft op weg gaan op een teken van God een sacrale klank van hoge betekenis; 'roeping' is daarvoor de geëigende benaming geworden. Roeping zet mensen op een nieuw spoor, drijft hen ertoe om in trouw aan God de consequenties te trekken en te aanvaarden. Elk leven in trouw aan God, en elk zoeken naar God is sindsdien graag geschetst aan de hand van de metafoor van de weg. Geen wonder dat je deze metafoor ook vindt in andere religies. Het joodse volk zag zichzelf en zijn oorsprong beschreven in de oudste geschriften van het Oude Testament, die samen de naam dragen van 'Thora', wat letterlijk betekent: wet. Juist de wet Gods was voor het uitverkoren volk de betrouwbare weg naar de naleving van het met God aangegane Verbond. Het boeddhisme is vertrouwd met 'Tao', en dat duidt exact op 'weg'; de Chinese vorm van het boeddhisme draagt zelfs de naam: taoïsme.

De eerste christengemeenschappen noemden zich graag: 'aanhangers van de Weg.' (Hand 9:2) Let op de hoofdletter: Jezus zelf noemde zich immers de Weg (Joh 14:6); men zag Hem dan ook graag als de aangewezen weg naar de Vader, men wilde Hem als het ware blindelings want in groot vertrouwen volgen. Zesmaal in de Handelingen van de Apostelen wordt de christelijke beweging aangeduid als de Weg.[2]

Wie een beetje met de evangelieverhalen vertrouwd is, kan het niet ontgaan dat Jezus feitelijk veel op weg was. Zijn prediking speelt zich vooral af op straat, Hij trekt van het ene dorp naar het andere, onderneemt enkele malen de reis – de bedevaart, mag men zeggen – van Galilea (in het noorden van het land) naar de heilige stad Jeruzalem (in het zuiden). De Nijmeegse theoloog Bas van Iersel (1924-1999) geeft hieraan dan ook extra aandacht in zijn laatst verschenen boek over het Evangelie van Marcus, als hij onder de veelzeggende titel 'de wandelende Jood' nader toelicht hoe de Heer alsmaar rondtrekkend bezig was. Zelf zegt Jezus geen steen te hebben om zijn hoofd op neer te leggen, hetgeen de vraag oproept of Hij wel een vast onderdak had. Zou Hij misschien behoord hebben tot het ons welbekende gilde van de 'dak- en thuislozen'? Jezus leefde eigenlijk op straat, zocht mensen op, had aandacht voor iedereen die tekortkwam, was dan ook zeer gemakkelijk te benaderen.

Op weg gaan, onderweg zijn is symbool geworden voor het christelijk ideaal: eigen gesloten kaders loslaten om achter Jezus aan op zoek te gaan naar de optimale realisatie van je goddelijke roeping. In dat kader wordt ook de bedevaart naar een heilige locatie graag gezien als antwoord op die roeping, een tijdelijke bezinning op je houding tegenover God. Met het tweede Vaticaans Concilie heeft de Kerk van Rome zichzelf zelfs die opmerkelijke werktitel meegegeven van: 'pelgrimerend Godsvolk', 'Gods volk op weg'. De metafoor van 'de weg' en 'de tocht' zou men zelfs mogen zien als meest treffende typering van 'het Evangelie': de gang van de mensheid door de tijden heen wordt in verbondenheid met de Christus tot veilige en heilige opgang naar God. Het accent ligt natuurlijk allereerst op die verbondenheid met Jezus Christus, en als gevolg meer algemeen ook op verbondenheid met andere Godzoekers.

Op een muur in Toledo staat geschreven: *No hay caminos, hay que caminar*. Je hebt geen wegen, men moet gewoon op weg gaan; wegen moeten worden gebaand, eventueel eerst gepland. Door met velen eenzelfde weg te gaan openen mensen een nieuwe weg. Op weg durven gaan lijkt de betere vorm van leven naar de toekomst toe. Dat zit hem in het dynamisch en creatief, wellicht nog meer in het uitdagend en recreatief karakter van die *way of life*. Herman Andriessen heeft het helder beschreven: niet het eindpunt van de weg is het doel, maar veeleer het onderweg zijn, het gezamenlijk optrekken. Onderweg zijn, samen met anderen zoekend eenzelfde richting gaan, zo is het leven, zo wordt het leven extra boeiend. De bekende hedendaagse Italiaanse componist Luigi Nono werd door die muurtekst in Toledo zo gegrepen, dat hij in 1987 een aparte compositie schiep op dit thema.[3]

Het leven als trektocht, pelgrimage: het is een vertrouwde metafoor. Op weg: heilzaam, maar bij tijden ook moeizaam. De eindeloze trektocht van het joodse volk door de woestijn van Sinaï – een heel volk veertig jaar lang rusteloos op pad door een dorre woestijn, tussen bedreigende stammen door – getuigt daarvan op niet mis te verstane wijze. De barrières en problemen die zich voordoen, kunnen de aandacht soms blijvend fixeren op het uiteindelijk doel ver weg, meer dan op de weg dichtbij. Het kan natuurlijk bemoedigend zijn het einddoel voor ogen te houden, maar eerste opgave blijft toch de weg, dat samen onderweg zijn.

Geloven is niet vrijblijvend
Mensen van onze tijd maken zelf uit wat ze geloven. Gewoonlijk is advies welkom, maar dan toch 'vrijblijvend'. Mondigheid is een grondwaarde binnen onze huidige cultuur: persoonlijke verantwoordelijk-

heid op individueel niveau, en in de sociale setting democratie binnen alle geledingen, dat staat in onze cultuur steeds voorop.

Moet dan iedereen zijn of haar eigen God zelf maar zien te ontdekken? Ja, denk ik, intussen voor mezelf mijmerend, maar er kan toch maar één God zijn, je komt uiteindelijk toch op hetzelfde punt uit. Ik bedoel dit niet beperkend; maar als geboren monotheïst ga ik wellicht toch wat snel uit van de gedachte dat er één God moet zijn voor alle mensen, voor allen uiteindelijk dezelfde God, hoe verschillend ook verbeeld.

Godsgeloof is niet een zaak van blind gokken, noch van simpel volgen wat 'in de mode is'. Mondig geloven begint waar bewust met kritische zin wordt getast en gewogen. Wie mondig geloof zoekt, zal nagaan hoe anderen geloven, en wat geloven voor hen betekent. Kritisch zoeken naar sporen van het goddelijke elders gaat vergezeld van een kritische blik op de eigen stellingname tot nu toe, van reflectie ook op de Kerk en het milieu waarin men opgroeide. Mondige mensen zoeken de zwakke en sterke plekken buiten zichzelf maar ook in zichzelf, teneinde verantwoord te kunnen oordelen en tot uitgebalanceerde conclusies te kunnen komen. In de religieuze supermarkt valt veel te ontdekken. Maar al te gretig een knusse huisreligie kiezen – ik noem maar iets – zou snel kunnen opbreken. Het gaat erom te kiezen voor de echte God, voor Transcendentie zoals die werkelijk is. Dan kun je niet lichtvaardig afgaan op stemmingen en gevoelens en zal een poging tot nadere verkenning van de verlangens, behoeften en ervaringen van de mensheid als geheel verhelderend kunnen werken.

Religies en kerken hebben veel ervaring en wijsheid in huis, tezamen een zeer rijk assortiment aan geloof en Godsbeleving. Dat kan men niet bij voorbaat negeren als men serieus zoekt naar de ware kern van de transcendente Werkelijkheid achter en doorheen ons aardse bestaan. Van de andere kant kunnen godsdiensten en kerken niet voorbijgaan aan het negatieve oordeel dat velen koesteren ten aanzien van religieuze instituties. In dat kader lijkt me de onderlinge dialoog tussen de grote wereldgodsdiensten een allereerste eis. Ze dienen door dialoog en onderlinge bezinning geleidelijk meer en meer herkenbaar te worden als 'speelruimte van God', 'iconen' van de Zorgende, 'woonplaatsen' van gulle goddelijke liefde, 'vensters' op goddelijke nabijheid.

De auteur Samuel Beckett (1906-1989) sprak van 'een heerlijke, bevrijdende afleiding' toen hij het had over het schrijven aan wat zijn meest beroemde creatie zou worden: *Wachten op Godot* (voltooid in 1952, opgevoerd in 1956 op Broadway). Spel over een alsmaar onvervuld wachten, een humorvolle schets over een serieus maar nimmer te bevredigen zoeken. Hij karakteriseerde het zelf met: 'lachen om de lach om het onvervuld blijven'. Blijkbaar was het voor hem zelf een ontlading na eigen eindeloos wachten bij het schrijven. Van Beckett is ook de stelling: 'zijn is opgemerkt worden', opgemerkt door jezelf. Het is de leidraad van de verfilming van zijn boek over iemand die zich verborgen wil houden (1964). Zijn hele oeuvre kenmerkt zich door het uitbeelden van herkenbare existentiële ervaringen geprojecteerd op de achtergrond van een mogelijk transcendentele dieptedimensie. Bovengenoemd meesterwerk proclameert een opgewekt wachten en blijmoedig blijven zoeken en optrekken naar het Verborgene.

God is niet vanzelfsprekend. Hij moet als het ware door mensen tot spreken worden gebracht. Wie geloven kan in de Goddelijke Werkelijkheid, voelt dat geloven verplicht. Geloven is niet vrijblijvend. Geloven begint met het inventariseren van terzake doende vragen, maar dat dan wel vanuit doorgaans grote onzekerheden. De Kerk kan wel zekerheid verkondigen, maar de garanties waarnaar de zoekende mens uitziet, kunnen slechts gaandeweg gestalte krijgen. Wat is geloven anders dan de ingeslagen weg blijven volgen in vertrouwen op de verborgen Wegwijzer? Als je God vindt, is dat omdat Hij zelf Zich geeft; in het Rijk Gods echter betekent elke gave serieuze opgave.

God: schoonheid

> Veel te laat heb ik jou lief gekregen,
> schoonheid, wat ben je oud, wat ben je nieuw.
> Veel te laat heb ik jou lief gekregen.
> Binnen in mij was je, ik was buiten,
> en ik zocht jou ziende blind
> buiten mij, en uitgestort als water
> liep ik van jou weg, verloren
> tussen zoveel schoonheid, niet de jouwe.[4]

Toen ik voor het eerst – ongeveer vijftig jaar geleden – deze tekst meebad met de auteur, werd ik er diep door getroffen. Het was alsof ik nooit iets schitterenders gehoord of gelezen had met betrekking tot God. Ik wist nog niet dat je zo tot God kon en mocht spreken, maar ik vond het meteen onweerstaanbaar raak. De aanspreking van God als 'schoonheid' kwam mij aanvankelijk weliswaar enigszins hoogdravend voor; maar wat daaromheen geschreven staat, klonk me zeer authentiek in de oren, diepzinnig, recht uit het hart. Hier nadert, dacht ik, iemand tot zijn God, goed wetend Wie hij benadert. Augustinus' hoge achting, zijn diep respect voor Gods heel eigen rijkdom en grootheid blijkt uit heel de context, uit de uitzonderlijke kracht van deze levensgetuigenis.

Ook de Spaanse mysticus Jan van het Kruis bezong met onverdacht enthousiasme de schoonheid van God. Voor hem vormt schoonheid het wezen van God, geheel in de traditie overigens van klassieke denkers. Toen God mens werd, zo vertelt hij in zijn 'Geestelijk Hooglied', verhief Hij in Christus de hele mensheid tot het niveau van Zijn eigen goddelijke schoonheid, en alle schepselen delen daarin.[5] Hoe de schoonheid van de ziel gezien moet worden, beschrijft hij in zijn 'Bestijging van de berg Karmel'[6]; hoe Gods liefde van haar schoonheid meedeelt aan de mens, tracht hij voelbaar te maken in het 'Geestelijk Hooglied'.[7]

Wat is die schoonheid van God volgens Jan van het Kruis? Wat bedoelt hij als hij daarover spreekt? Dat heeft ongetwijfeld van doen met Gods allesoverstijgende perfectie, maar toch primair met Zijn onpeilbare liefde, Zijn onvoorstelbaar liefdevolle nabijheid. Het 'Geestelijk Hooglied' gaat daarop uitvoerig in, met name in strofe 11, 2-12:

Ontsluit mij Uw nabij-zijn.
Mijn dood zij: U te aanschouwen in Uw schoonheid.

Strofe 32 beschrijft, hoe God een mens liefdevol aankijkt en in diens ziel 'Zijn liefde en gratie indrukt en instort, waardoor Hij haar met schoonheid bekleedt, en haar zo hoog verheft dat zij deelgenote wordt aan de goddelijke natuur zelf'.

Gods liefdevolle blik en zorgvol toezien blijkt voor Jan van het Kruis onmetelijk bevrijdend te zijn; een en al geven ziet hij daarin, en onbegrensde vrijmaking. Dat leidt tot wederzijds genieten. Naast schoonheid is genieten in de geschriften van Jan van het Kruis een tweede sleutelwoord.

Genieten wij elkander, Geliefde,
elkander in Uw schoonheid schouwend. (strofe 36)

Het is alsof Jan van het Kruis over Gods schoonheid niet uitgesproken kan raken. Hij heeft daarover zelfs een apart gedicht geschreven, te zingen op een volksrefrein:

> Nooit om alle schoons tesamen,
> geef ik ooit mijzelve prijs;
> wel aan een-ik-weet-niet-wat,
> waar men per geluk slechts aankomt.[8]

Een wonderlijk gedicht eigenlijk. God krijgt hier de cryptische naam 'een-ik-weet-niet-wat'. Wat de auteur vooral onder woorden tracht te brengen, is dunkt me dit: dat alle geschapen schoonheid verbleekt in het licht van Gods schoonheid omdat de goddelijke schoonheid elke denkbare geschapen schoonheid volledig overtreft. Menselijk schoon verbleekt in het licht van Gods schoon; licht echter sterker op, naarmate het zichzelf in het licht van Gods schoonheid wil toetsen op eigen ware waarde.

Geschapen schoonheid kan wel helpen om Gods schoonheid te ervaren. In het tweede van de negen coupletten van genoemd gedicht XII getuigt Jan van het Kruis dat alleen een beproefd Godsgeloof, een geloof dat grote liefde is, iets van Gods schoonheid doet proeven. Een dergelijke geloofservaring gaat diep en reikt hoog. Slechts van binnenuit kun je God zo 'schoon' beleven. Jan van het Kruis weet dat dit louter gave is, gave van God. Wie in zichzelf deze gave ontdekt, kan niet beter doen dan er met volle overgave van genieten.[9]

Dat deed zuster Francisca de la Madre de Dios. Toen Jan haar vroeg: 'In welke richting gaat uw gebed?' kon ze niet beter antwoorden dan ze deed: 'Dat gebed, pater, gaat voorbij met kijken naar de schoonheid van God. Ik ben uitermate blij dat Hij zo schoon is.' Jan van het Kruis was diep onder de indruk van een dergelijke emotionele ontboezeming; zozeer vertolkte de zuster daarmee wat ook hemzelf intens bezig hield.

Bij de opening van het vierde eeuwfeest van de dood van Jan van het Kruis in 1991 formuleerde pater Alfons Kroese, provinciaal overste van de ongeschoeide karmelieten, inhakend op Jans beschouwingen over Gods schoonheid, een vraag aan ons aller adres: 'Hij schonk ons een nieuw hooglied, een lied over de schoonheid van God, die zichtbaar wordt in de schoonheid van de natuur, de mens en de dingen. Maar met deze schoonheid wordt ons ook een fundamentele vraag gegeven: hoe kan deze oplichten in de nacht die mensen omgeeft? Wanneer schoonheid camouflage wordt van wat niet gezien mag worden, is ze vals. De nacht van de armoede en het geweld waar zovelen door lijden, de duisternis van de angst die mensen radeloos maakt, de geloofsnacht waarin de Kerk zich bevindt, al deze en nog andere nachten mogen niet verbloemd worden... Deze geestelijke woestijn vraagt om spirituele ontdekkingsreizigers, die het vertrouwde achter zich durven laten en het duistere niet-weten tot zich durven toelaten.'[10]

Uit alles wat Jan van het Kruis beweegt en beweert, blijkt dat het aandurven van de tocht door de donkere nacht, met name de aanvaarding van de strijd tegen de duistere machten in ons bestaan, en vooral de strijd voor de bevrijding en de verheffing van de verdrukten, de ware weg is om God te ontdekken in Zijn echte schoonheid en ware grootheid. Zonder vérgaande naastenliefde kunnen wij moeilijk zicht krijgen op Gods eigenlijke wezen. Het schouwende geloof is nu eenmaal afhankelijk van de krachtdadigheid van onze liefde. Niettemin blijft onze inzet afhankelijk van wat Gods Geest in ons bewerken wil. Onze inzet zal dus allereerst moeten zijn: overgave aan de hulp die God aanreikt. Christelijk geloof is: overgave, en vertrouwen, diep vertrouwen op Hem die ons bemint.

Ook Felix Timmermans sprak God toe als 'schoonheid' in zijn gedicht 'Aan de muziek':

O schoonheid, die wij niet verstaan,
laat ons in uw genade staan
en luisterend U bedanken!
O, dauw en vuur, in klank gehuld,
die ons met zaligheid vervult!
Muziek is God in klanken.[11]

Die laatste zin, een mooie vondst. Zoals God zich ook waarneembaar maken kan in woorden, in beelden, in mensen, zo ook in klanken; waarin niet trouwens? Wat mooi is, wat uit kunst geboren wordt, wat ontstaat uit de diepe worsteling van een naar schone expressie hunkerend mensenhart, mag met het volste recht herkend worden als authentieke – zij het toch altijd gebrekkige – verwijzing naar Gods eigen schoonheid. Kunst en geloof mogen dan ook nooit als in principe met elkaar in strijd worden gezien. Wat is dat toch, dat de menselijke autonomie zo verafgoodt, dat het uitgerekend God soms afschildert als surrogaat voor zulke edele uitingen als kunst, cultuur en wetenschap? Hebben niet veel kunstenaars zichzelf gezien als werktuig van God? Voor Johann Sebastian Bach was muziek de expressie van zijn eigen en andermans geloof. Vanuit dat besef schreef hij boven veel van zijn partituren: de letters S.D.G. (Soli Deo Gloria, glorie aan God alleen).

Ook de ontvanger, de kunstgenieter, blijkt vaak geraakt door de ervaring van schoonheid in de kunst, de cultuur of de natuur. God laat zich vooral ervaren in wat schoon, goed of waar is. Dat lees ik in veel filosofische studies; dat lees ik ook in de Bijbel, in vele ogenschijnlijk vluchtige constateringen, onder meer in een ogenschijnlijk alledaags zinnetje als dit: 'Zodra de citerspeler begon te spelen, kwam de hand van Jahweh op Elisa.' (II Kon 3:15) Geloof ziet soms nauwelijks nog scheiding tussen het sacrale en het artistieke, tussen het goddelijke en het alledaagse. Christian Andersen geeft daarvan in zijn sprookje 'De nachtegaal' een mooi voorbeeld, als hij een arme visser, in de nacht zijn net ophalend, in dankbare verwondering stamelend laat zeggen: 'Heer God, wat is dit mooi!'

Augustinus, die nooit meer loskwam van het idee dat God opperste schoonheid is, trachtte keer op keer zijn verwondering daarover vrij spel te geven. Een kort exempel daarvan: 'De hemel en de aarde zijn; ze roepen dat ze gemaakt zijn, want ze ondergaan verandering en wisseling. En ze roepen het ook uit, de hemel en de aarde, dat ze zichzelf niet gemaakt hebben. Gij zijt dus, Heer, degene die ze gemaakt heeft; Gij die schoon zijt, want zij zijn schoon; Gij die goed zijt, want zij zijn goed; Gij die zijt, want zij zijn.'

De Nederlandse dichter-mysticus Jan Luyken (1649-1712) neemt die lofzang van Augustinus als het ware over in zijn gedicht 'De ziele betracht den Schepper uit de schepselen':

Ik zag de schoonheid en de zoetheid aller dingen
en sprak: Wat zijt gij schoon! Toen hoorde mijn gemoed:
Dat zijn wij ook, maar Hij van Wien wij 't al ontvingen,
is duizendmaal zo schoon en duizendmaal zo zoet!
En dat zijt Gij, mijn Lief, zoud' ik U niet begeren?
Is hier een lelieblad op aard zo blank en fijn.
Wat moet, o eeuwig Goed, o aller dingen Here,
wat moet de witheid van Uw zuiverheid dan zijn.[12]

Er zijn dus mensen die God (hebben) ervaren als schoonheid, opperste schoonheid, en die vanuit deze onbeschrijflijke idee hun heel persoonlijk verlangen naar God, hun verlangde ervaring van God trachten vorm te geven. Dat zij Hem in feite aldus beschrijven en betitelen, komt omdat zij Hem zo beleven. Wat bedoelen zij feitelijk te zeggen? Ik denk zoiets als: God is voor mij als de schoonste verbeelding van mijn diepste aspiraties; Hij is de ideale gestalte, de hoogste verwerkelijking van mijn uiteindelijke verlangens. Hij overtreft ze volledig. Dat is dan de authentieke weergave van wat zij met en om God beleven, zich gedragen wetend door het gelovig vertrouwen dat die God bovendien ondenkbaar nabij is.

De God van de christenen: drie-een
Tijdens onze opleiding op de beide seminaries van het bisdom 's-Hertogenbosch leerden we vooral bidden tot Jezus. Ik herinner me goed dat ik bij het gebed bijna altijd de persoon van Jezus Christus voor ogen had. Jezus was nu eenmaal goed voorstelbaar, dankzij zijn menselijke contouren. Je kunt Hem volgen in Zijn doen en laten, je kunt Zijn woorden op je laten inwerken. In de persoon van Jezus staat God in menselijke gestalte dicht bij jou. Jezus: het menselijk gezicht van God.

Later, werkzaam als pastor te midden van zeer uiteenlopende mensen, werd ik me er geleidelijk meer en meer van bewust, dat met de menselijke gestalte van Christus het eigenlijke geheim van Gods wezen toch niet werkelijk onthuld werd. Jezus werkt, wat betreft onze ervaring van God, wel onthullend, maar tegelijk toch ook verhullend. De ware God blijft in velerlei opzicht achter de Heer Jezus verborgen. Niettemin, goed kijkend en luisterend naar Hem ontvang je heel wat materiaal ter nadere bezinning. Ook toen veel van de oude zekerheden vervaagden, bleef mijn geloofsbeleving sterk geconcentreerd op de menselijke gestalte van God in Jezus Christus. Zo trachtte ik steeds meer de vraag wie God is – evengoed als die andere levensvragen: wie is de mens? wie ben ik zelf? – toe te spitsen op de vraag: wie (hoe) is de God van Jezus Christus, hoe ziet Hij God?

De vraag die zich dan opdringt en allereerst om antwoord vraagt, luidt: kun je geloven in de geloofwaardigheid van rabbi Jezus? Dat kan tot een langdurige, moeizame zoektocht voeren. Je hebt een klankbord nodig, getuigenissen van mensen die Jezus Christus nader hebben leren kennen. De beste vindplaats van God is het verhaal van mensen over God: luisteren naar wat rondom en alom over God ter sprake komt, luisteren naar het fluisteren van God. Luisteren ook naar wat mensen opgeschreven hebben, met name kennis nemen van heilige boeken, van de Bijbel en andere heilige geschriften, ook van heilige boeken van andere religies.

De centrale vraag voor de christen blijft: wat zegt Jezus over God? hoe ziet de God van Jezus Christus eruit? Jezus brengt in feite God heel nabij. Hij manifesteert een God die hunkert naar contact met mensen, een God met wie je kunt communiceren, tot wie je kunt bidden. Hij laat zich vooral benaderen via mensen, bij voorkeur via de kleinen en de zwakken. De God van Jezus is een God die mensen uitdaagt uit zichzelf te treden, aandacht te geven aan andere mensen. Hij is erop uit mensen samen te brengen, hen tot liefde en onderlinge solidariteit te roepen. De God van Jezus is een God die zich voor alles en iedereen hogelijk interesseert. Een en al zorg en vriendelijkheid is Hij, niet in opperste afstandelijkheid ingekeerd in Zichzelf. Integendeel, de God van Jezus houdt zozeer van Zijn schepselen dat Hij van doen wil hebben met alles wat in Zijn schepping gebeurt.

Dat is volgens Anton Houtepen 'het gronddogma van elk monotheïsme', hij verwijst daarvoor naar de veelgebruikte term 'almacht'. 'Almacht betekent: God heeft met alles van doen.' Dit houdt volgens Houtepen primair in: God is overal bij, altijd nabij, immer aanwezig; alomtegenwoordig, nergens definitief te lokaliseren.[13]

Jezus geeft over God veel te denken, telkens wanneer Hij zijn relatie tot Hem ter sprake brengt. In de Evangeliën duidt Jezus God honderdzeventig maal aan als Vader, en als Hij bidt, spreekt Hij God nooit anders toe dan met 'Vader', één keer zelfs met de koosnaam 'Abba' (pappie). Als Hij over God spreekt, gaat Hij heel ver in de typering van zijn relatie met God. 'Ik ben in de Vader en de Vader is in Mij'; 'Wie mij ziet, ziet de Vader.' (Joh. 13:11; 14:9) Met dergelijke pretentieuze uitspraken lijkt Hij zich te manifesteren als menselijke gestalte van de enige God. De apostel Paulus durfde dan ook vele jaren later van Hem getuigen: 'Die naar de Heilige Geest is aangewezen als Zoon van God in kracht.' (Rom. 1:4)

De God van de christenen is in feite als Drie-ene God herkend. Dat is wat de christenheid in enkele eeuwen van moeizaam vorsen en zoeken heeft vastgelegd in haar doxologieën en geloofsbelijdenissen. Uit de jonge Kerk van de eerste eeuw stamt de trinitaire lofprijzing: 'Eer aan de Vader door de Zoon in de Heilige Geest'. Meer dan in de thans gebruikelijke formulering – 'Eer aan de Vader en de Zoon en de Heilige Geest' –

klinkt in die oude lofprijzing de eigenheid door van ieder der drie goddelijke personen. In de geloofsbelijdenissen, vastgesteld op de grote Concilies van de vierde tot zesde eeuw, werd Christus gedefinieerd als 'de eniggeboren Zoon van de Vader'. Zelf heeft Jezus zich nooit 'Zoon van God' genoemd. Graag spreekt Hij over zichzelf als 'de Mensenzoon'. Op gezag van deze vroege concilies belijden alle christelijke kerken tot op de dag van vandaag dat God bestaat in drie 'personen', één God levend en werkend in drievoud. Het gaat ons verstand te boven, zodat theologen zich alle eeuwen door zijn blijven uitputten – met weinig succes – om dit 'mysterie' inzichtelijk te maken, terwijl intussen eenvoudige gelovigen het mysterie van de Drie-eenheid te moeilijk en te 'weinigzeggend' vonden om er zich druk over te maken.

Theologen van onze dagen zetten de studies en discussies van eeuwen over dit leerstuk voort. Dat is hun taak; ik volg alles naar best vermogen met grote interesse. Voor mijn pastorale en spirituele omgang met medegelovigen heb ik er niet zoveel aan, maar in mijn eigen persoonlijk geloofsleven doe ik graag mee met al dat gespiegel, meer om het spel zelf dan om een of ander verheven winsteffect. Het betreft tenslotte een perspectief waar wij veel minder raad mee weten dan met de eindeloze raadselen van het onmetelijk heelal waarbinnen ons kleine leven zich afspeelt.

Zo blijft ook voor mij persoonlijk dit mysterie volslagen onvatbaar; maar op gezag van de hele christenheid van zoveel eeuwen zie ik het als belangrijk uitgangspunt voor mijn gelovig tasten naar God, en dus ook voor mijn prediking en verkondiging. In de loop der jaren is het voor mij op dubbele wijze toch iets gaan verhelderen omtrent God.

Allereerst zie ik daarin aan het licht komen hoe God in zichzelf liefde is, hoe binnen het Goddelijk Wezen liefde de fundamentele en elementaire beweging is. God is liefde, de apostel Johannes was daar vol van, ongetwijfeld op grond van diepgaande – ik denk mystiek te noemen – geloofservaringen. Niet alleen naar buiten toe, maar primair binnen Zichzelf, in Zichzelf is God liefde. De goddelijke personen worden voor mensen identificeerbaar op grond van hun onderlinge liefde. Op de tweede plaats vind ik in de Drie-eenheid een bijzondere aanmoediging om God als een Jij, een Gij tegemoet te treden. De éne God is tegelijk zorgende Transcendentie (Vader), solidaire Metgezel (Zoon) en Bron van warmte en dynamiek diep in mij (Geest). De God van de christenen is een God voor, met en in ons; in zijn drievuldige eenheid wordt Hij als het ware de opperste illustratie van Zijn zorgzame nabijheid. Jesaja (7:14) kondigde als teken van Gods zorgende aanwezigheid de zoon van een maagd aan met de naam Immanuël, welke profetie door de evangelist Mattheüs in zijn verhaal over Jezus' geboorte letterlijk werd overgenomen. 'Dit alles is gebeurd opdat vervuld zou worden wat door de Heer bij monde van de profeet gezegd is: "Zie, de maagd zal zwanger worden en een zoon baren, en ze zullen Hem de naam Immanuël geven", wat betekent: God met ons.' (Mt. 1:22-23)

Als ik terugkijk, zie ik hoe heel geleidelijk dat wonderlijke aspect van ons geloof zich voor mijn geestelijke ogen is gaan ontvouwen, waardoor de Drie-ene God voor mij persoonlijk gaandeweg toch een vitaal, zij het mysterieus, houvast werd voor mijn geloofsleven en mijn pastorale arbeid, door alle woelingen en – soms felle – discussies heen. Argumenteren is lastig, een sluitende uiteenzetting leveren onmogelijk. Als ergens geldt dat geloven een springen is in het duister, dan is het op dit punt. Maar christelijke geschriften en ervaringen van gelovigen die deze sprong waagden, hebben mij geholpen om de bezinning op dit 'geheim van ons geloof' meer en meer te zien als het openen van een heel apart venster, met vér reikend (en verrijkend) uitzicht op de goddelijke nabijheid.

Mystieke representaties van de Triniteit
Mensen hebben geprobeerd niet slechts in woorden, maar ook in afbeeldingen weer te geven hoe zij Gods aanwezigheid ervaren en beleven. Zo beschikken we over veelzijdige pogingen om het geheim van de Goddelijke Drie-eenheid in beeld dichterbij te brengen. De afbeelding van de Russische iconenschilder Rubeljev (vijftiende eeuw, wereldwijd bekend en alom verspreid) toont drie afzonderlijke personen in hiëratische sfeer samen verenigd (vermoedelijk bij de tent van Abraham).

Het bisschoppelijk museum in het Zuid-Duitse Freising heeft een zogenaamd 'Driegezicht' (olie op hout, achttiende eeuw): drie gezichten en face, drie gezichten op één hoofd: drie neuzen, drie monden, vier ogen. Van Hans Multscher (1400-1457) is een beeldengroep bekend, voorstellende de lijdende Christus, de beschermende Vader en de ondersteunende Heilige Geest – deze laatste als een vrouwelijke figuur. Maar wellicht het best bekend zijn de talrijke afbeeldingen van de Doop van Christus in de Jordaan, samen met de Vader die over Zijn Zoon getuigt en met de Geest die in de gedaante van een duif over de Heer neerdaalt.

Heel bijzonder is de afbeelding die de vermaarde abdis Hildegard van Bingen (1098-1179) liet maken van het visioen dat zij had van de Heilige Drievuldigheid. Bij haar geen poging tot weergave van drie antropomorfe gestalten. Hildegard schildert een blauwe figuur (de Zoon) tegen een rode cirkelvormige achtergrond (de H. Geest), alles omgeven en omstraald door een cirkel van withelder licht (de Vader). Het betreft haar Miniatuur 11, tweede boek, tweede visioen, getiteld 'de ware drieheid in de ware eenheid'. Door zijn soberheid wellicht extra geloofwaardig als verbeelding van het betreffende mysterie. De begeleidende tekst luidt in vertaling: 'zeer helder licht en daarin de gestalte van een mens omgeven door fonkelend vuur'.[14]

Hildegard heeft nog breder beschreven wat zij gezien had: 'Toen zag ik een uiterst helder licht en daarin een saffierblauwe mensengedaante, die geheel en al brandde in zachtrood fonkelende vlammen. Het heldere licht doorvloeide geheel de fonkelende vlammen, en deze schitterende vlammen doorvloeiden geheel het heldere licht. En beide, het heldere licht en de fonkelend laaiende vlammen, doorvloeiden geheel de mensengedaante, alle drie als één licht, tezamen in één kracht en macht.'[15] Het is de éne God die zich aldus in drie verschijningsvormen te kennen geeft, in Hildegards machtige visie. Zou men God-Vader beter kunnen weergeven dan zoals zij deed: als uiterst helder licht? Gestalte heeft Hij niet, Hij is niet figuratief, onttrekt zich aan elke 'verbeelding'. Hij omgeeft ons niettemin van alle zijden, om licht te zijn en licht te bieden te midden van alle wederwaardigheden. Vooral treedt Hij aan het licht in Jezus Christus, uitgebeeld in een saffierblauwe mensengestalte. Maar ook in de zachtrode fonkelende gloed van de Geest maakt God zich ervaarbaar. De beschrijving van Hildegard komt overeen met de traditionele weergave van God als drie-in-één, tracht echter daarvan een menselijk-voorstelbare uitbeelding te geven. Altijd blijft het probleem hoe het best de eigenheid van de drie goddelijke personen in woord of beeld gestalte te geven.

De Vader heeft bij Hildegard steeds iets van het verfrissende licht of het verse groen dat de oorsprong van alle leven verraadt; de Zoon kunnen we als het ware aanraken in zijn menselijke gestalte; de Geest straalt onophoudelijk als warm vuur, zodat Hij tegelijk opvlamt, verwarmt en verlicht. Meesterlijk maakt zij dit alles in dit miniatuur voor het zoekende oog herkenbaar. Zo daagt Hildegard uit tot stil biddend schouwen en rustig opnemen van het Goddelijk Mysterie.[16]

Het bekendst is wellicht Dante Alighieri, die zijn dichtwerk *La Divina Commedia* besluit met het volgende – ook volgens hemzelf – adembenemende visioen van de Goddelijke Drie-eenheid (Canto 100):

Daar in de diepe en klare subsistentie
van 't hoge licht verschenen mij drie cirkels,
in kleur verschillend, doch van omtrek eender.
En de ene scheen weerspiegeling van de andre,
als Iris straalt van Iris; en de derde
leek gloeiend vuur, door beiden uitgeademd.
Hoe beeld ik in mijn taal wat in mij leefde!
En ach, hoe zwak is dit bij wat ik schouwde!
En nog is 't niet genoeg van zwak te spreken.
O eeuwig licht, dat rust in eigen diepte,
u zelf slechts kent en zó, gekend en kennend,
u zelf bemint en toelacht in uw liefde,
de cirkel, die 'k in u te aanschouwen meende
als licht, weerkaatst door licht, en waar mijn blikken
liefkozend even eerst om henen gleden,
hij scheen mij toe van binnen als geschilderd
in de eigen kleur ons menslijk beeld te dragen.
En roerloos staarde ik op naar beeld en cirkel.
Gelijk het hem vergaat, die moeizaam peinzend
de cirkel-kwadratuur tracht op te lossen,
maar nooit de weg vindt naar 't vereist beginsel,
zo ging 't ook mij nu bij dit laatste wonder:
zien wilde ik, hoe het beeld zich met de cirkel
verbonden had en hoe het daarin troonde.
Op eigen vlucht kon ik zo hoog niet stijgen,
had niet mijn geest een bliksemlicht doorsidderd,
waarin hem gans gewerd wat hij verlangde.
Hier ging de fantasie voorgoed ten onder.
Maar reeds bewoog mijn wensen en mijn willen,
gelijk een wiel in vaste gang bewogen,
de liefde, die beweegt en zon en sterren.[17]

Bij het slot van zijn visionaire zoektocht was Dante naar eigen zeggen geraakt 'door de felle straling van het hoge licht dat waar is door zijn wezen' (canto 100, 53-54), het hoge licht waardoor hij 'aller dingen Oorsprong' (81) zag, en steeds dieper in Gods onveranderlijk wezen (113-114) kon doordringen. Dat goddelijk wezen zag hij dus in 'drie cirkels, verschillend van kleur, maar eender van omtrek' (116-117). Wiel Logister wijdde aan die cirkels met hun kleuren een instructieve beschouwing. De kleuren zijn wit, groen en rood, respectievelijk aanduidend de Vader, de Zoon en de Geest. Het zijn ook de kleuren van de drie goddelijke deugden: geloof, hoop en liefde, en dus, zo legt Logister uit, omdat het gaat over het eigen wezen van God, van kennen, willen en toelachen. Dante was bijzonder gebiologeerd door de tweede cirkel, omdat hij daarin ons eigen menselijk beeld zag opgenomen. Hij zag 'hoe het beeld (dat wil zeggen: de menselijke natuur, geschapen naar Gods beeld en gelijkenis) zich met de cirkel (dat wil zeggen: de goddelijke natuur van de Zoon) verbonden had en hoe het daarin troonde' (33,137). Dante ziet in de cirkel van de Zoon het mensdom opgenomen, in Christus als beeld en bron heel de mensheid. De overeenkomsten tussen Hildegard van Bingen en Dante Alighieri zijn heel opmerkelijk; waarlijk mystieke getuigenissen hebben een universele reikwijdte.[18]

Interreligieuze ontmoeting
Van de achttiende-eeuwse Engelse historicus Edward Gibbon is de volgende uitspraak: 'De verschillende vormen van godsdienst, cultussen die naar voren kwamen in de Romeinse wereld, werden door het volk allemaal als waar beschouwd, door de wijsgeren allemaal als vals en door de magistraten allemaal als bruikbaar, en boven dat alles stond de Romeinse *civil religion*, de keizercultus waaraan ieder mee moest doen'.[19] Het christendom ontstond in een wereld die in religieus opzicht zeer pluralistisch was. Was het misschien daarom, was het uit zelfbescherming, dat de christenen de wereld gaandeweg meer en meer verdeeld zagen in 'wij' en 'zij'? Ze kenden de uitspraak van Jezus: 'Wie niet met Mij is, is tegen Mij' (Mattheüs 12:30). Al gauw bleek de jonge kerk dit naar zichzelf toe vertaald te hebben: wie niet met ons is, is verloren. 'Buiten de Kerk geen heil'. Vele eeuwen lang, vanaf eind derde eeuw, was dit de slagzin die serieus contact met andersdenkenden tegenhield.

Velen zullen zich herinneren hoe de rooms-katholieke kerk het alleenrecht claimt op 'waarheid': dat alleen zij zich erop beroepen kan de ware boodschap over God te verkondigen, en dat alleen zij gezien kan worden als de gezagvolle vertolkster van de blijde Boodschap van Jezus

Christus. De Kerk van Rome heeft zich intussen genuanceerder uitgesproken op dit punt, eerst via het tweede Vaticaans Concilie (verklaring *Nostra aetate*, 1965), later door middel van een verklaring van de Internationale Theologische Commissie, getiteld: *Het christendom en de godsdiensten* (1996).[20] In 1991 had de Raad voor de interreligieuze dialoog al een pad uitgestippeld voor een 'viervoudige dialoog' met de niet-christelijke godsdiensten. De Raad onderscheidde: de dialoog van het leven, de dialoog van het handelen, de dialoog van de theologische uitwisseling, en de dialoog van de religieuze ervaring.

De geprononceerde uitleg van een adagium van bisschop Cyprianus van Carthago (derde eeuw) was uitgangspunt voor een vele eeuwen volgehouden rigoureuze kijk op de unieke heilsrol van Jezus Christus en de heilsnoodzakelijkheid van de Kerk van Christus. De stelling van Cyprianus in haar oorspronkelijke vorm luidde: *salus extra Ecclesiam non est* (buiten de Kerk is er geen heil).[21] Enigszins gewijzigd tot: *extra Ecclesiam nulla salus* (buiten de Kerk geen enkel heil), is de uitspraak overgenomen door bisschop Fulgentius van Ruspe (468-533). Bijna een millennium later, in 1442, werd door het Concilie van Florence de strekking van deze slogan over de heilsnoodzakelijkheid van de Kerk nog eens krachtig onderstreept. Weer een aantal eeuwen later zag paus Pius IX in dit logion – met een enkele, niet onbelangrijke nuancering – een stelling van dogmatisch gehalte.

Paus Pius XII wees echter in zijn encycliek *Mystici Corporis* (DS 3866-3873) een al te rigoureuze interpretatie af. Een brief van het Heilig Officie aan de aartsbisschop van Boston (8 augustus 1949) gaf nadere uitleg van wat Pius XII bedoelde: waar sprake is van onoverkomelijke onwetendheid, is de impliciete wens om tot de gemeenschap van God te behoren, voldoende. Het tweede Vaticaans Concilie spreekt niet meer over die 'impliciete wens', maar zoekt in dit voor mensen van onze tijd belangrijke en zich steeds krachtiger manifesterend vraagstuk een andere weg. De Verklaring van de Internationale Theologische Commissie van 1996 reflecteert als volgt op de visie van het laatste Concilie: 'Het tweede Vaticaans Concilie maakt de zin "buiten de Kerk geen heil" tot de zijne. Maar het richt zich hiermee uitdrukkelijk tot de katholieken, en het beperkt de geldigheid ervan tot degenen die de noodzaak van de Kerk ten aanzien van het heil erkennen.' (n. 67) 'Over niet-christenen wordt gezegd dat ze op uiteenlopende wijze op het volk van God gericht zijn.' (n. 68) 'Zo krijgt de zin "buiten de Kerk geen heil" zijn oorspronkelijke betekenis terug, namelijk de leden van de Kerk tot trouw aan te sporen.' (n. 70)

In diverse documenten raakt het Concilie de relatie aan met anders-gelovenden. Met name in de 'Verklaring over de houding van de Kerk ten opzichte van de niet-christelijke godsdiensten' (*Nostra aetate*), maar ook in de 'Verklaring over de godsdienstvrijheid' (*Dignitatis humanae*) laat het Concilie over een aloud probleem nieuw licht schijnen. Diverse vragen zijn hiermede opnieuw aan de orde gekomen: de vraag waar de waarheid het best gezocht en het zuiverst gevonden wordt, de vraag naar de precieze verhouding tussen het christendom en de andere gods-diensten, de vraag naar het eigene en uitzonderlijke, dus ook naar de zo-genaamde 'uniciteit', van de persoon van Jezus Christus, ook de vraag welke God van welke godsdienst de ware God zou moeten worden ge-noemd. De pretentie van het christendom dat Christus als de uiteinde-lijke weg naar God moet worden gezien, alsook de pretentie van de rooms-katholieke kerk dat 'Christus' Kerk in haar bestaat', komen hier onder het ontleedmes van allen die ernstig en kritisch de zoektocht naar God ondernemen. Het gaat dus om een tegelijk alomvattende en diep-ingrijpende thematiek.

Het tweede Vaticaans Concilie formuleerde een stevig uitgangspunt in zijn verklaring over de verhouding met de andere godsdiensten: 'Alle volkeren vormen samen één gemeenschap. Ze hebben één oorsprong, want God deed heel het menselijk geslacht over heel de oppervlakte van de aarde wonen (vgl. Hand. 17:26). Ze hebben één einddoel: God, wiens voorzienigheid, bewijzen van goedheid en heilsbesluiten zich uitstrek-ken tot allen (Wijsheid 8:1; Hand. 14:17; Rom. 2:6-7; I Tim. 2:4), totdat de uitverkorenen verenigd zullen worden in de heilige stad, die door Gods luister verlicht zal worden, en waar de volkeren in haar licht zullen wan-delen (vgl. Apoc. 21:23-24). De mensen verwachten van de verschillende godsdiensten een antwoord op de verborgen raadselen van het mens-zijn, die evenals vroeger ook thans de harten van de mensen diep beroe-ren. Wat is de mens? Wat is de zin en het doel van het leven? Wat is goed, wat is zonde? Wat is de oorsprong en wat is de zin van het lijden? Welke is de weg naar het ware geluk? Wat is de dood, het oordeel en de vergelding na de dood? Wat is ten slotte dat laatste, onuitsprekelijk mysterie dat ons bestaan omsluit, waaraan wij het ontstaan danken en waarheen wij op weg zijn?'[22] Het Concilie vestigde de aandacht op de eenheid van het mensdom ondanks de veelheid van etniciteiten en culturen, om ten slot-te ook uit te komen bij de veelheid van confessies en de noodzaak van dia-loog en gezamenlijk gebed.

In een apart document gaf het Concilie een beschrijving van wat godsdienstvrijheid inhoudt. Vrijheid van godsdienst 'bestaat hierin dat alle mensen vrij moeten zijn van dwang, of die door enkelingen, sociale groepen of welke menselijke macht dan ook wordt uitgeoefend, en wel zó dat in godsdienstige aangelegenheden niemand wordt gedwongen te handelen tegen zijn geweten in, noch belemmerd wordt om binnen passende grenzen privé of publiek, alleen of samen met anderen, volgens zijn geweten te handelen'.[23]

Vaticanum II heeft de christelijke kerken ook opgeroepen tot dialoog rond de vraag hoe de waarheid te zoeken. Het suggereerde dat de waarheid niet te vinden is in regels of wetten, maar dat ze gezocht moet worden in het spoor van één persoon, van de Gekruisigde die door God was bestemd om licht te zijn voor alle volkeren. Christenen moeten samen de meest geëigende weg zien te vinden naar Hem die mensen oproept om van Hem te getuigen. Maar wel zó dat niet-christenen niet om hun eigen geloof in beginsel buitengesloten worden geacht, exclusief worden verklaard. Als Christus werkelijk geroepen is om licht voor alle volkeren te zijn, dan zal Hij dat nooit op dwingende wijze willen nastreven. Ongetwijfeld was precies dit de bedoeling van het Concilie toen het stelde: 'Hij legde getuigenis af van de waarheid (vgl. Joh. 18:37), maar weigerde haar op te dringen aan wie haar tegenspraken. Zijn rijk wordt immers niet verdedigd door toe te slaan met geweld (vgl. Mt. 26:51-53; Joh. 18:36), maar het wordt gegrondvest door te getuigen van de waarheid en door daarnaar te luisteren; het groeit door de liefde waarmee Christus, omhoog geheven op het kruis, alle mensen tot zich trekt.'[24]

Intussen klinkt steeds luider de roep naar universele oecumene. Tegelijk met de oecumene van de christelijke kerken onderling dient het gesprek van de christenheid met de andere godsdiensten serieus nagestreefd te worden. Aan deze dwingende opgave tot wereldwijde ontmoeting is door paus Johannes Paulus II in 1987 een eerste voorzet gegeven via zijn uitnodiging aan de leiders van alle grote godsdiensten om naar Assisië te komen voor ontmoeting en gebed. Deze uiterst belangrijke stap mag een van de meest beslissende initiatieven van paus Johannes Paulus II genoemd worden.

Uniciteit en universaliteit

De interreligieuze dialoog spitst zich vooral toe op twee vragen. De eerste betreft de uniciteit van Christus. Is Christus werkelijk uniek en zo ja, in welke zin? De tweede vraag handelt over de specifieke eigen heilsbetekenis van andere godsdiensten, en daarmee verbonden de oude vraag naar de veronderstelde universele waarde van Christus' boodschap.

De christengemeenschap heeft zich vanouds op het standpunt gesteld dat Jezus Christus zó beslissend is voor het heil van heel de mensheid, dat Zijn boodschap overal verkondigd moet worden. Niet zonder reden staat er geschreven van de Heer zelf, dat Hij zijn leerlingen uitzond om het Evangelie te verkondigen aan heel de schepping (vgl. Marcus 16:15-18). Hij zegde hun de Heilige Geest toe om als Zijn getuigen te kunnen optreden tot het uiteinde der aarde. (Hand. 1:8) Hij gaf Zijn leerlingen dus een wereldwijde opdracht mee, waaraan als berustend op de universele heilswil van God een universeel karakter werd toegekend. Daarom legde Petrus, toen hij voor de joodse overheid verantwoording moest afleggen, duidelijk uit waarom hij ondanks een streng verbod overal over Jezus sprak: 'Door niemand anders komt redding, want er is onder de hemel geen andere naam aan mensen gegeven waardoor wij ons kunnen laten redden.' (Hand. 4:12) Op diezelfde overtuiging baseerde de Kerk door de eeuwen heen haar besef dat zij een wezenlijk missionerende Kerk is en dat moet tonen.

De apostel Paulus heeft dit zeer serieus genomen. Hij spreekt dan ook uitdrukkelijk over een uniek Middelaarschap van Christus: 'God, onze redder (...) wil dat alle mensen gered worden en tot de kennis van de waarheid komen. Want God is één, één is ook de Middelaar tussen God en de mensen, de mens Christus Jezus, die zichzelf gegeven heeft als losprijs voor allen: het getuigenis afgelegd op de vastgestelde tijd. En ik ben daarvoor aangesteld als heraut en apostel – ik spreek de waarheid, ik lieg niet – om de volken te onderrichten in het ware geloof.' (1 Tim. 2:3-7). 'Het Nieuwe Testament laat ons tegelijkertijd de universaliteit van Gods heilswil zien en de verbondenheid van het heil met het verlossingswerk van Christus Jezus, de unieke Middelaar,' zo stelt de Verklaring van de Romeinse Theologische Commissie. (n.39) Ze schrijft verder: 'Andere mogelijkheden van heilzaam middelaarschap kunnen nooit los gezien worden van de mens Jezus, de unieke Middelaar (...). Er kunnen geen wegen zijn om naar God te gaan, die niet uitkomen op de unieke weg die Christus is.' (n.49)

Edward Schillebeeckx is diverse malen uitvoerig ingegaan op de vraag naar de unieke betekenis van Christus en de eigen heilswaarde van andere godsdiensten. Hij vindt het beter de termen 'enig' en 'uniek' niet te gebruiken. De vraag is immers vooral: wat bedoelen christenen met eigenheid, identiteit en universaliteit, als ze spreken over Jezus van Nazareth in relatie tot andere wereldgodsdiensten; wat bedoelen christenen die andere godsdiensten toch zonder enige discriminatie positief willen en moeten waarderen als eigen, ook unieke en eigensoortige 'openbaring van dezelfde God'? In hun eigen identiteit zijn alle godsdiensten immers enig en uniek, stelt Schillebeeckx. 'Het gaat erom, of de christelijke godsdienst (...) een definitieve en universele betekenis kan hebben of heeft voor alle mensen, en wel zodanig dat deze aanspraak op universele betekenis andere wereldgodsdiensten niet bagatelliseert of discrimineert. Met *definitief* of beslissend bedoel ik dan, dat volgens de christelijke geloofsbelijdenis God in Jezus Christus inderdaad Zijn eindbedoelingen met het mensdom kenbaar heeft gemaakt: zijn laatste woord over de mens is geen "woord van toorn", maar een "woord van erbarmen"; het goede, niet het kwaad heeft het laatste woord. En met *universeel* bedoel ik, dat de evangelische boodschap gericht is tot alle mensen en als zinvol door alle mensen aanvaard kan worden, en tevens dat die boodschap alle menselijke betekenisdimensies betreft.'[25] Deze uitgewogen visie van Schillebeeckx verdient de aandacht van alle Godzoekenden, allereerst van de christenen, maar uiteindelijk van alle gelovigen, tot welke religieuze stroming zij zich ook rekenen.

De Verklaring van de Internationale Theologische Commissie van 1996 tracht op gestelde vragen een antwoord te formuleren uitgaande van de Kerk als 'universeel heilssacrament', als 'sacrament van het Rijk Gods' (n.62). 'Het primaire vraagstuk is vandaag de dag niet meer of mensen het heil kunnen bereiken, als ze niet tot de zichtbare katholieke kerk behoren; deze mogelijkheid wordt als theologisch zeker beschouwd. De pluraliteit van de godsdiensten, waarvan de christenen zich steeds meer bewust worden, de betere kennis van deze godsdiensten zelf, en de noodzakelijke dialoog daarmee, zonder dat de ruimtelijke en tijdelijke grenzen van de Kerk geheel terzijde worden geschoven, leggen ons de vraag voor of men nog wel kan spreken van de noodzaak van de Kerk voor het heil en de verenigbaarheid van dit princiep met de universele heilswil van God.' (n.63)

Het document van de Internationale Theologische Commissie verwijst naar de volgende inspirerende uitspraak van het tweede Vaticaans Concilie: 'Op de christen wegen ook de noodzaak en de taak om te midden van veel wederwaardigheden tegen het kwaad te strijden en door het lijden van de dood heen te gaan. Maar in verbondenheid met het paasmysterie (*paschali mysterio consociati*), gelijkvormig aan de dood van Christus en sterk in de hoop snelt hij de verrijzenis tegemoet. Dit geldt niet alleen voor de christengelovigen, maar ook voor alle goedwillende mensen, in wier hart de genade op onzichtbare wijze werkt. Daar Christus immers voor allen is gestorven, en er voor alle mensen slechts één uiteindelijke roeping is, namelijk een goddelijke, moeten wij eraan vasthouden, dat de Heilige Geest aan allen de mogelijkheid schenkt om – op een wijze die aan God bekend is – deel te hebben aan dit paasmysterie.'[26]

Tot welke samenvattende conclusie komt de verklaring van 1996? Na zoveel jaren als Kerk geclaimd te hebben de enige universele weg te zijn naar heil en verlossing, komt de commissie tot het volgende bevrijdende oordeel. 'Ofschoon aan deze geestelijke verbondenheid de zichtbare uitdrukking ontbreekt van het tot de Kerk behoren, zijn *gerechtvaardigde niet-christenen* opgenomen in de Kerk, het mystieke lichaam van Christus en geestelijke gemeenschap.' (n. 72) Meer dan een inlijven van andersdenkenden, mag men deze uitspraak zien als een uitnodiging aan gelovigen van andere godsdiensten om zich niet langer te beschouwen als afgewezen en buitengesloten door de Kerk van Rome. De onderhavige verklaring vervolgt dan ook: 'Natuurlijk treden de niet-christenen die er niet schuldig aan zijn dat ze niet tot de Kerk behoren, binnen in de communio van de tot het Rijk Gods geroepenen door middel van het in praktijk brengen van de liefde tot God en de naaste; deze communio zal zich bij de voltooiing van het Rijk van God en van Christus openbaren als *Ecclesia universalis* (universele Kerk).' (n. 73)

In zijn encycliek *Redemptoris missio* (de zending van de Verlosser) heeft paus Johannes Paulus II, de lijn van het tweede Vaticaans Concilie doortrekkend, de werkzame aanwezigheid van de Heilige Geest onderlijnd in de samenleving en de geschiedenis, bij de volkeren, de culturen en de godsdiensten (n. 28-29; 55-56). Ook de 'Verklaring van de Theologische Commissie' spreekt over de werkzaamheid van Gods Geest en maakt onderscheid tussen het bijzondere werk van de Heilige Geest in het lichaam van Christus en het universeel handelen van de Geest overal ter wereld. Maar wat ze vooropstelt is, dat in de andere godsdiensten dezelfde Geest werkzaam is die de Kerk van Christus leidt. Ook die andere godsdiensten helpen de mens om God te zoeken, gewetensvol te leven en rechtschapen te handelen. Een christen mag en kan geloven dat dit mogelijk is dankzij de Heilige Geest. (n. 84-87) Diezelfde Verklaring wijst erop dat christenen hun geloof in de universele en beslissende zending van Christus niet hoeven en niet kunnen opofferen aan de dialoog met de andere wereldgodsdiensten. Juist dat drijft hen ertoe te laten zien dat het geloof in de bijzondere zending van Christus Jezus absoluut niet tekort wil doen aan de eigen waarde en waarheid van andere godsdiensten. In de lijn van het Tweede Vaticaans Concilie moeten allen zoeken naar wat we gemeenschappelijk hebben, zonder de fundamentele verschillen te verdoezelen.

In de zomer van het jubileumjaar 2000 heeft de Congregatie voor de geloofsleer over dit zeer actuele vraagstuk nog een leerstellig document gepubliceerd onder de titel *Dominus Iesus*, met als ondertitel 'Verklaring over het uniek karakter en de heilbrengende universaliteit van Jezus Christus en de Kerk'.[27] Dit document voegt weinig toe aan eerdere Vaticaanse tussenkomsten. Jammer dat de verklaring – zoals blijkt uit de talrijke negatieve reacties – in feite meer overkomt als angstige waarschuwing aan het adres van de eigen gelovigen dan als hoopgevende uitnodiging aan anderen om samen met de Kerk van Rome na te denken over het mysterie van Gods veelvormige bevrijdende nabijheid.

Het behoort tot de centrale basisovertuiging van de christelijke kerken, dat in Christus God rechtstreeks sprak en spreekt tot de mensheid via Zijn Zoon en Zijn Geest, waardoor dan ook het geloof in de Drie-ene God als hét kenmerk van het christendom moet worden beschouwd. In het gesprek met mensen van andere godsdiensten zal vooral deze geloofsvisie in gepaste bescheidenheid en met diep respect voor de overtuiging van anderen aan de orde dienen te komen. Die 'brede oecumene van de grote godsdiensten' zal, als het goed is, leiden tot een nieuwe, zeer belangrijke fase in de religieuze geschiedenis van de mensheid.

Er moet wereldwijd een werkelijk contact groeien vanuit de principiële overtuiging dat de vele godsdiensten authentieke routes zijn op weg naar eenzelfde God. Een ware ontmoeting dient mogelijk te worden. De wereld heeft er behoefte aan dat de religies hun specifieke geloofsvisies bijeenbrengen. Door hun kostbare schat aan Godsbeleving met anderen te delen zal eens te meer blijken hoe zinvol het is gezamenlijk op zoek te gaan naar God; die juist dankzij zulk wereldomspannend zoeken de mensheid meer nabij kan komen.

Praktische ervaring met de dialoog

In de jaren zeventig en tachtig namen de pogingen toe om de koerswijziging van het Concilie, vanuit de Wereldraad van Kerken spoedig ondersteund, leerstellig te verantwoorden en pastoraal te stimuleren. Een bijzondere rol speelde daarbij Paul Knitter, hoogleraar theologie aan de Xavier University te Cincinnatti, met zijn boek *No other Name? A critical survey of christian attitudes toward the World Religions*.[28] De studie van Knitter kreeg veel aandacht en riep diepgaande discussie op. Daaraan droeg bij de feitelijk toenemende pluraliteit van godsdienstige stromingen in de westerse wereld. Een van de kernpunten van Knitters pleidooi voor de interreligieuze dialoog is zijn krachtige nadruk op de praktijk. Slechts door praktische ervaring met de dialoog kunnen theoretische vragen, zoals die rond het waarheidsbegrip en de uniciteit van Christus, worden verhelderd en genuanceerd. Knitter formuleerde ook een drietal voorwaarden waaraan alle partners zich zouden moeten houden. Hij stelde dat de dialoog vanuit de eigen persoonlijke religieuze ervaring moet groeien. Daarbij dient de erkenning van waarheid in alle religies als uitgangspunt te worden genomen. Ten slotte moet de dialoog gedragen worden door de bereidheid tot verandering van inzicht en levenshouding (bekering).

Het gaat Knitter en andere voorstanders van de interreligieuze dialoog niet om een soort syncretisme, een zeker samensmelten van religies. Aan de orde is veeleer onderlinge kennismaking, ontmoeting, uitwisseling, bezinning, teneinde als gelovigen in een zich seculariserende wereld samen het zicht op de spirituele dimensies van het bestaan te versterken en te verdiepen. Uiteindelijk lijkt ontmoeting het meest zinvolle concept voor het proces van een affectieve kennisname van elkaars spirituele ervaringen. Intussen groeit de interesse voor deze zogenaamde 'brede oecumene'. Bezinning en studie nemen toe, maar ook praktische initiatieven ontplooien zich geleidelijk steeds meer. Wat dit laatste betreft, zij onder meer gewezen op de jaarlijkse gebedsbijeenkomst van de zeer oecumenisch ingestelde katholieke Egidiusgemeenschap, die het eerder vermelde initiatief van de paus in Assisië (1986) tracht levend te houden. Daarnaast verdient de World Conference of religion and peace, die sinds 1974 om de vijf jaar wordt gehouden, bijzondere aandacht. Deze beide bewegingen willen met steun van de wereldreligies zich inzetten voor vrede en ontwikkeling van allen. Wellicht gaat ook het 'Parlement van wereldreligies' een goede traditie creëren; na een eerste samenkomst van religieuze leiders van oost en west in Chicago in 1893 (!) was een eeuwfeest nodig om het begonnen initiatief (lezingen en workshops) te hernemen, en daarbij de intentie te formuleren het om de vijf jaar te herhalen. Steeds talrijker worden intussen wereldwijd de initiatieven tot interreligieus contact. De in aantal groeiende symposia en studies rond dit grote thema getuigen van een sterk toegenomen en niet meer te stuiten interesse.[29]

Luisteren naar de stilte waarin de Eeuwige spreekt
Oosterse godsdiensten leggen grote nadruk op zuivering en inkeer, verlichting en stilte. De westerse mens is meer gericht op onderlinge solidariteit, inzet en activiteit. Westerlingen hebben haast, willen recht op het doel af om zoveel mogelijk en zo snel mogelijk succes te kunnen boeken. De oosterse mens is bedachtzaam en geduldig; omdat hij beseft dat het gaat om een delicate onderneming als men contact zoekt met de wereld van de transcendentie; daarom begint hij liever met een aftasten van de af te leggen weg. Innerlijke reiniging en biddende overgave onder wijze geestelijke begeleiding vormen in het Oosten een niet te verwaarlozen eerste stap op de spirituele weg. De onzichtbare Aanwezige zet belangrijke stappen in de richting van de mensen; is het dan niet vanzelfsprekend, dat de zoekende mens alvorens tot daden over te gaan ook zelf eerste noodzakelijke stappen zet in Zijn richting? Dat lijkt de vraag op de spiegel die de oosterling aan de westerling voorhoudt. Het Oosten leert het Westen dat innerlijke inkeer een noodzakelijke voorwaarde is om het goddelijk kloppen en vragen te kunnen horen.

Het gaat evenwel niet om een chronologische prioriteit: eerst meditatie en pas daarna actie. Neen, de kwestie is dat inkeer en meditatie de noodzakelijke voorwaarde en basis vormen voor dat wat een mens in religieus perspectief zou willen ontdekken. De Japanse karmeliet Okumura, van huis uit boeddhist, beschrijft dit in de gesprekkenbundel van Lucette Verboven aldus: 'Meditatie is nodig, maar zonder actie is meditatie niets waard. Of andersom: meditatie kun je vergelijken met de wortels van een boom die zich bevinden in de aarde, in de stilte. Je ziet ze niet, maar ze zijn wel fundamenteel, want zonder wortels valt een boom om. De wortels staan voor meditatie, voor stilte, de boom die groeit staat voor de actie. Die twee zijn nodig.'[30]

In dezelfde bundel komt ook de Algerijnse jood André Chouraqui aan het woord: 'Een van mijn grote inspiratiebronnen, de Spaanse jood

Bahya ibn Paquda, een theoloog uit de elfde eeuw, geeft in "Inleiding tot de plichten van het hart" een definitie van de liefde. De liefde is een verlangen van de ziel dat zich losmaakt om naar God op te stijgen en zich te verenigen met Zijn hoogste licht. Er zijn dus vier fasen. Eerst moet er het verlangen zijn. In tweede instantie moet het verlangen om te kunnen opstijgen onthecht zijn. Een Boeing die vastzit aan een kabel kan ondanks zijn krachtige motoren niet opstijgen. Vervolgens een samensmelting: je moet je openen voor degene van wie je houdt en openstaan voor de liefde die je ontvangt. En ten slotte de vrucht. Deze vier vormen de liefde: verlangen, onthechting, samensmelting en vrucht.'[31]

De prioriteit van de stilte en de meditatie blijkt bij nader onderzoek een nagenoeg universeel aanvaard religieus uitgangspunt. De benedictijner monnik en zenmeester Willigis Jäger spreekt in dit verband over 'transconfessionele spiritualiteit', waarmee hij doelt op de spirituele lijn die men vindt bij min of meer alle religies. 'In het boeddhisme heet deze spirituele weg zen, in het hindoeïsme yoga; de islam noemt deze stroming soefisme, het jodendom spreekt over de wegen van de kabbala. Het christendom ten slotte heeft het over de wegen van de contemplatie en de mystiek (...). Uiteindelijk willen alle religies gelijkende ervaringen aan gelovigen doorgeven. Er kan maar één bergtop zijn die voor alle religies dezelfde is, maar er zijn verschillende wegen naar boven. Als je boven bent, zul je zien dat al deze wegen hetzelfde doel voor ogen hadden. Op dit vlak ligt de eenheid van de godsdiensten, namelijk in de ervaring van deze werkelijkheid op die bergtop. De spirituele wegen naar deze bergtop hebben dezelfde grondstructuur. Een eerste facet is de verdieping van het bewustzijn door geconcentreerde aandacht.'[32]

Ondanks zulke parallel lopende lijnen zijn de religies in het totaal van hun wereld- en godsbeeld en in hun onderliggende cultuur zó divergerend dat ze nooit tot een eensluidende geloofsvisie zullen geraken. Dit kan negatief klinken, maar mij dunkt dat juist hun pluriformiteit positief mag worden beoordeeld: dat de Goddelijke Werkelijkheid zich langs meerdere wegen laat zoeken en vinden leidt tot een variëteit die, aanvaard en goed gehanteerd, tot onderlinge verrijking van de religies en tot verdieping van de individuele geloofservaring kan voeren. De toegenomen inspanningen om te komen tot bredere ontmoeting van de religies zullen op de duur een ware krachtbron blijken voor vernieuwende religieuze uitstraling.

Volgens het boek van de Schepping wist God op het juiste moment te rusten en te stoppen. 'Op de zevende dag bracht God het werk dat Hij verricht had tot voltooiing. Hij rustte op de zevende dag van al het werk dat Hij verricht had. God zegende de zevende dag en maakte hem heilig, want op die dag rustte God van al het werk dat Hij scheppend tot stand had gebracht.' (Gen. 2:2-3) God rustte, maar de mens kent geen rust. Het huidig openbaar leven wordt getrokken naar zintuiglijke overdaad: oorverdovend lawaai, verblindend licht, hartverscheurende emotie, overrompelende aanraking, benauwende haast, grenzeloze activiteit, leven en streven in superlatieven. Dat is ver van de ruimte van het numineuze. Die ruimte kent evenwicht, vrede, na de storm stilte, na gedane arbeid rust. Wat hoort men nog van die wereld daarachter? Deze vraag herinnert aan de knappe satire van Herman van Veen, aan dat speelse, badinerende spotlied op onze – soms letterlijk 'dodelijke' – haast.

Opzij, opzij, opzij,
maak plaats, maak plaats, maak plaats;
wij hebben ongelofelijke haast.
Opzij, opzij, opzij,
want wij zijn haast te laat,
wij hebben maar een paar minuten tijd.
We moeten rennen, springen, vliegen,
duiken, vallen, opstaan en weer doorgaan;
we kunnen nu niet blijven,
we kunnen nu niet langer blijven staan.
Een andere keer misschien...

Het alledaagse leven zit vol tekenen van het heilige dat alles overstijgt, het leven is rijk aan symbolen die verwijzen naar het transcendente. Aan zulke verwijzingen en tekenen heeft de mens grote behoefte, juist omdat de Godheid zo stil en verborgen blijft. God is stilte, God is de zwijgende. Daarvan getuigt een diepzinnige oudtestamentische profetie, jaarlijks herhaald in de liturgie rond het feest van Christus' geboorte:

Terwijl een diepe stilte alles omgaf,
en de nacht was voortgeijld tot de helft van zijn baan,
sprong uw alvermogend Woord van uw koningstroon in de hemel. (Wijsheid 18:14-15)

In aansluiting op deze visionaire tekst schreef de Rijnlandse mysticus Johannes Tauler (dertiende eeuw):

> Het is te midden van de stilte,
> wanneer alles ondergedompeld is in de diepste stilte,
> daar waar de echte stilte heerst,
> dat men werkelijk dat woord hoort;
> want als ge wilt dat God spreekt,
> moet ge zwijgen. (preek 1)

Enkele eeuwen na Tauler was het de grote mysticus Jan van het Kruis die vanuit Granada in een brief (gedateerd 22 november 1587) aan de karmelietessen van Beas liet weten: 'Het is allernoodzakelijkst voor ons dat wij ons tegenover deze grote God stilzwijgen opleggen: aan ons hunkerend verlangen én aan onze tong. De enige taal die Hij verstaat is het zwijgen van de liefde.'[33] Vele eeuwen eerder had de zesde-eeuwse monnik Johannes Climacus al gezegd: 'Wie vriend van de stilte is, is dicht bij God, en in de stilte zich onderhoudend met Hem, ontvangt hij Zijn licht.' Jan van Ruusbroec (1293-1381) wist uit eigen ervaring wat dat wil zeggen. Op de laatste bladzijde van zijn hoofdwerk *Die gheestelyke Brulocht* tekent hij God als 'de donkere stilte': God onkenbaar dus, zowel onzichtbaar ('donkere') als onhoorbaar ('stilte'). In Ruusbroecs mystieke visie is er als het over God gaat geen zien en geen horen, tenzij in mystieke zin. Dit laatste duidt dan op een niet-zintuiglijk waarneembare, maar direct spiritueel ervaren observatie.

Ook de bekende dichter P.C. Boutens (1870-1943) wist van die goddelijke stilte, getuige zijn gedicht 'Nacht-stilte':

> Stil, wees stil: op zilv'ren voeten
> schrijdt de stilte door de nacht,
> stilte die der goden groeten
> overbrengt naar lage wacht...
> Wat niet ziel tot ziel kon spreken
> door der dagen ijl gegons,
> spreekt uit overluchtse streken,
> klaar als ster in licht zou breken,
> zonder smet van taal of teken,
> God in elk van ons.[34]

Er is aandacht en concentratie nodig om de zwijgende stem van God op te merken. Er is een bepaald soort leegte vereist, een loslaten van die onrustig makende aangeboren egomanie. De bekende grote religies weten daarvan, beschikken over een lange, diep reikende ervaring en kunnen gezamenlijk een rijk scala aan wijze adviezen aanbieden.

Er is nog een andere ervaring van Gods stilte en verborgenheid: de negatieve ervaring van de lijdende mens die worstelt met het onpeilbaar mysterie van Gods tolerantie ten aanzien van lijden en sterven. 'Ik heb zoveel gebeden,' hoorde ik met een zucht van wanhoop de moeder zeggen van een tienjarig meisje dat aan een kwaadaardige hersentumor leed. 'Ik bid en bid, maar er is niets dat erop wijst dat God mij hoort. Gaf Hij maar eens antwoord, gaf Hij maar een teken dat Hij mij gehoord heeft. Al zou Hij zeggen dat ons lieve kind niet te redden is, het zou mij troosten in mijn groot verdriet; dan wist ik tenminste dat Hij mij gehoord had.' De moeder bleef op God vertrouwen, al kon zij van Hem taal noch teken vernemen. Zelfs als Gods antwoord op haar vraag negatief zou zijn, zou ze zich getroost weten, precies óm het antwoord. Maar ook zonder enig teken bleef zij bidden. Zij bleef geloven in Gods aanwezigheid, en vertrouwen op Zijn zorgzame nabijheid. Dat is helemaal in Jezus' geest. Als Hij, sprekend over bidden, op íets aandringt, dan is het precies op dat volhouden, dat men ondanks alles toch blijft vragen, blijft bidden.

De schrijfster Andreas Burnier (*1931, pseudoniem van de Nijmeegse hoogleraar C.I. Dessaur) verwijst naar een rabbijnse legende met eenzelfde teneur. Een vrome rebbe luisterde naar de klachten van mensen, totdat het hem te veel werd, zodat hij zei: 'Ik accepteer dit niet langer. Ik maak deze plek tot een rechtbank en roep God daar ter verantwoording. Ik trek op deze plaats een cirkel, en zal die niet verlaten zolang God niet tot mijn tevredenheid antwoord geeft op mijn aanklacht.' De rabbijn trok de cirkel, en heel de menigte rondom hem wachtte in gespannen stilte. Totdat de rebbe op een gegeven moment uit de cirkel stapte en de dienst ging afmaken. Verbrak hij nu zijn belofte? Andreas Burnier zegt: 'Neen! De diepste goddelijke oergrond manifesteert zich voor ons als stilte, als diepe, totale stilte.' Zij concludeert dat in die stilte de rabbijn Gods antwoord heeft gehoord.

Cornelis Verhoeven sprak in 1993 bij de presentatie van het project 'Vertoog en literatuur' in De Brakke Grond te Amsterdam treffend:

Het grote verhaal

is verleden tijd,

schreef de filosoof.

Buiten zong de nachtegaal.

Hij hoorde het niet.[35]

Die filosoof, dat was – als ik het goed begrepen heb – de Griekse god van de stilte, Harpocrates. Stilte is dus al van oudsher herkend als een goddelijke entiteit. Maar zelfs de stilte kan te ver gaan. Als men de nachtegaal niet meer hoort, schiet men zijn doel voorbij, tenzij men onverhoopt intussen toch iets nog mooiers verneemt, een spoor van de verborgen God.

Zwijgende Aanwezigheid

Het bestaan van twee heel verschillende soorten van zwijgen komt in het Latijn fraai tot uitdrukking. Het ene zwijgen wordt aangeduid met het werkwoord *tacere* (zelfstandig naamwoord *taciturnitas*). Het betreft een meer actief en 'ascetisch' zwijgen met als belangrijkste betekenis ophouden met spreken, het stil maken van binnen. Het andere zwijgen wordt weergegeven met het werkwoord *silere* (zelfstandig naamwoord *silentium*). Dit begrip verwijst naar een meer passieve, 'mystieke' betekenis. Er is geen geluid of drukke beweging. Men stelt zich daar bewust op in. Tegenover God past op bijzondere wijze dit tweede zwijgen. Men stelt zich in op wat wezenlijk bij God hoort, men zoekt Zijn stilte. Waarom dan wel? Om zo goed mogelijk God zelf te kunnen beluisteren. Het gaat er uiteindelijk om dat je Gods stille spreken opvangt, luistert naar Zijn influisteringen.

Geen wonder dat de evangelieteksten zoveel aandacht geven aan de momenten van stilte die Jezus met regelmaat zocht. 'En in alle vroegte, het was nog nacht, stond Hij op, ging naar buiten naar een eenzame plaats en bleef daar bidden.' (Marcus 1:35) Het is maar één van de vrij talrijke terloopse zinspelingen op Jezus' mystieke levenshouding. Alle grote christelijke spirituele auteurs spreken dan ook over de diepe waarde van een stil worden voor God. Ze dwingen die stilte niet af – ze weten maar al te goed hoe persoonlijk en divers zulke ervaringen zijn – maar ze bevelen haar wel krachtig aan, met grote overtuiging. Niet iedereen zal stilte ervaren als vanzelfsprekend positief, zoals de moeder van het doodzieke kind die op haar gebed taal noch teken vernam. Of de verbittering van Elie Wiesel die de stilte van God interpreteerde als Zijn zwijgen tijdens de holocaust. Stilte is een ambivalente toestand. Enerzijds kan deze opgevat worden als een ontkennen en verzwijgen: de afwezigheid van God. Aan de andere kant kan stilte symbool staan voor leven en ruimte geven aan hoop, kortom de aanwezigheid van God.[36]

Wie geen raad weet met dat stil-zijn, dat leeg-worden, dat afwachtend luisteren, kan maar het best alles wat opkomt vanuit zijn of haar onrustig hart de vrije loop laten. De Eeuwige blijft vast en zeker bereikbaar, via elk kanaal, op elke golflengte. Bereikbaar, al laat Hij zich niet binden, aan geen enkele methode, aan geen rite of ritueel, aan geen voorschrift of ethisch gebod. God is de Ongebondene per definitie. Jos van der Schoor, priester van het Bossche bisdom, schreef daags voor zijn dood (16 maart 1991) in zijn dagboek:

Stilte worden en alleen op Hem
gespannen staan, die niets dan
mijn bevrijding wil, is goed;
goed is de wijdte van de stilte
die mij uit mijzelf lokt in Zijn
Zwijgende Aanwezigheid.

Ter afsluiting

Speels en systematisch

In dit boek hebben we de God van de christenen als uitgangspunt genomen. Dat is een drie-ene God; het geeft God in drievoud weer, hetgeen
mogelijkheden biedt om de rijkdom en de weidsheid en de variëteit binnen het goddelijke ook min of meer systematisch te beschouwen. De
hoofdstukken van dit boek zijn gerangschikt naar de drie gestalten van
de christelijke God. 'In de naam van de Vader, de Zoon en de Heilige
Geest, Amen.'

Deze slotbeschouwing wil, bij wijze van conclusie, de hoofdlijnen
van dit boek beknopt bijeenbrengen. Het wil echter niet, zoals bij een
'amen' het geval is, het laatste woord in deze materie bieden. Integendeel, we brengen een aantal kwesties naar voren ter nadere reflectie,
waarbij de auteurs zelf ook soms met elkaar van mening of inzicht verschillen. Er zijn vele manieren om de al dan niet verborgen God te 'ontdekken', of beter gezegd te ervaren. Het is deze ervaring die essentieel is;
immers: zonder Godservaring is spreken en denken over het numineuze niet of nauwelijks mogelijk. Vandaar dat dit boek vooral ook gaat
over mensen en hun alledaagse handelen.

Leer en leven
Zoals met veel dogma's en structuren het geval is, is de Drie-eenheid in
de loop der tijd als het ware los komen te staan van de dagelijkse belevingswereld. Het is een realiteit 'op zich' geworden, als het ware een *onthecht* inzicht dat, zelfs voor ingewijden, veelal ontoegankelijk is. Nu is er
natuurlijk niets tegen abstracte vaktermen, maar als ook binnen kerkelijke kring een dogma als een boven het leven staande structuur wordt
beschouwd, wordt de effectieve werking ervan in de concrete geloofser-

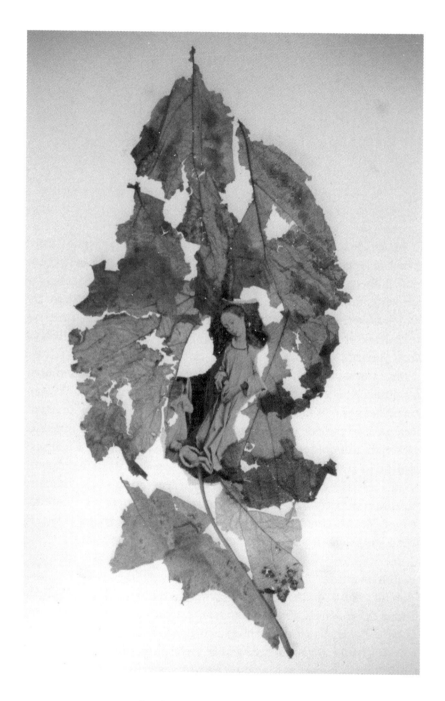

Een 'hand Gods', Marc Mulders, Tilburg, 2001.

varing eraan ontnomen. Het is de kunst om waardevolle inzichten die in de loop der tijd tot de traditie van geloof en kerk zijn gaan behoren, steeds opnieuw 'inleefbaar' en verstaanbaar te maken. Wanneer dit een centraal leerstuk als de Drievuldigheid betreft is dat een vermetele uitdaging. Maar wel een die, juist omdat het de kern van de christelijke God raakt, de uitdaging waard is. Juist bij een zo abstracte, mystieke en systematische benadering van het numineuze geldt dat we in kerk en leven als het ware moeten zorgen voor 'landingsbanen', zodat God telkens ook weer 'voet aan de grond' kan krijgen in onze cultuur en leefwereld. Dit houdt geen vrijblijvende opstelling van ons mensen in. We moeten immers openstaan voor het onzichtbare en onze antennes adequaat op het goddelijke richten.

Het mysterie van de Drievuldigheid is niet te doorgronden. Het kent een lange geschiedenis van interpretaties in de monotheïstische christelijke traditie. Een analyse daarvan hebben we in dit boek niet willen geven. Hier hebben we aangetoond dat abstracte en systematische benaderingen van het goddelijke een meer alledaagse en speelse omgang met het heilige niet uitsluiten. Integendeel: goed spel kent zijn eigen systematiek, ook al is de uitkomst onvoorspelbaar. Geloven is een waagstuk, maar dat betekent niet dat we daarbij onbezonnen en roekeloos, zonder overleg en systeem te werk moeten gaan. Een van de aardige aspecten van het spel is niet slechts het spelen als handeling zelf, maar ook de spelanalyse achteraf. Hoe zijn de dingen gelopen, wat leert het ons over het wezen van God zoals zich dat voordoet in het leven van mensen, kortom: wat zijn de verrassende of voorspelbare wendingen in de Godservaring? Vandaar dat we niet het dogma op zich willen benadrukken, hoe theologisch waardevol dit ook is, maar juist de spirituele dimensies van deze constructie op de voorgrond stellen. De leer van de Drievuldigheid is immers, en dat is een aspect dat niet uit het oog mag worden verloren, eerst en vooral gebaseerd op concrete geloofservaringen van mensen. Het is gevat in formuleringen die ontstaan zijn in een wisselwerking tussen alledaagse beleving (het spel zelf) en abstracte reflectie (de spelanalyse achteraf). Beide aspecten kunnen en mogen niet los van elkaar gezien worden.

Daarbij komt dat de analyse telkens pas betekenis krijgt in de context van het alledaagse handelen. De Drievuldigheid is dan ook geen theologische boekenwijsheid, maar licht op via doorleefd inzicht en via ervaringen, die evenwel niet gratuit zijn. We moeten ons telkens weer openstellen om goddelijke zin en betekenis te geven, om het ons in onze tijd, wereld en cultuur 'toe te eigenen' en het als spirituele dimensie werkzaam te laten zijn. Spiritueel in de zin van gerichtheid op het numineuze; maar ook als letterlijke inspiratie voor onze medemensen: de ware godsdienst is tevens mensendienst. Het is een vorm van geloven met twee benen op de aarde, met oog voor de wereld en een sensus voor het onbenoembare, verborgene en mysterieuze.

Het doel van dit boek is om aanknopingspunten aan te reiken, letterlijk 'handvatten' te bieden en 'vensters' te openen die het rijke repertoire aan geloofservaringen hernieuwd toegankelijk maken, zodat ze betekenis kunnen krijgen in het alledaagse leven. Deze betekenis ligt niet op voorhand vast. De schat aan numineuze belevingen dient telkens door mensen opnieuw toegeëigend te worden, waarbij de zin die aan deze ervaringen wordt toegekend kan variëren al naar gelang tijd, ruimte en sociaal-culturele groep. Maar het is juist deze verscheidenheid die religie, verstaan als cultureel systeem, zo boeiend en waardevol – juist zo menselijk én goddelijk – maakt. Dit impliceert behalve aandacht voor het spelen met het heilige, waarin de ontdekking en betekenisgeving van de numineuze ervaring gestalte krijgt, tevens een vermijden van het reduceren van het goddelijke tot één betekenis, één enkele categorie of een levenloos, onthecht dogma. Geloof kan nooit worden losgemaakt van het leven zelf, het kan slechts functioneren in zijn 'ecologische context', waarbij we het wezen van de mens – als *homo ludens* – dienen te respecteren. Spel en ritueel behoren tot het biologische wezen van de mens. Daarnaast bestaat cultuur niet buiten de mensen om. Het is de combinatie van menselijke kenmerken die verankerd liggen in zijn biologische wezen (natuur) en de vormgeving daarvan in allerlei rituele (spel)vormen (cultuur) waarbinnen de geloofservaring geplaatst dient te worden. Dit houdt in dat we zowel de historiciteit van de culturele vormgevingen en toe-eigeningen of interpretaties erkennen alsook de in de *conditio humana* verankerde behoefte aan spel en geritualiseerde handelingen.

Namen en relaties

De christelijke weergave van God weerspiegelt zich in de opbouw van dit boek. God ziet om naar de mensen (God de Vader, oftewel Gods moederlijke zorg), heeft zichzelf ontledigd als lijdende Dienaar (de Zoon als mensgeworden illustratie van goddelijke solidariteit: God zet zichzelf in) en is op mysterieuze wijze verborgen werkzaam in het alledaagse leven (de Heilige Geest als Gods continu actieve aanwezigheid). De ene, drievoudige God is voor de meeste mensen een abstract begrip, een welhaast lege formule waarbij men zich nauwelijks iets kan voorstellen. Het is als beeldspraak voor velen los van het leven komen te staan. Wat wij met dit boek beogen is juist de koppeling met dagelijkse, al dan niet triviale, levensomstandigheden. Het mysterie van de Triniteit is immers meer dan een formule. God is niet te vangen in enkele formules, die als mensenwerk per definitie tekortschieten. Als mensen kunnen we alleen in antropomorfe beelden denken. Dat is niet verkeerd, dat behoort tot ons wezen. Van belang is dat we ons daarvan bewust zijn. Het wezen van God is in feite niet in menselijke categorieën te vatten, maar we kunnen nu eenmaal niet anders; we moeten roeien met de riemen die we hebben. Dit impliceert een gezonde relativering van representaties waarbij een abstracte notie wordt gepersonifieerd en in menselijke familierelaties wordt geduid. God heeft natuurlijk geen Zoon in de biologische zin van het woord; deze term wijst veeleer op de bijzondere relatie tussen beiden. We zijn allen kinderen van God, maar Christus neemt daar als 'lieveling van God', degene naar wie Hij omkijkt als naar zijn meest geliefde zoon, een bijzondere plaats in. Geloven zoekt meer naar relaties dan naar namen.

Enerzijds betreft dit de relaties binnen het Goddelijk mysterie, met trefwoorden als liefde en zorg. Anderzijds staat hierbij de relatie tussen God en de mensen centraal, met sleutelwoorden als ontlediging en menswording. Bovendien gaat het om de relatie van mensen tot God waarbij verborgenheid en nabijheid, hoop en godsvertrouwen als centrale noties gelden. Het gaat in essentie om het beleven van de individuele of collectieve relatie met het goddelijke. Zo simpel is het, maar tevens zo complex als gevolg van de menselijke behoefte die relatie te rubriceren en te duiden in beelden, formules en theologische constructies. Die zijn nuttig en noodzakelijk, maar kunnen nooit de plaats innemen van de Godservaring zelf, die in feite vorm geeft aan die relatie. Om hernieuwd een praktische invulling te geven aan de Triniteit hebben we gekeken naar menselijke ervaringen van Gods nabije verborgenheid, met aandacht voor de verschillende benaderingswijzen en relaties. Het gaat in het christendom niet om de verschillende benamingen of beelden op zich, het zijn essentiële instrumenten, hulpmiddelen om de relatie met en de beweging naar God – in feite de kern van elke religie – te bewerkstelligen en te bevorderen. Zonder hoop en vertrouwen kan geen relatie zich ontwikkelen.

Alle relativering van namen, beelden en theologische constructies neemt niet weg dat het beeld van de drie-ene God een grote rijkdom in zich bergt. Het betreft hier immers geen statisch, hermetisch en mono-lithisch Godsbeeld, maar het concept van de Drievuldigheid verwijst naar God als dynamische, relationele, 'in-zich-op-de-ander-betrokken' werkelijkheid. Door te spreken van verschillende 'personen' dienen we voortdurend te beseffen dat dit kenmerken van één wezen zijn. Niette-min voorkomt een dergelijke gedifferentieerde benadering dat het Godsbeeld vaag en diffuus is. Door het onderscheiden van verschillende benaderingswijzen (God die naar ons mensen omziet, mens wordt, na-bij maar tegelijk verborgen is) wordt het Godsbeeld in het dagelijks le-ven hanteerbaar; God kan op deze wijze beter *in* ons gaan leven en ge-stalte krijgen. Een dergelijke subtiele benadering van het numineuze staat in schril contrast met veelgehoorde noties als 'ik geloof wel dat er iets is', of met vage natuurmystiek die onder meer in kringen van New Age-aanhangers gangbaar is. Zonder deze ongetwijfeld oprechte en au-thentieke numineuze ervaringen als onrelevant terzijde te willen schui-ven, menen we dat de christelijke traditie van het denken over de Trini-teit een waardevolle erfenis is die ook voor mensen van nu betekenis kan hebben in de alledaagse praktijk. Hetzelfde geldt voor de 'roomse san-tenkraam'. Ook die herbergt een kostbare mensengeschiedenis van spe-len met het heilige. Wanneer die devoties ons niet (meer) in beweging zetten naar God, betreft het holle vormen van een katholieke folklore die zeker nog wel culturele betekenis heeft, maar dan niet in religieuze zin als sleutel tot het goddelijk mysterie. Het kleineren van para-litur-gische devoties zou evenwel een onverantwoorde vorm van elitair pu-risme zijn: voor veel gelovigen is de devotie tot Maria immers de eerst aangewezen weg naar God.

Geen wereldvreemde vragen

In de geschiedenis van de mensheid ligt een geweldige schat aan ge-loofservaring en -verbeelding besloten die verwijst naar sporen van God. Het streven om die ervaringen uit te wisselen tussen de verschil-lende godsdiensten is veelbelovend. Zoals het godsbeeld van christenen per definitie als mensenwerk tekortschiet, zo zal dit ook voor niet-chris-telijke, al dan niet monotheïstische, godsdiensten gelden. In dat opzicht is geen religie beter of slechter dan de andere. Tot welke God je in feite ook bidt, het gaat in wezen om dezelfde God. Het gaat hier dan vanzelfsprekend om het numineuze als universele categorie en niet om aardse, materialistische 'afgoden'.

God dient niet te worden gereduceerd tot een enkele gestalte die maatgevend is (een vaststaand beeld), maar we moeten ruimte laten aan een veelheid van Godsbeelden, die alle tezamen mogelijkerwijs meer recht doen aan Zijn wezen. Er zijn derhalve wereldwijd vele wegen naar God (en dan niet alleen naar Rome), maar wij als auteurs kunnen alleen vanuit onze eigen cultuur en de vele sporen in de vorm van Godservaringen interpreterend, aangeven via welke trajecten we het meest effectief in beweging kunnen komen tot het heilige. De God die we aanbidden hangt immers af van de cultuur waarin we zijn geboren en opgegroeid. Dit geldt voor ons persoonlijk, en voor de groep (de kerkgemeenschap) waartoe we behoren. Van de wijze waarop mensen in andere culturen en religies God benaderen en Zijn sporen interpreteren dienen we zo zuiver mogelijk, zonder vooroordelen, kennis te nemen. Het vormt een inspiratiebron, waarbij we vooral ook onze eigen overlevering moeten koesteren, zonder God tot die ene cultuur of traditie te willen reduceren; laat staan Hem in culturele zin te claimen.

De neiging bestaat om de identiteit van de eigen groep te markeren met een beroep op God, die dan als het ware geacht wordt de specifieke etniciteit te legitimeren. De notie van uitverkorenheid is, hoe bijbels ook, niet zonder gevaren. Hoeveel geweld wordt er niet in naam van God gepleegd? De vrome bede 'God met ons' kan dan tevens een agressieve strijdkreet zijn. Omgang met het numineuze vergt kortom zelfbeheersing. De menselijke zucht om God voor het eigen karretje te spannen, hetgeen we – tot in het bidden toe – bij tijd en wijle kunnen waarnemen, neigt naar blasfemie. Geloven veronderstelt God ruimte te laten, of anders gezegd, God te nemen zoals Hij is. Personen of groepen die zich geroepen voelen, gezonden zijn of een goddelijke missie menen te hebben, dienen zich voortdurend te realiseren dat ze zich niet zonder meer op een dergelijke bevoorrechte status mogen beroepen. Het zichzelf isoleren als beter, verheven boven anderen, bij wijze van Goddelijke uitverkiezing in de vaste overtuiging te weten wie, waar en hoe God is, impliceert een miskenning van Zijn verborgen identiteit. De cultivering van – al dan niet persoonlijk – lijden en het brengen van offers, 'sterven voor God en vaderland' of 'voor auter en heerd', wordt niet zelden ingegeven door religieuze motieven, die daaraan geloofwaardigheid en autoriteit moeten verlenen. In de gelovige praktijk van alledag is het numineuze onontwarbaar verstrengeld met allerlei institutionele en ideologische elementen die de neiging vertonen de spirituele dimensies te domineren. Het instrumentaliseren van God voor het eigen gelijk, of dit nu in confessionele of etnische zin gebeurt, leidt tot onverdraagzaamheid en is volledig in strijd met het mysterie van God.

Het aanvaarden van dit mysterie impliceert tevens kennisname van andere religies, oftewel andere spelvormen met betrekking tot het heilige. Zonder te vervallen in uitersten als fundamentalisme of extreem cultuurrelativisme, betreft dit idealiter een wederzijdse uitwisseling, waarbij het dus niet gaat om de betrekkelijkheid van de eigen geloofstraditie, maar om het besef dat we in essentie via verschillende culturele systemen op zoek zijn naar dezelfde God. Hoe meer mensen vanuit hun eigen geloofstraditie zoeken naar het wezen van God, en naar gezamenlijke elementen van hun Godsbeleving, des te effectiever wordt ons speuren. De Godsontmoeting houdt tevens communicatie met mensen en culturen in. Als we spreken over de universele God gaat het niet om een verheerlijken of ontkennen van het eigen Godsbeeld, maar om het koesteren van de eigen culturele vormen, geplaatst in de brede context van de mensheidsgeschiedenis. Vandaar dat we in dit boek naast delen die verwijzen naar de drie-ene God van de christenen, een deel hebben opgenomen over de universele Godheid. Vragen over religie zijn derhalve niet geïsoleerd of los te zien van de cultuur. Het betreft relevante vragen; niet alleen om God beter te benaderen maar ook om te reflecteren op de manieren waarop mensen de wereld ordenen en in culturele categorieën betekenis geven. Religieuze vragen zijn kortom geen vragen van wereldvreemde mensen.

Onze generaties:
een dialoog als postscriptum

Dit boek is geschreven door auteurs van verschillende generatie, althans voorzover je als persoon geïdentificeerd kunt worden met een bepaalde leeftijdsgroep. Maar hoe we het ook wenden of keren, we zijn kinderen van onze tijd en onze percepties van de wereld liggen ingebed in de culturele codes waarmee we zijn opgegroeid, waaraan we ons hebben geconformeerd of waartegen we ons juist hebben afgezet, of, en dat is niet minder relevant, waarvan we ons geenszins bewust zijn. Ter afsluiting van dit boek reflecteren wij in speelse dialoogvorm op numineuze kwesties van betekenis, waarbij verschillen in benadering en interpretatie geprofileerd worden. Dit boek wil in de eerste plaats een tweegesprek met de lezer aangaan. Daaraan is een dialoog tussen de auteurs onderling voorafgegaan. Dat we het op fundamentele hoofdlijnen met elkaar eens zijn, neemt een heel verschillend in het leven staan niet weg.

De auteurs verschillen zesendertig jaar in leeftijd; tussen 1926 en 1962 ligt een wereld van verschil, zonder dat er sprake is van een scherpe waterscheiding. De schrijvers hebben immers vooral ook veel gemeenschappelijk: van hetzelfde geslacht, een katholieke achtergrond, ze hebben allebei 'door mogen leren' en zijn toevallig elkaars buurtgenoten. Alhoewel dit laatste aspect, in z'n trivialiteit wellicht meer dan welke andere omstandigheid ten grondslag ligt aan dit boek, is er natuurlijk ook verwantschap in opvatting en visie. Na het afsluiten van zijn autobiografie werkte Jan Bluyssen aan een publicatie over het binnen de mystiek klassieke thema van de verborgen God: *deus absconditus*. Het werk aan zijn boek kon hij evenwel minder goed verborgen houden voor zijn buurtgenoot, die als cultuurhistoricus en etnoloog de eerste versies las. De uitwisseling van ideeën die hierop volgde leidde tot een intensieve samenwerking, die heeft geresulteerd in dit boek. Deze coöperatie was, zeker achteraf bezien, een avontuur waarop we terugkijken als een boeiend proces van kennisnemen van elkaars opvattingen en expertise. Immers, als je samen aan een concreet project werkt, word je gedwongen om te expliciteren en standpunten te verantwoorden. Daarbij laten een theologisch-pastoraal en een historisch-antropologisch perspectief zich goed combineren. We hebben van elkaar geleerd, zonder onze eigen – heel verschillende – identiteiten te verloochenen.

De nieren beproeven

Los van allerlei biografische verschillen in leeftijd, opvoeding, opleiding, levensstaat, beroep(ing) en karakter zijn in het kader van dit boek vooral de verschillen in visie relevant.

GR – Ik kan als wetenschappelijk onderzoeker vrijelijk beweren wat ik wil, zonder dat ik me zorgen hoef te maken of dat in strijd is met wat 'autoriteiten' en gezagsdragers beweren. Er is in de wetenschap ook niet één zaligmakende, vaststaande 'leer'. Er zijn natuurlijk evengoed spelregels en conventies waar je je aan te houden hebt, maar in het onderzoek wordt juist het verschil in inzicht gewaardeerd en gekoesterd. Daar is wetenschap immers bij gebaat. Ik moet er niet aan denken dat ik steeds in mijn achterhoofd het besef mee moet laten spreken of een bewering of standpunt wel rechtzinnig is. Dat is voor mij als onderzoeker een irrelevante kwestie. Wat ik als onderzoeker te melden heb dient niet ingegeven te zijn door ontzag voor autoriteiten of een bepaalde doctrine. Wetenschap is hierbij niet zozeer bedoeld als een beroep dat je van negen tot vijf beoefent, maar het betreft een *habitus,* een vorm van in het leven staan. Dit heeft ook consequenties voor je als gelovige. Het valt niet altijd mee om de Kerk in intellectueel opzicht serieus te nemen. Nu weet ik ook wel dat de Kerk door ons allen wordt gevormd, maar de machtsfiguraties die daarin onontkoombaar een rol spelen impliceren dat bepaalde standpunten als onorthodox gekarakteriseerd kunnen worden, hoewel ze dat strikt intellectueel gezien geenszins hoeven te zijn. Het stuit mij tegen de borst dat er in de Kerk wat dit aangaat maar weinig intellectuele vrijheid bestaat. En, zo haast ik me dan te melden, ik weet ook wel dat de kerk die ik ken maar een druppel in de christenheid betreft die ik ook zeker niet als maatstaf wil nemen, maar toch... Het betreft een fundamentele kwestie, die veel van mijn generatiegenoten doet besluiten zich niet (meer) met 'die club' te bemoeien. Kun je kortom als intellectueel 'de Kerk' tegenwoordig nog wel serieus nemen, zonder een geforceerde tegenstelling tussen geloof en wetenschap te veronderstellen?

JB – Laat mij allereerst de door jou, Gerard, beschreven vrijheid van wetenschappelijk onderzoek, door jou nader aangeduid als 'een habitus, een vorm van in het leven staan' bevestigen en toejuichen. Ook 'pastor zijn' is te duiden als zo'n 'habitus, een bepaalde vorm van in het leven staan'. Die pastorale levenshouding krijgt overigens een zeer persoonlijke invulling naargelang de specifieke eigenschappen en kwaliteiten van de betreffende priester.

Mijn status als kerkelijk ambtsdrager zie ik allereerst als een van God gegeven pastorale opdracht. Een opdracht 'van God gegeven': dus niet louter en alleen door mijzelf gekozen; 'pastoraal', dat wil zeggen: gericht op anderen, dienstbaar ten opzichte van wie dan ook in zijn / haar betrekking tot het numineuze. Die taak omvat begeleiden, catechetische instructie, belichten van spirituele achtergronden; ze houdt in inspireren, stimuleren, voorgaan met betrekking tot de boodschap van Jezus Christus, individueel en collectief. Mijn primaire taak als voorganger is het dus de relaties tussen God en mens te verhelderen, vragen op te roepen en te helpen beantwoorden, op levensproblemen het licht te laten schijnen van Gods nabijheid en toegezegde betrokkenheid. In dit verband moet ik trachten barrières, die dit alles in de weg staan, zoveel mogelijk te voorkomen of op te heffen. Een ambtsdrager moet er als 'verbindingsman' vooral op letten geloofwaardig te zijn, met name daar waar het uitwisseling betreft.

Ik heb binnen mijn kerkelijke taak aldus twee referentiepunten. In de eerste plaats is dat de spirituele beleving van mensen die zoeken te geloven. Daarnaast is er het gezagsniveau in de katholieke wereldkerk. Deze volgorde is niet willekeurig; het eerste punt is voor mij primair. Daar gaat het om een aanvoelen van wat zoekende mensen heden ten dage beweegt, hun inspanningen taxeren om in het leven van vandaag de relatie met het Goddelijke te ontdekken. Daar ben ik als ambtsdrager voortdurend en op allerlei wijzen mee bezig. Luisteren, kennisnemen van, inspelen op – de notie van spelen wil ik hier graag nog eens benadrukken aangezien dit zowel interactie als een ongewisse uitkomst veronderstelt. Ik wil niet mensen naar een bepaalde vorm van geloven 'toepraten', maar mensen begeleiden in hun gelovige ontwikkeling. Aan de relatie met God moet ieder mens voor zichzelf inhoud geven; ik kan daarbij alleen maar behulpzaam zijn door de daarvoor vereiste condities te bevorderen. Mensen leren geloven, helpen groeien in hun relatie tot God, in geloof en geloven.

Geloven lijkt een strikt persoonlijke, uiterst intieme aangelegenheid, en dat is het ook. Maar het is toch meer privé-keuze dan privézaak, want Godsgeloof zal als het goed is je hele doen en laten gaan bepalen. Het Evangelie is immers een boodschap over de omgang van mensen met elkaar, zelfs over de uiteindelijke bestemming van de mensheid. Jezus spreekt in deze steeds over iets collectiefs, hetgeen culmineert in zijn uitspraken over het Rijk van God. Geloven in de geest van Jezus Christus duidt op gemeenschappelijkheid. De Kerk geeft daar vorm aan. Kerkzijn is sociale vormgeving van gelovig in het leven staan.

GR – Dat markeert dan toch onze verschillende posities: van mij als wetenschappelijk onderzoeker; van jou als kerkelijk ambtsdrager. Hoe zit het met jouw onafhankelijkheid van denken en doen? Want juist door serviliteit en het propageren (althans niet tegenspreken) van intellectueel gezien achterhaalde of niet te verdedigen (kerkelijke, pauselijke) standpunten wordt de geloofwaardigheid van de Kerk en haar ambtsdragers in hoge mate beschadigd. Een kerk kan zich zoiets niet zonder zware gevolgen permitteren, lijkt me.

JB – Ja, hier snijd je een cruciaal en pijnlijk thema aan. De Kerk kan wel een wezenlijk element zijn in het christelijk geloofsleven, maar ze lijkt haar geloofwaardigheid volledig verloren te hebben. Toen ik in de jaren vijftig als priester aantrad, verkondigde ik zonder enige kritiek alles wat de Kerk de gelovigen voorhield. Dat was de algemene geloofshouding in die tijd, uitzonderingen daargelaten. In het openbaar was een onafhankelijke opstelling niet relevant, en hoewel individueel wel allerlei geloofsvragen werden gesteld, was gehoorzaamheid een belangrijke deugd, die zozeer doorwerkte dat het bij de meeste gelovigen helemaal niet opkwam om meer onafhankelijke posities in te nemen. Wat dat betreft is er veel veranderd sinds pater Jan van Kilsdonk begin jaren zestig zijn bekende kritische rede hield voor de Adelbertvereniging in Amsterdam.

Ik beschouw mijn huidige geloofshouding binnen de kerk als een vrije bewuste keuze, al ben ik als pastor van mijn kerk niet altijd vrij om te zeggen wat ik zou willen. Ik mag als ambtsdrager mensen niet in verwarring brengen door me te onafhankelijk van de kerkgemeenschap op te stellen. Nu is het niet zo dat mijn persoonlijk geloof zoveel afwijkt van wat binnen de Kerk wordt verkondigd; dat betreft eigenlijk meer detailvragen. Een voorbeeld: ook al zou ik het gehuwd priesterschap niet afwijzen, ik zal het – anders dan toen de discussie nog 'openlag' – niet meer uitdragen aangezien er in onze Kerk één persoon is die daarover het laatste woord heeft. Aan diens laatste woord wil ik me houden. Maar dit voorbeeld betreft een kwestie van kerkdiscipline en is geen geloofsvraag. Als gelovige ben ik net zo (on)afhankelijk als mijn medegelovigen, maar kerkelijk gezien niet ongebonden. Als pastor ben ik vertegenwoordiger van een in ruimte en tijd grote geloofsgemeenschap en ga ik omzichtig te werk.

GR – De paus heeft het laatste woord. Dat is nou precies de houding die veel mensen, ook gelovigen, tegenstaat. Dat is toch niet meer van deze tijd en onze cultuur. De meeste uitspraken betreffen niet de geloofsleer doch de kerkelijke discipline, maar die betreft wel de moraal en de dagelijkse praktijk. Dan kun je wel stellen dat die uitspraken (over anticonceptie, het verlenen van aflaten, het weigeren van sacramenten, homoseksualiteit *e tutti quanti*) niet de kern van de spiritualiteit betreffen, ze worden wel gedaan, mensen worden erop aangesproken en beoordeeld. Veel mensen weigeren te accepteren dat een persoon, namens de gemeenschap van katholieke gelovigen, dergelijke uitspraken doet die het imago en het gezag, letterlijk de geloofwaardigheid, van de kerk en haar bedienaren aantasten.

JB – Toch geloof ik ondanks alles in de eigen mogelijkheden van een eenhoofdig gezag. Als dat gezag maar 'democratisch' wil functioneren, goed wil luisteren en veel mensen wil raadplegen. De paus is omringd door talloze raadgevers; de huidige paus spant zich ook in om werkelijk te luisteren; hij is daarin sterk gegroeid in de loop van zijn pontificaat. Zou een meerhoofdig bestuur betere garanties inhouden voor dialoog en overleg? Functioneert de synode van de Nederlandse protestantse kerken beter? Zeker is dat geen kerk dictatoriaal mag optreden. Het geloof kan de rede niet dwingen. De kerkleiding moet zich bewust zijn haar gelovigen niet te mogen en niet te kunnen verplichten om slaafs en voetstoots alles aan te nemen wat zij hen voorhoudt te geloven. Een gelovige moet vooral kunnen ervaren dat de Kerk helpen wil om het persoonlijk geloof, niet alleen voor zichzelf maar ook voor anderen, rationeel te verantwoorden. De Kerk moet willen leven en werken op basis van overleg en voortdurende argumentatie. Overigens lijkt het grote onbehagen ten aanzien van de Kerk meer van doen te hebben met waarden dan met waarheden, meer met menselijk leven en handelen dan met dogmatische geloofspunten, misschien mag je zeggen: meer met seksualiteit dan met spiritualiteit.

Het is heel duidelijk dat de Kerk er op dit moment niet in slaagt om aan die communicatie met haar gelovigen, althans in onze westerse cultuur, goed gestalte te geven. Dat ligt deels aan de kerkleiding, die haar standpunten niet altijd voldoende laat verhelderen door wat er onder mensen leeft en er niet in slaagt haar visies overtuigend te ver(ant)woorden. Vaak komt men niet verder dan een beroep op de eigen kerkelijke autoriteit. Dat tast dan paradoxaal genoeg juist haar gezag aan. Van de andere kant hechten mensen vaak wel heel sterk, dat wil zeggen te weinig kritisch, te weinig luisterend naar andere visies, aan eigen persoonlijke veronderstellingen.

Het heil primair zoeken in spiritualiteit – wat we in dit boek propageren – mag evenwel geen vlucht uit de werkelijkheid betekenen. We benadrukken niet voor niets het belang van de alledaagse ervaring. Authentieke spiritualiteit erkent problemen en gaat daarvan uit, zodat geloven groeien kan in de confrontatie daarmee. Daarom zijn de vragen van de dag wezenlijk belangrijk, ook al zijn ze niet één-twee-drie op te lossen. Problemen worden met gemak geconstateerd en uitvergroot – geëtaleerd mag je soms wel zeggen – maar het oplossen ervan is een gezamenlijke verantwoordelijkheid. Dat moeten zowel kerkleiders als 'gewone' gelovigen beseffen. Beide groepen hebben in deze hun eigen verantwoordelijkheden. Ambtsdragers hebben evenwel als eerste taak om optimale condities te scheppen voor de communicatie tussen God en de mens.

Conflicten kun je lang niet altijd voorkomen, je kunt ze ook niet allemaal oplossen en met sommige conflicten moet je leren leven. De Kerk verschilt ook hierin niet van het gewone leven. Maar daarmee wordt zij, evenmin als de dagelijkse levenservaring, nog niet minder waardevol. De hoopvolle verwachting, kenmerk van alle geloven, stelt conflicten in een bredere context, waar meer aan de orde komt dan meningsverschillen en onenigheid. Er is werk aan de winkel voor gelovigen. Zolang het Rijk Gods niet is gerealiseerd moeten we gestalte geven aan het proces van gelovig zoeken, met vallen en opstaan van elkaar leren. Je moet conflicten niet cultiveren, maar ook zeker niet negeren. Je kunt van Christus niet bepaald zeggen dat hij confrontaties uit de weg ging. Wat dat betreft is ons beeld van Jezus Christus soms wel wat 'soft' en veilig, terwijl de contrastervaring (leven-dood, rijkdom-armoede, macht-slavernij, het op scherp spelen met gelijkenissen en metaforen) bepalend was voor zijn optreden. Een Kerk met conflicten en tegenstrijdigheden is een levende Kerk. De Kerk van tegenwoordig is toch veel interessanter dan die van vijftig jaar geleden?

Waarachtig leven
De met het postmodernisme vertrouwde generatie van Gerard gelooft doorgaans niet meer in de 'grote verhalen' en dito idealen. Bestaat er wel zoiets als 'de' blijde boodschap en een moederkerk die de waarheid in pacht heeft? Jan is opgegroeid met universele waarden en een sterk normatief wereldbeeld. Heeft het postmodernisme, met zijn versplintering en relativering van waarden, ook op hem vat gekregen?

GR – Kerkzijn is een sociale vorm van geloven. Maar hoe breed vat je dit 'sociaal' op? Ik krijg sterk de indruk dat het in veel gevallen leidt tot sektarische sociale vormen van geloven, waarbij een onderscheid wordt gemaakt tussen 'randkatholieken' en zij die als het ware de 'harde kern' uitmaken en zichzelf als ijkpunt nemen voor het werkelijke kerkzijn. En dan treedt het machtsmechanisme in werking dat aan een bepaalde vorm van kerkzijn meer waarde en 'authenticiteit' toekent dan aan andere. Ik vind dat een normatieve omgang met geloven als sociaal fenomeen. Neem nou mijn generatie. Als gevolg van 'slechte catechese' zijn wij, materialistische welvaartskinderen uit de jaren zestig, afgedwaald van onze moeder de heilige Kerk – althans zo wordt dat niet zelden simplistisch gesteld. Ik behoor tot de *lost generation*: mooie vorm van sociaal geloven is dat. Wanneer je stelt dat het toetsen van de individuele geloofservaring aan de kerkelijke traditie waardevol is, ga je dan niet te licht voorbij aan mechanismen als sociale controle, het elimineren van afwijkende visies, het ondergeschikt maken van het individu aan stromingen en leerstukken? Nu begrijp ik ook wel dat je die toetsing op verschillende manieren kunt uitvoeren, variërend van onderdanig-serviel tot kritisch en confronterend. Maar de Kerk laat in de sociale praktijk veel minder keuze toe: serviliteit wordt, door een fixatie op gehoorzaamheid, gewaardeerd als zijnde positief en constructief, terwijl de kritische houding op zijn minst achterdocht maar in de praktijk onverholen afkeer krijgt. De zoekende gelovige: dat is mooi gezegd; maar daar zit de Kerk zoals ik die ervaar helemaal niet op te wachten. In de praktijk van alledag stoten gelovigen die geïnspireerd zijn door deze inzichten voortdurend hun hoofd. Je kunt dat tegen beter weten in wel een tijdje volhouden, maar als weldenkend mens ga je op een gegeven moment in zo'n 'sociale vorm' van kerkzijn geen energie meer steken. Het idee van 'de Kerk' als sociale vorm die als een ijkpunt kan gelden voor gelovigen is mijns inziens uiteengevallen in subgroepen. Is het katholicisme, provocerend gesteld, geen verzameling nauw aan elkaar verwante sekten geworden, met daaromheen een verzameling randkatholieken?

JB – Kerkzijn is geen kwestie van 'breedte' of kwantiteit, maar heeft vooral te maken met kwaliteit van leven. Kwaliteit van leven vind je in optima forma in het Evangelie. Maar ook in mensen die de moeite namen na te denken over hun heel persoonlijke levensopdracht. De Kerk kan steunen op talrijke edele figuren die zich met heel hun wezen inzetten voor de evangelische boodschap. Mensen die zichzelf in de boodschap van Jezus kunnen herkennen en daarvan getuigen met heel hun wijze van leven, vormen het hart van de Kerk. Het is goed onze aandacht meer te richten op die 'helden' dan op spraakmakende hypocrieten. Maar met deze laatsten samen zijn we kerk. Kerkzijn is dus in eerste instantie een kwalitatief begrip. Afscheidingsdrift – pas daar is sprake van sectarisme – staat daarmee op gespannen voet. Maar elk eerlijk bekeringsverlangen heeft met Jezus van doen. Overigens, ook al is kwantiteit niet bepalend voor kerkzijn, zonder een universele belangstelling die alle geledingen en generaties omvat – de hele wereldbevolking voor mijn part – verkommert de kwaliteit van kerkzijn. Een universele Kerk moet een universele interesse hebben zonder iets of iemand uit te sluiten. Dat betekent echter niet dat we iedereen moeten gaan bekeren; er zijn vele wegen en vormen om God te ontmoeten.

Als mensen de kerkleiding verwijten zich sektarisch op te stellen, is dat een heel serieuze terechtwijzing, die de kern van kerkzijn – als sociale vorm van geloven – raakt. Jouw provocatieve voorstelling van zaken is niet uit de lucht gegrepen; ze is bedreigend realistisch, daardoor prettig uitdagend, hoewel enigermate gechargeerd – zoals elke terechte waarschuwing. Een kerkelijk beleid dat zich voornamelijk richt op de 'veilige' groep van oude getrouwen, een 'heilige rest', is op het sektarische spoor.

GR – Het uitdragen van die evangelische boodschap, is daarover bij jou geen enkele inhoudelijke twijfel?

JB – Zeker wel, grote twijfel, niet echter over de inhoud van de boodschap als wel over de eenzijdige wijze van het leggen van accenten bij de overdracht. Het zijn gelovige mensen, die aan de Kerk lijden en haar verwijten maken; ze zouden haar zo graag anders zien juist omdat ze van haar houden. Aan de kerkelijke leiding worden hoge eisen gesteld, en niet ten onrechte; ze moet de kern van de evangelische boodschap centraal blijven stellen, maar dan met inachtname van culturele ontwikkelingen en geloofservaringen van concrete mensen. Door te eenzijdige nadruk op kerkelijke discipline en bepaalde punten daarvan komt de kern van die boodschap helaas niet zelden in een vals licht te staan en raakt ze daardoor op het tweede plan. De evangelische boodschap van de Kerk komt dan geschonden door. Dat is ook mijn allergrootste zorg.

GR – In het postmoderne tijdperk, waarin universele, grote verhalen niet meer lijken te bestaan, en de perceptie van de wereld is versnipperd en gelaagd in een veelheid van beelden die, al naar gelang het perspectief, allemaal even 'waar' zijn – is in zo'n wereld die evangelische boodschap nog wel te 'verkopen'? Is het niet gewoon een interessant en 'authentiek' verhaal, waarnaast evenzovele andere 'ware' verhalen geplaatst kunnen worden? Is dat verhaal uit het Nieuwe Testament zoveel beter? Ik weet wel dat juist door de enorme receptiegeschiedenis van de teksten die verhalen extra dimensies hebben gekregen, die onze perceptie van de wereld tot op de dag van vandaag sturen – tot in de afbeeldingen en het alledaagse taalgebruik toe. Maar in onze cultuur is een hermetische benadering van deze teksten, door ze uit hun historische context te halen als universele waarheden, ook binnen de theologie (exegese) en het kerkelijk leven niet meer gebruikelijk. En dus doet zich de vraag gelden of we mensen wel moeten blijven lastigvallen met die verhalen uit het leven van Jezus; moeten we geen meer eigentijdse, aansprekende idolen hanteren?

JB – Het Evangelie behoort mijns inziens niet tot die 'grote verhalen', die ideologieën, die biologerende waarheidssystemen, waarop postmoderne denkers kritisch reflecteren. Het Evangelie gaat niet primair over waarheden. Het is het verhaal rond een uitzonderlijk persoon, Jezus van Nazareth die waarachtig en radicaal leven propageert. Naar het voorbeeld van die Christus consequent jezelf vergeten teneinde dienstbaar te worden aan een heilzaam samenleven in het perspectief van het Rijk Gods, dat is het 'verhaal' waarom het gaat. Dit laatste, het Rijk Gods, wordt te vaak alleen opgevat als te geloven waarheid, maar het gaat niet echt over waarheid, niet allereerst, maar over leven, waarachtig leven. Twijfels die ik heb betreffen niet zozeer de kern van dat waarachtig evangelisch leven, maar de vraag hoe wij dat in onze tijd en wereld moeten toepassen: wat is waarachtig leven, hier en nu? We hebben wel degelijk behoefte aan eigentijdse idealen en idolen, maar dat maakt het verhaal en de persoon van Jezus allerminst overbodig. Het verhaal, of beter gezegd de boodschap is universeel, de invulling moet telkens geconcretiseerd worden in het leven zelf. Daarbij gaat het veel meer over geloven als levenshouding – als 'habitus', als werkwoord – dan over het geloof als zelfstandig naamwoord, als te geloven waarheid.

Centraal staat de persoon van Jezus Christus. Zijn voorbeeldig leven werkt als een spiegel waarin ons leven weerkaatst kan worden. Een belangrijk verschil met het postmodernisme betreft het inzicht, het geloof dat het leven van Jezus niet louter verhaal is, verhaal overigens in verschillende overgeleverde versies (zoals de vier evangeliën); het roept op tot overgave en geloof, tot toewending naar en toewijding aan Hem die de centrale figuur is van het verhaal. Het culminatiepunt van het evangelisch verhaal is Zijn verrijzenis. Hij bleef onder ons aanwezig, zoals Hij dat zelf had aangekondigd. Die belofte wees vooruit naar de Heilige Geest over wie Jezus soms lijkt te spreken als over een soort 'reïncarnatie' van zichzelf. Die Geest zal de Christus levend houden tot in onze dagen. Ook al is dit op zich een 'groot verhaal' te noemen, het is niettemin een zeer eigensoortig verhaal: het daagt uit tot vertrouwvol geloof in de hoofdpersoon, de door Vader-God gezonden Heelmaker, de grote Geneesheer. Als wij dit verhaal ter sprake brengen, is het van groot belang dat te doen via eigentijdse beelden en parabels en voorbeelden om zo goed mogelijk verstaanbaar te zijn.

GR – Je benadrukt nu sterk de uniciteit van de evangelieverhalen, maar als we die op wereldschaal bekijken, dan zijn daar in andere godsdienstige tradities toch allerlei parallellen te vinden? Het betreft mythische thema's met betrekkelijk universele elementen. Het valt me op dat je het mythische karakter ervan niet benadrukt. Heeft dat te maken met het gegeven dat we mythologie in de westerse traditie vooral hebben gebruikt voor niet-christelijke (Griekse, Romeinse, Germaanse) godsdiensten; het achterhaalde geloof van de 'ander'? Waarom spreken we niet gewoon van een christelijke mythologie?

JB – Dat hangt samen met de christelijke geschiedenis van het verstaan van het begrip mythe. Mythen werden negatief geduid als onwaar, als niet echt gebeurd. Hele generaties verstaan het begrip mythe niet in de zin waarin het nu wordt gebruikt; voor hen betreft het een diskwalificatie – een mooi verhaal maar niet werkelijk geschied. De term 'christelijke mythen' is als het ware een taboe, het wordt opgevat als een tegen-spraak, een onmogelijke combinatie. Ik gebruik het dan ook nooit.

GR – Alsof hetgeen in de Bijbel staat allemaal werkelijk geschied is. Zou het onder ogen zien van de eigen christelijke mythologische tradi-tie niet alleen die universele waarheidsclaims kunnen relativeren, maar ook de communicatie met andere religieuze tradities bevorderen? Of schiet het postmodernisme hier te ver door; mag en kun je de betrekke-lijkheid van je eigen standpunten en 'verhalen' wel zo fundamenteel aan de orde stellen zonder ingrijpende consequenties? Daarbij wil ik meteen aantekenen, dat het postmodernisme, dat zijn beste tijd inmid-dels ook wel gehad lijkt te hebben, grenzen kent: er is mijns inziens wel degelijk verschil tussen het ene en het andere verhaal. In zo'n Vaticaans document als *Dominus Jesus* wordt elke vorm van relativering kennelijk als een bedreiging opgevat, en worden de mythische elementen van het christendom niet benadrukt.

JB – Wij zijn opgeleid met een zeer negatieve interpretatie van het be-grip mythe; dat was het ergste wat je van het christendom zou kunnen zeggen. Jouw generatie, en zeker jij vanuit een antropologische blik, heeft een neutrale of zelfs positieve connotatie bij het begrip mythe – en daar is niets op tegen. Over de uniciteit van het christendom, en het katholicisme binnen die traditie, heb ik in het laatste hoofdstuk mijn gedachten gefor-muleerd, waarbij ik de noodzaak van uitwisseling en dialoog tussen de grote godsdiensten aanmoedig. Dat is wat mij betreft een eis die niet voor discussie vatbaar kan zijn. Je moet wel relativeren, maar niet verder dan je eigen geloof, je eigen overtuiging gaat. Anders mis je ook de grondslag, het uitgangspunt voor zo'n interreligieus gesprek. Het hanteren van het begrip mythisch voor de eigen godsdienst staat op gespannen voet met de waarheidsclaim die elke religie toch pretendeert te hebben.

GR – Waarschijnlijk kwalificeert geen enkele godsdienst zichzelf als 'mythisch'. Het betreft hier een neutrale term van buitenstaanders zoals onderzoekers, of het gaat om een pejoratieve aanduiding van zoge-naamde rechtgelovigen voor andersgelovigen.

Spelen met je leven

Het voortdurend uitwisselen van elkaars opinies en visies met betrek-king tot het numineuze, kreeg niet zelden het karakter van een verhel-derend steekspel. Zodoende drong reflectie op de notie van het spel in de religie zich als het ware vanzelf op – in het volle besef dat we daarmee in een belangrijke, zowel cultuurhistorische als theologische traditie staan.

GR – 'Geloven is spelen met vuur', die titel gaf ik aan ons vierde hoofdstuk. Jij had intussen geloven gekarakteriseerd als: 'spelen met je leven', je noemde het ook: 'een waagstuk', een 'gok'. Uitdagende formuleringen zijn het. Ze spreken me overigens sterk aan. Durf je inderdaad met een gerust hart het geloof, dat serieuze Godsgeloof met zijn niet geringe opdrachten en zijn talrijke verplichtingen, aan te duiden als spel?

JB – Jazeker. Natuurlijk is daarmee niet alles aangeduid wat over religie te zeggen valt. Het geeft echter wel iets heel wezenlijks weer van geloof, van alle geloof. Een ander geloven, in een ander geloven begint altijd als waagstuk, want aanvankelijk ken je elkaar nog maar heel gebrekkig. Als ik jonggeliefden met elkaar bezig zie, kan ik erg getroffen raken door hun speelse uitdagingen, dat uitdagend spelen met elkaar. Mensen die echt van elkaar houden, blijven dat geregeld doen, hun leven lang. Juist dat spel is het dat de liefde voedt.

GR – Vind jij inderdaad dat geloven in God raakpunten heeft met zoiets alledaags en triviaals als het menselijk liefdesspel?

JB – Ja, waarom niet? We moeten ons Godsgeloof eens wat meer op het vlak van het alledaagse durven brengen. Ik weet dat je het hierin met mij eens bent, en jij weet dat ik dit heb moeten leren zien. Want wij, ouderen, zijn met zulke doodgewone vergelijkingen niet opgevoed. Maar van geloven in de Goddelijke Werkelijkheid mag in versterkte mate gezegd worden dat het een waagstuk is, dat het training en inspanning vraagt, maar ook dat het is als een spel waarin de overtuiging de beste papieren heeft. Want als het gaat over God, bevind je je in feite op een heel ander peil, een niveau dat boven het tastbaar-menselijke uitstijgt, een niveau waar een mens slechts spelenderwijs en ervarenderwijs zijn weg kan vinden. Ik vermoed daarom dat Godsgeloof – ik bedoel nu een daadwerkelijk geloven (niet dat vage gevoel bij een kerk te horen, ook niet dat abstracte speculeren rond geloofsthema's, maar het zich dapper durven toevertrouwen aan de Goddelijke Werkelijkheid) – alles te maken heeft met wat ons ten diepste bewegen kan, met liefde en vriendschap en vertrouwen. Je betreedt daar een heel intiem en zeer intensief podium van menselijk leven, je voelt je aangetrokken, aangesproken, bekoord, gefascineerd: denk aan de term 'fascinans' van Otto. Dan kun je niet meer afzijdig en neutraal blijven. Neen, je moet reageren, je moet je blootgeven. Het wordt dus gevaarlijk, je schrikt terug en huivert – dit herinnert aan Otto's 'tremendum'.[1] Waar een mens de confrontatie aangaat met de wereld van het Transcendente, daar geraakt hij in een boeiend spel verwikkeld.

GR – Spelen met vuur, spelen met je leven, zijn dat niet al te grote woorden?

JB – Nou, als het gaat om geloven in God, dan stoten we onherroepelijk op een Werkelijkheid die veel te gissen overlaat. De Transcendente houdt zich verborgen, Hij is niet direct waarneembaar. Welnu, wat niet te zien is, wordt niet zomaar serieus genomen. Je moet over een hoge drempel heen; je stapt als het ware een andere wereld binnen, een wereld met andere principes en prioriteiten dan je gewend was. Het is het domein waar je alles moet durven inzetten, zelfs je leven moet durven riskeren, met je leven willen spelen. Jezus heeft dat heel radicaal onder woorden gebracht, vlak voor zijn dood. Allevier de evangelisten geven het weer. Ik citeer eerst het evangelie van Sint-Jan: 'Wie zich aan zijn leven vastklampt, verliest het; maar wie zijn leven prijsgeeft in deze wereld, zal het behouden voor het eeuwige leven.' (Joh. 12:25) Ter nadere verduidelijking geef ik ook de tekst van Marcus: 'Wie zijn leven wil redden, zal het verliezen. Wie zijn leven verliest vanwege mij en de goede boodschap, zal het redden.' (Marcus 8:35) Zet dit alles wat wij normaal vinden, niet daadwerkelijk op zijn kop? Je leven wordt inderdaad van richting veranderd, als je daarin een transcendente God toelaat. Als dat niet 'spelen met vuur' genoemd mag worden!

GR – Maar dan is die God van de christenen toch wel erg veeleisend. Hij staat altijd voorop, heeft altijd het eerste woord. Dat is toch het Godsbeeld van de Bijbel en dus ook van de kerkelijke traditie. En Hij vraagt dat wij onszelf met huid en haar verkopen voor het slagen van Zijn scheppingsplan.

JB – Ja, dat is duidelijk: christelijk geloof vraagt meer van een mens dan hij zelf had kunnen bedenken. Als je God toelaat in je leven, leert Hij jou zien dat je niet leeft voor jezelf alleen. Leven is geven. Leven is delen. Leven is samenleven. Je leven is van Hem gekregen om daarmee niet alleen jezelf maar ook anderen, de velen die geen plaats hebben in deze wereld, de broodnodige liefde te geven. Daarom: geloven is spelen met je leven, en dat spel kan heel moeilijk worden. Jezus was daar bijzonder duidelijk in.

GR – En mensen die niet geloven? Niet-geloven bespaart je al die eigenlijk onmenselijke toestanden.

JB – Onmenselijke toestanden? Veeleisende uitdagingen zijn het, maar dat dan als voorwaarde voor echt hoogwaardig leven, in de context namelijk van heilzaam samenleven voor allen zonder enige voorafgaande uitsluiting. Hier tekent zich af het perspectief van het door Jezus toegezegde Rijk Gods als einddoel en bekroning van heel de schepping. Wie het kan geloven, moge het geloven. Het is overigens toch de vraag of er mensen zijn die helemaal niet geloven. Je mag natuurlijk niet twijfelen aan de oprechtheid van hen die zeggen niet te geloven, om welke reden dan ook. Maar ik denk dat ontelbaar veel mensen toch een zeker verlangen, een min of meer onbepaalde drang ervaren naar een mogelijke transcendente werkelijkheid, zodat ze ergens in zichzelf de vraag naar God open houden. Mensen die niet in God geloven, voor wie God geen categorie is, die gaan in feite dat waagstuk helemaal niet aan.

Maar toch

Een deel van de huidige 'geloofscrisis' wordt toegeschreven aan gebrekkige catechese in het recente verleden. De gelovigen zijn niet meer op de hoogte van de 'inhoud' van hun geloof; ze missen als het ware de fundamentele basiskennis om een goed christen – of katholiek zo u wilt – te zijn. Ligt in een hernieuwde aandacht voor catechese, zoals vrij algemeen wordt verondersteld, de oplossing van de huidige problemen?

GR – Wederkerigheid in de geloofsrelatie is iets van twee partijen. Maar met Zijn verborgenheid maakt God ons geloof in Hem extra moeilijk. Ik doe alles om met Hem te communiceren, ik doe mijn best, maar Hij laat mij in de steek, Hij vangt mij niet op. Dan verdwijnt dus die wederkerigheid. Wat krijg ik terug voor mijn Godsgeloof, wat staat er tegenover dat ik mijzelf gelovig ter beschikking stel? De aloude levensregel: 'do ut des' (ik geef opdat gij geeft) lijkt bij God niet te gelden, ook al stellen veel goedgelovigen hun vertrouwen daarop – niet alleen in de volksdevotie.

JB – Voordat een mens iets onderneemt, heeft God hem al gegeven. Aldus tekent Jezus ons de Vader-God door Wie Hij zich weet gezonden. Ons geven is antwoord. Die respons wordt optimaal als het echte toewending – dus niet louter toewijding, devotie – wordt. Verantwoording kun je alleen maar vinden via de eigen geloofsovergave. Overgave, toewending (de joodse religie spreekt van *kawwana*) is blijkbaar de enige weg waarlangs dit spel met je leven verder te spelen is. Die overgave houdt immers de wederkerigheid tussen God en mens overeind. Dan beleef je de Verborgene tegelijk als de Nabije. Aan wie je je geven kunt, dat is de geliefde of de vriend(in), heel vertrouwd, heel nabij. De in 1999 overleden Nijmeegse exegeet Bas van Iersel, die zich graag in haiku's uitdrukte, sprak God aldus aan: 'Tegenwoordige, overal en altijd, nooit en nergens, en toch...' Ook dit schreef hij: 'Tegenwoordige, geen naam, geen adres, geen beeld, geen gezicht, maar toch'. De Tegenwoordige zonder adres, zonder naam, maar toch... Dat is spelen met je leven: contact zoeken met een werkelijkheid waarvan je weet die nooit te kunnen doorgronden, zo verborgen, niet gelokaliseerd of gematerialiseerd; die kan ik gemakkelijk misverstaan, die onttrekt zich aan alle wetten van de door Hemzelf geschapen werkelijkheid. Een God die kennelijk alles overstijgt.

GR – Veel mensen hebben het geloof van huis uit meegekregen, voor hen is het zo vanzelfsprekend, die hoeven niet te beginnen met zoeken; maar daarmee is het waagstuk weg.

Van huis uit geloof meekrijgen heeft zijn voordelen, je wordt op een zeker spoor gezet. Maar het heeft ook zijn nadelen, want je kunt eindeloos meesjokken zonder dieper na te denken. En als men dan uitgekeken is, gefrusteerd of teleurgesteld, omdat het niet meer beantwoordt aan wat men ervan verwachtte, dan keert men zich er snel van af. Dan is het spel uitgespeeld. Einde oefening. Je ziet soms mensen, op latere leeftijd bekeerd bijvoorbeeld, zich zo vastklampen aan rituelen en vaste vormen, oude voorschriften dat hun blikrichting op bepaalde oriëntatiepunten blijft geconcentreerd die er weinig meer toe doen. God is er alleen ter bevestiging, niet om je van je zekerheid te beroven. Dat is mogelijk de valkuil van het opgroeien in een vaste, veilige geloofstraditie, waarin alles al eerder gezien en beleefd is, en men alleen maar hoeft te luisteren, mee te doen, na te volgen. En nu beweert Jan Bluyssen dat gelovigen actief op zoek moeten gaan, althans de uitdagingen opzoeken, de antennes richten, zich openstellen en ontledigen voor het numineuze dat je in het alledaagse totaal onverwacht kan verrassen en fascineren. Dat is allemaal heel mooi, maar de Kerk heeft juist generaties lang mensen ontmoedigd in het inslaan van persoonlijke, avontuurlijke wegen; zelfstandige bijbellezing als verdacht beschouwd, angst voor onorthodoxie, wantrouwen in de capaciteit van de leek om adequaat, zonder gespecialiseerde bemiddeling of begeleiding met God en het heilige te communiceren. De hele catechese is daarbij lange tijd puur gericht geweest op overdracht van regels, dogma's en vaste waarheden, waarbij letterlijk werd geëist dat ze zonder enige speelse afwijking werden geleerd en in praktijk gebracht. Het leren spelen met die kennis was niet aan de orde. Het begeleiden van mensen in hun gelovige ontwikkeling, door hen te confronteren met numineuze ervaringen van anderen, kortom hoe God zich in het leven van alledag in de loop van de tijd heeft geopenbaard, was daarbij nauwelijks aan de orde. En wanneer in huidige pleidooien voor catechese, om de jonge generaties niet ook 'verloren te laten gaan', gesproken wordt van 'geloofsoverdracht', krijg ik toch heel vaak de indruk dat daarbij eerder gewezen wordt op een veilig, orthodox na te leven spoor, dan op spannende, avontuurlijke of speelse condities, houdingen om je God te laten geworden, om je daarvoor open te stellen; laat staan dat de onkenbaarheid en afwezigheid van God daar een grote rol in speelt. De term 'geloofsoverdracht', die veelal achteloos wordt gehanteerd, duidt mijns inziens op een fundamenteel verkeerde notie van catechese. Meestal wordt daar simpelweg godsdienstinstructie mee bedoeld, terwijl juist het begeleiden van mensen in hun gelovige ontwikkeling voorop dient te staan. Het enige wat je kunt 'overdragen' zijn ervaringen van Godsontmoetingen. Als die 'geloofsoverdracht' maar weer stevig ter hand wordt genomen, 'dan komt het vanzelf allemaal wel weer goed'.

JB – Het begrip 'geloofsoverdracht' doet onmiddelijk denken aan een pakket van waarheden, terwijl het in wezen gaat om overgave, of beter gezegd: toewending. Bij een eerdere gelegenheid heb ik het aldus geformuleerd: het gaat niet om geloof overdragen, niet om geloof leren, maar om leren geloven. Bij dat laatste is de notie van religie als heilig spel zeer op haar plaats. Bij geloven gaat het primair om beleven, niet om beleren.

Transcendente zelfreflectie

Wat is er met de mens gebeurd? Dat was voor de Nijmeegse godsdienstpsycholoog Han Fortmann een kernvraag die hem ten diepste bezighield, en die ook nu nog niets aan actualiteit verloren heeft. Ze verwijst naar de ongestuurde processen waarin mensen in de loop der tijd figureren, alsook naar de menselijke beleving en duiding van hun wereld. Dat betreft niet alleen hun materiële, zichtbare wereld, maar tevens het mysterieuze en ongrijpbare: het wonder, de mystieke ervaring en het sacramentele. Heeft de mens in het omhelzen van de rede zijn ziel niet verwaarloosd? zo vroeg de cultuurpsycholoog zich af.[2] Is, zo stellen wij op onze beurt, de kerkelijke reserve met betrekking tot mystiek niet tot een soortgelijke 'verwaarlozing' te herleiden?

JB – Feitelijk is er een diepe verwantschap tussen de begrippen 'mystiek' en 'sacrament', 'sacramenteel'. Deze woorden duiden van oorsprong altijd op iets in het alledaagse leven dat teken en bemiddeling wordt van goddelijke nabijheid en activiteit. Waar sprake is van sacrament of mystiek in de diepe zin van het woord, daar is God werkzaam nabij.

GR – Dan is dus mystiek niet zo extravagant?

JB – Neen. Dat God zich manifesteert in het leven van mensen, in tekenen van stoffelijke aard, via alledaagse symbolen en rituelen, dat is blijkbaar Zijn normale manier van doen. Tussen het aardse en het spirituele is nauwelijks een grens. God is overal, en Hij is overal werkzaam. Maar soms manifesteert Hij zich heel markant, heel rechtstreeks. Denk aan Franciscus van Assisi, aanvankelijk een vrolijke losbol, maar na de toevallige ontmoeting met een melaatse op straat voor altijd geobsedeerd door 'buitenbeentjes' die zijn primaire zorg en aandacht verdienden, want in hen zag hij Christus. Het verschil tussen een mysticus en een doorsneegelovige is, hoe opvallend ook, niet essentieel. Het gaat altijd om het meest eenvoudige: om aandacht en zorg, willen zien en luisteren, liefhebben zoals de Heer Jezus. Overigens, mensen die zich bezighouden met mystiek kun je indelen in twee groepen. De ene groep betreft hen die erover hebben nagedacht wat mystiek inhoudt, wat het specifieke is van mystiek, wat de mystieke ervaring kan betekenen voor de gemeenschap als geheel; dat zijn met name de theologen. De tweede groep, dat zijn de mystici zelf, de mensen die bijzondere ervaringen van Gods aanwezigheid hebben beleefd, die het letterlijk aan den lijve hebben ondervonden. Theologen kunnen er mooi over filosoferen, maar wie het niet zelf ondervonden heeft, weet niet precies waarover hij het heeft. Die moet zich oriënteren op getuigenissen, op ervaringen van hen wie het overkomen is.

GR – Dan gaat het over de allerindividueelste ervaringen van het transcendente?

JB – Er zijn vier kenmerkende elementen in de mystieke ervaring. Ik volg nu de visie van het Titus Brandsma-Instituut van de karmelieten in Nijmegen, die zich kunnen beroepen op grote mystieken in eigen gelederen: Jan van het Kruis, Teresa van Avila, Theresia van Lisieux. Een mysticus is zich allereerst goed bewust dat hij of zij iets heel bijzonders heeft ervaren, een doorbraak in de beleving van het Transcendente, heel moeilijk te beschrijven, slechts nader aan te duiden via beelden en metaforen, welke meestal van doen hebben met licht, vuur, kracht, aanraking. In ieder geval was er iets heel bijzonders, iets dat als het ware ineens uit het niets over hen heen kwam. Op de tweede plaats is er in dat mystieke gebeuren iets als een kernervaring: een uiteindelijke werkelijkheid, iets transcendenteels, een grootse nabijheid; onomstotelijk teken van Gods eigen nabijheid. Ten derde doet alles denken aan een rechtstreeks inwerken van God, niet via woorden, beelden of andere bemiddeling, niet via mensen, maar zonder enige schepsellijke tussenkomst, rechtstreeks. Ten slotte heeft de mystieke ervaring iets paradoxaals, dat moeilijk onder woorden te brengen is: duisternis én licht, vertroosting én verwarring. God verborgen én nabij. God is er, dichtbij, maar Zijn verborgenheid kan mateloos verwarren en gevoelens veroorzaken als van verlatenheid in een kale woestijn. Dan weet de mysticus zich gevangen in duisternis: denk aan de donkere nacht van Jan van het Kruis; Ruusbroec en Hadewych spreken over 'minne', een liefde die ze ervaren als paradoxaal en pijnlijk, als tegelijk aanlokkelijk en afstotend.

GR – Dat is toch geen alledaagse ervaring. Dat heeft weinig aantrekkelijks.

JB – Nee, alledaags is het niet, maar eerlijk zoeken naar jouw opdracht in het alledaagse leven zal wel de beste humus vormen voor wat wij mystiek noemen. Toch doet het woord mystiek vaak denken aan vage zweverigheid en onwereldse hoogvliegerij. Dat heeft te maken met het veel voorkomend misbruik van dit woord: al te gauw willen zogenaamd vrome zielen en voortvarende goeroes spreken van directe, mystiek te duiden godservaringen. Hedendaagse profeten suggereren soms te gemakkelijk dat mensen zichzelf die gave kunnen bezorgen. Het lijkt een zaak van volgehouden oefening en training, passend bij de hedendaagse conceptie van steeds verdergaande maakbaarheid en voortschrijdende perfectionering. Het is juist dit aspect dat kerkleiders en andere spirituele experts afschrikt. In feite gaat het immers om iets dat weliswaar een heel normale infrastructuur veronderstelt, maar niettemin door geen mens alleen op eigen kracht 'maakbaar' blijkt te zijn. Naar mystieke ervaringen moet je dan ook vooral niet streven; ze zijn een gave Gods. Wie ernaar streeft, zit fout. De mystieke ervaring is een cadeau van God, een gave die je niet kunt verdienen of afbidden. Een werkelijk mystieke ervaring overkomt je, die kun je niet zelf opwekken. Je kunt jezelf daarvoor niet geschikt maken. Je moet het helemaal aan God overlaten, of en hoe Hij jou Zijn nabijheid op bijzondere wijze wil laten ervaren. Kort en goed: je kunt zeggen, God is alledaags in zijn handelen, benadert mensen langs gewone alledaagse wegen, maar soms – echt: soms – laat Hij zich kennen op buitengewone, min of meer overrompelende wijze.

GR – Kennelijk hebben die grote mystici een sterke behoefte gehad om hun ervaringen uit te dragen.

JB – Dat heeft ook te maken met het karakter van die ervaringen: zo indringend dat men die niet voor zichzelf kan houden. Sommige mystici hebben een dergelijke godservaring meermalen, anderen niet. Velen van de ons bekende mystieken verkeerden in een min of meer permanente staat van mystieke beleving. Maar er zijn er ook van wie we vermoeden dat ze maar één keer een dergelijke ervaring beleefden. Bekend voorbeeld is de Franse wis- en natuurkundige Blaise Pascal (1623-1662): tijdens zijn leven had niemand bij hem iets dergelijks kunnen vermoeden, maar na zijn dood vond men ingenaaid in de voering van zijn kleding een stukje opgevouwen perkament, eigenhandig geschreven en gedateerd 23 november 1654, met de toevoeging: 'vanaf ongeveer half elf 's avonds tot ongeveer een half uur na middernacht'. De tekst bestaat verder voornamelijk uit losse woorden en uitroepen. Ik citeer de aanhef: 'VUUR. God van Abraham, God van Isaäk, God van Jakob, niet van filosofen en geleerden. Zekerheid, zekerheid, besef, vreugde, vrede. God van Christus, God van Christus.'[3] Pascal moet plotseling zijn overvallen door een onverwacht signaal van Godswege.

GR – Die tekst heeft hij dus wel gedragen maar nooit uitgedragen.

JB – Ik denk wel eens: hoe gewoner iemand leeft, des te eerder zal hij of zij bij mystiek terechtkomen. Gewoon alledaags met God omgaan als met een vertrouwde kennis, dat is het waar we op mogen mikken; en verder maar zien en afwachten wat daaruit groeit. Mystiek is niet voor een zogenaamde elite. Ik durf dat te stellen op grond van persoonlijke ervaringen met medemensen, mensen zonder pretenties, eenvoudige mensen, die veel dieper met God leefden dan iemand vermoeden kon.

GR – Je hebt zelf nooit een mystieke ervaring gehad?

JB – O, nee, nee, gelukkig niet, durf ik te zeggen; het zou me echt beangstigen. Maar feitelijk spreek ik nu als een dwaas, een onwetende. Ik moet eigenlijk zwijgen.

GR – Wel eigenaardig voor iemand die een heel mensenleven gestudeerd heeft op mystiek en daar veel van weet, en die elke dag met religie en de omgang met God bezig is, die heeft dat zelf nooit aan den lijve ervaren. Maar toch wel dat je Gods nabijheid gevoeld hebt.

JB – Ja, dat laatste zeker. Met name op bepaalde belangrijke momenten, misschien nog het meest op moeilijke momenten. Ik denk dat het beeld van de woestijn past bij elke poging om op zoek te gaan naar God.

Het zand van de woestijn moet de kans krijgen jou tot op het bot af te schuren. Dan ben je ook beter gehard tegen zware tegenvallers en kwetsuren. Juist daardoor, denk ik, is God voor mij geworden tot een absoluut betrouwbaar houvast, permanent dicht in de buurt, Hij wil niet dat je iets overkomt wat je niet aan kunt.

GR – Dat is een ultieme vorm van zelfreflectie?

JB – Ja, en die is transcendenteel. Die zelfreflectie wordt in feite transcendent als je door het stoffelijke 'heen kunt kijken', wanneer dat transparant wordt. Mystiek is voor het individu niet onmisbaar, maar geloven – in de zin van gelovige overgave, God zo Zijn gang laten gaan dat Hij alle ruimte heeft – dat is fundamenteel. Mystiek is ook zeker niet louter individueel gericht; ze houdt een ernstige opdracht in, een charismatische boodschap voor de gemeenschap. Mystieke ervaringen kunnen niet bedoeld zijn om die ene betreffende persoon te isoleren van zijn of haar omgeving: ook voor een mysticus geldt, dat hij of zij zich niet verheven mag voelen boven het alledaagse als een bijzondere, heilige uitverkorene.

Transparant leven

Mystieke ervaringen zijn actuele ervaringen van Gods aanwezigheid. Al zijn vragen naar herkomst en bestemming hierbij niet in eerste instantie aan de orde, ze kunnen vanuit de mystieke beleving nieuwe belichting krijgen. Wat telt is de momentele ervaring van de transcendente werkelijkheid, waarin overigens ook een diagnose van verleden en toekomst plaats kan vinden. De 'religieuze oervragen' zoals 'waar komen we vandaan en waar gaan we naartoe' worden veelal als religieuze kwesties en zelfs als 'bron' van religiositeit gezien. Wat is de relatie van het stellen van dergelijke archetypische vragen tot geloven?

JB – Iemands vraag naar zijn of haar herkomst, naar ons aller oorsprong en onze eigenlijke bron is een gewoon-menselijke vraag en nog geen geloofsvraag; ze kan niettemin wel aanzet worden tot het stellen van geloofsvragen. We zijn allemaal nieuwsgierig naar onze voorgeschiedenis, en televisieseries over het ontstaan van de wereld of de evolutie van het leven hebben de interesse van veel weetgierigen. De vraag van de mens naar zijn oorsprong krijgt echter pas dan het karakter van geloofsvraag, als ze tastend maar oprecht zoekt naar een eventueel bestaande transcendente werkelijkheid. De echte Godsvraag, het zoeken naar een Goddelijke Werkelijkheid, laat zich met name afmeten aan de positieve, ontvankelijke houding waarmee ze gesteld wordt, een houding van tasten en zoeken, van aandachtig willen luisteren naar alle mogelijke ervaringen van mensen om je heen. De Godsvraag zelf gaat dunkt me niet zozeer om onze herkomst, onze oorsprong en afkomst, maar meer om de grond van ons bestaan, dus niet zozeer om ons mythisch verleden maar om de diepere fundamenten van ons reëel existeren nú. Geloven is transparant leven, kijkend door de omringende werkelijkheid heen, althans pogend dat te doen. De Bijbel laat ons een gelaagd leven zien: wat daar beschreven staat, opent het zicht op meerdere niveaus. Het duidelijkst zie je dat in de vier Evangeliën: als Jezus iemand geneest van zijn blindheid, opent dat het venster op Gods inzet voor totale genezing, dat wil zeggen op fysieke, psychische en morele genezing, en dat voor iedereen. De bijbelse geschriften openen steeds vensters naar een totale allesomspannende en allesoverstijgende Werkelijkheid die ook mij en jou en iedereen hier en nu draagt. Alledaagse gebeurtenissen krijgen diepere dimensies en niet-alledaagse evenementen, zoals wonderen, herinneren daaraan. Als je ergens God werkzaam aanwezig wilt zien, kun je het best in de bijbelse boeken bladeren. De Heilige Schrift opent steeds te midden van het rumoer van alledag vensters waardoor je leren kunt verder en dieper te kijken. Zo is de Bijbel destijds geschreven of althans ineengevoegd, gebundeld; zo dient hij dus ook gelezen te worden, wil men de teksten verstaan zoals ze bedoeld zijn. De Bijbel lezen, dat vraagt om geloof, althans om gelovig willen tasten en zoeken. Maar je zult en kunt ook al doende, al lezende, leren geloven.

GR – Geloven als vorm van transparant leven, speuren naar meerdere betekenislagen: in hoeverre hebben mystici dat ervaren als een soort spel? Zijn mystieke ervaringen in verband gebracht met de notie van het spelen?

JB – Mystici beschrijven opvallend graag hun omgaan met God en het naderen van God in termen van spel. Een duidelijk voorbeeld daarvan is het oudtestamentische Hooglied. Dit bijbelboek dat breed het liefdesspel uitbeeldt met erotisch beladen beeldtaal, wordt door mystici niet zonder reden veel geciteerd. Wat Teresa van Avila betreft, Marcelle Auclair tekent haar onder meer als een vrouw die ontspannen en spontaan met haar medezusters kon omgaan, waarbij ze met een vleugje speelse ironie over God sprak als over 'Zijne Majesteit'. De Romeinse priester Filippo Neri (1515-1595) wist heel speels om te gaan met het heilige, zodat hij bekend gebleven is als kampioen-grappenmaker onder de bewoners van zijn wijk. Veel anekdotes zijn bewaard ter illustratie van de speelse wijze waarop heilige vrouwen en mannen met God verkeerden. Zonder moeite zijn markante voorbeelden te vinden van speelse beschrijvingen door mystieken. Hun Godsbeleving is uiteraard een zeer serieuze aangelegenheid, maar juist dat mystieke karakter lijkt een min of meer speelse beschrijving te bevorderen. Moet trouwens niet elk spel serieus gespeeld worden? Is niet het serieuze spel het enige, echte spel? En mag men niet omgekeerd het serieus nemen van het Transcendente speels gestalte geven? Trouwens, het veelal metaforisch spreken van mystici lijkt de meest geschikte manier om aan de God van hun ervaringen werkelijk recht te doen. Metaforisch spreken heeft per definitie iets ludieks, het is een spelen met de religieuze gelaagdheid van ervaringen.

GR – In hoeverre zouden mystici kunnen onderschrijven dat geloven spelen met je leven is? Is dat een mystieke grondlijn?

JB – De consequenties onder ogen zien van zulke bijzondere Godservaringen doet mensen duizelen. Alles komt op z'n kop te staan. De zeer gevoelige aanraking van het Numineuze overtreft de normale belevingswereld. Schillebeeckx spreekt hier van 'bronervaring', hetgeen hij aldus toelicht: 'Bij mystici leeft het besef dat er iets fundamenteels is gebeurd, een soort van verlichting. Daarin wordt het vroegere vertrouwde wereld- en zelfbeeld (het "ego") van de betrokkene radicaal afgebroken: zijn oude wereld stort in elkaar en hij heeft iets volkomen nieuws ervaren, overrompelend nieuw, dat heel zijn of haar levensgedrag wijzigt.' De oude woorden doen het dan niet meer. Tastenderwijs zoekt men naar nieuwe woorden en beelden; die zullen overigens vaak verwant zijn aan archetypische metaforen als licht en vuur, duisternis en verdoving, brandende liefde en extatische eenwording. Zo durft Hildegard van Bingen zichzelf te betitelen als 'de bazuinklank van het levende Licht', daarmee een nieuwe karakterisering gevend én van God (het levende licht) én van zichzelf in haar verhouding tot God (bazuinklank).

GR – In hoeverre kan dat in de pastorale, de zielzorg benut worden, die numineuze potentie van mystieke ervaringen? Hoe moeten we daarmee omgaan, hoe moet dat gehanteerd worden? Of is dat te instrumenteel gedacht?

JB – In mijn jonge jaren speelde dat niet zo. Maar nu, wijzer geworden, realiseer ik me dat Gods verborgenheid in heel onze pastorale activiteit centrale aandacht verdient. Veel mensen hebben het gevoel: ik wil en ik moet naar God op zoek, ik ben immers gedoopt en hoor bij de

Kerk, maar ik zie Hem niet en voel Hem niet, integendeel. Geloven is moeilijker geworden, nu daarvoor vanuit de samenleving weinig houvast wordt aangereikt. Waar haal je antwoord op je vragen omtrent God? Bij de Kerk, zou ik zeggen, ware het niet dat de Kerk bestaat uit mensen die het ook allemaal niet zo goed weten. Toch blijft de Kerk het grote oriëntatiepunt. Mystici zijn daar zoals trouwens overal schaars, maar de Kerk kan putten uit vele spirituele bronnen, ze beschikt over een schat aan persoonlijke Godsbeleving.

GR – Het gevoel van Gods afwezigheid is geen vorm van tekortschieten?

JB – Nee, het is geen falen, het is veeleer normaal. Als er een God is, dan gaat het om een Werkelijkheid die je op geen enkele wijze naar believen kunt oproepen of manipuleren. God is transcendent, niet te vatten, niet te beschrijven, niet te dirigeren. De Transcendente is zó transcendent dat Hij normalerwijze meer als verborgen dan als nabij wordt ervaren. Je kunt God hoogstens slechts geleidelijk leren vatten. Zoals dat trouwens ook het geval is met mensen onder elkaar: wij leren elkaar toch slechts heel geleidelijk echt kennen? Mystici doen ons beter beseffen dat we ondanks alle schijn van het tegendeel God niets verwijten kunnen. Weliswaar weten we God niet goed te plaatsen; toch doet Hij alles om zich bij ons present te melden.

GR – Een ander zal zeggen: dit alles is voor mij juist het bewijs dat God dus toch niet bestaat.

JB – Dat zeggen dan ook heel veel mensen. Vandaar dat God heden ten dage niet vanzelfsprekend kan worden genoemd. Hij zal zich moeten bewijzen, zich kenbaar maken. Het zijn uiteindelijk de gelovigen die Zijn geloofwaardigheid al dan niet manifesteren. Ze zullen het slechts kunnen door de manier waarop zij zelf met Hem omgaan. Meer dan hun woorden zullen hun daden spreken. Het alledaagse doen en laten van gelovigen, hun door Godsgeloof geïnspireerde manier van leven, zal in feite worden getest op zijn diepste authenticiteit: of het werkelijk getuigen kan van geloof in Gods aanwezigheid. Uit de wijze waarop gelovigen God al dan niet beleven, zullen anderen hun conclusies trekken. Uiteindelijk zullen dus zij die zich gelovig noemen, van beslissende betekenis blijken voor de eventuele verdere verbreiding van het Godsgeloof. Het gelovig leven van gelovigen zal dan ook, vermoed ik, het eerst aangewezen eigentijds Godsbewijs blijken te zijn. Niet God moet zich waar maken, maar zij die pretenderen in Hem te geloven en Hem te zullen uitdragen naar best vermogen.

Noten

Inleiding: Ervarenderwijs spelenderwijs

1 G.J. den Besten, 'Wat doet God ertoe?', *NRC Handelsblad,* 12 januari 1999. Ingezonden brief naar aanleiding van F. Groeneveld, 'God doet ertoe', o.c., 28 december 1998, waarin wordt gerefereerd aan P. Oomens, *Doet God ertoe? Een interpretatie van Whitehead als bijdrage aan een theologie van Gods handelen,* Kampen, 1998.

2 G. Reve, *Zangen van de strijd.*

3 R. Sneller, *Het Woord is schrift geworden. Derrida en de negatieve theologie,* Kampen, 1998, p. 35.

4 F. Groeneveld, 'God doet ertoe'.

5 J. Huizinga, *Homo ludens,* Haarlem, 1938.

1 Alledaagse transcendentie

1 H. Gunkel, L. Zscharnack & K. Galling (red.), *Die Religion in Geschichte und Gegenwart. Handwörterbuch für Theologie und Religionswissenschaft* III (6 delen), Tübingen, 1957-1965, p. 146-147; P. Nissen, 'Percepties van sacraliteit. Over religieuze volkscultuur', in: T. Dekker, H. Roodenburg & G. Rooijakkers (red.), *Volkscultuur. Een inleiding in de Nederlandse etnologie,* Nijmegen, 2000.

2 R. Otto, *Het heilige. Een verhandeling over het irrationele in de idee van het goddelijke en de verhouding ervan tot het rationele,* Hilversum, 1963 (1e druk 1917), p. 47-48.

3 C.J. Bleeker, 'Heilig', in: *Grote Winkler Prins* IX, Amsterdam, 1972, p. 232; M. Douglas, *Purity and danger. An analysis of the conceptions of pollution and taboo,* Londen, 1984 (1e druk 1966), p. 7-28.

4 Calvijn spreekt in zijn *Institutio* overigens al van een 'divinitatis sensus, quaedam divini numinis intelligentia'. Zie R. Otto, *Het heilige,* p. 13. Cfr. ook M. Eliade, *Het heilige en het profane,* Amsterdam, 1977 (1e druk 1957), p. 11.

5 M. Eliade, *Het heilige en het profane,* p. 12-13. Vgl. ook Th. P. van Baaren & L. Leertouwer, *Doolhof der goden,* Groningen, 1980, p. 12-14.

6 M. Eliade, *Het heilige en het profane,* p. 12-13.

7 Th. P. van Baaren & L. Leertouwer, *Doolhof der goden*, p. 110-111; M. Eliade, *Het heilige en het profane*, p. 15.

8 Th. P. van Baaren & L. Leertouwer, *Doolhof der goden*, p. 113-114; G. Rooijakkers, *Rituele repertoires. Volkscultuur in oostelijk Noord-Brabant 1559-1853*, Nijmegen, 1994.

9 Th. P. van Baaren & L. Leertouwer, *Doolhof der goden*, p. 124-128.

10 M. Douglas, *Purity and danger*, p. 40.

11 Vgl. J. Huizinga, *Herfsttij der Middeleeuwen. Studie over de levens- en gedachtenvormen der veertiende en vijftiende eeuw in Frankrijk en de Nederlanden*, Groningen, 1919, p. 148-173 (De verbeelding van al het heilige) en B.H.D. Hermesdorf, *Rechtsspiegel. Een rechtshistorische terugblik in de Lage Landen van het herfsttij*, Nijmegen, 1980, p. 64-83 (Het heilige en het profane).

12 A. van Gennep, *The rites of passage*, Chicago, 1960 (1e druk 1908), p. 32-35; V. Turner, *The ritual process. Structure and anti-structure*, Londen, 1969; V. Turner, *Drama's, fields and metaphors. Symbolic action in human society*, Ithaca, 1974.

13 M. Eliade, *Het heilige en het profane*, p. 22-23.

14 C. Geertz, 'Religion as a cultural system', in: *The interpretation of cultures. Selected essays*, New York, 1973, p. 87-125.

15 G. Rooijakkers & Th. van der Zee (red.), *Religieuze volkscultuur. De spanning tussen de voorgeschreven orde en de geleefde praktijk*, Nijmegen, 1986; G. Rooijakkers, *Rituele repertoires*.

16 W. Frijhoff, *Wegen van Evert Willemsz. Een Hollands weeskind op zoek naar zichzelf, 1607-1647*, Nijmegen, 1995, p. 28-30.

17 Ibidem.

18 Ibidem. Vgl. ook mijn bespreking in *Trajecta*, 1999.

19 P. Nissen, 'Percepties van sacraliteit'.

20 P. Dinzelbacher, 'Heiligkeit als historische Variable. Zur Einleitung', in: P. Dinzelbacher & D.R. Bauer (red.), *Heiligenverehrung in Geschichte und Gegenwart*, Ostfildern, 1990, p. 10. Cfr. ook A. Dupront, *Du sacré. Croisades et pèlerinages. Images et langages*, Parijs, 1987.

21 P. Dinzelbacher, 'Heiligkeit als historische Variable', p. 11, 13-14. Hij citeert K. Rahner, 'Vom Geheimnis der Heiligkeit, der Heiligen und ihrer Verehrung', in: P. Manns (red.), *Die Heiligen in ihrer Zeit* I, Mainz, 1967, p. 9-26 en: C. Duquoc, 'Heiligkeitsmodelle', in: *Concilium* 15, 1979, p. 559-564. Cfr. ook M. Eliade, *Het heilige en het profane*, p. 10 en R.E.V. Stuip & C. Vellekoop (red.), *Andere structuren, andere heiligen. Het veranderende beeld van de heilige in de middeleeuwen*, Utrechtse bijdragen tot de mediëvistiek, 2, Utrecht, 1983.

22 B. Tellini Santoni & A. Manodori (red.), *I volti della santità. Ritratti e immagini di santi dell' età moderna*, Rome, 1999.

23 J.P. de Valk, 'Nationale of pauselijke helden? De heiligverklaring van de Martelaren van Gorcum in 1867', in: J.P. de Valk, *Roomser dan de paus? Studies over de betrekkingen tussen de Heilige Stoel en het Nederlands katholicisme, 1815-1940*, Nijmegen, 1998, p. 157-172.

24 Ibidem.

25 H. Denzinger, *Enchiridon symbolorum definitionum et declarationum de rebus fidei et*

morum, Friburgi Brisgoviae, 1937, p. 342-344. Vgl. ook H. Belting, *Bild und Kult. Eine Geschichte des Bildes vor dem Zeitalter der Kunst*, München, 1990.

26 E. Mulder & J. M. Noël, 'Kunst en moraal bij humanisten. Theorie en beeld', in: E. Mulder & J. M. Noël, *Tussen heks en heilige*, p. 129-159.

27 Vgl. J. B. Knipping, *De iconografie van de Contra-Reformatie in de Nederlanden* I, Hilversum, 1939-1942, p. 3, 58, 80-81, 238 en II, p. 5.

28 P. van Dael, 'Geïllustreerde boeken van jezuïeten uit de 16de en 17de eeuw: de verhouding tussen woord en beeld', in: P. Dirkse (red.), *Jezuïeten in Nederland*, Utrecht, 1991, p. 30-40; J. K. Steppe, 'Mariabeelden die hun hoofd en kind verliezen, madonna's en heiligen die herrijzen uit hun graf', in: *Virga Jesse*, Hasselt, 1989, p. 13-40; H. Dünninger, 'Gnad und Ablaß – Glück und Segen. Das Verhüllen und Enthullen heiliger Bilder', in: *Jahrbuch für Volkskunde* 10, 1987, p. 135-150.

29 J. B. Knipping, *De iconografie van de Contra-Reformatie in de Nederlanden* II, Hilversum, 1939-1942, p. 45-48; A. M. Koldeweij (red.), *In Buscoducis*, cat. nr. 5 en 171 (door A. van Pinxteren); S. Hanewinkel, *Reize door de Majorij in 1798-1799*, p. 53.

30 J. Molanus, *De historia ss. imaginum et picturarum, pro vero earum usu contra abusus* (bewerkt door J. N. Paquot), Lovanii, 1771, p. 486; A. Häckel, *Die Trinität in der Kunst. Eine ikonographische Untersuchung*, Berlijn, 1931, p. 99-110; E. Kirschbaum & W. Braunfels (red.), *Lexikon der christlichen Ikonographie* I (8 dln.), Rome-Freiburg-Basel-Wenen, 1968-1976, p. 526-539; J. B. Knipping, *De iconografie van de Contra-Reformatie in de Nederlanden* II, Hilversum, 1939-1942, p. 5, 293-296.

31 Museum voor Religieuze Kunst, Uden, BM 069 (linnen op paneel, 390 x 270 mm.); S. Hanewinkel, *Reize door de Majorij in 1799*, p. 9-10, 144.

32 A. Houtepen, 'Vensters op het oneindige. Over God als open vraag aan onze cultuur', in: Th. de Boer e.a., *God geeft te denken*, Zoetermeer, 1997, p. 23-38. Aldaar 31.

33 M. Eliade, *Die Religionen und das Heilige. Elemente der Religionsgeschichte*, Salzburg, 1954; geciteerd door P. Nissen, 'Percepties van sacraliteit. Over religieuze volkscultuur'.

34 O. Noordenbos & T. van Leeuwen, *Brieven van Erasmus,* Utrecht-Antwerpen, 1960, p. 109.

35 Vgl. B. Casper & W. Sparn (red.), *Alltag und Transzendenz. Studien zur religiösen Erfahrung in der gegenwärtigen Gesellschaft*, Freiburg-München, 1992.

36 L. Sexson, *Gewoon heilig. De sacraliteit van het alledaagse*, Zoetermeer, 1997, p. 6-9. De oorspronkelijke titel van dit werk luidt *Ordinarily Sacred*, New York, 1982 (herdrukt Charlottesville, 1992).

37 G. Lakoff & M. Johnson, *Leven in metaforen*, met een nawoord bij de Nederlandse vertaling door G. Steen, Nijmegen, 1999, p. 11-14. Oorspronkelijke titel: *Metaphors we live by*, Chicago-Londen, 1980.

38 O.c., p. 42-47.

39 O.c., p. 242-244.

40 L. Sexson, *Gewoon heilig*, p. 10-11. Vgl. Ook M. Merkx, 'Een alledaags geheim. De sacraliteit van het bestaan', in: M. Merkx, A. Mulder & L. Oosterveen (red.), *Bedacht zijn op het onbedachte. Over het alledaagse en het goddelijke in theologisch perspectief*, Nijmegen-Zoetermeer, 1998 (DSTS-cahier 8) p. 47-63, met name 49.

41 L. Sexson, *Gewoon heilig*, p. 11-14.

42 o.c., p. 15-26.

43 M. de Haardt, *Kom, eet mijn brood...'. Exemplarische verkenningen van het goddelijke in het alledaagse*, Nijmegen, 1999, p. 30, waarbij zij citeert uit: M. Falk, 'Notes on Composing New Blessings. Toward a Feminist-Jewish Reconstruction of Prayer', in: J. Plaskow & C. P. Christ, *Weaving the Visions. New Patterns in Feminist Theology*, New York, 1989, p. 128-138.

44 A. Houtepen, 'Vensters op het oneindige. Over God als open vraag aan onze cultuur'.

45 *Ibidem*, p. 33-37; L. Oosterveen & A. Mulder, 'Aanlegsteigers voor het Goddelijke. Een gedachtewisseling over transcendentie en het alledaagse', in: M. Merkx, A. Mulder & L. Oosterveen (red.), *Bedacht zijn op het onbedachte. Over het alledaagse en het goddelijke in theologisch perspectief*, Nijmegen-Zoetermeer, 1998 (DSTS-cahier 8), p. 13-45, met name p. 40-42, met daar ook de notie van het transcendente als ruimte tussen het ik en de ander. Voor de notie van 'kitsch' in verband met Levinas, zie G. Groot, 'Het uitstel van de vraag. Gesprek met Cornelis Verhoeven', in: G. Groot, *Twee zielen. Gesprekken met hedendaagse filosofen*, Nijmegen, 1998, p. 39-55. Aldaar 50. Voor de notie van religie als heilig spel zie voorts hoofdstuk 6.

46 L. Sexson, *Gewoon heilig*, p. 20-23.

47 H. Mulisch, *De ontdekking van de hemel*, Amsterdam, 1992.

48 L. Oosterveen & A. Mulder, 'Aanlegsteigers voor het Goddelijke. Een gedachtewisseling over transcendentie en het alledaagse', p. 41-42.

49 M. Merkx, 'Een alledaags geheim. De sacraliteit van het bestaan', p. 50-54. Vgl. ook G. Dresen, *Is dit mijn lichaam? Visioenen van het volmaakte lichaam in katholieke moraal en mystiek*, Nijmegen, 1998.

50 V. Turner, *The ritual process*; V. Turner, *Dramas, fields and metaphors*. Vgl. ook P. Nissen, *De folklorisering van het onalledaagse*, Tilburg, 1995.

51 M. de Haardt, *Kom, eet mijn brood...*, p. 5-8.

52 C. Levi-Strauss, *Le cru et le cuit*, Parijs, 1970.

53 M. de Haardt, *Kom, eet mijn brood...*, p. 18-20.

54 I. N. Bulhof, 'Het wijwater weg – hoe katholiek zijn in deze tijd?', in: H. M. Kuitert (red.), *In stukken en brokken. Godsdienst en levensbeschouwing in deze tijd*, Baarn, 1995, p. 97-113. Aldaar p. 104-105. Vgl. ook M. de Haardt, *Kom, eet mijn brood...*, p. 14-16.

55 G. Vattimo & P. A. Rovatti (red.), *Il pensiero debole*, Milaan, 1983; G. Vattimo & P. A. Rovatti (red.), *Ik geloof dat ik geloof*, Amsterdam, 1998. Oorspronkelijk verschenen als *Credere di credere*, Milaan, 1996. Vgl. E. Borgman, 'Geen dringender vragen dan naïeve vragen', in: M. Merkx, A. Mulder & L. Oosterveen (red.), *Bedacht zijn op het onbedachte. Over het alledaagse en het goddelijke in theologisch perspectief*, Nijmegen-Zoetermeer, 1998 (DSTS-cahier 8), p. 101-112.

56 G. Groot, 'Een zwak geloof. Gesprek met Gianni Vattimo', in: G. Groot, *Twee zielen,* p. 159-175.

57 E. Borgman, 'Een klassieker voor een post-klassieke tijd? Nabeschouwing bij de Nederlandse uitgave', in: L. Sexson, *Gewoon heilig*, p. 151-169. Aldaar, p. 151-

157; E. Borgman, 'Geen dringender vragen dan naïeve vragen', p. 107-112, waarin wordt verwezen naar J. Derrida, *Hoe niet te spreken? Dionysius, Eckhart en de paradigma's van negativiteit*, Kampen-Kapellen, 1997.

58 E. Borgman, 'Een klassieker voor een post-klassieke tijd?', p. 158-161. Voor de figuur van de hofnar zie: A.C. Zijderveld, *Over narren en hun gespiegelde werkelijkheid*, Deventer, 1985.

59 A. Mulder, M. Merkx & L. Oosterveen, 'Inleiding', in: A. Mulder, M. Merkx & L. Oosterveen (red.), *Bedacht zijn op het onbedachte. Over het alledaagse en het goddelijke in theologisch perspectief*, Nijmegen-Zoetermeer, 1998 (DSTS-cahier 8), p. 7-12; E. Borgman, 'Een klassieker voor een post-klassieke tijd?', p. 164.

2 De zorgende Vader

1 De Nederlandse vertaling van H.M. Berghs is in 1997 verschenen bij uitgeverij SUN, Nijmegen.

2 Pseudo-Dionysius de Areopagiet, *Over mystieke theologie*, vertaling en essay van Ben Schomakers, Kampen, 1990.

3 G. Achterberg, *Verzamelde gedichten*, Amsterdam, 1963, Deïsme, p. 922.

4 G. Reve, 'Graf te Blauwhuis', *Verzameld werk*, deel II, Amsterdam-Antwerpen, 1999, p. 339.

5 R. Kopland, 'Al die mooie beloften', in: *Gedichten 1966-1999*, Amsterdam, 2000, 223.

6 *De Nieuwe Katechismus, geloofsverkondiging voor volwassenen*, in opdracht van de bisschoppen van Nederland, Hilversum-Antwerpen-'s-Hertogenbosch-Roermond-Maaseik, 1966.

7 *Katechismus van de Universele Kerk*, Editio typica: Libreria editrice Vaticana, 1993, Nederlandse vertaling: Brussel-Baarn-Kampen, 1995.

8 F. Nietzsche, *God is dood,* vertaald en geannoteerd door H. Driessen, Amsterdam, 1997. Oorspronkelijk opgenomen in *Die fröhliche Wissenschaft,* aforisme 125; zie ook 343.

9 M. Willemsen, *Kluizenaar zonder God. Friedrich Nietzsche en het verlangen naar bevrijding en verandering*, Amsterdam, 1996.

10 F. Nietzsche, *Ecce homo*, Amsterdam-Antwerpen, 2000.

11 M. 't Hart, *Het woeden der gehele wereld,* Amsterdam, 1993.

12 Zie A. Kuiper in *Trouw*, 19 juli 1997; hij verwijst naar A.J. Herzberg, *Verzameld werk*, Amsterdam, 1993.

13 K. van het Reve, *Een grote bruine envelop,* Amsterdam, 1991.

14 Zie bijvoorbeeld A.F.Th. van der Heijden, *Onder het plaveisel het moeras*, Amsterdam, 1996.

15 De film is geïnspireerd op het gelijknamige boek van A. Neiderman, in Nederlandse vertaling verschenen onder de titel: *Advocaat van kwade zaken,* Houten, 1998.

16 De laatste benaming, 'Wezer', is van K. Waaijman c.s. De Katholieke Bijbelstichting (KBS) koos in zijn jongste vertaling (1995) voor de weergave van JHWH

met de benaming 'de Heer', die echter door critici als eenzijdig mannelijk bestreden wordt. Pogingen om in de Nederlandse vertaling aan dit bezwaar tegemoet te komen hebben nog niet geleid tot consensus.

17 Lachai-Roi betekent 'leven-zien', of: 'de Levende die ziet', EL ROI betekent:
'God die mij ziet, naar mij omziet'. Dezelfde betekenis klinkt ook door in andere bijbelse passages. Zo bidt de latere moeder van Samuel, Hanna: 'Heer, als
U omziet naar de ellende van Uw dienstmaagd' (I Samuël 1:11); Elisabeth is
zwanger en constateert dat de Heer naar haar omziende haar schande heeft
weggenomen (Lucas 1:25); Maria looft en dankt God, die naar haar omzag (Lucas 1:48); de christengemeente van Jeruzalem bidt te midden van vervolging
om Gods meelevende aandacht tegen alle bedreigingen (Handelingen 4:29).
Juist omdat de naam EL ROI zo typerend lijkt voor een God die dicht bij mensen wil zijn, hebben wij aan het eerste deel van ons boek de ondertitel gegeven:
God die naar ons omziet (in het Latijn: Deus respiciens).

18 M. Nijhoff, 'Aan mijn kind III', in: Verzamelde gedichten, Amsterdam, 1990, p. 55.

19 I. Gerhardt, 'Onder vreemden', in: Het sterreschip, Amsterdam, 1979, p. 42.

20 Th. van Aquino, De divinis nominibus, Summa Theologica, I, quaestio 13.

21 H. Rikhof (red.), Over God spreken. Een tekst van Thomas van Aquino, Delft, 1988;
H. Rikhof, 'En het tetragrammaton is hiervoor nog meer geschikt', in: H. van
de Sandt en L. van Tongeren (red.), Naar mijn daden word Ik genoemd, Boxtel-
Brugge, 1989.

22 Vertaling in het Nederlands onder de titel: Gods trombones.

23 Zie over Godsbeelden C. Lindijer (red.), Beelden van God. Oriëntaties op het denken
en spreken over God in onze tijd, Ter Sprake, 47, Delft, 1988. In deze bundel komen
– zij het summier – onder meer ter sprake: Karl Barth, Paul Tillich, Martin Buber, Emmanuel Levinas, Dietrich Bonhoeffer, Alfred Whitehead, Gustavo Gu-
tierrez.

25 Hexaemeron, homelie 10,3. 16-17; toegeschreven.

26 Zie: F. Maas (red. en vert.), Van God houden als van niemand. Preken van Eckhart,
Haarlem, 1975.

27 De verhandeling van Origenes over het gebed is in Nederlandse vertaling uitgegeven in de serie Kerkvaderteksten: Origenes, Het gebed, Bonheiden, 1991. Een
deel van dit werk gaat over het onzevader.

28 Zie: Exodus 33, speciaal vers 21.

29 Overgenomen van dominee N. ter Linden, artikel 'Kostgangers', Trouw, 6 april
1992.

30 Uit: Hij brengt ons samen, AKL, Norbertijnenabdij Westerlo.

31 N. Beets, 'De moerbeitoppen ruisten', Gedichten van Nicolaas Beets: volledige uitgave, achtste druk, Leiden, 1938, vijfde deel, p. 165.

32 briefwisseling met Elisabeth van Schönau, deel II.

33 R. Kopland, 'Onder de appelboom', in: Onder het vee, Amsterdam, 1966; en: Gedichten 1966-1999, Amsterdam, 2000, p. 11.

34 J. Beumer, De langste reis is de reis naarbinnen. Het politiek-mystieke leven van Dag
Hammerskjöld, Baarn, 1997.

35 Gedicht 'Op zoek naar God', *Werken van de H. Teresia*, deel III (serie: Werken van mystieken), Bussum, 1949, p. 816-817.

36 J. van Ruusbroec, *Die Chierheit der Gheesteliker Brulocht*, de oorspronkelijke tekst naast de hertaling in modern Nederlands van L. Moereels, Tielt-Amsterdam, 1977, p. 155.

37 A. Augustinus, *Belijdenissen*, vertaling G. Wijdeveld, Baarn-Amsterdam, 1985, p. 242, X, XXVII, p. 38.

38 o.c., III, VI,11.

39 o.c., V, II,2.

40 E. Hillesum, dagboek 26 augustus 1941, in: *Etty, de nagelaten geschriften van Etty Hillesum, 1941-1943*, Amsterdam, 1991, p. 97.

41 o.c., dagboek 12 juli 1942, p. 516-517.

42 *Trouw*, 3 oktober 1994.

43 O. Jager, *Worden als een kind*, Kampen, 1954.

44 G. Gezelle, *Volledig dichtwerk*, red. J. Boets, Tielt-Amsterdam, 1998.

45 M. Jacobse, 'Horeb', in: *Het oneindige verlangen: gedichten en liederen*, Nijkerk, 1982, p. 171.

46 Zie: *Van God houden als van niemand. Preken van Eckhart*. Samenstelling, inleiding en vertaling: Frans Maas, Haarlem, 1975

47 Edward Schillebeeckx, 'Verlangen naar ultieme levensvervulling. Een kritische herlezing van Thomas van Aquino', in: *Tijdschrift voor Theologie*, 42 (2002), 1, p. 15-34.

3 De fascinatie van het kwaad

1 E. Hillesum, *De nagelaten geschriften van Etty Hillesum, 1941-1943*, Amsterdam, 1986, p. 485.

2 A. Augustinus, *Belijdenissen*, vertaling G. Wijdeveld, Baarn-Amsterdam, 1985, p. 29.

3 Preek 231.

4 Lactantius, *De ira Dei*, 13; 7:121.

5 Leibnitz spreekt hier van 'theodicee' (1679).

6 *La nuit*, Parijs, 1958.

7 D. Bonhoeffer, brief van 16 juli 1944, *Widerstand und Ergebung, Briefe und Aufzeichnungen aus der Haft*, München, 1977, p. 394.

8 Over mogelijke vormen van goddelijke onmacht is na de tweede wereldoorlog in toenemende mate gefilosofeerd. Reeds in 1946 publiceerde de Japanner Kazoh Kitamori een studie over *De pijn van God*. Ook westerse theologen behandelden dit soort vragen. Van J. Moltmann is het boek *Der gekreuzigte Gott*, Nederlandse vertaling *De gekruisigde God*, Bilthoven, 1972. F. Varillon schreef: *La souffrance de Dieu*, Parijs, 1975; en *L'humilité de Dieu*, Parijs, 1974, Nederlandse vertaling van zuster M. Troosters e.a.: *God is nederigheid*, Tielt, 1986.

9 Ook Bonhoeffer ziet Jezus' kruisdood als symbool van Gods onmacht.

10 H.S. Kushner, *When bad things happen to good people*, New York, 1981, Nederland-

se vertaling door R. Vink, *Als 't kwaad goede mensen treft*, Baarn, vierde druk, 1984, p. 120.

11 o.c., p. 121 en volgende.

12 E. Schillebeeckx, *Om het behoud van het Evangelie*, Baarn, 1988, p. 106. Zie van dezelfde auteur 'Mysterie van ongerechtigheid en mysterie van erbarmen. Vragen rond het menselijk lijden', in: *Tijdschrift voor Theologie*, 1975, p. 1, 3-25.

13 Ibidem.

14 Paus Johannes-Paulus II, encycliek *Salvifici doloris*, 1984.

15 *Elckerlijc* is de naam van een zeer bekend middeleeuws toneelspel, naar opzet en vormgeving beantwoordend aan wat destijds 'moraliteit' werd genoemd. Dat soort spel heeft een sterk belerend, moraliserend karakter en werkt als een reflector waarin iedereen zich spiegelen kan. Doorgaans treden uitsluitend allegorische figuren op. Elckerlijc bespeelt op sobere, ingehouden wijze de thematiek van leven en dood, en het ideaal van een deugdzaam bestaan. De schrijver van dit stuk is onbekend. Voor de tekst zie: M. van der Heijden (red.), *Hoort wat men u spelen zal. Toneelstukken uit de Middeleeuwen,* Utrecht, 1968, p. 233-282.

16 Over het probleem van het lijden en speciaal het bijbelboek Job is veel geschreven. De volgende kleine selectie dient ter aanbeveling: W. Vogels, *Job*, KBS/Tabor, 1989 (serie: Belichting van het bijbelboek); A. de Lange en O. Zijlstra (red.), *Als ik Job niet had. Tien denkers over God en het lijden,* Zoetermeer, 1997; D. Pollefeyt en J. Bulckens (red.), *Niet lijdzaam toezien. Godsdienstige verwerking van lijden in de huidige (jongeren)cultuur,* Leuven-Amersfoort, 1995; O. Keel, *Jahwehs Entgegnung an Job*, Göttingen, 1978; H. Rowold, *Yaweh's Challenge to Rival*, Londen, 1985; 'Het boek Job', in: *De Heraut*, themanummer november 1985.

17 E. Levinas, *De vraag naar de mens*, Utrecht, 1957.

18 In: *Les cahiers de la nuit surveillée*, nr. 3, Parijs, 1984.

19 In: *De Dieu qui vient à l'idée*, Parijs, 1982.

20 Ibidem.

21 H. Mertens, *Niet het kruis, maar de Gekruisigde*, Leuven-Amersfoort, 1990.

22 Dat God zich vernedert, zich ontledigt, zichzelf loslaat teneinde helemaal onder de mensen te komen, is een krachtig beeld voor de vérgaande stap die Hij zette door de Incarnatie. Het beeld van Gods zelf-onttakeling is heel fascinerend; het heeft dan ook in de loop der eeuwen vele denkers en kunstenaars tot min of meer mystieke expressies gebracht.

23 Uitgave: bisdom Brugge.

24 Denk aan studies als die van Wiersinga, Den Heyer, Kuitert.

25 E. Schillebeeckx, *Christelijke identiteit en menselijke integriteit,* Concilium, 1982, p. 5, 34-42.

26 Wat betreft de vier teksten van Jesaja over de dienstknecht van JHWH, zie p. 42, voetnoot 33.

27 J. van Laarhoven, *De beeldtaal van de christelijke kunst,* Nijmegen, 1992.

28 F. van der Meer, *Uit het oude Europa*, Amsterdam-Brussel, 1957.

29 C. Heyman, *Mergtekens*, Sint-Niklaas, 1985, p. 110.

30 De tekst van Daniël 7:13-14 luidt: 'In mijn nachtelijk visioen zag ik toen met de wolken van de hemel iemand aankomen die op een mensenzoon leek. Hij ging

naar de Hoogbejaarde en werd voor Hem geleid. Toen werd hem heerschappij gegeven, pracht en koninklijke macht; alle volken, stammen en talen brachten hem hun hulde. Zijn heerschappij is een eeuwige heerschappij die nooit vergaat, zijn koninkrijk gaat nooit te gronde.'

31 C. Brinkhuizen (red.), *Mensen over God*, Baarn, 1997.

32 De profeet Jesaja schildert in vier – visionair te noemen – teksten het optreden van de lijdende Dienstknecht van God. Het zijn de volgende passages in het boek Jesaja:
– 42:1-4 (13), met als kernformule: 'Het geknakte riet zal hij niet breken';
– 49:1-6 (13), met deze kerntekst: 'Ik stel u aan om licht te zijn voor de volken';
– 50:4-11: 'Mijn rug heb ik prijsgegeven aan hen die mij wilden slaan, en mijn wangen aan hen die mij de baard uitrukten (...). Wie van u vreest de Heer, luistert naar de stem van zijn dienstknecht?';
– 52:13 – 53:12, vooral: 'Zie, mijn dienaar zal slagen, hij zal oprijzen en hoog, zeer hoog verheven zijn (...). Hij heeft onze ziekten op zich genomen, en onze smarten heeft hij gedragen (...). Hij heeft zijn mond niet geopend, zoals een lam dat naar de slacht wordt geleid.'

33 Paasartikel van E. Schillebeeckx, *NRC Handelsblad*, 10 april 1998.

34 'Volmaakten' heeft de betekenis van 'ingewijden'.

35 E. Hoornik, 'Tweespalt II', in: *Verzamelde gedichten*, Amsterdam, 1972, p. 160.

36 Thérèse schildert haar donkere ervaring van God onbereikbaar achter een muur in haar manuscript C (5r-7v). Koen de Meester ocd heeft haar ervaringen ontleed, onder andere in de bundel *Leven uit liefde*, verslag van een symposium, Gent, 1998.

37 De Amerikaanse filosoof Richard Rorty doceerde taalfilosofie in Princeton, later 'humanities' aan de universiteit van Virginia.

38 E. Schillebeeckx, *Mensen als verhaal van God*, Baarn, 1989, p. 130.

39 o.c., p. 131.

4 Spelen met vuur

1 G. Groot, 'Kijk naar de lelies. Gesprek met Leszek Kolakowski', in: G. Groot, *Twee zielen*, p. 25-37. Aldaar p. 30. De 'persconferentie' is opgenomen in L. Kolakowski, *Gesprekken met de duivel: acht verhandelingen over het kwaad en twee stukken*, (Amsterdam, 1969).

2 H. Mulisch, *De ontdekking van de hemel*, Amsterdam, 1992, p. 345.

3 T. Lemaire, *Filosofie van het landschap*, Baarn, 1970, p. 61.

4 O.c., p. 62-63.

5 O.c., p. 63-64.

6 O.c., p. 85-86.

7 O.c., p. 189-191.

8 O.c., p. 192-198.

9 O.c., p. 198-200.

10 O.c., p. 201-206.

11 O.c., p. 206, 218.

12 G. Mak, *Hoe God verdween uit Jorwerd. Een Nederlands dorp in de twintigste eeuw*, Amsterdam-Antwerpen, 1996, p. 106.

13 Ibidem, p. 111, 113.

14 Ibidem, p. 111-112, 130.

15 Ibidem, p. 284.

16 L. Oosterveen & A. Mulder, 'Aanlegsteigers voor het Goddelijke', p. 13.

17 B. Montsma, 'Langs Jorwerd en verder', in: Th. de Boer e.a., *God geeft te denken*, p. 50-72.

18 Ibidem. De auteur volgt hierbij trajecten die uitgezet zijn door Th. de Boer in zijn *De God van de filosofen en de God van Pascal. Op het grensgebied van filosofie en theologie*, 's-Gravenhage, 1989, en *Langs de gewesten van het zijn*, Zoetermeer, 1996. Vgl. ook Th. de Boer, 'De filosoof, de redenaar en de verteller', in: Th. de Boer e.a., *God geeft te denken*, p. 9-18.

19 G. Mak, *Hoe God verdween uit Jorwerd*, p. 108, 122. Het citaat van A. van der Woud is ontleend aan zijn *Het lege land. De ruimtelijke orde van Nederland 1798-1848*, Amsterdam, 1987.

20 N. Roymans, 'The cultural biography of urnfields and the long-term history of a mythical landscape', in: *Archeological dialogues. Dutch perspectives on current issues in archaeology* II, 1995, p. 2-38.

21 T. Lemaire, *Filosofie van het landschap*; B. Bender (red.), *Landscapes. Politics and Perspectives*, Oxford, 1993. Voor een recent overzicht met betrekking tot Nederland zie: T. Lemaire & J. Kolen (red.), *Landschap in meervoud*, Utrecht, 1999.

22 Vgl. K.C. Peeters, *Volkskunde en archeologie*, Oisterwijk, 1969 (Bijdragen tot de studie van het Brabantse Heem 11) en J. Slofstra, H.H. van Regteren Altena, N. Roymans & F. Theuws, *Het Kempenproject. Een regionaal-archeologisch onderzoeksprogramma*, Waalre, 1982 (Bijdragen tot de studie van het Brabants heem 22; IPP publicatie 306).

23 Vgl. Y. Tuan, *Topophilia. A study of Environmental Perception, Attitudes and Values*, Englewood Cliffs, 1974; J. Kolen, 'Topofilie. Archeologische oorsprongsmythen over het plaatsbesef', in: *Spiegel historiael* 33, 1998, p. 263-268.

24 J.J. Voskuil, 'Kinderschrik. Commentaar bij kaart 18', in: P.J. Meertens & M. de Meyer (red.), *Volkskunde-atlas voor Nederland en Vlaams-België*, afl. 2, Antwerpen, 1965, p. 91-123; J.J. Voskuil, 'Watergeest en waterschrik. Commentaar bij kaart 19', in: Ibidem, p. 125-138; J.J. Voskuil, 'Kinderschrik in het korenveld. Commentaar bij kaart 20', in: Ibidem, p. 139-191.

25 F. Garnier, *Le langage de l'image au moyen âge. Signification et symbolique* II, Parijs, 1982-1989, p. 60-61.

26 M. De Haardt, *Kom, eet mijn brood...*, p. 30-31.

27 M. Kalsky, 'Achterhoedegevechten en hedendaags verlangen naar het Goddelijke. Voorbij de transcendentie van de verzoeningsleer', in: M. Merkx, A. Mulder & L. Oostveen (red.), *Bedacht zijn op het onbedachte*, p. 83-99. Aldaar p. 85. Vgl. M. Daly, *Voorbij God de Vader. Op weg naar een feministische bevrijdingsfilosofie*, Amersfoort, 1983.

28 M. Merkx, 'Een alledaags geheim. De sacraliteit van het bestaan', p. 55.

29 M. Kalsky, 'Achterhoedegevechten en hedendaags verlangen naar het Goddelijke', p. 85-86. Vgl. E. Schüssler Fiorenza, *Ter herinnering aan haar. Een feministisch theologische reconstructie van de oorsprongen van het christendom*, Hilversum, 1987 en E. Schüssler Fiorenza, *Jezus, Kind van Mirjam, Profeet van Sophia*, Kampen, 1997.

30 Aldus Spreuken 9:1-6 in M. De Haardt, *Kom, eet mijn brood...*, 26-27. Vgl. C.V. Camp, *Wisdom and the Feminine in the Book of Proverbs*, Sheffield, 1985 (Bible and Literature Series, 11).

31 L. Oosterveen & A. Mulder, 'Aanlegsteigers voor het Goddelijke', p. 34-36.

32 H. Vuijsje, 'Goden van nu', in: *NRC Handelsblad* 24-12-1999 (Zaterdags Bijvoegsel, p. 6). Het idee voor dit project was van Martine Wagenaar, die ook tekende voor de tentoonstelling.

33 Ibidem.

34 Ibidem. Het betreft een tekening van Matthias Damen (14) uit het Belgische Tielen.

35 Ibidem.

36 Vgl. G. Rooijakkers, M. Geerdes & L. Dresen-Coenders (red.), *Duivelsbeelden. Een cultuurhistorische speurtocht door de Lage Landen*, Baarn, 1994.

37 M. Kalsky, 'Achterhoedegevechten en hedendaags verlangen naar het Goddelijke', p. 89.

38 G. Rooijakkers, 'De macht van het beeld', p. 384-385.

39 F. van Thienen, *Den dobbelen zielentroost, of vaderlyke leering, troostelyk voor godvrugtige kristene zielen. Gesteld by forme van dialogen of samenspraaken tusschen eenen vader en zyne kinderen, verklaarende de tien Godelyke geboden, dezelve uitleggende, en met Exempelen bewyzende. Nieuwelyks oversien, op veele plaatsen verbetert, en tot onderwyzing en troost der zielen uitgegeven*, Venlo-Gelder, 1797, p. 42-43.

40 W. de Blécourt, *Volksverhalen uit Noord-Brabant*, Utrecht-Antwerpen, 1980, p. 19-20.

41 G. Bartelink, 'Benamingen en verschijningsvormen van duivel en demonen in oudchristelijke geschriften', in: G. Rooijakkers, M. Geerdes & L. Dresen-Coenders (red.), *Duivelsbeelden*, p. 54-67; L. Goosen, 'Afbeeldingen van de duivel in de middeleeuwen', in: o.c., p. 71-88; Gerard Rooijakkers, 'De macht van het beeld. Duivel en hel in de populaire beeldcultuur van de moderne tijd', in: o.c., p. 356-393.

42 J. Molanus, *De historia ss. imaginum et picturarum, pro vero earum usu contra abusus* (bewerkt door J.N. Paquot), Lovanii, 1771, p. 69 (Cap. XXII: Daemonum metaphorica pictura explicatur).

43 W.H.Th. Knippenberg, 'De brede en de smalle weg', *Brabants heem* 33, 1981, p. 106-114; R.P. Zijp, 'De brede en de smalle weg, een alternatief door de eeuwen heen', in: *Vroomheid per dozijn*, Utrecht, 1982, p. 35-42; J.J.W.A. Wijchers, *Uitleg van de brede en de smalle weg*, Kampen, 1992; G. Rooijakkers, 'De brede en de smalle weg. Vermaak en zaligheid in Noord-Brabant: een problematisch duo', in: J. van Oudheusden e. a. (red.), *Ziel en zaligheid in Noord-Brabant*, Delft, 1993, p. 18-39; G. Rooijakkers, 'De macht van het beeld', p. 363-368.

44 Geciteerd in R. Corbey, *Wildheid en beschaving. De Europese verbeelding van Afrika*, Baarn, 1989, p. 81. Vgl. B. Meyer, 'De duivel uitgezonden. De incorporatie van

"heidense" elementen in het protestantisme', in: G. Rooijakkers, M. Geerdes & L. Dresen-Coenders (red.), *Duivelsbeelden*, p. 259-285.

45 P. Vandenbroeck, *Beeld van de andere, vertoog over het zelf. Over wilden en narren, boeren en bedelaars*, Antwerpen, 1987.

46 H. Vorgrimmler, *Geschichte der Hölle*, München, 1993; J. Delumeau, *L'histoire du ciel*, Parijs, 1992.

47 H. Vuijsje, 'Goden van nu'. Vgl. de rapporten van het Sociaal en Cultureel Planbureau *Secularisatie in Nederland 1966-1991*, Den Haag, 1994; *Secularisatie en alternatieve zingeving in Nederland*, Den Haag, 1997 en het door de KRO geïnitieerde onderzoek van G. Dekker, J. de Hart & J. Peters, *God in Nederland 1966-1996*, Hilversum, 1997.

48 Vgl. D. Freedberg, *The power of images. Studies in the history and theory of response*, Chicago-Londen, 1989. Voorbeelden van dergelijke duivelsbeeldmanipulaties in: G. Rooijakkers, 'De macht van het beeld', p. 381-384 en afb. 36.

49 Deut. 5:11 (Willibrordvertaling). Over de nummering der Geboden bestaat geen eenstemmigheid. Het tweede Gebod (rooms-katholieke en lutherse Kerk) wordt in de gereformeerd-protestantse indeling het derde Gebod genoemd. Vgl. J. Delumeau, *La peur en Occident (XIVe-XVIIIe siècles). Une cité assiégé*, Paris, 1978, p. 521-525; J. Delumeau (red.), *Injures et blasphèmes*, Paris, 1989 (Mentalités. Histoire des cultures et des sociétés, 2); P. Burke, 'Belediging en godslastering in het vroeg-moderne Italië', in: P. Burke, *Stadscultuur in Italië tussen Renaissance en Barok*, Amsterdam, 1988 (oorspronkelijke uitgave: Cambridge, 1987) p. 121-138.

50 G. Rooijakkers, *Rituele repertoires*.

51 J. Delumeau, *La peur en occident*, p. 400-404; W. van Gompel, 'Akkernon', *Kroniek van de Kempen 3*, Eindhoven, 1983, p. 101. Vgl. ook C. de Baere, *Krachtpatsers in de Nederlandsche volkstaal. Een verzameling oudere en jongere bastaardvloeken*, Antwerpen, 1940; J. H. van de Bank & H. Werkman, 'Zo'n wonderlijke club'. *75 Jaar Bond tegen het Vloeken, gedenkboekje 1917-1992*, Amsterdam, 1992; P.G. J. van Sterkenburg, *Vloeken. Een cultuurbepaalde reactie op woede, irritatie en frustratie*, Den Haag-Antwerpen, 1997; en A. Cabantous, *Histoire du blasphème en Occident, fin XVIe – milieu XIXe siècle*, Paris, 1998.

52 'Resolutie en Missive, tot onderhoudt van de Placaten tegen het vloecken, zweeren, en schendinge van Gods Heyligen Naem' (21-5-1694). Vgl. G. Rooijakkers, *Rituele repertoires*. Voor de notie van onheil als goddelijke straf zie Ch. Caspers, 'Eerherstel. De belediging van God en de ervaring van tegenslag bij rooms-katholieken, van de twaalfde tot in de twintigste eeuw', in: M. Gijswijt-Hofstra & F. Egmond (red.), *Of bidden helpt. Tegenslag en cultuur in West-Europa, circa 1500-2000*, Amsterdam, 1997, p. 99-117.

53 Vgl. J. Art, 'Preken in pre-industrieel Vlaanderen. Aspecten van volksmissiepredicatie tussen 1830 en 1850', *Tijdschrift voor geschiedenis 97*, 1984, p. 407-421.

54 Het geval werd gemeld in de *Europische Mercurius behelzende de voornaamste zaaken van Staat en Oorlog (...)* 39 II, 1728, p. 62. Vgl. G. Rooijakkers, 'De macht van het woord. Katholieke taalzuivering en -beleving in de vroegmoderne tijd', *Ex tempore 8*, 1989, p. 85-94.

55 'Qui scit sanare, scit damnare'; Vgl. M. R. O'Neil, 'Sacerdote ovvero strione. Ec-

clesiastical and superstitious remedies in 16th century Italy', in: S.L. Kaplan (red.), *Understanding popular culture. Europe from the middle ages to the nineteenth century*, Berlijn, 1984, p. 53-83. Aldaar p. 70.

56 Het blad, waarvan slechts één exemplaar in openbare collecties bekend is, bevindt zich in museum 't Oude Slot, Veldhoven (Collectie Maas-Rooijakkers).

57 Fragment uit *Het land van Rembrandt (1882-1884)* door C. B. Huet, opgenomen in: N. J. Singels, *Erasmus: Samenspraken*, Utrecht-Antwerpen, 1961, p. 11-12.

58 H. Mulisch, *De ontdekking van de hemel*, p. 144, 676.

59 M. Kalsky, 'Achterhoedegevechten en hedendaags verlangen naar het Goddelijke', p. 86-88; D. Sölle, *Lijden*, Baarn, 1973; R. Strobel, 'Feministische Kritik an traditionellen Kreuzestheologien' en 'Das Kreuz im Kontext feministischer Theologie', in: D. Strahm & R. Strobel (red.), *Vom Verlangen nach Heilwerden. Christologie in feministisch-theologischer Sicht*, Luzern, 1991, p. 52-64 en 182-193. Voor verwante opvattingen van Edward Schillebeeckx zie hoofdstuk 3.

60 J. Bouma (EO-directeur en interviewer Andries Knevel): 'Met een tandeloze God kan ik niet leven', *NRC Handelsblad* 5-12-1998 (Zaterdags Bijvoegsel, p. 39).

61 H. M. Kuitert, *Het algemeen betwijfeld christelijk geloof*, Baarn, 1992.

5 De alom Verborgene

1 Meer over inhoud en teneur van het boek Job is te vinden in hoofdstuk 3.

2 A. Augustinus, *Belijdenissen* 1,1 vertaald en ingeleid door G. Wijdeveld, Baarn, 1985.

3 A. Houtepen, *God een open vraag*, Zoetermeer, 1997, p. 12 vv.

4 Frère R. Schütz, 'Brief van de Europese jongerenontmoeting in Stuttgart', *Brief uit Taizé*, februari-maart 1997.

5 J.W. Schulte Nordholt, laatste strofe van zijn gedicht 'Existentie', *Verzamelde Gedichten*, Baarn, 1989, p. 15.

6 Onder de titel 'Twijfel begeleidt ons' verscheen een apart nummer van het tijdschrift *Speling*, 1, Tilburg, 1997.

7 G.K. van het Reve, 'Dagsluiting', in: *Nader tot U*, Amsterdam, 1966.

8 *Speling*, 3, 1995.

9 *Trouw*, 8 maart 1998.

10 Dom Helder Camara, bisschop van Recife, Brazilië, *Mille raisons pour vivre*, Parijs, 1980.

11 Brief van Carlos Mesters, *Speling*, 3, 1981.

12 F. Kellendonk, *Achter het licht*, Amsterdam, 1977; zie *Het complete werk*, Amsterdam, 1992, p. 473.

13 F. Kellendonk, *Grote woorden*, Amsterdam, 1988; o. c. , p. 933-934.

14 F. Kellendonk, *Beeld en gelijkenis*, Amsterdam, 1988; o. c. , p. 837-846.

15 A. Augustinus, *Tractaat over Epist.* I Iohannis, SCHr 75, p. 224-232.

16 F. Kellendonk, *Beeld en gelijkenis*, 1988; o.c., p. 837-846.

17 S. Weil, *Attente de Dieu*, Parijs, 1950; Nederlandse vertaling: *Wachten op God*, Utrecht, 1997.

18 Tekst overgenomen van B. Wolbers o. carm. , Roerom, februari 1994.

19 S. Weil, *Pensées sans ordre concernant l'Amour de Dieu*, Parijs, 1962.

20 S. Weil, *Attente de Dieu*, Paris, 1950, p. 38.

21 Ibidem.

22 G. Reve, *Pleidooi voor het Hof*, 17 oktober 1967.

23 Anselmus, *Proslogion*, c. 1.

24 B. Schomakers, *Pseudo-Dionysius de Areopagiet over mystieke theologie*, Kampen, 1990.

25 *Summa Theologiae*, I, q. 3 tot q. 13.

26 N. van Cusa, *De visione Dei,* Nederlandse vertaling: *Het zien van God*, ingeleid, vertaald en geannoteerd door I. Bocken en J. Decorte, Kapellen-Kampen, 1993.

27 N. de Cusa, *De docta ignorantia. Die belehrte Unwissenheit.* Lateinisch-Deutsch, vertaald in het Duits, ingeleid en geannoteerd door P. Wilpert, vierde druk door H.G. Senger. Hamburg, 1994.

28 Zie: F. Maas, *Vreemd en intiem. Nicolaas van Cusa op zoek naar de verborgen God*, Zoetermeer, 1993.

29 Zie vooral: F. Maas (red. en vert.), *Van God houden als van Niemand. Preken van Meester Eckhart.* Haarlem, 1975. Zie vooral p. 12-24. F. Maas, *Meester Eckhart: Uitstel van eenheid als ruimte van leven*, Haarlem, 1995, p. 70-77.

30 F. Maas (red. en vert.), *Van God houden als van Niemand. Preken van Meester Eckhart.* Haarlem, 1975. Ter nadere kennismaking met Eckhart mogen nog volgende uitgaven worden aanbevolen: M. Eckhart, *Het boek van de Goddelijke Troost,* vertaald door J. Calis, B. Nagel en Th. van Velthoven, ingeleid door M. Hoenen & B. Nagel, Kampen-Kapellen, 1996; M. Eckhart, *Waar God naamloos is*, ingeleid en geredigeerd door H. Schelp, Den Haag, 1994; J. Benoit, *Meester Eckhart*, bloemlezing. Deventer, 1993.

31 Migne, t. 37 c. 507; vertaling J. Tigcheler en K. Waaijman.

32 P. Celan, *Gesammelte Werke*, Frankfurt am Main, 1983.

33 J. Goedegebuure, *De veelvervige rok*, Amsterdam, 1997, p. 87-100.

34 *Tot op de bodem van het niets, bundel over 'Mystiek in tijd van oorlog en crisis'*, onder redactie van H. Blommestijn, Kampen-Averbode, 1991.

35 Albertinum-conferentie, 24 september 1998.

36 J. van het Kruis. *Volledige werken,* vertaald en van inleidingen voorzien door J. Peters ocd en J.A. Jacobs. Hilversum-Antwerpen, 1963. Een vierde, door dezelfde vertalers verbeterde druk verscheen in 1992 bij Carmalitana, Gent.

37 *de Volkskrant*, 28-10-1991.

38 G. Danneels, *Nacht die gelukkig maakt*, onder redactie van M. Schuurmans, Zoetermeer, 1991, p. 190.

39 *De levende vlam van liefde*, strofe 4, n. 5

40 *Bestijging van de Berg Karmel*, p. 1, 2, n. 1.

41 o.c. p. 979.

42 o.c. p. 251-492. Zie ook: W. Stinissen o. carm., *De nacht zal lichten als de dag. De donkere nacht bij Jan van het Kruis,* Gent, 1990 en G. Stinissen e.a., *De vlam in het hout*, Gent, 1971.

43 *Tijdschrift voor Geestelijk Leven*, 3, 1998, p. 298-299.

44 *Stapstenen. Opstellen over spiritualiteit en filosofie.* Aangeboden aan I. Bulhof bij haar afscheid als hoogleraar. Best, 1997.

45 A. von Speyr, *Kreuz und Hölle* II, Einsiedeln, 1972, p. 452. A. von Speyr was arts met bijzondere genezingsgaven en een uitzonderlijk exegetisch inzicht. Op Allerheiligendag 1940 liet zij zich opnemen in de katholieke kerk. Haar levenshouding wordt het best getypeerd met Jezus' woord in de hof van Olijven: 'niet mijn wil, maar Uw wil geschiede, en met Maria's "fiat": mij geschiede naar Uw wil'.

46 A. Houtepen, *God, een open vraag*, Zoetermeer, 1997, p. 284.

47 o.c., p. 288

48 o.c., p. 294-297

49 A. Augustinus, *Tractaat over Epist. I Iohannis*, SCHr. 75, 224-232.

50 Vergelijk de toespraak van de apostel Paulus op de Areopaag in Athene: Handelingen 17:27.

6 Het vieren van God

1 J. van de H. Barbara, *Het geestelyk kaert-spel met herten troef, oft het spel der liefde*, Antwerpen: By Petrus Josephus Rymers, Boek-drukker en Boek-verkooper op de groote Merkt in de Pauw, z. jr. [ca. 1740] (1e druk 1666).

2 J. van de H. Barbara, *Het geestelyk kaert-spel*, p. 8-9. De oorspronkelijke preek is in extenso opgenomen in dit boek (p. 8-23).

3 T. van Houdt, 'Spelen om geld. Gokken, wedden en loten in het moraaltheologische discours in de Zuidelijke Nederlanden (eind zestiende – begin zeventiende eeuw)', *De Zeventiende Eeuw* 15, 1999, p. 61-73.

4 L.F. Groenendijk, 'Kansspelen in het ethisch discours van gereformeerde theologen in de Noordelijke Nederlanden', *De Zeventiende Eeuw* 15, 1999, p. 74-85.

5 André Lehr, *De geschiedenis van het astronomisch kunstuurwerk: zijn techniek en muziek*, Den Haag, 1981.

6 Johan Huizinga, *Herfsttij der middeleeuwen: studie over levens- en gedachtenvormen der veertiende en vijftiende eeuw in Frankrijk en de Nederlanden*, Haarlem, 1919.

7 Romano Guardini, *Van heilige symbolen. Een inleiding in de leende werkelijkheid der liturgie*, Heemstede, 1940; Idem, *De geest der liturgie*, Turnhout, 1944; Idem, *Aards en hemels heil*, Utrecht-Brussel, 1949.

8 Johan Huizinga, *Homo ludens: proeve eener bepaling van het spel-element der cultuur*, Haarlem, 1938, p. 13-15.

9 Bernhard Lang, *Heiliges Spiel. Eine Geschichte des christlichen Gottesdienstes*, München, 1998; een uitstekend overzicht biedt: Herman Beck, Rein Nauta & Paul Post (red.), *Over spel. Theologie als drama en illusie*, Leende, 2000.

10 Vgl. P. Post, *Ritueel landschap: over liturgie-buiten. Processie, pausbezoek, danken voor de oogst, plotselinge dood*, Heeswijk-Dinther, 1995, (Liturgie in perspectief, 5).

11 W. Frijhoff, 'Feesten in de 18de eeuw', in: P. Knolle (red.), *Een groot gedruis en eene onbesuisde vrolykheit. Feesten in de 18de eeuw*, Enschede-leiden, 1996, p. 7-29.

12 A. Falassi, 'Festival', in: Green (red.), *Folklore* I (2 delen), St. Barbara, 1997, p. 295-

302. Zie voor een bredere behandeling van deze materie die hier deels is hernomen G. Rooijakkers, 'Vieren en markeren. Feest en ritueel', in: T. Dekker, H.
Roodenburg & G. Rooijakkers (red.). *Volkscultuur. Een inleiding in de Nederlandse
etnologie*, Nijmegen, 2000, p. 173-230 en T. Nissen, 'Percepties van sacraliteit.
Over religieuze volkscultuur', in: *Ibidem*, p. 231-281.

13 *Festa fori en festa chori*: wereldlijke en kerkelijke feesten. Vgl. ook W. Frijhoff,
'Vraagtekens bij het vroegmoderne kersteningsoffensief', p. 72-73; G. Rooijakkers & Th. Van der Zee, 'Ten geleide. Van volksgeloof naar religieuze volkscultuur', p. 11.

14 Onder *proxemics* verstaan we de wijze waarop mensen zich ten opzichte van elkaar in een bepaalde ruimte verhouden, bijvoorbeeld op een straat of in een
schoolklas. Met het nauw verwante begrip *kinetics* wordt gedoeld op de communicatieve aspecten van lichaamsbewegingen, zoals gebaren of, meer algemeen, de manier van lopen of zitten.

15 E.R. Leach, *Culture and communication: the logic by which symbols are connected*,
Cambridge, 1976; W. van Beek, 'Ritueel als object van studie', in: *Skript* 6, 1984,
p. 237-252. Vgl. ook H.A.J. Wegman, *Riten en mythen. Liturgie in de geschiedenis
van het Christendom*, Kampen, 1991; C. Bell, *Ritual theory, ritual practice*, New
York-Oxford, 1992; R.L. Grimes, *Ritual criticism. Case studies in its practice, essays
on its theory* (Columbia 1990).

16 E.P. Thompson, *Customs in common*, Harmondsworth, 1993, p. 467-538; G. Rooijakkers, 'Ten geleide. Charivaresk gedrag als maatschappelijk ritueel', in: G.
Rooijakkers, T. Romme (red.), *Charivari in de Nederlanden. Rituele sancties op deviant
gedrag, Volkskundig bulletin*, 15, 3, Amsterdam, 1989, p. 253-265. Aldaar p. 254.

17 A. Blok, 'Primitief en geciviliseerd', in: A. Blok & L. Brunt (red.), *Beschaving en
geweld*, themanummer *Sociologische Gids* 29, 3/4, Amsterdam, 1982, p. 197-209;
A. Blok, 'Zinvol geweld', in: H. Driessen & H. de Jonge (red.), *In de ban van betekenis*, Nijmegen, 1996; G. Rooijakkers, *Eer en schande*, Nijmegen, 1995.

18 G.C.J.J. van den Bergh, 'Tussen eigenrichting en sociale beheersing. Het
volksgericht als produkt der juridische verbeelding', *Volkskundig Bulletin* 15,
1989, p. 365-375. G.C.J.J. van den Bergh, (red.) *Staphorst en zijn gerichten. Verslag
van een juridisch-antropologisch onderzoek*, Publicaties over volksrecht, 5, Meppel-
Amsterdam, 1980; G.C.J.J. van den Bergh, 'Redelijke en onredelijke kritiek',
Volkskundig Bulletin 9, 1983, p. 365-375.

19 A. van Gennep, *Les rites de passage*, Paris, 1909. Vgl. ook N. Belmont, *Arnold van
Gennep. Le créateur de l'ethnographie française*, Paris, 1974 en M. Gluckman, 'Les rites de passage', in: M. Gluckman (red.), *Essays on the rituals of social relations*,
Manchester, 1962, p. 1-52. Het opus magnum van A. van Gennep is zijn onvol-
tooid gebleven *Manuel de folklore français contemporain* (4 delen), Parijs, 1937-
1958, 1988, dat een rijkdom aan geografisch gespreide gegevens bevat die
evenwel voor het merendeel ongedateerd zijn en derhalve voor historisch onderzoek beperkt bruikbaar zijn.

20 Th.P. van Baaren, L. Leertouwer, *Doolhof der goden*, Groningen, 1980, p. 124-128.

21 A. Blok, 'Over de infamie van de scherprechter', *Volkskundig Bulletin*, 9, 1983, p.
181-186; M. Douglas, *Purity and danger. An analysis of the concepts of pollution and ta-*

boo; V. Turner, *Betwixt and between: the liminal period in Rites de Passage*, Ithaca-Londen, 1967; E. Leach, *Culture and communication. The logic by which symbols are connected*, Cambridge 1976. Vgl. ook A. Blok, 'De rol van vilders in de Bokkerijdersbenden', *Volkskundig Bulletin*, 7, 1981, p. 121-142.

22 W. Frijhoff, 'Feesten in de 18de eeuw', p. 8-9; O. Marquard, 'Kleine Philosophie des Festes', in: U. Schutz (red.), *Das Fest, eine Kulturgeschichte von der Antike bis zur Gegenwart*, München, 1988 p. 413-420; P. Post, 'Alle dagen feest, of: de ritencrisis voorbij. Een verkenning van de markt', in: P. Post & W. M. Speelman (red.), *De Madonna van de Bijenkorf. Bewegingen op de rituele markt*, Liturgie in perspectief, 9, Baarn-Heeswijk-Dinther, 1997, p. 11-32. Aldaar p. 26-27; C. Wijers, *Prinsen en Clowns in het Limburgse Narrenrijk. Het carnaval in Simpelveld en Roermond 1945-1992*, Amsterdam, 1995.

23 V. Turner, *Dramas, fields, and metaphors. Symbolic action in human society*, Ithaca-Londen, 1974, V. Turner (red.), *Celebration: studies in festivity and ritual*, Washington, 1982.

24 P. Post, 'Alle dagen feest, of: de ritencrisis voorbij. Een verkenning van de markt', p. 25-26. Overigens treffen we in verhalen zoals sprookjes motieven met betrekking tot feesten aan waarbij naast het element van *safe stories* ook meer grimmige ingrediënten hun plaats hebben, vgl. V. Newall, 'Fest', in: *Enzyklopedie des Märchens* IV, Berlijn-New York, 1984, p. 1035-1043; L. Röhrich, 'Brauch', in: o.c. III, Berlijn-New York, 1979, p. 688-700.

25 E. Hobsbawm & T. Ranger (red.), *The invention of tradition*, Cambridge, 1983; P. Post, 'God kijkt niet op een vierkante meter...' of Hobsbawm herlezen', in: C. van der Borgt e. a. (red.), *Constructie van het eigene. Culturele vormen van regionale idfentiteit in Nederland* (Publicatie van het P. J. Meertens-Instituut, 25), Amsterdam, 1996, p. 175-200. Vgl. ook P. Nissen, *De folklorisering van het onalledaagse*, Tilburg, 1994 en P. Nissen, 'Gevierde identiteit: publieke feestcultuur als omgang met het verleden in de vroegmoderne en moderne tijd', in: J.C. Dekker (red.), *Sporen en spiegels. Beschouwingen over geschiedenis en identiteit*, Tilburg, 1995, p. 23-30.

26 J. Boissevain, 'Nieuwe feesten: ritueel, spel en identiteit', in: J. Boissevain (red.), *Feestelijke vernieuwing in Nederland?* (Cahiers van het P.J. Meertens-Instituut, 3), Amsterdam, 1991, p. 1-14.

27 D. Handelman, 'Play and ritual: complementary frames of meta-communication', in: A.J. Chapman & H. Foot (red.), *It's a funny thing, humour*, Londen, 1977; D. Handelman, 'Play', in: M. Eliade (red.), *The Encyclopedia of religion* II, New York, 1987, p. 363-368; F.E. Manning, 'Cosmos and chaos: celebrating the modern world', in: F.E. Manning (red.), *The celebration of society: perspectives on contemporary cultural performances*, Bowling Green, 1983, p. 3-30.

28 J.J. Voskuil, 'Omzien met weemoed. Van dorsvlegel tot landbouwfilm; verslag van een kettingreactie', *Volkskundig Bulletin* 3, 1977, p. 1-15.

29 R. Ensel, 'Held voor één dag: de 1 april-viering in Brielle', in: J. Boissevain (red.), *Feestelijke vernieuwing in Nederland?*, p. 27-40.

30 Vgl. J. Helsloot, 'Sint-Nicolaasfeesten in Goes, 1868-1892. Afspiegeling van de verhouding tussen de gegoede stand en de burgerij', *Volkskundig Bulletin*, 13,

1987, p. 201-224; J. Helsloot, *Vermaak tussen beschaving en kerstening. Goes 1867-1896.*

31 Veldwerk Dutch Rituals, G. Rooijakkers, Scheveningen, 1 januari 1997, Zaanstreek, juni 1997;

32 Vgl. A.J. Dekker, 'Paasvuren: een veranderlijke traditie tussen toerisme en lokale identiteit', *Volkskundig Bulletin* 9, 1993, p. 78-104.

33 G. Rooijakkers, *Rituele repertoires.*

34 C. de Cau, *Groot Placaet-Boeck, vervattende de placaaten, ordonnantien en edicten van de Hoog Mogende Heeren Staaten Generael der Vereenigde Nederlanden* VI(10 delen), Amsterdam 1658-1796, p. 562-563.

35 K. van Alkemade & P. van der Schelling, *Nederlandsche displegtigheden,* Rotterdam, 1732-1735, I, p. 314; K. ter Laan, *Folkloristisch woordenboek van Nederland en Vlaams België,* 's-Gravenhage-Batavia, 1949, p. 25.

36 Vgl. A. van Sasse van IJsselt, 'Oude begrafenisgebruiken in Noord-Brabant', *Taxandria* 4, 1897, p. 71-96, 170-179, 285-286. Aldaar p. 83.

37 A. Komter (red.), *The gift: an interdisciplinary perspective*, Amsterdam, 1996.

38 C. de Cau, *Groot Placaet-Boeck* II, p. 2361-2362 (17-10-1635), p. 2365-2366 (27-11-1637); III, p. 526 (15-8-1671); IV, p. 388 (25-6-1689).

39 H. Mandos, 'Folkloristische verkenningen in Tilburgs verleden', in: J.H. van Mosselveld & H.J.A.M. Schurink (red.), *Van heidorp tot industriestad. Verkenningen in het verleden van Tilburg,* Tilburg, 1955, p. 226-243. Aldaar p. 242-243.

40 G. Rooijakkers, *Rituele repertoires.*

41 Ibidem.

42 H. Mosmans, *Het redemptoristenklooster Wittem. Een bijdrage tot onze vaderlandsche kerkgeschiedenis, 1836-1936,* Roermond-Maaseik, 1936, p. 305-306.

43 A. van Sasse van IJsselt, 'Oude begrafenisgebruiken in Noord-Brabant', p. 79, 83, 173, 175; H. Douma, 'Misbruiken bij geboorte, huwelijk en begraven in 17e en 18e eeuwse Boxmeerse ordonnanties', *Merlet,* 25, 1989, p. 16-21. Aldaar p. 20-21.

44 Vgl. A. B. Weiner, *Inalienable possessions: the paradox of keeping-while-giving,* Berkely-Los Angeles-Oxford, 1992; A. Komter (red.), *The gift: an interdisciplinary perspective.*

45 Zie hiervoor bijvoorbeeld G. Rooijakkers, *Rituele repertoires; P. Knevel, Burgers in het geweer. De schutterijen in Holland,* Hilversum, 1994. Voor het belang van voedsel in rituelen zie: E. Socolov, 'Feast', in: Green (ed.), *Folklore* I(2 delen), St. Barbara, 1997, p. 285-286.

46 Vgl. J. Boissevain, *Revitalizing European rituals,* Londen, 1992; J. Boissevain, 'Inleiding: identiteit en feestelijkheid', in: T. Koster, Y. Kuiper & J. Verrips (red.), *Feest en ritueel in Europa,* p. 9-14; J. Boissevain (red.), *Feestelijke vernieuwing in Nederland?*

47 P. Post, *Ritueel landschap: over liturgie-buiten. Processie, pausbezoek, danken voor de oogst, plotselinge dood*; P. Post, 'Alle dagen feest, of: de ritencrisis voorbij. Een verkenning van de markt'; P. Post, 'Zeven noties over rituele verandering, traditie en (vergelijkende) liturgiewetenschap', *Jaarboek voor liturgie-onderzoek,* 11, 1995, p. 1-30; P. Post, '"Het suizen van een zachte koelte." Het weer en christelijke rituelen: terreinverkenning en pleidooi voor wetenschappelijk grensverkeer

gethematiseerd via palmzondagriten', *Volkskundig Bulletin*, 15, 1989, p. 177-200; P. Post, 'Het verleden in het spel? Volksreligieuze rituelen tussen cultus en cultuur', *Jaarboek voor liturgie-onderzoek*, 7, 1991, p. 79-124; P. Post, 'Traditie gebruiken. Sint Hubertus in Muiderberg', in: M. van Uden, J. Pieper & E. Henau (red.), *Bij geloof. Over bedevaarten en andere uitingen van volksreligiositeit* (UTP-katernen, 11), Hilversum, 1991, p. 191-210; P. Post & J. Pieper, *De palmzondagviering. Een landelijke verkenning*, Kampen-Amsterdam, 1992. Vgl. ook W. Hartinger, *Religion und Brauch*, Darmstadt, 1992.

48 A.J. Dekker, 'De opkomst van kerstboom en kerstviering in Nederland (ca. 1835-1880)', *Volkskundig bulletin*, 8, 1982, p. 129-179. Vgl. ook G. Rooijakkers, '"Ho, ho, kom naar de kerst-show." Spektakelstallen tussen communitas en competitie in de Kempen', *Volkskundig Bulletin*, 22, 1996, p. 330-351, waar wordt gewezen op de invloed van schoolplaten op de huiselijke kerstviering op het Zuid-Nederlandse platteland. Zie voorts J. Helsloot, *Vermaak tussen beschaving en kerstening. Goes 1867-1896*.

49 Edward Schillebeeckx, 'Naar een herontdekking van de christelijke sacramenten. Ritualisering van religieuze momenten in het alledaagse leven', *Tijdschrift voor theologie* 40, 2000, p. 164-187.

50 Erik Borgman, *Edward Schillebeeckx. Een theoloog in zijn geschiedenis. Deel 1: Een katholieke cultuurtheologie 1914-1965*, Baarn, 1999.

51 Schillebeeckx, 'Naar een herontdekking van de christelijke sacramenten', p. 181; Huub Oosterhuis, *Levende die mij ziet*, Kampen-Tielt, 1999, p. 76.

52 Schillebeeckx, 'Naar een herontdekking van de christelijke sacramenten', p. 176.

53 Ibidem, p. 184-185.

7 Cultueuze circuits

1 Streekarchief Regio Eindhoven-Kempenland, *Notarieel Archief Eindhoven*, inv. nr. 1249, akte nr. 17 (31-8-1694). Over Buycx zie: L.H.C. Schutjes, *Geschiedenis van het bisdom 's-Hertogenbosch* III (5 delen), Sint-Michielsgestel, 1870-1876, p. 561, 728. Zie voor deze casus ook: G. Rooijakkers, 'Het geleefde geloof in Noord-Brabant. Devoties als vormen van religieus gedrag', in: L. van Liebergen & G. Rooijakkers (red.), *Volksdevotie. Beelden van religieuze volkscultuur in Noord-Brabant*, Uden, 1990, p. 9-20.

2 Ibidem.

3 Maximilianus ab Eynatten, *Manuale exorcismorum: continens instructiones, & exorcismos ad eiicendos e corporibus obsessis spiritus malignos, & ad quaevis maleficia depellenda, & ad quascumque infestationes daemonum reprimendas*, Antwerpen, 1635. Vergelijk C. Caspers, 'Duivelbannen of genezen op "natuurlijke" wijze. De Mechelse aartsbisschoppen en hun medewerkers over exorcismen en geneeskunde, ca. 1575 – ca. 1800', in: W. de Blécourt, W. Frijhoff & M. Gijswijt-Hofstra (red.), *Grenzen van genezing. Gezondheid, ziekte en genezen in Nederland, zestiende tot begin twintigste eeuw*, Hilversum, 1993, p. 46-66. Voor bezweringsformules zie

voorts: J. van Haver, *Nederlandse incantatieliteratuur. Een gecommentarieerd compendium van Nederlandse bezweringsformules*, Gent, 1964.

4 Voor de magische connotaties van de Sint-Jansnacht- en -dag zie: H. Bächtold-Stäubli, *Handwörterbuch des deutschen Aberglaubens* IV (10 delen), Berlijn-Leipzig, 1927-1942, p. 703-727.

5 Vergelijk R. van der Linden, *Mariabedevaartvaantjes. Verering van Onze-Lieve-Vrouw op 1175 vaantjes*, Brugge, 1988, p. 130, 131, 177-179, 307.

6 Zie voor de pastorale effecten van deze verschillen in spiritualiteit: M.G. Spiertz, 'Jezuïeten in de Republiek der Zeven Provincien (1592-1773)', in: E. Put & M. Wynants (red.), *De jezuïeten in de Nederlanden en het Prinsbisdom Luik (1542-1773)*, Brussel, 1991, p. 87-99.

7 Streekarchief Regio Eindhoven-Kempenland, *Notarieel Archief Eindhoven*, inv. nr. 1249, akte nr. 17 (31-8-1694).

8 Vgl. G. Rooijakkers, 'Percepties van bovennatuur. Continuïteit en verandering in de Zuidnederlandse rite-praktijk', *Jaarboek voor Liturgie-onderzoek*, 11, 1995, p. 103-133.

9 Rijksarchief in Noord-Brabant, *Archief Classis Peel- en Kempenland*, inv. nr. 82, f. 26.

10 Vgl. bijvoorbeeld J. Chalon, *Les arbres fétiches de la Belgique*, Antwerpen, 1912, en M. Wingens, *Over de grens. De bedevaart van katholieke Nederlanders in de zeventiende en achttiende eeuw*, Nijmegen, 1994.

11 Vgl. P.J. Margry, *Bedevaartplaatsen in Noord-Brabant*, Eindhoven, 1982, p. 233-236. Voor het belang van de Antwerpse devotieprenten zie: A.K.L. Thijs, *Antwerpen, internationaal uitgeverscentrum van devotieprenten, 17de-18de eeuw*, (*Miscellanea Neerlandica, 7*), Leuven, 1993.

12 S. Hanewinkel, *Reize door de Majorij van 's-Hertogenbosch in den jaare 1799 (in brieven)*, Amsterdam, 1800 (herdruk: 's-Hertogenbosch, 1973), p. 30-31.

13 S. Hanewinkel, *Reize door de Majorij van 's-Hertogenbosch in den jaare 1799 (in brieven)*, Amsterdam, 1800 (herdruk: 's-Hertogenbosch, 1973), p. 90-91; P.J. Margry, *Bedevaartplaatsen in Noord-Brabant*, p. 237-242.

14 P.J. Margry, *Bedevaartplaatsen in Noord-Brabant*, p. 209-214; J. Cuypers, *Onze Lieve Vrouw ter Eijk te Meerveldhoven; met geschiedkundige aantekeningen*, Zeelst, 1888; J. Wouters, 'Pastoor B. van de Sande, Lambertusparochie Meerveldhoven: De Mariadevotie hebben we nieuw leven ingeblazen', *Kempenland-info* 19-5-1995, p. 9. Vgl. ook J. Schuyf, *Heidens Nederland. Zichtbare overblijfselen van een niet-christelijk verleden*, Utrecht, 1995, p. 99-101.

15 Observaties te Overasselt, 22 en 23 juli 1996.

16 Vgl. D. Teunissen, 'De geschiedenis van de kloostergoederen van St. Walrick te Overasselt. Deel I: van de vroegste tijden tot aan de Reformatie', *Numaga*, 24, 1977, p. 33-50; W.H.Th. Knippenberg, 'Ziekte en magie. Koortsbomen en spijkeroffers', *Brabants heem*, 45, 1993, p. 129-137.

17 J. Schuyf, *Heidens Nederland*, p. 86-88.

18 Vgl. A. Angenendt, *Heilige und Reliquien. Die Geschichte ihres Kultes vom frühen Christentum bis zur Gegenwart*, München, 1994; A.M. Koldeweij & P.M.L. van Vlijmen (red.), *Schatkamers uit het Zuiden*, Utrecht, 1985.

19 W. Frijhoff, 'St. Justus te Zutphen', in: P. J. Margry & C. Caspers (red.), *Lexicon van bedevaartplaatsen in Nederland* I, Amsterdam, 1997.

20 J. van Herwaarden, *Opgelegde bedevaarten. Een studie over de praktijk van opleggen van bedevaarten (met name in de stedelijke rechtspraak) in de Nederlanden gedurende de late middeleeuwen (ca. 1300 – ca. 1550)*, Assen-Amsterdam, 1978, p. 212-213; Vgl. ook A. Thijs, 'Toverij in contra-reformatorisch Antwerpen', in: A. Roeck, J. Theuwissen, S. Top & S. van den Eijnde (red.), *Liber amicorum prof. dr Jozef van Haver*, Brussel, 1991, p. 391-400.

21 Vgl. bijvoorbeeld: M. Brauneck, *Religiöse Volkskunst. Votivgaben, Andachtsbilder, Hinterglas, Rosenkranz, Amulette*, Keulen, 1978, p. 79-148; W. Frijhoff, 'Het votief-schilderij als historisch object', *Volkskundig bulletin*, 11, 1985, p. 34-43, en specifiek voor Noord-Brabant: W. H. Th. Knippenberg, *Devotionalia. Beelden, prentjes, rozenkransen en andere religieuze voorwerpen uit het katholieke leven* (2 delen), Eindhoven, 1980, p. 133-145; P. J. Margry, 'De ex-voto's van St. Markoen te Dorst. Enkele opmerkingen bij het gebruik van geloftegeschenken als historische bron', *Brabants heem*, 38, 1986, p. 245-258 en J. Zuring, 'Ex-voto's in Noord-Brabant', *Brabants heem*, 43, 1991, p. 93-104. Voor het wegen in bedevaartoorden zie: J. G. J. van Booma, 'Het wegen van dopelingen, andere kinderen en volwassenen in onze kerkgebouwen voor de reformatie', *Jaarboek van het Centraal Bureau voor Genealogie*, 40, 1986, p. 31-66 en J. Zuring, 'Over het wegen van zieken in de kerk en hun offergaven', bijlage van *Devotionalia*, 9, 1990, nr. 52.

22 H. Hens e.a., *Mirakelen van Onze Lieve Vrouw te 's-Hertogenbosch 1381-1603*, Tilburg, 1978, p. 73-79. Vgl. M. Wingens, 'De Nederlandse Mariale bedevaart (ca. 1600 – ca. 1800). Van een instrumentele naar een spirituele benadering van het heilige', *Trajecta*, 1, 1992, p. 168-186.

23 H. Ioh. Bueckelius, *Historien ende mirakelen gheschiet tot Aerlen by Helmont door het aanroepen van Ons L. Vrou. Met schoone disputatien door den Eerw. H. Ioh. Bueckelius van Helmont vergadert, uut leste van onsen Eerweerdichsten Heere Gisbertus Masius (T'Sertogenbossche 1614)*, bezorgd door M. J. C. Verberne, Aarle-Rixtel, 1984, p. 105-106.

24 Th. P. Van Baaren & L. Leertouwer, *Doolhof der goden*, p. 110-111.

25 W. van de Pas, 'Reliekencultus, ritueel en regulatie in de volle middeleeuwen', *Skript. Historisch tijdschrift*, 6, 1984, p. 320-334; M. de Jong, 'Claustrum versus saeculum', *Symposion*, 3, 1981, p. 46-65. Aldaar p. 61; M. Bax, *De vernedering van een heilige. Religieuze machtspolitiek in een Zuidnederlandse dorpsgemeenschap*, Hilversum, 1989. Vgl. ook: M. Bax, 'St. Gerard's wrath: religious power politics in a Dutch community', *Anthropological Quarterly*, 65, 1992, p. 177-186, overigens zonder of met fictieve bronvermelding, hetgeen bij historisch-antropologisch onderzoek intolerabel is.

26 G. D. J. Schotel, *Tilburgsche avondstonden*, Amsterdam, 1850, p. 62.

27 J. Schrijnen, *Nederlandsche volkskunde* I (2 delen), Zutphen, 1930-1933, p. 180. Cfr. ook J. Schrijnen, '"Pauli Bekeering" in het volksgeloof', *Volkskunde*, 25, 1914, p. 21-23.

28 G. D. J. Schotel, *Tilburgsche avondstonden*, p. 62. Zonder vermelding van plaats en tijd, zoals eertijds bij folkloristen veelal gebruikelijk.

29 J. Molanus, *De historia SS. imaginum et picturarum, pro vero earum usu contra abusus*,

libri quatuor; auctore Joanne Molano, regio theologo, et cive Lovaniensi. Ejusdem oratio de Agnis Dei, et alia quaedam, Joannes Natalis Paquot recensuit, illustravit, supplevit, Lovanii, 1771 (oorspronkelijke uitgave: Leuven, 1570) p. 96 (J. Molanus citeert hier Schenckius).

30 O.c., p. 292. J. Molanus citeert hier 'het boek over de Zeden der Volkeren' van J. Bohemus Aubanus. Over dit gebruik zie: H. Bächtold-Stäubli, *Handwörterbuch des deutschen Aberglaubens* I, en vooral J. Gessler, 'Het ingedompelde Sint-Urbanusbeeld en de aloude Sint-Lupuskoek in Brabant en elders', *Volkskunde,* 42, 1941, p. 6-30. Vgl. ook het verhaal van de jood die het beeld van Sint Nicolaas met het gewenste resultaat geselt in de Legenda Aurea van J. de Voragine (1230-1298): E. Weidinger (red.), *Legenda aurea. Das Leben der Heiligen,* Asschaffenburg, 1986, p. 42.

31 P. Burke, *Popular culture in early modern Europe,* London, 1978, p. 173.

32 K. ter Laan, *Folkloristisch woordenboek van Nederland en Vlaams België,* 's-Gravenhage-Batavia, 1949, p. 245-246, 372. Vgl. ook W. H. Th. Knippenberg, 'Ziekte en magie. Koortsbomen en spijkeroffers'.

33 J. D. Jacobson, 'Nog steeds duivelsbezweringen in onze Vlaamse dorpen', *De drie rozen,* 13, nr. 1, 1979, p. 24-26.

34 Mondelinge mededeling C. Maas (Vught 1918–Eindhoven 1992; seculier priester van het bisdom 's-Hertogenbosch), Eindhoven: 'Ik ben als priester meerdere malen door mensen gevraagd om een afgedankt of kapot kruisbeeld of gipsen heiligenbeeld mee te nemen, dat ze zelf niet *durfden* vernietigen of in de vuilnisbak deponeren. De priester wist namelijk hoe dat zonder gevaar, liefst buitenshuis, kon gebeuren.' Sommige geestelijken legden door deze omstandigheid onbedoeld een verzameling van devotionalia aan. Zie ook: G. Rooijakkers, 'De dynamiek van devotionalia. De materiële cultuur van het geleefde geloof in oostelijk Noord-Brabant', in: M. Monteiro, G. Rooijakkers, J. Rosendaal (red.), *De dynamiek van religie en cultuur. Geschiedenis van het Nederlands katholicisme,* Kampen, 1993, p. 80-106. Voor het deponeren van beelden in 'vergetelputten' en dergelijke, zie J. K. Steppe, 'Mariabeelden die hun hoofd en kind verliezen, madonna's en heiligen die herrijzen uit hun graf', in: *Virga Jesse,* Hasselt, 1989, p. 13-40.

35 P. Loyckx, *Oorsprong en voortgang der Parochiaele Kerke van den Heyligen Willibrordus buyten Antwerpen: Met eene Verhandeling van 't Leven van den zelven Apostel der gemelde Stad; mitsgaeders van 't Mirakuleus Beeld der Alderheyligste Maget ende Moeder Godts Maria, in die Kerke berustende en geëert wordende, alsook van eenige Christelijke Leeringen en Gebeden,* Antwerpen, 1769, p. 32-33; A. Aerts, *Onze Lieve Vrouw van St. Willibrordus. Haar geschiedenis, Haar verering,* Antwerpen, 1953. Met dank aan M. J. Marinus van het Stadsarchief te Antwerpen.

36 P. J. Margry, *Bedevaartplaatsen in Noord-Brabant,* p. 124-128; P. van de Elsen, *Bedevaartboekje van Esdonk met de geschiedenis van de Maria Magdalenakapel,* Esdonk, 1988. Vgl. ook J. Schuyf, *Heidens Nederland,* p. 83-85.

37 Vgl. W. de Blécourt, 'De breukebomen in Yde', *Volkscultuur,* 7, nr. 2, 1990, p. 22-35. Deze bijdrage handelt over een Drentse spijkerboom waar herniapatiënten een spijker in de bast sloegen; wanneer de bast over de spijkerkop was heenge-

groeid, zouden ze van hun kwaal zijn verlost. Vgl. ook J. Schuyf, *Heidens Nederland*, p. 81-83.

38 De toespraak werd oorspronkelijk gepubliceerd in de *Lichtbaken* van 19 augustus 1939 en overgenomen in *Brabantia Nostra*, 4, 1939, p. 358-362.

39 P.C. de Brouwer, 'Wat het kapelleke aan de Moerdijk betekent', *Brabantia Nostra*, 3, 1938, p. 321-323.

40 'De "Magna Dux Brabantiae" aan Brabants Oosterpoort. De kapel bij Grave wordt ingezegend', in: *Edele Brabant*, I, nr. 21, 1946, p. 4.

41 H. de Greeve in *Brabantia Nostra*, 4, 1989, p. 359, 361.

42 S. Hanewinkel, *Reize door de Majorij van 's-Hertogenbosch in den jaare 1799*, p. 9-10; voor huiszegens zie W. H.Th. Knippenberg, *Devotionalia* I, 79-89.

43 J. Cornelissen in *Ons Volksleven*, 4, 1892, p. 146, geciteerd door J. Weyns, *Volkshuisraad in Vlaanderen* II (4 delen), Beerzel, 1974, p. 808-809.

44 G. Rooijakkers, 'De software van het wonen. De arrangementen van anachronistische tijdgenoten', *Jaarverslag Stichting Historisch Boerderij-Onderzoek 1993*, Arnhem, 1994, p. 54-66 (tevens gepubliceerd in *Brabants heem*, 46, 1994, p. 107-119).

45 Vgl. C. van der Heijden & G. Rooijakkers, *Kempische boeren en Vlaamse vissers. Kunstenaars en volkscultuur omstreeks 1885: Victor de Buck en Joseph Gindra*, Eindhoven, 1993, p. 169-170.

46 G. Rooijakkers, 'De software van het wonen', p. 63.

47 Ibidem; vgl. ook G. Rooijakkers, 'De dynamiek van devotionalia', p. 94-98.

48 A. Schuurman, *Materiële cultuur en levensstijl. Een onderzoek naar de taal der dingen op het Nederlandse platteland in de 19de eeuw: de Zaanstreek, Oost-Groningen, Oost-Brabant*, Wageningen, 1989, p. 189, 194, 274.

49 Gemeente-archief 's-Hertogenbosch, *Archief van de arme gevangenen*, inv. nr. 63, nrs. 18,19 en 20. Zie voor deze casus G. Rooijakkers, *Rituele repertoires*, p. 603-605 en H. B. M. Essink, 'De bestraffing van een zevende zoon', *Brabants heem*, 11, 1959, p. 80.

50 M. Bloch, *Les rois thaumaturges. Étude sur le caractère surnaturel attribué à la puissance royale particulièrement en France et en Angleterre*, Parijs, 1924.

51 Vgl. bijvoorbeeld J. Weyns, *Volkshuisraad in Vlaanderen* I, p. 123 en W. Giraldo, 'Betovering en onttovering rondom de drempel', *Volkskunde*, 16, 1957, p. 57-76.

52 Vgl. G. Rooijakkers & Th. van der Zee (red.), *Religieuze volkscultuur. De spanning tussen de voorgeschreven orde en de geleefde praktijk*, Nijmegen, 1986. Voor Vlaanderen vgl. W. Giraldo, *Volksdevotie in West-Vlaanderen*, Brugge, 1989 en M. Therry, *De religieuze beleving bij de leken in het 17de-eeuwse bisdom Brugge (1609-1706)*, Brussel, 1988.

53 G. Rooijakkers, 'De software van het wonen', p. 64.

8 De ene God en de vele godsdiensten

1 M. Vasalis, 'Afsluitdijk', in: *Gedichten*, Amsterdam, 1998.

2 Zie voetnoot op p. 1627 van de bijbeluitgave 1995 van de Katholieke Bijbelstichting.

3 H. Andriessen, *Naar het land dat Ik u wijzen zal. De spiritualiteit van het pelgrimeren*, Tielt, 1986.

4 A. Augustinus, *Belijdenissen*, 10, XXVII, vertaling van Th. van Baaren, Utrecht, 1954, p. 38. Ambo (Baarn) bracht in 1985 de vertaling van G. Wijdeveld.

5 J. van het Kruis, 'Geestelijk Hooglied', strofe 5, 1-4 en strofe 6, 1-2, in: J. Peters ocd & J. A. Jacobs, *Heilige Joannes van het kruis. Volledige werken*, Hilversum-Antwerpen, 1963.

6 J. van het Kruis, 'Bestijging van de berg Karmel', in: o.c., I, 9, 1-2.

7 J. van het Kruis, 'Geestelijk Hooglied', in: o.c., 17, 6-7; 30, 6; 33, 7.

8 J. van het Kruis, Gedicht XII, in: o.c., p. 245-249.

9 J. van het Kruis, Gedicht XII, getiteld 'Nooit om alle schoons tezamen', in: o.c., p. 245-249.

10 A. Kroese, toespraak te Amstelveen, 14 september 1991.

11 F. Timmermans, *Aan de muziek*, Adagio verzameld dichtwerk, Leuven, 1993, p. 133.

12 J. Schulte Nordholt, *Ontmoeting met Jan Luyken* (serie: Ontmoetingen met mystici 2), Kampen, 1978.

13 A. Houtepen, *God, een open vraag*, Zoetermeer, 1997, p. 209-211.

14 '*Serenissima lux et in ipsa sapphirini coloris species hominis, rutilante igne flagrans: lumen unum, tres personae, Deus unus*'.

15 H. van Bingen, *Liber Scivias* II, 1.

16 Zie O. Betz, *De inspirerende Hildegard van Bingen*, Zoetermeer, 1998, p. 158-160.

17 D. Alighieri, *Divina Commedia*; Nederlandse vertaling van Christianus Kops ofm, opnieuw uitgegeven door G. Wijdeveld, Antwerpen-Amsterdam, 1982. Canto 100, vers 115-145. Deze uitgave geeft bij de geciteerde slotregels van de *Divina Commedia* de volgende verklarende annotaties:
   – vers 116: drie cirkels, beeld van de drie personen der heilige Drie-eenheid
   – vers 119: Iris, de regenboog
   – vers 127vv: De tweede cirkel is degene die God de Zoon mensgeworden verbeeldt; de poging om de menswording te vatten vergelijkt Dante met het zoeken naar de kwadratuur van de cirkel.
   – vers 145: evenals de twee vorige delen (de hel en het vagevuur) eindigt ook dit derde deel (de hemel) met het woord 'stelle' (sterren).

18 W. Logister, 'Het hoge licht als bestemming van de mens: de christologische verbeelding van Dante's Divina Commedia', *Tijdschrift voor Theologie*, 1998, p. 144-168. Zie ook W. Logister, *Dante, dichter – mysticus – pelgrim, De spiritualiteit van de Divina Commedia*, Averbode, z.j.

19 E. Gibbon, *History of the decline and fall of the Roman Empire*, 1766-1788.

20 De Nederlandse vertaling is verschenen in de serie 'Kerkelijke documenten' van *Een-twee-een*, Utrecht, 14 november 1997.

21 Cyprianus, ep. 73 ad Iubaianum, in: Migne, *Patres Latini*, III, p. 1010.

22 *Nostra aetate*, 1.

23 *Dignitatis humanae*, 2.

24 *Dignitatis humanae*, 11.

25 E. Schillebeeckx, 'Identiteit, eigenheid en universaliteit van Gods heil in Je-

zus', in: *Tijdschrift voor Theologie*, 1990, p. 259.

Zie ook: E. Schillebeeckx, *Mensen als verhaal van God,* Baarn, 1989.

Ook A. Houtepen behandelt deze thematiek in het tiende hoofdstuk van zijn boek *God, een open vraag,* Zoetermeer, 1997.

26 *Gaudium et spes,* 22.

27 De Nederlandse vertaling is verschenen in de serie 'Kerkelijke documenten' van *Een-twee-een,* 28, nr. 5, 17 november 2000.

28 Het boek verscheen bij Orbis Books: Maryknoll, 1985.

29 De publicatie van de Nederlandse vertaling van het rapport van de Internationale Theologische Commissie, 'Het christendom en de godsdiensten', was voor de werkgroep 'Interculturele religieuze dialoog' van de Nijmeegse theologische faculteit aanleiding om een symposium te organiseren (12 juni 1998). De zes inleidingen zijn gebundeld in F. Jespers (red.), *Het christendom en de vele andere godsdiensten. Discussiebijdragen over hun verhouding* (Theologische Cahiers KUN, nr. 55), Nijmegen, 1999. Naast deze wetenschappelijke reflecties op het Vaticaanse document verdient ook aandacht de uit praktische missionaire ervaring geboren uitgave van O. Degryse, voormalig algemeen overste van de missionarissen van Scheut, *De interreligieuze dialoog. De Aziatische kerken toonaangevend,* Leuven, 1999.

30 L. Verboven, *Pelgrim in het leven. Estafette-gesprekken,* Kapellen, 1999, p. 59.

31 O.c., p. 34.

32 O.c., p. 146-147.

33 J. van het Kruis, *Volledige werken,* Hilversum, 1963, p. 103.

34 P.C. Boutens, *Vergeten liedjes,* Bussum, 1909.

35 *Trouw,* 30 september 1993.

36 Zie: J. Nauta, *God in de stilte. Over het ervaren van een verborgen God,* Zoetermeer-Utrecht, 2000.

Ter afsluiting: Speels en systematisch

1 R. Otto, *Het heilige. Een verhandeling over het irrationele in de idee van het goddelijke en de verhouding ervan tot het rationele,* Hilversum, 1963 (1e druk 1917).

2 H. Fortmann, *Wat is er met de mens gebeurd?* Bilthoven, 1971 (oorspronkelijke uitgave: 1959).

3 Th. de Boer, 'De God van de filosofen en de God van Pascal', in: B. Pascal, *Over God. Een keuze uit de Pensées,* Amsterdam, 1997, p. 7-20.

Woorden van dank

De auteurs zijn de bewoners en medewerkers van Huize Mariënburg in 's-Hertogenbosch erkentelijk voor de hen geboden faciliteiten om gezamenlijk aan dit boek, bij wijze van burenproject, te kunnen werken. Een genereus stipendium van de Niels Stensenstichting maakte een onderzoeksverblijf van Gerard Rooijakkers in Rome mogelijk, waarvan dit boek mede heeft kunnen profiteren. Onze dank geldt tevens Marc Mulders die speciaal voor deze uitgave een kunstwerk vervaardigde, waarvan de afbeelding het omslag siert. Tenslotte heeft Rien Vissers, eveneens bij wijze van vriendendienst, een register op persoonsnamen samengesteld. Delen van dit boek werden gepresenteerd tijdens verschillende wetenschappelijke en pastorale bijeenkomsten die ons sterkten en stuurden bij het schrijven. Geloven doe je niet alleen. Hetzelfde geldt voor het al onderzoekend schrijven van deze co-productie, waarbij we ons steeds een trouwe kring van dierbaren nabij wisten.

Register